Découvrez l'histoire par les archives de presse

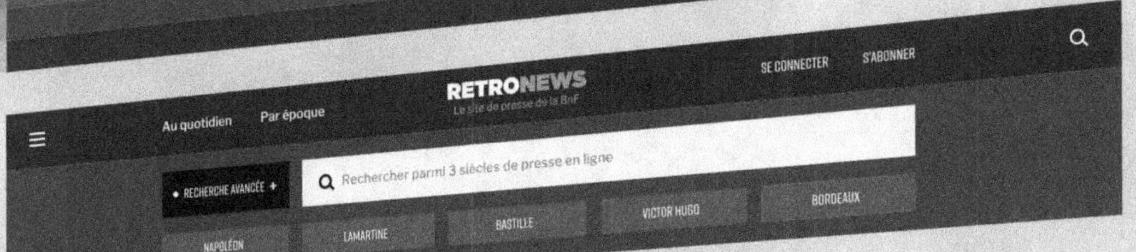

RETRONEWS

Le site de presse de la BnF

www.retronews.fr

N° 221

L'INTERMÉDIAIRE

DES

Bibliophiles — Libraires — Amateurs

CATALOGUE DE BONS LIVRES ANCIENS ET MODERNES

Rares, Curieux ou singuliers en tous genres

EN VENTE AUX PRIX MARQUÉS

ADMINISTRATION	**A. DUREL**	L'Abonnement donne droit
21, Rue de l'Ancienne-Comédie 9 et 11, Passage du Commerce PARIS	Propriétaire-Gérant	à l'Envoi de tous nos Catalogues de Ventes Publiques

ABONNEMENTS	**TARIF DES ANNONCES**
PARIS — PROVINCE — ÉTRANGER **3** francs par An.	La page entière . . . . . . **50** fr. La demi-page . . . . . . **30** fr.

PARIS

A. DUREL, Libraire

21, RUE DE L'ANCIENNE-COMÉDIE, 21

9 ET 11, PASSAGE DU COMMERCE, 9 ET 11

1899

5916 LES ADMIRABLES qualitez du Kinkina, confirmées par plusieurs expériences et. la manière de s'en servir. *A Paris*, 1689, in-12, v. m.   10 fr.

> Volume rare,
>
> Le Kinkina en bol, pris par des princes et seigneurs de la Cour. — Observations pour connaitre le parfait kinkina. — Sirop de Kinkina qu'on a donné à Mgr le duc de Bourgogne. — Méthode pour préparer le Kinkina. — Le Kinkina communique sa vertu à toutes sortes de boissons. — Méthode du Sr Talbot, medecin anglois, etc., etc.

5917 AVERTISSEMENT à la Noblesse, tant du Roy que des rebelles et conjurez. *Lyon, Michel Jove*, 1558, in-8. demi-maroq. r, coins ébarbé.   15 fr.

> Exemplaire grand de marges d'une piece fort rare.

5918 AVERTISSEMENT à la Noblesse. tant du party du Roy que des rebelles et conjurez. *A Paris, chez Claude Fremy*, 1568, pet. in-8 de 59 pp., cart.   10 fr.

> Pièce différente de la précédente et tout aussi rare.

5919 ADVERTISSEMENT sur le pourparlé qu'on dit de paix entre le roy et ses rebelles avec son contre-poison Afin que chacun sache qu'il n'a esté rien adjousté ni osté de l'original, il a esté premièrement imprimé à Paris par Jean Dallier en ceste présente année 1568. S. L., 1568, pet. in-12 de 44 ff., non ch., cart. (Très rare).   18 fr.

5920 ÆSOPI et aliorum fabulæ latinius quam antehac expressæ. *Massiliae*, 1684, pet. in-12, parchemin.   4 fr.

> Cette édition imprimée à *Marseille par Jean Brugières* est rare.

5921 AIGUÉ D'IFFREMONT. Rodogune Histoire asiatique et romaine. *Paris*, 1669, in-8, front. gravé, veau.   6 fr.

> Rare.
>
> De la Bibliothèque du roi Louis-Philippe.

5922 ALBUM DE LA COMÉDIE FRANÇAISE, par F. Febvre et T. Johnson, dédié à S. A. R. le Prince de Galles (Texte en Anglais et en Français). *Londres, Viard, s. d.*, gr. in-4 à 2 col., texte encadré de fil. r, portraits à l'eau-forte par Abot, demi-rel. dos et coins de mar gren. jans. à gros grain, tête dor., non rog, texte et pl. mont. sur onglets.   32 fr.

5923 ALLEN (W.) Traité politique où il est prouvé que tuer un tyran n'est pas un assassinat. *Lugduni*, 1658 (*Paris*, 1793), in-32, demi-rel.   2 fr. 25

> Rare.

5924 ALMANACH ecclésiastique. *Paris, Duchesne*, 1754, in-18 br., rog.   3 fr.

5925 ALMANACH parisien, en faveur des étrangers et des personnes curieuses. *Paris, veuve Duchesne, s. d.* (vers 1780), in-32, br., rogné   3 fr.

> Curieux à consulter.

5926 AMADIS DE GAULE (le huitiesme livre d'), mis en françois par le seigneur des Essars Nicolas de Herberay. *Paris, Vinc. Sertenas*, 1557, in-16, vél Mouillures.   3 fr.

5927 AMELOT DE LA HOUSSAYE. Mémoires historiques, politiques, critiques et littéraires. *Amsterdam*, 1731, 2 vol. in-12, veau.   5 fr.

> Mémoires curieux.

5928 AMÉRIQUE. Expériences et observations sur l'électricité faites à Philadelphie en Amérique par Benjamin Francklin. *A Paris, chez Durand*, 1752, in-12 v. m. (*Rare*).   6 fr.

5929 AMÉRIQUE. La vie de Guillaume Penn, fondateur de la Pensylvanie. *Paris*, 1791, 2 vol. in 8, cart.   5 fr.

5930 AMI DES MŒURS (L'), poèmes et épîtres par M. R. D. L. *A Philadelphie et se trouve à Paris, chez Cailleau* 1788, in-8, br., rog   3 fr.

> 2 figures de Desrais grav. par La Chaussée. Non cité dans le Cohen.

5931 AMUSEMENTS SÉRIEUX ET COMIQUES (par Rivière-Dufresny). Seconde édition, revue, corrigée et augmentée. *Paris, Vve Barbin*, 1707, in 12, v. br.   4 fr.

5932 ANACREONTIS Odaria ad textus Barnesiani fidem emendata, accedunt variœ lectiones cura Edvardi Forster, A. M. *Londini*, 1802, pet. in-8, fig., demi-rel. dos et coins de chag. vert, tr peigne   3 fr. 50

> Édition rare.

5933 ANGELIS (A. de). In Astrologos conjectores, libri quinque. *Lugduni*, 1625, in-4, vélin.   4 fr.

> Volume rare, reste inconnu à Brunet.

5934 ANNÆI (L') Senecæ philosophi, Opera omnia : ex ult. I Lipsii et J. Fr Gronovii emendat. et N. Annæi Senecæ rhetoris quæ exstant ; ex And. Schotti recens. 3 vol. — Joh. Fred. Gronovii, L et N. Annæos Senecas notæ, 1 vol. *Amstelodami apud Elzevirios*, 1658 1659. Ens. 4 vol. pet. in-12, titre-front. gr., une figure, mar. rouge, dos orné, fil. et angles dor., tr. dor. (*Rel. anc.*)   125 fr.

> Bel exemplaire recouvert d'une bonne reliure ancienne, avec dos orné à la Padeloup.
>
> Chaque vol. porte l'ex-libris armorié et la SIGNATURE AUTOGRAPHE de LOUIS BACHELIER DE SAINT-ROMAIN, chanoine de Reims, descendant du célèbre philanthrope PIERRE BACHELIER, né à Reims en 1611, mort dans la même ville en 1672.
>
> Hauteur 134 mill.

3935 ANNALES ROMANTIQUES. Recueil de morceaux choisis de littérateurs contemporains. *Paris*, 1826, in-12, d. v   4 fr.

> Année rare.

5936 ANTIQUITATUM etruriae seu de situ Clanarum... *Sénogalliae*, 1696, un in-8 vélin. 3 fr.

> Volume très rare et le second livre imprimé à *Sinigaglio* sur le *Cesano*, petite ville de la province de Pesaro (Italie)

5937 ANVILLE (d'). Etats formés en Europe après la chute de l'empire romain en Occident. *Paris, imprim. royale*, 1771, in-4, carte. 5 fr.

> Ouvrage recherché, de 10 à 12 fr. (*Brunet*).

5938 APOLINARII interpretatio psalmorum versibus heroicis. Ex bibliotheca regia *Parisiis, apud Turnebum*, 1552, in 8, dérelié. 6 fr.

> EDITION PRINCEPS.

5939 APOLOGUE POUR JEHAN CHASTEL, parisien, exécuté à mort et pour les pères et escholiers de la Société de Jésus, bannys du royaume de France, par François de Vérone. S. l, 1595, in 8, v.   8 fr.

5940 APOLOGUE POUR JEHAN CHASTEL, parisien et pour les Pères et Escholliers de la Société de Jésus, bannis du royaume de France, par François de Vérone. S. l. (*Genève*), 1618, un vol in-8 parchemin   10 fr.

> Édition la plus complète.

5941 APPIANUS. Appiani Alexandrini romanarum historiarum libri, gr., ex bibliotheca regia. *Lutetiae, typis regiis*, cura ac diligentia Caroli Stephani, 1551, in fol., veau, tr. dor. (*armoiries sur les plats*).   18 fr.

> Première édition, belle et rare.

5942 **APULÉE**. L'Ane d'Or, précédé du Démon de Socrate, nouvelle traduction, avec le latin en regard, par J.-A. Maury. *Paris, Bastien,* 1822, 2 vol. in-8, portr. et fig. au trait. v f., dos orné, dent. et fleur. à fr. sur les sur les pl., tr. marb. (*Vogel*) 22 fr.

Beau spécimen de reliure romantique.

5943 **ARBAUD JOUQUES** (Mis d'). Troubles et agitations du département du Gard, en 1815, contenant le Rapport du Reverend Perrot, au Comité des Ministres non-conformistes d'Angleterre, sur la prétendue persécution des Protestans en France ; et sa réfutation *Paris,* 1818, in-8 demi-rel. bas. (*Raccom au litre*). 3 fr.

5944 **ARGENS** (marquis d'). Lettres juives, où Correspondance philosophique, historique et critique, entre un juif voïageur en différents Etats de l'Europe, et ses correspondants en divers endroits (par le marquis J.-B. de Boyer d'Argens), nouvelle édition augmentée de xx nouvelles lettres, de quantité de remarques, et de plusieurs figures. *La Haye, Pière Paupie,* 1742, 6 tomes en 3 vol. in-12, demi rel. non rog. 15 fr.

Très rare en condition pareille.

5945 **ARLINCOURT** (Vicomte d'). Le Solitaire. *Paris,* 1821, in-8, cart, n. r. 2 fr. 50

On a cartonné à la suite : La princesse d'Amalti, par le Comte Fedor Golowkin. Paris, 1821.

5946 **ARMSTRONG**. Histoire naturelle et civile de l'isle de Minorque. *Amsterdam,* 1769, un vol. in-12 veau, figures. 3 fr. 50

5947 **ARRESTS** de la Cour souveraine des pairs de France, donnez contre les meurtriers et assassinateurs de Messieurs le Cardinal et duc de Guise. *A Paris,* 1589, in-8 demi-rel. vélin. 5 fr.

Pièce rare sur les Guise.

5948 **ARRESTS** donnez en la cour des Aydes contre les nobles qui ne font service au Roy. *Paris,* 1595, plaq. in-8. 7 fr.

Pièce très rare.

5949 **ARTEMIDORUS**. De Somniorum interpretatione libri quinq ; De Insomniis, quod Synusii cujusdam nomine circûfertur (A la fin.) *Venetiis, in Aedibus Aldi, et Andreæ Soceri.* M. D. XVIII (1518), in-8 réglé, mar. rouge, dos orné, fil. et comp. à la Du Seuil, tr. dor. (*Rel. du XVII° siècle*) 60 fr.

Première édition, très rare, de ce traite de divination des Songes.

Bel exemplaire aux armes et au chiffre de Louis Bizeau de la chambre des Comptes, provenance rare.

5950 **ARTEMIDORUS**. Artemidori de Somniorum interpretatione, libri quinqz, iam primum a Iano Cornario medico physico Francofordensi, latina lingua conscripti. *Basilae* an-M.D.XXXIX (in fine) *Basilae per Hieronymu Frobenium et Nicolaum Episcopiu mense Septembri,* 1539, in-8, vél. (*Mouillures*) 15 fr.

5951 **AULI GELLII** noctium || atticarum li || bri undevi || ginti || (A la fin :) *Venetiis, Aldi et Andreæ Soceri,* M DXV (1515), in-8, car. ital , mar. olive, fil. comp. et fleurons dor., tr dor, et ciselée (*Rel du XVI° siecle*). 40 fr.

Très rare.

5952 **AVÈNEMENT** de Bonaparte au trône impérial, prix extraordinaire proposé au Lycée de Dijon ; par le Président du Sénat Conservateur, François (de Neufchâteau.) *Paris, Bossange,* An XII-1804, in-8, de 30 pp., cart. bradel. 5 fr.

5953 **BAAR** (Geo. L. de). Épitres diverses sur des sujets différents. *A Londres, chez Philippe Changuion,* 1740, in-12, cart. non rog. 3 fr. 50

Épitres à Alceste le Misanthrope, — à Tartuffe. — à

M. Jourdain, — à Sganarelle, — à Georges Dandin, — à Géronte, etc. etc.

5954 **BABOIS**. Œuvres et poésies diverses de Madame Victoire Babois. *Paris,* 1828, 2 vol. in-12, fig., demi-rel. v. 4 fr.

5955 **BACHAUMONT**. Mémoires historiques, littéraires et critiques de Bachaumont, mis en ordre por G. T. Merle. *Paris,* 1808, 2 vol. in-8, 1/2 rel. 6 fr.

Extrait des anecdotes les plus intéressantes de l'édition en 36 volumes.

5956 **BACON** (Matth.). A new abridgment of the Law, by Matthew Bacon, the third édition, corrected ; with many additional notes and references. *London,* 1768, 5 vol. in-fol., v. f. (*q. q. piq. de vers et mouillures*). 15 fr.

5957 **BAILLET** (Adr.). Histoire des festes mobiles dans l'Eglise, suivant l'ordre des Dimanches et des feries de la semaine. *Paris, Roulland,* 1703, 2 vol. in-8, v. gr. 5 fr.

5958 **BAILLY**. Lettres sur l'origine des Sciences et sur celles des peuples de l'Asie. *Londres et Paris,* 1777, 2 vol. in-8, v. 4 fr.

5959 **BALZAC** (H de). Revue Parisienne, dirigée par M. de Balzac (25 juillet — 25 septembre 1840). *Paris,* 1840, 3 Nos en 1 vol. in-32, d. rel dos et coins de mar. bl. poli, tête dor., non rog. (*Thibaron-Echaubard*). 3 fr. 50

5960 **BARBAZAN**. Fabliaux et Contés des Poëtes françois des XII°, XIII°, XIV° et XV° siècles. Tirés des meilleurs auteurs. *Paris, Vincent. et Amsterdam, Arkstée et Merkus,* 1756, 3 vol. petit in-12, mar. bleu, fil. à fr et ornem. dor. sur les plats, dent. int., têtes dor., n. rog (*Etui*). 30 fr.

5961 **BARBAZAN**. L'Ordene de Chevalerie avec une dissertation sur la Langue françoise, un essai sur les étymologies, quelques contes anciens et un glossaire pour en faciliter l'intelligence. Paris, 1759, in-12, v. figure. 5 fr.

5962 **BARBIER** (*née à Orléans*). Tragédies de Mlle Barbier Paris, 1707, in-12, bas. fig , 6 fr.

Réunion sous un titre collectif des pièces suivantes en éditions originales. Arrie et Pétus. 1762. — Cornélie 1703, — Tomyris, 1707 ; — La mort de Cesar 1710.

5963 **BARRAL** (Cte de). Etude sur l'histoire diplomatique de l'Europe de 1648 à 1791. *Paris,* 1880, in-8, demi-rel. bas. 3 fr.

5964 **BARTHÉLEMY SAINT-HILAIRE** (J.). Mahomet et le Coran, précédé d'une introduction sur les devoirs mutuels de la philosophie et de la religion. *Paris, Didier et Cie,* 1865, in-12, br., couv. 4 fr.

Rare.

5965 **BARTHET** (A). Horace, Odes gaillardes, trad en vers. *Paris. Dentu,* 1862, in-12, portr. de Horace tiré sur Chine volant, br. 4 fr.

5966 **BASNAGE**. Histoire des Juifs, depuis Jésus-Christ jusqu'à présent. *La Haye, chez H. Scheurleer,* 1716, 9 tomes en 15 vol. in-12, demi-rel. v. br. 15 fr.

5967 **BAUDELOT** de Dairval. De l'Utilité des Voyages et de l'Avantage que la Recherche des Antiquitez procure aux scavants. *Paris,* 1686, 2 vol. pet. in-8, v. 4 fr. 50

5968 **BAUDOT DE JUILLY**. Relation historique et galante de l'invasion de l'Espagne par les Maures. *A La Haye, chez Adrian Moetjens,* 1699, 2 vol. in-12, veau ant. 5 fr.

5969 **BAUDOUIN DE GUEMADEUC**. L'Espion dévalisé. *Londres, (Paris),* 1782, un vol. in-8, v. 10 fr.

Ouvrage anecdotique et très satyrique, il s'y trouve

quelques anecdotes assez croustillantes, entr'autres celle du Juif Peixotte, la lettre de Diderot à l'Impératrice de Russie, etc.

5970 BAZIN (A.) L'Epoque sans nom. Esquisses de Paris 1830-1833. *Paris*, 1833, 2 vol. in-8 br.   5 fr.

5971 BAZIN (A.). Histoire de France sous le ministère du Cardinal Mazarin. *Paris, Chamerot*, 1842, 2 vol. in-8, br.   6 fr.
Rare.

5972 BAZIN (A.). Notes historiques sur la vie de Molière, deuxième édition revue par l'auteur et considérablement augmentée. *Paris, Techener*, 1851, in 12, cart. Bradel, tête rouge non-rog.   3 fr.

5973 BEAUMARCHAIS. L'autre Tartuffe, ou la Mère coupable, drame moral en cinq actes. *Paris, chez Maradan, an II*, in-8, cart. toile.   5 fr.
Édition originale.

5974 BEAUMARCHAIS. Les deux amis, ou le négociant de Lyon, drame en cinq actes en prose. *A Paris, chez la veuve Duchesne*, 1770, in-8, cart.   5 fr.
Édition originale.

5975 BEAUVAIS-NANGIS. Mémoires de M de Beauvais-Nangis ou l'histoire des favoris françois depuis Henry II jusques à Louis XIII *Paris*, 1665, in-12 bas.   3 fr.
Mémoires intéressants.

5976 BEAUX-ARTS. Mémoires inédits sur la vie et les ouvrages des Membres de l'Académie Royale de peinture et de sculpture; pub d'après les mss. conservés à l'école des Beaux-Arts, par L. Dussieux, E Soulié, Ph. de Chennevières, P. Mantz, A. de Montaiglon. *Paris*, 1854, 2 vol. in-8, demi-rel. chag. (*Cachets sur les titres*).   6 fr.

5977 BELGIQUE MONUMENTALE (la), historique et pittoresque, par MM. H. G Moke V. Joly, Ferd. Carron, E. Gaussoin, E. Robin et autres. Ouvrage suivi d'un coup d'œil sur l'état actuel des arts, des sciences et de la littérature en Belgique, par A. Baron. *Bruxelles, Jamar et Hen*, 1844, 2 vol. gr. in-8, nomb. fig. dans le texte et pl. hors texte en noir et color., demi-rel. chagr. v.   10 fr.

5978 BELGIQUE. Les Splendeurs de l'Art en Belgique. Texte par MM H. G. Moke, Ed. Félis et A. Van Hasselt; illustrations par Hendrickx et Strobant, publ. par les soins de Ch. Hen. *Bruxelles, Méline, Cans et Cie*, 1848, gr. in-8, nombr. fig. dans le texte et pl. hors texte, demi-rel. chag. viol.   5 fr.
Ouvrage intéressant.

5979 BENETON de MORANGE de PEYRINS. Traité des Marques nationales, tant de celles qui servent à la distinction d'une Nation en général, que de celles, qui distinguent les différents rangs des personnes dont cette Nation est composée, et qui les uns et les autres ont donné origine aux Armoiries, aux Habits d'Ordonnance des militaires et aux Livrées des domestiques. *Paris, Lemercier*, 1739, in-12, v. f., tr. rouge.   3 fr.
Curieux volume.

5980 BENLOEW (Louis). Aperçu général de la science comparative des langues pour servir d'introduction à un traité comparé des langues indo-européennes. *Paris, Durand*, 1858, in-8, br. n. r. (*XV-96 pp. et 3 tableaux*).   2 fr.

5981 BENTON'S Thirty years'Wiew; or, a history of the american government for thirty years, from 1820 to 1850. *New-York Appleton and Company.* 1871, 2 vol. gr. in-8 à 2 col., port. et vue, bas., tr. peig.   8 fr.

5982 BÉRANGER. Chansons nouvelles, par M. P.-J. de Béranger. *Paris, les marchands de nouveautés*, 1825, in-18, demi-rel. dos et coins de mar. rouge, dos orné, fil., tête dor., n. rog. (*R. Raparlier*).   8 fr.
Édition originale.

5983 BÉRANGER (P. J. de). Chansons, précédées d'une notice sur l'auteur et d'un essai sur ses poésies, par P. F. Tissot *Paris, Perrotin*, 1829, 3 vol. — Chansons inédites de P J. de de Béranger. *Paris, Baudouin frères*, 1828, 1 vol. Ensemble 4 tomes en 3 vol. in-12, cart non rog.   10 fr.

5984 BERAUD (J.-B.). Histoire des comtes de Champagne et de Brie. *Paris*, 1842, 2 vol in-8, br. (*mouillures*).   4 fr.

5985 BERAUD ET DUFEY. Dictionnaire historique de Paris *Paris*, 1828, 2 forts vol. in-8 br.   4 fr.

5986 BERCHOUX L'Art politique, poème en quatre chants, suivi de pièces fugitives et œuvres diverses. *Paris*, 1819, in-12 br., figure.   2 fr. 25

5987 BERNARD (Jean) Sauvegarde pour ceux qui craignent la fumée, et instructions pour faire cheminées neufves, corriger les vieilles, pour éviter l'incommodité de la fumée, l'accident du feu et naissance de la suie. *Dijon, Cl. Guyot*, 1621, pet in-8, vélin.   10 fr.
Rare.

5988 BERNIS (Cardinal de). Œuvres du Cardinal de Bernis de l'Académie française, collationnées sur les textes des premières éditions et classées dans un ordre plus méthodique. *Paris*, 1825, 1 vol in-8, rel d.-v. (*Portrait sur Chine du card. de Bernis*)   4 fr. 50

5989 BERTRAND Précis de l'histoire physique, civile et politique de la ville de Boulogne-sur-Mer, depuis les Morins jusqu'en 1814. *Boulogne*, 1829. 2 vol in-8, demi-rel., q. q. taches.   4 fr.

5990 BERTRAND (l'abbé). Vocabulaire Hindoustani-français pour le texte des Aventures de Kamrup. *Paris*, 1858, broch. in-8.   2 fr.

5991 BERTY (Adolphe). Histoire générale de Paris. Topographie historique du vieux Paris. RÉGION DU LOUVRE et des TUILERIES. *Paris, Imprimerie Impériale* 1866, in-4, plans, figures, cart. n. rog. (*Au lieu de 40 fr.*)   6 fr.

5992 BEZANSON (de). Histoire des princes illustres qui par leur piété de leurs belles actions ont mérité le surnom de grand. *A Paris*, 1699, pet. in-12, broché, *non rogné* 4 fr.

5993 BIBLE. La Sainte Bible, traduite par Lemaistre de Sacy. *Paris, Furne*, 1841, 4 vol. gr. in-8, à 2 col., avec gravures sur acier, demi-rel. chag. noir, tête dor., non rog. 15 fr.
Bel exemplaire.

5994 BIBLIOTHECA Askeviana sive Catalogus Librorum, rarissimorum A. Askevv. *London*, 1775, in 8, cart. (*prix mss*).   3 fr. 50

5995 BIBLIOTHECA Fayana seu Catalogus librorum bibliothecae de Cesternay du Fay. *Parisiis*, 1725, in-8, v.   5 fr.
Catalogue fort curieux, avec les prix d'adjudication mis à l'encre.

5996 BIBLIOTHECA Maphaei Pinelli Veneto magno Jam Studio collecta a Jacobo Morellio descripta et annotationibus illustrata *Venetiis*, 1787, 6 vol. in-8. cart. n. r.   15 fr.

5997 **BIBLIOTHÈQUE** facétieuse, historique et singulière, ou réimpression de pièces
curieuses, rares ou peu connues des XVe, XVIe
et XVIIe siècles. *Paris, A. Claudin*, 1858, plaq.
pet. in-8, demi-rel. dos et coins de mar. vert
jans, tête dor., non rog. 4 fr.
Tiré à 200 exemplaires. L'un des 10 sur papier de
Chine.

5998 **BIBLIOTHÈQUE** volante, ou Élite de
pièces fugitives par le Sr. J. G. J. D. M (J. G.
Jolli). *Amsterdam (Paris), Daniel Pain*, 1700,
4 part. en 1 vol. in-12, v. granit. 5 fr
On trouve à la fin une liste d'ouvrages supposés et
dont les titres sont des satires contre Louis XIV.

5999 **BIGOT de MOROGUES**. Mémoire historique et physique sur les chutes des pierres
tombées sur la surface de la Terre à diverses
époques. *Orléans*, 1812, in 8, bas. 3 fr.

6000 **BINARD**. Le Tableau de l'hérésie ou l'im-
piété de Calvin descouverte, avec les preuves
des véritez catholiques. *Paris*, 1643, in 12, titre
gravé, d. v. f. 15 fr.
Très-rare.

6001 **BIOGRAPHIE** des commissaires de police et des officiers de paix de la ville de Paris ;
suivie d'un essai sur l'art de conspirer. *Paris*,
1826, in-8, 1/2 bas. 3 fr. 50

6002 **BIOGRAPHIE** portative universelle,
suivie d'une table chronologique et alphabétique où se trouvent répartis en 54 classes les
noms mentionnés dans l'ouvrage ; par Lud.
Lalanne, L. Rénier, C. Laumier, C. Friess, etc.
Paris, Dubochet, 1844, in-12 à 2 col. de 1964 pp.,
demi-rel. bas 3 fr.
Imprimé en caractères très fins, ce volume contient
la matière de 10 vol. in-8.

6003 **BIONDI**. L'Eromena del sig. cavalier Gio.
Francesco Biondi, gentilhuomo straordinario.
Venetia, 1619, in-4 vélin. 10 fr.
Première édition très-rare d'un roman qui eut alors
beaucoup de succès. Brunet cite comme première
édition celle de Rome 1631.

6004 **BIRON** (Duc de), *duc de Lauzun*. Lettres
sur les Etats-généraux de 1789, ou détail des
séances de l'Assemblée de la Noblesse et des
Trois ordres, du 4 mai au 15 novembre. Précédées d'une notice historique sur Biron et
publiées par Maistre de Roger de La Lande.
Paris, Bachelin Deflorenne, 1865, in-8 écu. pap.
de Hollande, portr., br. 3 fr.

6005 **BLEGNY** (E. de). Les élémens ou premières instructions de la jeunesse *Paris*, 1735,
in-8 dérelié, *40 planches grav. de modèles d'é-
criture*. 4 fr.

6006 **BLONDEL** (Dr R.). Les produits odorants
des rosiers. le parfum des roses, les diverses
odeurs des roses, siège du parfum chez les rosiers, distillation des roses, les essences de
roses et leurs falsifications. *Paris, Doin*, 1889,
in-8, fig , br , couv. 10 fr.
Très-rare.
Envoi autogr. signé de l'auteur à M. le Marquis de
Cherville.

6007 **BOCCACE**. Il decameron di messer Giovanni Boccacio. *In Fiorenza*, 1573 — Annota-
tione et discorsi sopra alcuni Luoghi del decameron di M. G. Boccacci. *Fiorenza*, 1574. Ensemble un vol. in-4, vélin. 18 fr.
Bel exemplaire de cette édition rare et recherchée,
surtout avec le volume de notes
Nombreuses lettres ornées.

6008 **BOEMUM** (Joan.) Mores, leges et ritus
omnium gentium. *Lugduni*, 1556, pet. in-12, v.
(Rel. fatig). 15 fr.
Dans le même volume : Julii Obsequentis prodigiorum

liber : Polydori Vergilii Urbanitis de Prodigiis libri III.
Joachimi Camerarii Paberg de Obstentis libri II. *Lugduni*, 1551
CURIEUSE RELIURE LYONNAISE avec le portrait en médaillon du roi HENRI II frappé en or ou sur les plats.

6009 **BOILEAU**. Œuvres diverses du sieur
D*** (Nic. Boileau-Despréaux), avec le Traité
du sublime ou du merveilleux, trad. du grec
de Longin. *Paris, Claude Barbin*, 1674, in-4,
front. gr et figure, veau gr. ant. 20 fr.
Première édition de Boileau sous le titre d'Œuvres.

6010 **BOILEAU**. Œuvres diverses du sieur
Boileau Despreaux. *Amsterdam, chez H.
Schette*, 1702. 2 tomes en un vol. in-12 parche-
min, figures. 3 fr. 50
Edition estimée.

6011 **BOILEAU**. Œuvres de Nicolas Boileau
Despreaux.... enrichies de figures gravées par
Bernard Picard le Romain. *A La Haye*, 1722.
4 vol. in-12, fig , v. m. 25 fr.
Très jolies illustrations. Cohen de 50 à 60 francs.

6012 **BOILEAU** Œuvres complètes de Boileau-Despréaux ; contenant ses poésies, ses
écrits en prose, sa traduction de Longin, ses
lettres à Racine, à Brossette, etc., etc. (*Stéréotype d'Herhan*, *Paris, de l'imprimerie de
Mame frères*, 1810, 3 vol. in-8, fig., veau porph.,
dos orné, fil., tr. dor. 10 fr.
Portrait de Boileau, d'après Rigaud, et 6 figures pour
le *Lutrin*, d'après Bernard Picart, le tout gravé par
De Launay.

6013 **BOILEAU**. Œuvres, avec un nouveau commentaire par M Aman. *Paris, Lefèvre*, 1824, 4
vol in-8, demi-rel. chag. vert, éb). 8 fr.
De la Collection des classiques français.

6014 **BOILEAU**. Œuvres, avec commentaires,
revus, corrigés et augmentés par M. Viollet le
Duc. *Paris, Brissot Thivars*, 1828, 4 vol. in-12
br. 10 fr.

6015 **BOILEAU**. Les Œuvres posthumes de
défunt Monsieur B. (Boileau) de l'Académie
françoise. *Paris*, 1670, in-12 bas. 8 fr.

6016 **BOISSAT** (P. de) (*Dauphinois*). Le brillant de la Reine ou les Vies des hommes illustres du nom de Médicis... *A Lyon.* 1613, in-8,
parchemin. 6 fr.
Volume rare.

6017 **BONINARD** (Fr). Advis et devis des
lengues, suivis de la Martigence, c'est-à-dire
de la Source du péché, par Francis Bonivard.
Genève, Jules Guillaume Fick, 1865, in-8. 5 fr.

6018 **BONNARDOT** (F.), A. **TUETEY** et P.
GUERIN. Registres des délibérations du Bureau de la Ville de Paris (1499-1552). *Paris, Imprimerie nationale*, 1883-86, 3 vol. in-4, cart. non
rog. 20 fr.
Publié à 90 francs.

6019 **BORDELON**. Les solitaires en belle
humeur. Entretiens recueillis des papiers de
feu M. le Marquis de M. (Bordelon). *Utrecht*,
1741, 2 vol in-12, fig., dem. rel. v. 8 fr.
Curieux. L'abbé berné — La Perdrix. — La Comtesse d'Escarbagnac. — Le Perroquet, etc., etc.

6020 **BORDES**. Parapilla, poëme en cinq chants.
A Londres, s. d , in 8, 1/2 maroq. citron,
non rogné. 8 fr.
Edition originale. Rare.

6021 **BOREL** (P.). Trésor de recherches et antiquitez gauloises et francoises, réduites en ordre alphabetique, et enrichies de beaucoup
d'Origines, Epitaphes et autres choses rares et
curieuses, comme aussi de beaucoup de mots

de la langue Thyoise ou Theuth franque. *Paris, Aug. Courbé*, 1655, in-4, vél. **10 fr.**

> « Je pourrais encore dire que ce livre est extrêmement utile en ce qu'il y a mille choses considérables sur toutes sortes de subjects.... » (*Extrait de la Préface*).

6022 BOSQUET (Georges). Histoire sur les troubles advenus en la ville de Tolose l'an 1562 le dix-septiesme may par Georges Bosquet, advocat en la cour de Parlement de Tolose. *Paris, Jules Gay*, 1862, pet. in-12, demi-rel. dos et coins veau marbr., dos orné, n. rog **12 fr.**

> L'un des 2 exemplaires tirés sur PEAU DE VÉLIN (n° 1).

6023 BOSQUIER (F. Philippe), Tragœdie nouvelle dicte le Petit Razoir des ornemens mondains, en laquelle toutes les misères de nostre temps sont attribuées tant aux hérésies qu'aux ornemens superflus du corps, et dédiée à S. d mon serenissime sieur Alexandre Fernèse, duc Parme, etc. *A Mons, imprimée par Charles Michel, l'an 1589*. in-12, maroq. brun, fil. à fr., dent. int., tr. dor., **22 fr**

> Réimpression faite à 100 exempl. numérotés. *Brug., Imprim de A. Mertens et fils*, 1863. — Exemp sur papier de Hollande, n° 44.

6024 BOSSE (A.). Traité des pratiques géométrales et perspectives, enseignées dans l'Académie royale de la peinture et sculpture. *Paris, chez l'auteur*, 1665, 3 parties en 2 vol. — Le Peintre converty aux précises et universelles regles de son art, etc., par le même. *Paris, A. Bosse*, 1667, 1 vol. Ens. 3 vol. in-8, front. gr. et pl., v. br. (*Rel. anc.*) **15 fr.**

6025 BOSSUET. Defensio declarationis celiberrimæ quam de Potestate ecclesiastica sanxit Clerus Gallicanus, 1682. *Luxemburgi, 1730*, 2 tomes en un vol. in-4, v. m., portrait **10 fr.**

> Edition originale.

6026 BOSSUET. Discours sur l'histoire universelle. *Paris*, 1681, in-4, v. m. **15 fr.**

> Edition originale.

6027 BOSSUET. Instruction sur les Estats d'Oraison, ou sont exposées les erreurs des faux mystiques de nos jours *Paris*, 1697, in-8, v. **4 fr.**

6028 BOSSUET. Première (et séconde) Instruction pastorale sur les passages particuliers de la version du N. Testament, impr. à Trévoux *Paris*, 1702-1703. 2 vol. in-12, v. m. **12 fr.**

> Edition originale.

6029 BOSSUET. Recueil des oraisons funèbres *A Paris*, 1699, in-12, cart, *déchirure à un feuillet enlevant du texte.* **14 fr.**

> Edition originale, avec un nouveau titre.

6030 BOSSUET. Sermons choisis. *Paris, Didot*, 1844, in-12. 1|2 chag., portrait. **3 fr.**

6031 BOSSUET. Traité de la Communion sous les deux espèces. *A Paris, chez Delusseux, chevalier romain et libraire*, 1727, in-12 v. **3 fr.**

6032 BOSSUET. Traitez du libre-arbitre et de la concupiscence. Ouvrages posthumes de J.-B. Bossuet, évêque de Meaux. *Paris, Alix*, 1731, in-12, v. marb. **3 fr.**

> Edition originale

6033 BOTTS. Etat-civil, politique et commercial du Bengale, ou histoire des conquêtes et de l'Administration de la compagnie Angloise dans ce pays. *La Haye (Paris)*, 1775, 2 vol. in-8, 2 fig. d'Eisen, brochés, n. rog. **5 fr.**

6034 BOUCHER. Le Bouquet Sacré, ou le voyage de la Terre Sainte, composé des Roses du Calvaire, des lys de Béthléem et des Hyacinthes d'Olivet, par le R. P. Boucher, Mineur Observantin. *Rouen*, 1698, in-12, portr. s. bois, vél. (*Très rare*). **6 fr.**

6035 BOUCHER D'ARGIS. Vérités historiques, physiques et littéraires, ou recherches d'un scavant, contenant plusieurs pièces curieuses et intéressantes *Paris*, 1752, 3 tomes en 6 vol. in-12, v. m. **12 fr.**

> Dissertation sur l'origine du papier et parchemin timbré — Etymologies des noms françois des Provinces villes, bourgs, etc — Etymologie et prononciation de la capitale de la Guyenne — S'il faut l'appeler Bordeaux ou Bourdeaux — Bizarreries des Modes et des Usages. — Du Royaume de la Basoche. — De la dévotion des chasseurs pour St-Hubert, — Ancienne et singulière dévotion de la ville d'Evreux, etc, etc.

6036 BOUCHET. Serées de Guillaume Bouchet, juge et Consul des Marchands, à Poictiers. Livre premier, et nugae seria ducunt. *Imprimé sur la copie faicte à Poictiers*, 1585, pet in-12, parch. (*Mouillures et piq. de vers*). **10 fr.**

6037 BOUFFLERS (Œuvres du Chevalier). *A La Haye, chez Detune*, 1782, in-24, demi-cart., n. r. **2 fr. 50**

6038 BOULAINVILLIERS. Etat de la France dans lequel on voit tout ce qui regarde le gouvernement ecclésiastique, le militaire, la justice, les finances, le commerce, les manufactures, le nombre des habitants, et en général tout ce qui peut faire connoître à fond cette monarchie, on y a joint une nouvelle carte de la France divisée par Généralités *Londres*, 1737 4 vol. in-12, portraits bas. (*Mouillures et piqûres de vers au tome 1*). **10 fr**

6039 BOULAINVILLIERS (Cte de) Histoire de l'ancien gouvernement de la France, 3 vol, — Mémoires présentés à Mgr. le duc d'Orléans, 2 vol. *La Haye et Amsterdam*, 1827. Ensemble 5 vol. in 12, veau f. ant. **10 fr.**

6040 BOULAINVILLIERS (de). Essais sur la Noblesse de France, contenant une dissertation sur son origine, et son abaissement. *Amsterdam*, 1732, in 12 veau (*mouillures.*) 4 fr.

6041 BOULAINVILLIERS. Histoire de l'ancien gouvernement de la France, avec XIV lettres historiques sur les parlemens ou Etats-Généraux par feu le C. de Boulainvilliers. *La Haye et Amsterdam*, 1727, 3 vol in-12, v. gr. **6 fr.**

6042 BOULLÉE (A.). Etudes biographiques sur Louis-Philippe d'Orléans, dernier roi des Français. *Paris*, 1849, gr. in-8, demi-chag. vert. **4 fr. 50**

6043 BOURGOIN (J.). La Chasse aux larrons, ou avant-coureur de l'histoire de la Chambre de Justice. Des livres du bien public et autres œuvres faits pour la recherche des finances et de leurs tauteurs. *S. l. (Paris)*, 1618, pet. in-4. v. ant. (*Piq. de vers sur la marge du bord*). **10 fr.**

> Volume très rare. La dédicace au Roy commence ainsi : « Sire, de tous tems ceux qui manient les finances n'ont pas este seulement soupçonnez d'y mal verser, mais convaincus de les voller ouvertement, artistement ».

6044 BOURSAULT. Lettres nouvelles, accompagnées de fables, remarques. bon mots, avec sept lettres amoureuses d'une dame à son cavalier. *Paris*, 1697, in-12 veau (*Rare*). **6 fr.**

6045 BOURSAULT. Pièces de théâtre de Mr Boursault. 2 vol in-12 v. **20 fr.**

> Germanicus, 1694. — Marie-Stuard, 1691. — La comédie sans titre, 1694. — Phaeton, 1694 — Méléagre, 1694. — Esope à la Cour, 1708. — Les fables d'Esope. Presque toutes ces pièces sont en éditions originales.

6046 BOUTADES d'un Vieux Grognard, chansons dédiées à ses frères d'armes, par un capitaine d'infanterie. *Havre, Morlent*, 1836, in-16, br. (*Mouillures*). **3 fr.**

6047 **BRACCIOLINI.** Le Dédain amoureux. *Paris, Guillemot*, 1603, un vol. pet. in-12, vélin (Rare) 5 fr.

6048 **BREREWOOD.** Recherches curieuses sur la diversité des langues et religions en toutes les principales parties du monde, mise en françois par J. de la Montagne. *Saumur*, 1663, in-8, v. br. 8 fr.

6049 **BROSSES** (Ch. de). Du culte des dieux fétiches, ou parallèle de l'ancienne religion d'Egypte avec la religion actuelle de la Nigritie. *S l. (Paris)*, 1760, in-12 cart. demi-toile. non rog. (*Cart. d'amateur*). 3 fr.

6050 **BROSSES** (de). Traité de la formation mechanique des langues et des principes physiques de l'Etymologie (par le président de Brosses) Paris, an IX, 2 vol. in-12, v. 4 fr. 50

6051 **BRIVET** (V.). Nouveau traité des Robes, ou nuances chez le cheval, l'âne et le mulet, chez l'espèce bovine et chez les petites espèces domestiques. *Paris*, 1844, in-8 br. 2 fr.

6052 **BRUYS.** Histoire des papes, depuis Saint Pierre jusqu'à Benoist XII (par Fr. Bruys). *La Haye*, 1732, 5 vol. in-4, veau. 20 fr.

Bruys fit imprimer cette histoire pendant son séjour en Hollande, alors qu'il venait d'embrasser la Religion reformée, ce qui explique pourquoi ce livre est fait dans un esprit d'hostilité contre la Cour de Rome. (Barbier, dict des anonymes). Vendu 72 fr. Vitte Méon.

6053 **BUDAEI** Gulielmo), conciliari regii libellorumque magisiri iu praetorio, Forensia. *Lutetiæ, excudêbat Rob. Stephanus*, 1548. — Forensium verborum et loquendi generum quæ sunt a Gulielmo Budaeo proprio commentario descripta, gallica de foro parisiensi sumpta Interpretatio ; cui ex adverso respondet Latina et Guilielmi Budaei Forensibus collecta Interpretation. *Lutetiæ, ex officina Rob Stephani*, 1545. Ensemble 1 vol. in-fol , v. marb. 15 fr.

6054 **BUFFIER.** Les principes du raisonnement exposés en deux logiques nouvèles (sic) avec des Remarques sur les logiques qui ont eu le plus de Réputation de notre temps. *A Paris*, 1714, un vol. in-12, v. m 3 fr.

6055 **BUISSON** (du). La Vie du vicomte de Turenne, Maréchal général des Camps et armées du roi, etc. *Cologne, chez Jean de Clou*, 1685, in-12, front. grav., v. ant. 3 fr.

6056 **BULLETIN** du Bibliophile, publié par Techener, de l'origine 1834 à 1868 inclus., 35 années en 24 vol., rel., br., et en livraisons. 65 fr.

Les années 1834 à 1856, en demi-rel. v. f, les autres années brochées. Manque dans l'année 1868, Janvier, Juillet et Août.

6057 **BULLETIN DU BIBLIOPHILE,** publié par J. et L. Techener, sous la direction de MM. Paulin Paris, G. Duplessis, Aimé Martin, G. Brunet, Jér. Pichon. Leroux de Lincy, Ch. Asselineau, etc., etc. *Paris, Techener*, 1846-1875, 27 vol. in 8, br. et en livr. 42 fr.

Manquent les années 1847 et 1854

6058 **BURIGNY.** Vie de M. Bossuet, évêque de Meaux. *Paris*, 1761, in-12, broché, non rogné 3 fr.

6059 **BURY** (de). Histoire de la vie de Henri IV. *Paris*, 1779, 4 vol. in-12, portraits; v m. 6 fr.

6060 **CABRIE.** Le Troubadour moderne ou Poésies populaires de nos provinces méridionales, trad. en français et précédées d'un discours sur la langue et la littérature provençale

depuis leur origine jusqu'à nos jours. *Paris*, 1844, in-8, br. 4 fr.

Traduction de Goudouli, Gautier, Daubasse, Sage, Dupuy de Carpentras, Gros, Despourrins, Polabon, Fabre, Jasmin, Vidal, Désanat de Tarascon, etc, etc.

6061 **CADEAU** des Muses, étrennes utiles et agréables pour les années : an XIII (1804 et 1805) - 1823 - 1824-1826-1827-1828-1829-1830-1832-1833-1834-1835-1836-1849-1840-1841-1842-1845-1848 1852-1855-1856-1858-1859-1860. *Falaise*, 1804-1860, 25 vol. in-32, br. 5 fr.

6062 **CAEN** Les origines de la ville de Caen (par Huet, évesque d'Avrancl.es). *A Rouen, chez Maurry*, 1706. in-8 bas , piq. de vers (Rare). 10 fr.

6063 **CAEN** (Impression de). Hallai (Ant.). Opuscula Miscellanea. *Cadomi*, 1675, un vol. in-8, vélin. 5 fr.

Rare.

6064 **CAHORS.** Le Manifeste du Scindic de l'Université de Cahors, contre les Pères Jésuites, pour estre leu devant Messieurs du Conseil privé du Roy. *S. L.*, 1624, in-8, 16 pp., dérel. 5 fr.

6065 **CAILLOT.** Nouveau dictionnaire proverbial, satirique et burlesque. *Paris*, 1826, in-12 br. 4 fr.

Curieux.

6066 **LE CALENDRIER** ecclésiastique pour l'année 1738. *Utrecht*, 1738, un vol. petit in-12 v. 2 fr. 25

6066 bis — Le même, pour l'année 1741. 2 fr. 25

Avec le nécrologe des personnes qui depuis un siècle se sont le plus distinguées par leur piété, par leur attachement à Port Royal

6067 **CALLIAT** (V.). Histoire de l'hôtel de ville de Paris, suivie d'un essai sur l'ancien gouvernement municipal de cette ville par Le Roux de Lincy. orné de huit planches sur acier, par V. Calliat. *Paris, Dumoulin*, 1846, in-4, broché. 10 fr.

6068 **CAMPISTRON.** Œuvres, nouvelle édition, corrigée et augmentée de plusieurs pièces qui ne se trouvent point dans les éditions précédentes. *Paris*, 1739, 2 vol. pet. in-8, v. f., tr. dor. 10 fr.

Bel exemplaire de J.-J De Bure l'aîné.

6069 **CAMUS** (A G.). Mémoire sur la collection des grands et petits voyages de Melchisedech Thevenot. *Paris, an XI-1802*, in-4, cart. n. rog. 7 fr.

Rare.

6070 **CAPELLONI** (Laurent). (Les Divers discours de), sur plusieurs exemples et accidens meslez, suivis et advenus (traduits de l'italien par Pierre de Larivez). *A Troyes, chez Jean Le Noble*, 1595, in-12, vél. (Q.q. feuillets tachés). 12 fr.

Volume recherché à cause du nom du traducteur, et comme production des presses troyennes.

6071 **CARLE** (P. J.) Histoire de fra Hieronimo Savonarola, par P.-J. Carle. *Paris. Hermann frères*, s d., in-8, portr., broché. 3 fr 50

6072 **CASATI** (C. Ch.). Notice sur les faiences de Diruta, avec une planche de la chromotypographie Danel. *Paris*, 1874, broch. gr. in-8. 2 fr. 50

6073 **CATALOGUE** de tableaux anciens des maîtres français du 18e siècle, formant la Collection de feu M. Jules Burat. *Paris*, 1885, in-4 broché, eaux-fortes. 7 fr.

6074 **CATALOGUE** de Tableaux anciens, formant la collection de feu M TENCÉ, de Lille, œuvre capitale de P.-P. Rubens, objets de curiosité, dessins, gravures, livres et catalogues. *Paris, P. Chevallier*, 1881, in-4, eau-forte, par Ramus d'après Rubens, br., couv.   4 fr.

6075 **CATALOGUE** de tableaux modernes des écoles Hollandaise, Allemande et Belge de la collection de feu Mr Van Walchren Van Wadenoyen. *La Haye*, 1875, in-8, pap. de Holl. broché, *eaux-fortes*.   4 fr.

6076 **CATALOGUE** de Tableaux vendus à Bruxelles, depuis l'année 1773. avec les noms de Maîtres mis en ordre alphabétique, et la désignation du sujet, de la grandeur et du prix de chaque pièce, en argent de change, avec l'extrait de la vie de chaque peintre. *Bruxelles*, 1773, in-8, br.   7 fr.

6077 **CATALOGUE** des Tableaux composant la collection C***, avec notice par Th. Gautier. *Paris, Escribe*, 1872, gr. in-8, br., couv.   2 fr.
 2 photographies représentant : Le Tasse dans la prison des fous, d'après Delacroix. — Angélique attachée au rocher, d'après Ingres.

6078 **CATALOGUE** illustré des Œuvres exposées au Palais de l'Ecole des Beaux-Arts. Mai 1881. (Tentures artistiques). *Paris*, 1881, in-8, pl. reproduites par la phototypie, br.   3 fr.

6079 **CAZOTTE** Œuvres badines et morales. *S. l*, 1776, 2 vol. in-8 v. 2 *fig de Cochin, grav. par Choffard*.   5 fr.

6080 **CHABODIE** (M. de). Le Petit Monde où sont représentées au vrai les plus belles parties de l'homme. *A Paris*, 1607 2 parties en un vol. in-8, v. br., frontisp. gravé.   10 fr.
 Livre singulier et fort rare, l'auteur était médecin à Limoges.

6081 **CHALAMONT**. Œuvres de Monsieur de Chalamont de la Visclède (provençal). *A Paris*, 1728. 2 vol. in-12 bas   5 fr.

6082 **CHAMISSO** (Adelbert de). Pierre Schlémihl, ou l'homme qui a perdu son ombre, suivi d'un choix de ses poésies Dessins de Myrbach, imprimés dans le texte. Préface par Henri Fouquier. *Paris, Librairie des bibliophiles*, 1887, in-4, pap. vél., cart. dos et coins de perc. r., non rog., couv.   18 fr.

6083 **CHAMPOLLION-FIGEAC** (J. J.). Nouvelles recherches sur les Patois ou Idiomes vulgaires de la France ; et en particulier sur ceux du département de l'Isère... *Paris*, 1809, in-12, demi-rel. bas.   7 fr.
 Volume rare.

6084 **CHANET**. Traité de l'Esprit de l'homme et de ses fonctions par le Sieur Chanet. *Paris, Aug. Courbé*, 1649, pet. in-8, vél. (*Rel. anc.*)   3 fr.

6085 **CHANSONS**, mots donnés par les membres du Caveau *Paris*, 1857-1877, 11 broch in-12, couv.   6 fr.
 Chansons sur des sujets champêtres. — Au hasard du Dictionnaire. — Les Plaisirs de la vie. — L'Alphabet en chansons. — Les Dieux de la Fable. — La femme. — Les Synonymes — Le Théâtre. — Le Palais de Justice — Les grandes et petites misères de la vie. — Chansons et Poésies d'Eugène Moreau.

6086 **CHASTELLAIN** (Georges). Œuvres, publiées par M. le baron Kervyn de Lettenhove, de l'Acad. royale de Belgique. *Bruxelles, Heussner*, 1863-66, 8 vol. in-8, pap. vergé, br.   10 fr.
 Au lieu de 48 francs.

6087 **CHATEAUBRUN** (de), *(né à Angoulême)*. Les Troyennes, tragédie. *Paris*, 1756. — Philoctète, tragédie. *Paris*. 1756. — Ensemble un vol. in-12, v. f.   4 fr.

6088 **CHAUMEAU**. Histoire de Berry, contenant l'origine, antiquité, gestes, prouesses, privilèges et libertés des Berruyers, avec particulière description du païs, recueilli par Jean Chaumeau. seigneur de Lassey. *Lyon, Ant. Gryphius*, 1566, pet. in-fol., fig sur bois et carte, v. j., fil., milieux dorés, tr. dor. (*Rel. anc.*)   35 fr.
 Ouvrage peu commun et très recherché. — Forte mouillure dans la marge inférieure.

6089 **CHÉNIER**. Œuvres de J. et d'André Chénier, précédées d'une notice sur Chénier, par Arnault, revues, corrigées et mises en ordre par D. Ch. Robert et ornées du portrait de J, Chénier, d'après Horace Vernet. *Paris, Guillaume*, 1826, 10 vol, in-8. demi-veau vert, dos orné, tr marb.   16 fr.
 Bonne reliure de l'époque.

6090 **CHENU** (Dr J.-C.) Aperçu historique, statistique et clinique sur le service des Ambulances et des Hôpitaux de la Société française de secours aux blessés des armées de terre et de mer pendant la guerre de 1870-71. *Paris, Dumaine*, 1874, 2 vol. in-4, br. Au lieu de 30 fr.   12 fr.

6091 **CHEVREAU**. Œuvres meslées. *La Haye, Moetjens*, 1697. 2 parties en 1 vol. in-12, portrait, vélin.   4 fr.

6892 **CHIFFLETII** (J.-J.). Opera politico-historica *Antverpiæ, ex offic. Plantin*, 1647-1658, 2 vol. in-fol. fig., v., br.   30 fr.
 Ce curieux et très rare recueil est composé de QUATORZE OUVRAGES, dont treize de J.-J. Chifffet et un de Goth. Wendelin, imprimés à diverses époques, de 1647 à 1858. Tous ces écrits ont pour but de prouver que Hugues Capet ne descendait pas de Charlemagne en ligne masculine, que la généalogie des rois de la troisième race par Childebrand, est une fable ; que la loi salique ne régissait point les Français qui sont entrés dans les Gaules ; que la sainte ampoule est une invention d'Hincmar, au IXe siècle ; que la maison d'Autriche a la prééminence sur celle de France, et qu'elle a des droits certains sur l'ALSACE et la LORRAINE.
 Aux armes de Louis PHELYPEAUX de la VRILLIÈRE Mouillures.

6093 **CHOCQUEEL** (W.). Essai sur l'histoire et la situation actuelle de l'industrie des Tapisseries et Tapis. *Paris, Guillaumin*, 1863, in-32, demi-rel. mar. r., tête dor., non rog.   2 fr.
 Cachet au verso de la table.

6094 **CHRISTIE** (Richard). Etienne Dolet the martyr of the renaissance a biography. *London*, 1889, in-8, cart. n. r., fac-simile.   15 fr.
 Publié à 25 francs. *Epuisé.*

6095 **CHORIER** (N.). Joannis Meursii Elegantiae Latino Sermons. *S. l. n. d.*, 2 tomes en 1 vol. in-12, demi-rel. veau.   10 fr.

6096 **CICÉRON**. Divers Traités. Editions de Orelli, Jahn, Halm, Niebuhr, Moser, etc., etc. Traductions de Bouhier et d'Olivet. Travaux de Vaucher, Jordan, Halm, etc., etc. 1850-1865. — Ens. 27 vol. in-8, rel. et br. et quelques brochures.   10 fr.

6097 **CLARETIE** (Jules). Le Drapeau. Illustrations par Kauffmann, gravées par Clapès. *Paris, Calmann Lévy (pour L. Conquet)*, 1886, pet. in-8, mar. vert olive, ornem. mosaique tricolore, encad. de fil. dor. sur le dos et les plats, 6 fil. a l'int., tr. dor. sur brochure, couv., étui. (*Chambolle-Duru*).   200 fr.
 L'un des 225 exemplaires tirés sur papier vélin à la cuve du Marais (n° 9) avec les vignettes en 3 états dont l'eau-forte pure.
 Très belle reliure MOSAIQUE de mar. bleu, blanc, rouge.

6098 CLÉMENT de RIS (Cte L.). Les musées de province. *Paris, Vᵉ Renouard,* 1859-1861, 2 vol. in-8, br. **5 fr.**

6099 CLERGET. Ornemens dédiés à S. A. R. la princesse Marie, publ. par Deflorenne, éditeur. *Paris, s. d.* Recueil de 120 planches en 1 vol. in-4, demi-reliure toile. **40 fr.**

6100 COEFFETEAU. Le tableau des affections humaines, auq. est traicté de leurs causes et de leurs effects, suivant les passions humaines, par Coeffeteau, evesque de Marseille. *Paris,* 1627, pet in-8, cart. **5 fr.**

Volume fort curieux.

6101 COEFFEURS (Les) de dames contre ceux des messieurs. *Paris,* 1769, plaq. in-8, demi-rel. mar. cit., tête dor., non rog. (*Thibaron*) 8 fr. 50

Cette pièce contient des détails piquants sur les services des coiffeurs de dames.

6102 COLLECTION ACADÉMIQUE composée des mémoires, actes ou journaux des plus célèbres académies et sociétés littéraires, (*étrangères*), des extraite des meilleurs ouvrages périodiques et des pièces fugitives les plus rares. *Dijon,* 1766, 13 vol. in-4 veau. **13 fr.**

6103 COLLETET (Guill). Poésies galantes, amoureuses et coquettes. *Paris J.-B. Loyson,* 1673, in-12, demi-rel. chag. r. (*Titre raccommodé et mouillures*). **4 fr.**

6104 COMINES (Ph. de). Mémoires de Philippe de Comines, où l'on trouve l'histoire des rois de France Louis XI et Charles VIII. nouvelle édition enrichie de notes par mess. Godefroy, augmentée par l'abbé Lenglet du Fresnoy. *Londres et Paris, Rollin,* 1747, 4 vol. in-4, v. marb. (*Mouillures*). **22 fr.**

Frontispice par B. Picart, gr. par Duflos, vignettes et portraits.

6105 COMMINES et NICOLE GILLÈS Annales et Croniques de France, depuis la destruction de Troyes iusques au temps du Roy Louis onzième, iadis composées par Maistre Nicolas Gilles. Imprimées nouvellement sur les corrections du seigneur Denis Sauvage et additionnées iusques à cest an 1553. *Paris, Galiot du Pré,* 1553, 2 tomes, vign. sur bois. — Les Mémoires de messire Philippe de COMMINES sur les principaux faicts et gestes de Louis onzième et de Charles huictième son fils, Roys de France. Reveus et corrigés par Denis Sauvage. (*Paris, G. du Pré,* 1552. — Ens. 2 ouvrages en 1 vol in-fol. bas **50 fr.**

Éditions très rares. Bon Exemplaire.

6106 CONTANT D'ORVILLE. Manuel des châteaux ou lettres contenant des conseils pour former une bibliothèque romanesque, pour diriger une comédie de société et pour diversifier les plaisirs d'un salon. *Paris,* 1779, in-8, demi-rel. bas. **3 fr. 50**

6107 CONTES GRIVOIS, en vers, par un épicurien. *Paris,* 1869, pet in-8 broch. **3 fr.**

La vieille Gouvernante. — Sous le litre — Le Mari complaisant. — Lise et son Curé. — Le Palliatif. — La Ronde des Nuits, etc., etc.

6108 CONTES MOGOLS. Les Sultanes de Guzarate (par Gueullette). *Paris,* 1732, 3 vol. in-12, v. m. (*Ed. orig.*). **7 fr.**

6109 CONTES moins contes que les autres, sans Parangon et la Reine des fées (par de Preschac). *Paris,* 1724, in-12, veau. (*Édition originale*). **3 fr.**

6110 COPPIE des memoires secrets, en forme de missive, envoyez de Bloys par un polytique mal asseuré à un sien amy, aussi polytique, de cette ville de Paris, avec la res-

ponce ; contenant sommairement et au vray l'estat auquel presentement sont les affaires du roy et de l'union, catholique et generalle de France. *S. l.,* 1588, pet. in 8 de 30 pp., cart. **4 fr.**

6111 CORDIER. Coumedies en patois Meusien. — Le Bie — L'Echainge. — La Dispute. *Bar-le-Duc.* 1870, in-8, br. **5 fr.**

Épuisé et peu commun.

6112 CORNEILLE. Le Théâtre de P. Corneille Reveu et corrigé par l'autheur. A Rouen et se vend à Paris chez G. de Luyne (et Th. Jolly, pour le tome IV). 1668, 4 vol. in-12, bas. **30 fr.**

Édition rare. Exemplaire bien conforme à la description de la Bibliographie Cornélienne.

6113 CORNEILLE (P.) Théâtre de P. Corneille avec des Commentaires, (par Voltaire) et autres morceaux intéressans. *S. l.,* 1776, 10 vol. in-8, figures de Gravelot, veau fauve. (*Rel. anc.*) **20 fr.**

6114 CORNEILLE (P.). Œuvres diverses de Pierre Corneille. *Paris,* 1738, in-12, v. **5 fr.**

Édition originale publiée par l'abbé Grasset

6115 CORNEILLE (P.). Andromède, tragédie, représentée avec les Machines sur le Théâtre royal de Bourbon. A Rouen, chez Laurens Maurry, 1651 et Paris, Ch. de Sercy, in 4, non relié. **60 fr.**

Édition originale.

6116 CORNEILLE (P.). Rodogune, princesse des Parthes, tragédie, par Pierre Corneille. *Imprimé à Rouen, et se vend à Paris, chez Toussainct Quinet, au Palais, sous la montée de la Cour des Aydes,* 1647, *avec privilège du Roy* (A la fin :) *Achevé d'imprimer pour la première fois, le dernier jour de janvier* 1647, in-12 de 10 ff. et 87 pp. cart. toile **20 fr.**

Edition originale in-12.

6117 CORNEILLE (P.). Tite et Bérenice. *A Paris,* 1679, in-12, derelié. **3 fr.**

6118 CORNEILLE (Thomas) Le Feint Astrologue, comédie *A Rouen, chez Laurens Maurry,* 1651, *et Paris, Ch. de Sercy,* in-4, dérel. **60 fr.**

Édition originale.

6119 CORNEILLE (Th.). Laodice, Reyne de Cappadoce, tragédie. A Rouen, et se vend à Paris chez Claude Barbin, 1668. — Le Baron d'Albikrac, comédie. *Paris,* 1669. — La Mort d'Annibal, tragédie. Rouen et Paris, 1670. — La Comtesse d'Orgueil, tragédie. Rouen et Paris, 1671. — Ariane tragédie. Paris, 1672 — Théodat, tragédie. Paris, 1673. — Ensemble 6 pièces en un vol. in-12, bas., tr. dor. (*Rel. anc*) **30 fr.**

Éditions originales.

6120 CORNEILLE (Th.). La mort d'Annibal, tragédie *Paris,* 1670, in-12 v. **5 fr.**

Edit. orig.

6121 CORNUCOPIAE, sive linguae latinae commentarii diligentissime recogniti : atq ex archetypo emendati. *Venetiis in œdibus Aldi,* 1513, in-folio à deux col. demi-rel. veau. **6 fr.**

6122 COSTE D'ARNOBAT (C.) Essai sur de prétendues découvertes nouvelles, dont la plupart sont âgées de plusieurs siècles. *Paris,* an XI-1803, 2 part. en 1 vol. in-8, br. **5 fr.**

Pour fabriquer un navire qui puisse s'élever en l'air et naviguer à voiles et à rames, ce qui est démontré possible. — De quelle manière un aveugle-né peut apprendre à écrire. — Manière d'apprendre à parler aux sourds-muets, etc., etc.

6123 COURT (L. de). Variétés ingénieuses ou

recueil et mélanges de pièces curieuses et amusantes (par L. de Court). *Paris*, 1725, un vol. in-12, v. br.   3 fr.

6124 **COURTIN** (A. de). Traité de la jalousie ou moyens d'entretenir la paix dans le mariage (par Ant. de Courtin). *Jouxte la copie imprimée (Hollande) à Paris, chez Helie Josset*, 1677, pet. in-12, v. ant. (*Feuillets tachés*). 3 fr.

6125 **COURTOIS** (J. F. P.) La Bonapartide ou le nouvel Attila ; tableau historique et national en douze livres, en vers, avec des notes à la fin, *Paris*, 1819, in-8, dem.-bas.   3 fr. 50

6126 **COUSTEAU**. La Farce de Maistre Pathelin, avec son Testament à quatre personnages. Nouvelle édition. *A Paris, chez Durand*, 1762, in-12 v. rac., dos orn.; tr. p. (*Rel. anc.*).   8 fr.

6127 **COUSTUREAU** (Nic.) Histoire de la vie et faits de Louis de Bourbon, surnommé le Bon, premier duc de Montpensier, contenant ce qui s'est passé de remarquable de son vivant, sous le règne des Roys Henri II, François II, Charles IX et Henri III, par Nic. Coustureau, seigneur de la Jaille, mise au jour, par le sieur Du Bouchet. *Ronen, J. Cailloue*, 1645, in-4, v. ant. (*Mouillures*).   20 fr.
Très rare Brunet n'en fait pas mention.

6128 **CRÉBILLON**. Œuvres de Crébillon, nouvelle édition ornée de figures dessinées par Peyron *Paris*, an VII, 2 vol. in-8, v. rac 8 fr.

6129 **CRÉBILLON FILS**. Le Sopha, conte moral, nouv. édit revue, corrigée et augmentée d'une introduction historique, par M. J D. C. *A Pékin, chez les Libraires associés*, 1774, in-12, br. n. rog.   3 fr. 50

6130 **CRÉBILLON FILS**. Tanzaï et Néadarné, histoire japonoise *A Pékin (Paris)*, 1734, 2 vol. in-12, v. m., titre rouge et noir.   6 fr.
Edition originale, rare.

6131 **CRÉBILLON** (Fils). Tanzaï et Neadarné, histoire japonoise avec figures. *Pékin (Paris)*, 1743. 2 vol. pet. in-12, v. 2 *titres gravés et 3 fig.* non signées.   9 fr.
D'après Cohen 40 à 50 francs.

6132 **CRETIN** (Les poésies de Guillaume). *Paris, A. U. Coustelier*, 1723, in-12, mar r., dos orné, fil., tr. marb. (*Rel. anc.*).   12 fr.

6133 **CUMBERLAND** (G.). An Essay on the utily of collecting the best works of the ancient engravers of the italian school... by George Cumberland. *London*, 1827, in-4, portrait, dos et coins de maroq, tr. peig.   8 fr.

6134 **DAUDET** (A). L'Immortel, mœurs parisiennes. *Paris, Lemerre*, 1888, in-12, br. 22 fr.
Edition originale, avec la couverture
L'un des 10 exemplaires tirés sur papier du Japon

6135 **DAVID** (l'abbé A). Journal de mon troisième voyage d'exploration dans l'empire chinois. *Paris, Hachette et C⁰*, 1875, 2 vol. in-12, cartes, br.   4 fr.

6136 **DÉCOUVERTE** (la) des mystères du Palais, où il est traité des intendans des grandes Maisons, procureurs, avocats, etc. *Paris, Brunet*, 1694, in-12, veau ant.   10 fr.
Volume peu commun, contenant les tours que font au *Palais*, les praticiens peu consciencieux...

6137 **DELAUNEY** Histoire d'un pou françois, ou l'espion d'une nouvelle espèce, tant en France qu'en Angleterre, contenant les portraits des personnages intéressans de ces deux royaumes, etc. *Paris*, 1781, pet. in-8, v. marb.   10 fr.
Dans le même vol. . Le Diable dans un bénitier et le

metamorphose du Gazetier cuirassé en mouche. par par Pierre le Roux, revu, corrigé, et augmenté par l'abbé Aubert *Paris, imprim. Royale*, s. d.

6138 **DELECLUZE** (E. J.). Recueil de 22 brochures en 1 vol. gr in-8, demi-rel.   8 fr.
Le Vatican. — E. S. Piccolimini, Pie II —Roger Bacon. — Marco Polo. — Dante était-il hérétique ? — Francesco de Barberino. — F. Petrarque. — De l'art de bien gouverner un Etat. — Petrarque au Mont-Ventoux, etc.

6139 **DELVAU** (A.). Dictionnaire de la langue verte Nouv. édition conforme à la dernière revue par l'auteur, augmentée d'un Supplément par G. Fustier. *Paris, Marpon et Flammarion*, 1883, in-12, br. couv.   22 fr.
L'un des 50 exemplaires tirés sur papier du Japon.

6140 **DELVAU** (A.). Les Heures parisiennes, 25 eaux-fortes d'Emile Benassit. *Paris, Marpon et Flammarion*, 1882, in-12, cart. dos et coins de mar. gren. jans., non rog., couv.   36 fr.
L'un des 50 exemplaires tirés sur papier Whatman (n° 5), avec double épreuve des figures : en noir et en bistre.

6141 **DEMOUSTIER** (C. A.) Lettres à Emilie sur la mythologie. *Paris, Renouard*, 1809, 6 parties en 2 vol. in-8, 36 fig, par Moreau, grav. par Delvaux, de Ghendt, Roger, Simonet, Thomas et Trière, et 1 portr gravé par Gaucher, d'après Ducreux, demi-rel. v. vert, tr. mabr. (*Manque le titre de la 1re partie*)   18 fr.

6142 **DEMOUSTIER** (C. A.). Théâtre de C. A. Demoustier, *à Paris chez Ant. Aug. Renouard*, 1804, 2 tomes en 1 vol. in-12, veau.   3 fr.
Exemplaire en grand papier vélin.

6143 **DESMARETS DE SAINT-SORLIN**. Œuvres poétiques et de théâtre. *S. l n d.* (*Paris*), 1640, in-4 v. br.   25 fr.
Recueil factice comprenant : Roxane et Scipion, Tragi-Comédies. — Les Visionnaires et Aspasie, Comédies. Autres œuvres poétiques, 109 pp.

6144 **DÉSORMERY** (Mᵐᵉ Evelines) Poésies, recueillies et publiées par N. Delangle. *Paris, Delangle frères*, 1828, in-18, demi-rel. dos et coins de mar. vert, dos orné, fil., tête dor., n. rog. (*Thivel-Durvand*).   4 fr.

6145 **DES RUES** (F.) Coutançais. Les Fleurs du Bien-Dire ; recueillies és Cabinets des plus rares esprits de ce temps, pour exprimer les passions amoureuses, tant de l'un comme de l'autre sexe. Augmentées en cette dernière édition de plusieurs traictez très utiles conformes au sujet, comme se voit en la page suivante. *A Paris, chez Math. Guillernot*, 1603, in-12 vél.   8 fr.
Rare.

6146 **DESSEINS** (Les) de Monsieur le Prince envoyé au Roy et ce qui s'est passé entre les deux armées. En suitte ce qui est arrivé és deux iournées du passage de la rivière de Loire *Paris, Joseph Guerreau*, 1615, in-8 de 8 pp. demi-rel. v. f.   13 fr.

6147 **DICTIONNAIRE** biographique, comprenant la liste et les biographies des Notabilités dans les Lettres, les Sciences et les Arts, dans la Politique, la Magistrature, l'Armée, la Noblesse, etc., etc., du département de Seine-et-Oise, avec photographies des Notabilités de ce département. *Paris*, 1893, in-8, cart. toile. r. (*Cart. de l'éditeur*).   4 fr. 50

6148 **DILLY** (A.) Traité de l'âme et de la connoissance des bêtes, par A. D***. *Amsterdam, G. Gallet*, 1691, pet. in-12, front. gr. (*Imprimé avec les caractères elzéviriens*).   2 fr. 50

6149 DIOGENE LAERTIUS. Le Diogene françois, tiré du grec, ou Diogene Laertius touchant les vies, doctrines et notables propos des plus illustres philosophes compris en dix livres, trad. et paraphrasé sur le grec. par Franç. de Fougerolles. *Lyon,* 1602. 1 fort vol. in-8, v. marb. (*Rare*) 7 fr.

6150 DISCOURS d'aucuns propos rustiques facecieux (sic) et de singuliere recreation ou les ruses et finesses de Ragot. (Capitaine des Gueux, par Léon Ladulfi (Noel du Fail). *S. l* 1732, pet. in-12 v. 3 fr.

6151 DISCOURS et Rapport véritable de la Conférence tenue entre les Deputez de la part de M. le Duc de Mayenne, Princes, Prélats et Estats generaux assemblez à Paris : Avec les Deputez de MM. les Princes, Prélats, Seigneurs et autres Catholiques estants du party du Roy de Navarre. *Paris, Fr. Morel,* 1593, in-8, vél. 12 fr.

6152 DISRAELI. Curiosités de la littérature, trad. de l'anglais par M. Bertin. *Paris* 1810. 2 vol. in-8 bas. 3 fr.

6153 DORAT. Lettre de Barnevelt, dans sa prison, à Truman, son ami, précédée d'une lettre de l'auteur (C.-J. Dorat) *Paris, Séb. Jorry,* 1763, in-8, demi-rel. toile, tr. rouge. 3 fr.

Figures et vign. d'Eisen,

6154 DORAT Lettre de Zeïla, jeune sauvage esclave à Constantinople, à Valcour, officier français. *Genève et Paris, Bauche,* 1766. 1 fig., 1 vign. et 1 cul-de-lampe par Eisen grav. par de Longueil. — Réponse de Valcour à Zeïla, précédée d'une lettre de l'auteur à une femme qu'il ne connaît pas. *Paris, Séb. Jorry,* 1766. 1 fig., 1 vign. et 1 cul-de-lampe par Eisen grav. par de Longueil et Aliamet. — Lettre de Valcour à son père, pour servir de suite et de fin au roman de Zeïla *Paris, Sébastien Jorry,* 1767. 1 fig., 1 vign et 1 cul-de-lampe par Eisen, grav. par Simonet. Ensemble 3 ouvrages en 1 vol. in-8, cart. 3 fr.

6155 DORAT Pierre le Grand ; tragédie. *Paris,* 1779, frontisp. dess. par Queverdo — Les prôneurs ou le Tartuffe littéraire ; comédie. *Paris,* 1777, frontisp. et 2 fig. par Marillier. — Le Bureau d'Esprit ; comédie en 5 actes par le chev. de Rutledge. *Liège,* 1777. Ensemble un vol in-8. 3 fr.

6156 DORLÉANS (Louys). La plante humaine sur le trespas du roy Henry le Grand. *Paris, Huby,* 1612, in-8, parch. (*mouillures*). 10 fr.

Volume rare, où il est traité du rapport des hommes avec les plantes qui vivent et meurent de mesme façon ; et où se réfute ce qu'a escrit *Turquet* contre la Regence de la Royne et le Parlement, en son livre de la *Monarchie aristo-démocratique*

6157 DOUJAT (J.). La Clef du grand Pouillé de France ; composée du dénombrement des Archevêchez, évêchez et abbayes : plus la liste des prieurez, saintes chapelles, dignitez de chapitres, canonicats ou prébendes et autres bénéfices de ce royaume, dépendans de la nomination ou collation du Roy. *Paris, Gilles Alliot,* 1671, in-12, v. ant. (*mouillures*). 10 fr.

Ensemble des catalogues des couvents, monastères et maisons de tous les ordres religieux, et des congrégations et missions, avec les provinces et diocèses où ils sont situez, et les fondations et filiations de chaque Maison, etc.

6158 DROICT de GAILLARD (P). Méthode qu'on doit tenir en la lecture de l'histoire, vray miroir et exemplaire de nostre vie. Plus un frontispice de l'histoire, translaté d'un nouveau discours latin de Muret, par Fed. Morel, interprète du roy. *Paris,* 1604, in-12, veau brun, tr. dor. (*Très curieux*). 8 fr.

6159 DROUINEAU (Gust.). L'Ironie. *Paris, Ch. Gosselin,* 1834, 2 vol. in-8 br., couvert. imp. 12 fr.

Edition originale ; quelques mouillures au tome 1ᵉʳ.

6160 DU BELLAY (J.). Divers jeux rustiques et autres œuvres poétiques de Joachim du Bellay, gentilhomme angevin. *A Paris,* 1569, in-8, cart., tr. dor. 10 fr.

6161 DU BELLAY (J.). L'Olive et autres œuvres poétiques de Joachim du Bellay, angevin. *A Paris, de l'imprimerie de Féderic Morel,* 1569, in-8 cart., tr. dor. 10. fr.

6162 DU BOIS (Louis). Histoire civile, religieuse et littéraire de l'abbaye de la Trappe, suivie de chartes et pièces justificatives la plupart inédites (par Louis du Bois). *Paris,* 1824, in-8 br, portrait. 4 fr.

6163 DUCHESNE (André). Les antiquitez et recherches des villes, chasteaux et places plus remarquables de toute la France; œuvre enrichie des fondations, situations et singularités des dites villes, etc. *A Paris,* 1684, un fort vol. in-8 de 1040 pag, v. br. 14 fr.

Rare.

6164 DU CHESNE (André). Bibliothèque des autheurs qui ont escrit l'histoire et topographie de la France. Divisée en deux parties, selon l'ordre des temps et des matières, par André du Chesne. *Paris, Sébastien Cramoisy,* 1627, in-8, vélin. 9 fr.

6165 DUCLOS. Acajou et Zirphile, conte. *A Minutie.* 1776. — Réponse du public à l'auteur d'Acajou (par Fréron). *A Minutie,* 1776 —Faunillane, ou l'Infante jaune (par Duclos). *A Radinopolis,* 1767. — Le Zinzolin, jeu frivole et moral (attribué à Luneau de Boisjermain). *Amsterdam* 1769 Ensemble 4 ouvrages en 1 vol in-12, fig., v. marb. (*rel. fatiguée*). 3 fr.

1 frontispice avec la réduction des 9 figures de Boucher, pour *Acajou et Zirphile,*

6166 DUGAST de **BOIS-SAINT-JUST** (Mᵐ J.-L.-M.). Paris, Versailles et les Provinces, au XVIIIᵉ siècle. *Paris,* 1811, 2 vol. in-8, bas. rac. 5 fr.

Curieux à consulter.

6167 DU LAURENS (Abbé H.-J.). Le Compère Mathieu, ou les bigarrures de l'esprit humain (Par l'abbé Henri-Jos. Du Laurens). *Londres, aux dépens de la Compagnie,* 1772. 3 vol. in-12, veau porph., dos orné, fil., tr. marb. 7 fr.

6168 DUMAS FILS (A.). L'Etrangère, comédie en cinq actes. *Paris, C. Lévy,* 1877, gr. in-8, titre r. et n., cart., dos et coins de perc. bl., non rog., couv. 10 fr.

Edition spéciale tirée à 15 exemplaires. L'un des 40 sur papier de Hollande avec la signature autographe de l'auteur sur la garde.

6169 DUMAS FILS (Alexandre). La Question d'Argent, comédie. *Paris,* 1857, in-12 broché, couverture. 3 fr.

6170 DU NOYER (Mᵐᵉ). Lettres historiques et galantes par Madame de C. *Cologne,* 1707, pet. in-12 bas. 3 fr.

6171 DUPLEIX (Scipion). Les causes de la veille et du sommeil, des songes et de la vie et de la Mort. *A Paris, chez Fᵒⁱˢ Gueffier,* 1613, in-12, parch. ant. 8 fr.

Très rare.

6172 DUPLESSI-BERTAUX Recueil de 36 sujets de divers genres dessinés et gravés par J. Duplessi-Bertaux. 3 albums pet. in-8. 8 fr.

Vie de l'Enfant prodigue, 12 planches. — Mendiants, 12 planches. — Métiers, 12 planches.

6173 DUPRAT (Pascal). Essai historique sur les races anciennes et modernes de l'Afrique septentrionale Leurs origines, leurs mouvements et leurs formations depuis l'antiquité la plus reculée jusqu'à nos jours. *Paris, 1845,* in-8 br. (Rare) 7 fr.

6174 DU PUY (P.). Histoire des plus illustres favoris anciens et modernes, recueillie par feu Monsieur P. D. P. Avec un journal de ce qui s'est passé à la mort du maréchal d'Ancre. *A Leide, chez Jean Elsevier, 1659,* in-4, v. ant 9 fr.

> Les initiales P. D. P. désignent Pierre Dupuy. Le volume s'ouvre par une longue épître dédicatoire de J. Elzevier « au comte Fabian, Cte de Donn, etc. »
> Cette édition est la seule qu'aient imprimée les Elzévier.
> Willems, n° 852.

6175 DUPUY-DEMPORTES. Histoire du ministère du chevalier Robert Walpole. *Amsterdam, Marc Michel Rey, 1764,* 3 vol. in-12, veau gran. 5 fr.

6176 DUREAU DE LA MALLE. Province de Constantine. Recueil de renseignements pour l'expédition ou l'établissement des Français dans cette partie de l'Afrique. *Paris, 1837,* un vol. in-8 br. Cart. 3 fr. 50

6177 DU RYER. Lisandre et Caliste, tragi-comédie (en vers), par le Sr Du Ryer. *Paris, 1632,* pet. in-8, vél. 24 fr.

> Edition originale. Cette pièce est dédiée à la duchesse de Longueville.

6178 DU SOUHAIT. Le bon Ange du roy par le sieur Du Souhait. *A Paris, J. Rezé,* 1599, pet. in-8 de 14 pp, demi-rel. toile, (cart. d'amateur). 10 fr.

6179 DUTENS. Œuvres de Mr L. Dutens. *Genève, 1784,* in-8, veau. 4 fr.

> Comprenant : Son traité des pierres précieuses. — La Logique. — Ses poésies, etc.

6180 DU TILLET (Jean). Chronique des Roys de France, puis Pharamond iusques au Roy Henry, second du nom, selon la computation des ans, iusque en l'an mil cinq cens quarante et neuf. Le Catalogue des Papes, puis St-Pierre, iusques à Paul, tiers du nom. Catalogue des Empereurs, puis Octouian César iusques à Charles V du nom. *On les vend à Paris, par Galiot du Pré, 1550,* pet. in-8, demi-rel. v. bl., dos orn. 6 fr.

6181 EMPIRE DES LÉGUMES (l'). Mémoires de Cucurbitus 1er, et mis en ordre par MM. Eugène Nus et Antony Meray, dessins par Amédée Varin, *Paris, G. de Gonet. s. d. (1850),* gr. in-8, planches hors texte color., demi-rel. chag. gren, dos orné. (*Rel de l'époque*). 32 fr.

> Première édition.

6182 EON. Les Loisirs du Chevalier d'Eon. *Amsterdam, 1774,* 13 vol. in-8, v. (Rare). 12 fr.

6183 ERASME Éloge de la Folie, traduit par V. Develay, et accompagné des Dessins de Hans Holbein. *Paris, Librairie des bibliophiles, 1872,* in-8 raisin, pap. de Holl., fig., demi-rel. dos et coins de mar. La Vall. foncé jans, tête dor., non rog. (*Champs*). 22 fr.

6184 ESPION ANGLOIS (L') ou Correspondance secrète entre Milord All'eye et Milord All'ear. *Londres, 1778-1785,* 10 vol. in-12 cart. non rognés. 25 fr.

> Le tome 10 est en reliure veau m.

6185 ESPRINCHARD (Jaques). L'Histoire Auguste, en II volumes, contenant les vies des Empereurs Romains depuis Jules Cæsar jusques à Rodolphe II lequel domine à present. Recueillie de divers autheurs anciens et modernes par Jaques-Esprinchard, Sr du Plom, etc. *Genève, Sam. Crespin, 1610,* 2 vol. in-8, vél. (*Mouillures et cachet sur les titres*). 10 fr.

6186 ESSAI sur la littérature espagnole. *Paris, 1810,* in-8 br. 2 fr. 25

> Cet ouvrage est de Malmontet, il a été publié par B. Lecouteux de Canteleu, comte de Fresnelles.

6187 ESSAIS historiques sur la vie de Marie-Antoinette d'Autriche (attribué à P.-E. Goupil). *Londres, 1789,* 2 parties en 1 vol. in-8, bas. f. (*Mouillures*). 17 fr.

> Pamphlet des plus violents. Très rare avec la seconde partie.

6188 ESSAY sur les feux d'artifice pour le spectacle et pour la guerre, par M. P. d'O. (Perrinet d'Orval). *A Paris, 1745,* in-8 planches, v. br. 6 fr.

6189 ESTIENNE (Henri). Apologie pour Hérodote, ou traité de la conformité des merveilles anciennes avec les modernes. *A la Haye, chez Henri Scheurleer, 1735,* 3 vol. in-12, figures vélin. (*Edition estimée*). 18 fr.

6190 ESTIENNE (Henri). La Précellence du Langage françois. Nouv. édit. accompagnée d'une étude sur Henri Estienne et de notes philologiques et littéraires, par L. Feugère. *Paris, Delalain, 1850,* in-12, br., couv. 4 fr.

> Rare.

6191 ETAMPES. La prise d'Etampes, poème latin inédit, de Pierre Baron, traduit en français, avec le texte en regard et des notes, et précédée d'une notice biographique sur l'auteur, par Paul Pinson. *Paris, 1869.* 1 vol. in-12, broché, papier de Hollande 2 fr.

> Curiosité bibliographique tirée à cent trente exemplaires et épuisée depuis longtemps.

6192 — Le même ouvrage, exemplaire sur papier de Chine nankin, dont il a été tiré dix-sept exemplaires seulement. 3 fr.

6193 FALLOT (G.). Recherches sur les formes grammaticales de la langue française et de ses dialectes au XIIIe siècle, pub. par P. Ackermann, précédé d'une notice sur l'auteur par B. Guérard. *Paris, imprim. royale, 1839,* in-8 br. 7 fr.

> Rare.

6194 FALLOUX (Cte de). Madame Swetchine, journal de sa conversion, méditations et prières *Paris, Vaton, 1863,* in-8, br. n. c. (*Mouillure aux 8 prem. ff.*). 3 fr.

6195 FAUCHET (Claude). Les Antiquitez et histoires gauloises et françoises, contenant l'origine des choses advenues en Gaule et es Annales de France *Genève, 1611,* in-4, v. f. ant. 10 fr.

> Dans le même volume : Origine des dignitez et magistrats de France, recueillies par Cl. Fauchet. *Genève, 1611,* in-4.

6196 FAUCHET (Cl.). Origines des dignitez et magistrats de France. *Paris, J. Périer, 1600* — Origine des Chevaliers, armoiries et heraux. Ensemble de l'ordonnance, armes et instruments desquels les François ont anciennement usé en leurs guerres, recueillies par Claude Fauchet. *Paris, J. Périer, 1600.* — Ensemble 1 vol. in-8, v. marb. 6 fr.

6197 FAULCON (Félix). Mélanges législatifs, historiques et politiques, pendant la durée de la Constitution de l'an III. *Paris, 1801.* 2 vol. in-8, d.-v (*Curieux*). 4 fr.

6198 **FENELON**. Les Aventures de Télémaque, fils d'Ulysse, ou Suite du quatrième livre de l'Odyssée d'Homère. Suivant la copie de Paris. *A La Haye, chez Adrian Moetjens,* 1699, 3 tomes en 2 vol. pet. in-12, v. fauve, dent., tr. dor. (*Très-rare*).   10 fr.

6199 **FÉNELON**. Aventures de Télémaque fils d'Ulysse, ou suite du quatrième livre de l'Odyssée d'Homère. *A La Haye, chez Adrian Moetjens,* 1701, in-12, v. ant.   3 fr.

6200 **FÉNELON** Dialogues sur l'éloquence en général et sur celle de la Chaire en particulier, avec une lettre écrite à l'Académie françoise. *A Paris, chez Florentin Delaulne,* 1718, in-12, v., lég. mouillures   5 fr.

Edition originale.

6201 **FÉNELON**. Explication des Maximes des Saints sur la Vie intérieure *Paris,* 1697, in-12, maroquin vert du levant, fil. comp., dos orné, dent. int., tr. dor. (*Petit*).   20 fr.

Edition originale. Très bel exemplaire.

6202 **FÉNELON** (de). Explication des Maximes des Saints sur la vie intérieure. *A Paris, chez P. Auboin, P. Emery, etc ,* 1697, in-12, v. rac , dos orn., tr. p. (*rel. anc*).   5 fr.

Edition originale, petite piqûre de ver.

‡6203 **FÉNELON** Lettres sur divers sujets concernant la Religion et la Métaphysique par Fénelon *Paris,* 1718, in-12, v (*Edit orig.*)   7 fr.

‡6204 **FILON**. Du pouvoir spirituel dans ses rapports avec l'état, depuis l'origine de la monarchie françai-e jusqu'à la révolution de 1830. *Paris, Hachette,* 1844, in-8, br. (*Envoi d'auteur*).   5 fr.

‡6205 **FIRENZUOLA** (Tales of), Benedictine Monk of Vallombrosa (XVI th century), for the first time translated into english. *Paris, Liseux,* 1889, pet. in-12, pap. de Holl., br. n. c., couv.   8 fr.

Publié à 20 francs

6206 **FITELIEU** (de). La Contre-Mode. *A Paris, chez Edme Pépingué,* 1645, in-12 bas., piq. de verts.   15 fr.

Volume rare. — La Mode. — Teste à la mode. — Yeux à la mode. — Bouche à la mode. — Oreilles à la mode. — Mains à la mode — Religion à la mode etc , etc.

6207 **FLECK** (K). Flore und Blanse neflur eine erzahlung von Konrad Fleck, herausgehen von Emil Sommer. *Leipzig,* 1846, un vol in-8, cart Bradel.   8 fr.

6208 **FLEUR** (la) des chansons nouvelles, traitans partie de l'amour, partie de la guerre, selon les occurences du temps présent, composée sur chants modernes fort recreatifs. *Lyon, par Ben Rigaud,* 1586, in-16, cart, non rog.   5 fr.

Réimpression à très petit nombre.

6209 **FLORIAN**. Fables. Suite de 1 portrait et 10 compositions inédites de Moreau, gravées par Martial Paris, Rouquette, in-8, en feuilles dans un carton.   22 fr.

Epreuves en 2 états : eau-forte pure et eau-forte terminée avant la lettre, tirees sur Japon,

6210 **FLORUS** (L. A.) Cum notis integris Cl. Salmasii et selectissimis variorum, accurante S. M. D. C. Additus etiam L Ampelius. *Amstelodami, ex officina Elzeviriana,* 1660, in-8, front. gr , v. éc. ant.   4 fr.

Willems, n° 1258.

6211 **FLORUS** (L. A.) Cum notis integris Cl. Salmasii et selectissimis variorum, accurante S. M. D. C. Additus etiam L. Ampelius, ex-

bibliotheca Cl. Salmasii. *Amstelodami, ex officina Elzeviriana,* 1674, in-8, titre gr. par C. V. Dalen, vélin.   4 fr 50

Réimpression ligne pour ligne de l'édition de 1660. — Willems, n° 1490.

‡6212 **FOE** (Daniel de). La vie et les avantures surprenantes de Robinson Crusoé. *Amsterdam, chez l'Honoré et Chatelain,* 1721, 3 vol. in 12, figures et cartes, demi-rel., dos et coins de maroq. La Vall., tr. peig. (*Raparlier*).   20 fr.

6213 **FONTENELLE**. Jugement de Pluton sur les deux parties des Nouveaux Dialogues des Morts, par M. de Fontenelle. *A Paris,* 1704, in-12, v. fauve   5 fr.

Edition originale.

6214 **FRÉDÉRIC II** Mémoires sur le règne de Frédéric II, roi de Prusse, écrits par lui-même. *S. l.,* 1789, 13 vol in-8, v.   20 fr.

6215 **FRENICLE**. Jesus crucifié, poème. *Paris,* 1636, in-12, veau ant.   8 fr.

Rare. Exemplaire de Viollet le-Duc avec son ex-libris.

6216 **FURETIÈRE** (abbé de Chalivoy). Fables morales et nouvelles. *Paris,* 1671, in-12, v. br.   5 fr.

Edition originale. Très-rare.

6217 **FURETIÈRE**. Factum pour Messire Antoine Furetière, abbé de Chalivoy, contre quelques-uns de l'Académie françoise. *Amsterdam,* 1686. 2 parties en 1 vol. in-12, v.   4 fr.

6218 **GAGUIN** Compendium Roberti Gaguini super francorum gestis. *Parisiis, Joh Petit,* 1507, 1 vol pet. in-8, semi-goth , v. br.   9 fr.

6219 **GAGUIN**. Les cronicques de Maistre Robert Gaguin nouvellement imprimées. *A Paris,* l'an 1532, in-folio gothique, demi-rel. (incomplet du titre).   10 fr.

6220 **GAIL** (J B.) Lettres inédites de Henri II, Diane de Poitiers, Marie Stuart, François, roi dauphin, etc Adressées au Connétable Anne de Montmorency, et extraites du *Philologue...* ou correspondance secrète de la Cour sous Henri II, avec estampes et *fac-simile* de l'écriture des principaux personnages; d'après un mss. inédit de la bibliothèque du roi *Paris,* 1818, in-8, avec 1 fig. et 8 fac-simile, demi-rel. v. br., tête dor., éb.   2 fr. 50

6221 **GALTHERUS** (Ph). Philippi Galtheri poete Alexandridos libri decem. Nunc primum in Gallia gallicisque caracteribus editi. *Lugduni, R. Granjon,* 1558, in-4, car. cursifs, v. ant. marb., fil.   10 fr.

Edition rare.

Cachet sur le titre. Les premiers ff sont remmargés. C'est un des premiers livres imprimés en caractères cursifs, dits de civilité.

6222 **GARAT** (J.). Mémoires historiques sur la vie de M. Suard, sur ses écrits, et sur le XVIIIe siècle. *Paris, Belin,* 1820, 2 vol in-8, br.   5 fr.

6223 **GAULTIER** (abbé J.-B.). Lettres apologétiques pour les Carmélites du faubourg Saint-Jacques de Paris. *S. l.,* 1748, in-12, v. gr.   5 fr.

Dans le même volume : Apologie sommaire des Carmélites du faubourg Saint-Jacques. S. l., 1719

6224 **GAUTIER** (Théophile). Fortunio. Réimpression textuelle de l'édition originale. Vingt-quatre lithographies en couleurs de A. Lunois. *Paris, Librairie des Bibliophiles.* — *L. Carteret,* 1898, pet. in-4, mar. orange jans., dent. int., tr dor. sur brochure, couv. (*Chambolle-Duru*).   300 fr

Très bel exemplaire tire sur papier de Chine (n° LVIII) contenant une triple suite des lithographies.

6224 bis GÉRARD (abbé de). La philosophie des gens de Cour. *Paris*, 1680, in-12, v gr. 6 fr.
Rare.

6225 GERZAN (François du Soucy, sieur de). L'art de voyager utilement, où l'on apprend à bien servir son Prince, sa Patrie et Soy-mesme. *Paris, Jean Bessin*, 1650, in-4, dérel! 4 fr.

6226 GIBRALTAR. Mémoire pour servir à l'histoire du siège de Gibraltar. *Cadix*, 1783, in-12, v. 3 fr.

6227 GILBERT. Description historique de l'Eglise métropolitaine de N.-D. de Rouen. *Rouen*, 1816, br in-8, 2 fr. 25

6228 GIRARD DES BERGERIES (Jacob). Le Gouvernement de la santé, où sont contenus non seulement les préceptes les plus seurs pour s'y conserver, chacun selon son age, son tempérament et sa constitution, mais encore plusieurs conseils et remedes, pour prevenir les maux et les incommodités les plus communes de la vie, etc. *Genève*, 1672, pet. in-8, demi-rel. mar. r. (*Guillard*). 5 fr.

6229 GLUCK. Iphigénie en Tauride, tragédie en quatre actes par M¹ Guillard, mise en musique par Gluck. *Paris*, 1779, un vol. in folio, 1/2 rel. vélin, musique. 8 fr.

6230 GODARD D'AUCOURT. Mémoires turcs ou histoire galante de deux turcs pendant leur séjour en France. *Amsterdam*, 1775, 2 tomes en un vol. in-12, cart. 3 fr.
Aventures galantes.

6231 GONÇALEZ DE MENDOÇA (Fr. Jean de l'ordre de St-Augustin). Histoire du grand royaume de la Chine, situé aux Indes Orientales, divisée en deux parties : contenant en la première, la situation, antiquité, fertilité religion, cérémonies, sacrifices, rois, magistrats, mœurs, us, loix, et autres choses mémorables dudit royaume. Et en la secôde, trois voyages faits vers iceluy en l'an 1577, 1579 et 1581, avec les singularitez plus remarquables y veues et entendues, ensemble un itinéraire du nouveau monde, et le descouvrement du nouveau Mexique en l'an 1583 ; mise en françois avec des additions en marge, et deux indices par Luc de la Porte, parisien, docteur ès droits. *Paris, L'Angelier*, 1600, in-8, 11 ff. n. ch., 308 ff., en 24 ff. de table, vél. 20 fr.
L'Itinéraire du Nouveau Monde et le voyage du P. Martin Ignacio occupent les ff. 281 à fin.

6232 GONCOURT (E. et J. de). Mme de Pompadour nouv. édit., revue et augmentée de lettres et documents inédits, illustrée de 55 reproductions sur cuivre, par Dujardin et de 2 planches en couleur, par Quinsac, d'après les originaux de l'époque. *Paris, F.-Didot et Cie*, 1888. in-4, demi-rel dos et coins de mar. r., dos orné, fil, tête dor, non rog. 32 fr.

6233 GONZALEZ DE MENZOZA (Giovan.). L'Historia del gran regno della China, composta primieramente in espagnolo da maestro Giovanni Gonzalez di Mendozza. Et poi fatta vulgare de Francesco Avanzi cittadino Vinetiano. *In Vinegia*, 1587. in-12, v. br. 3 fr. 50

6234 GONSE (L.). Eugène Fromentin peintre et écrivain. Ouvrage augmenté d'un Voyage en Egypte, et d'autres notes et morceaux inédits de Fromentin, et illustré de gravures hors texte et dans le texte. *Paris, Quantin*, 1881, gr. in-8, cart, dos et coins de perc., non rog. (*Carayon*) 42 fr.

6235 GRAFFIGNY (Mme de). Lettres d'une Péruvienne, traduites du français en italien, par M. Déodati, édition, ornée du portrait de l'auteur, et de six gravures exécutées par les meilleurs artistes, d'après les dessins de Le Barbier l'aîné. *Paris, chez l'éditeur*, 1797, in-8, demi-rel. bas. 5 fr.

6236 GRAMOND (Gabr.-Barth.). Historiarum Galliæ ab excessu Henrici IV, libri XVIII, quibus rerum per Gallos tôta Europâ gestarum accurata narratio continetur. *Amstelodami, apud Ludovicum Elzevirium*, 1653, in-8, v. ant. 4 fr.
L'ouvrage de Gramond est une continuation de la grande Histoire de De Thou — Willems, n° 1160.

6237 GRAND CARTERET (J.). Les Mœurs et la Caricature en Allemagne, en Autriche, en Suisse, avec préface de Champfleury. *Paris L. Westhausser*, 1885, gr. in-8, fig., br, couv. 23 fr.
Ouvrage illustré de 4 planches en couleur, de 19 pl. hors texte, de 14 vignettes, de portraits et de titres de journaux.
Epuisé, rare.

6238 GRAND TABLEAU de la Folie (le), qui montre le commencement, le progrès et la désastreuse fin du négoce d'actions qui se faisait en France, en Angleterre et aux Pays-Bas pendant l'année 1720 (en Hollandais). *Amsterdam*, 1720, in-fol. v. 60 fr.
Monument des plus curieux de l'époque de la toute-puissance de Law, en France ; ce volume se compose de 70 PLANCHES TRÈS SPIRITUELLES et très interessantes tant par les sujets qu'elles représentent que pour les COSTUMES du TEMPS qu'on y trouve.

6239 HARANGUE d'un cacique indien, envoyée aux François pour se garder de la tyrannie de l'Espaignol, traduite par P. A. Avec l'interprétation des mots indiens, latins et espaignols, par L. S. S. L, 1596, pet. in-8, de 8 feuillets, dem.-rel. maroq. 6 fr.

6240 HARDY (Alexandre). Les amours de Théagène et Chariclée, Histoire éthiopique d'Héliodore, traduction nouvelle. *A Paris, chez Samuel Thiboust*, 1623, in-8, front. gr. et figures de Michel Lasne et de Crispin de Passe, v. f., le titre est remonté 9 fr.

6241 HELVÉTIUS. De l'esprit. *La Haye Pierre Moetjens*, 1770, 2 tomes en 1 vol. in-12, mar rouge, fil., dos orné, tr. dor. (*Rel. anc.*) 5 fr.

6242 HENNEQUIN (Jean). Le Guydon général des financiers, divisé en cinq parties, par Jean Hennequin, champenois. *Paris, Abel Langelier*, 1593 in-18, vélin. 38 fr.
Ouvrage curieux pour l'histoire des finances de la France.

6243 HENNEQUIN (Victor). Introduction historique à l'étude de la législation française. — Les Juifs. *Paris*, 1841, 2 tomes en un vol. in-8. 5 fr.

6244 HEPTAMERON (l') des Nouvelles de Marguerite d'Angoulesme, Royne de Navarre. Texte des manuscrits, avec notes, variantes et glossaire par Fréd. Dillaye, notice par A. France. *Paris, Lemerre*, 1879, 3 vol. pet. in-12, fig. mar bleu jans., dent int., tr. dor., témoins. (*Pagnant*). 70 fr.
L'un des 60 exemplaires tirés sur papier de Chine (n° 2), contenant la suite des 18 eaux-fortes d'après Freudenberg, gravées par Martinet, épreuves sur Chine avant la lettre.

6245 HEPTAMERON des NOUVELLES de Marguerite d'Angoulême, reine de Navarre, publié sur les manuscrits par les soins, et avec les notes de MM. Le Roux de Lincy et A. de Montaiglon. *Paris, Eudes*, 1880, 4 tomes en 8 vol. in-8, fig. d'après Freudenberg, front., en-têtes et fleurons, d'après Dunker, br., couv. 138 fr.

Exemplaire sur papier Van Gelder avec trois suites des gravures hors texte : en noir sur Japon, en bistre et en sanguine sur Van Gelder. Publié à 350 francs.

6246 HESIODE. Hymnes orphiques, Théocrite, Bion, Moskhos, Tyrtée, Odes anacréontiques, traduction nouvelle en prose, par Leconte de Lisle. *Paris, Lemerre, 1869, in-8, br., c.* 7 fr. 50

Envoi autographe signé de Leconte de Lisle à Ch. Yriarte.

6247 HISTOIRE de la République de Venise en abrégé. *A Cologne, chez Pierre Michel. s. d.,* (1669), (*à la sphère*). — La politique civile et militaire des Vénitiens par De La Haye. *A Cologne, chez Pierre Michel, s. d.* (1669) *(à la sphère)* Ens. 1 vol. pet. in-12, cart., n. rog. 4 fr.

6248 HISTOIRE d'un voyage littéraire fait en 1733, en France, en Angleterre et en Hollande (par Ch.-Etienne Jordan). *La Haye, chez Adrian Moetjens, 1735, in-12, v. ant. marb.* 5 fr.

PREMIÈRE ÉDITION. — Amérique regardée comme connue de Sénèque — Le faiseur d'antiquitez. — Bossuet marié. — La bibliothèque de Boze — Cabinets de Curiositez — Le Cid, plus beau à voir qu'à lire, etc., etc.

6249 HISTOIRE (l') où sont descrites les horribles persécutions que l'Eglise de Dieu souffre sous les Rois successeurs d'Alexandre, les insignes trahisons des hypocrites et apostats de la loy de Dieu, les belles victoires et délivrances obtenues par les fidelles et autres faicts admirables du tout-puissant à la confusion de ses ennemys, dédiée à M. le duc de Mayenne. *Paris, Guill. Bichon, 1589, in-12, vel.* 48 fr.

Rarissime.

6250 HŒFER (le Dr). Nouvelle biographie générale, depuis les temps les plus reculés jusqu'à nos jours. *Paris, Firmin-Didot, 46 vol. in-8 à 2 col., brochés. Au lieu de 184 fr.* 67 fr.

6251 HOMERE. L'Iliade et l'Odyssée, traduites en vers, avec des remarques et un discours sur Homère, nouvelle édition, par M. de Rochefort. *Paris, 1772-1777. 5 vol. in-8, veau fauve, tr. dor. (Rel. anc.)* 8 fr.

6252 HOMÈRE. Iliade et Odyssee, traduction nouvelle en prose, par Leconte de Lisle. *Paris, Lemerre, 1867-68, 2 vol. in-8, br., couv.* 15 fr.

Envoi autographe signé de Leconte de Lisle à Charles Yriarte.

6253 HOPIL. Les Œuvres chrétiennes de Claude Hopil parisien. *A Lyon. 1604, in-12, v* 20 fr.

Poète rare ; lég. piq de ver.

6254 HORNER (François) (Memoirs and correspondance of), edited by his brother, Leonard Horner. *London, J. Murray, 1843, 2 vol. in-8, portr., cart. toile, non rog.* 4 fr.

6255 HOUEL (J. P. L. L) Histoire naturelle des deux éléphans, mâle et femelle, du Muséum de Paris, représentés en 20 estampes dont les dessins ont été faits d'après nature, et gravés par J. P. L. L Houel. *Paris, 1803, gr. in-4, demi-rel. v.* 20 fr.

On y voit ces éléphants boire, prendre leur nourriture, jouir du bain, se donner les premières caresses de l'amour, tenter l'acte de la reproduction, on y peut observer la naissance d'un jeune éléphant ; la manière dont il tette, etc.

6256 HOUSSAYE (A.). La Comédie Française (1680-1880). *Paris, Baschet. 1880, in-fol. pap. vergé de Holl., fig dans le texte en photogravure de Goupil et Cie, en portefeuille.* 42 fr.

6257 HUBER (B.). Aperçu statistique sur l'île de Cuba, précédé de quelques lettres sur la Havane et suivi de tableaux synoptiques, d'une carte de l'île et du tracé des côtes depuis la Havane jusqu'à Matanzas. *Paris, 1826, 1 vol. in-8, demi-veau.* 6 fr.

Dans le même vol : De l'Iberie ou essai critique sur l'origine des premières populations de l'Espagne par Graslin Paris, 1888.

6258 HUDSON (G) Flora anglica exhibens plantas per regnum britanniae sponte crescentes distributas secundum systéma sextas, etc. *Londini, 1778, 2 vol. in-8, rel. basane.* 7 fr.

6259 HUE (François). Dernières années du règne et de la vie de Louis XVI. *Paris, imp. royale, 1814, in-8, bas, portrait de Louis XVI.* 4 fr.

6260 HUET, évêque d'Avranches. Histoire du commerce et de la navigation des anciens. *Paris, 1716, in-12, v. gr.* 3 fr. 25

6261 HUET (D.). Traité de la situation du Paradis Terrestre. *A Paris, chez Jean Anisson, 1691, pet. in-8, planches, v., dos orn., tr. j. (Rel. anc.)* 4 fr.

Peu commun.

6262 HUGO (H.). Pia desideria emblematis elegiis et affectibus. *Antverpiae, 1628, pet. in-12, front. gravé et nombr. fig. en taille-douce, v. marb.* 9 fr.

6263 HUGO (Victor) Histoire d'un crime. Album de fac-simile d'autographes et de portraits dressé par Etienne Charavay. *Paris, Calmann Lévy, 1878, in-8, br. n rog., couv. impr.* 3 fr.

6264 HUGO (V.). Marie Tudor. *Paris, 1833, in-8, 1/2 rel. bas., mouillures, grandes marges, manque la vignette..* 6 fr.

Edition originale.

6265 HUGO (Victor). Marion Delorme. *Paris, Eugène Renduel, 1836, in-8 br.* 5 fr.

6266 HUGO (V.). Les Misérables, illustrés de 200 dessins par Brion, gravures de Yon et Perrichon. *Paris, Hetzel et A. Lacroix, 1865, gr. in-8, à 2 col., demi-rel. chag. r.* 6 fr.

Première édition illustrée.

6267 HUGO (Victor) Les Orientales. *Paris, Hetzel et Cie, 1869. in-12 cart n.r. (7 fr. 50)* 4 fr.

6268 HUGO (Victor). Torquemada, drame. *Paris, Lévy, 1882, in-8, broché, couv. imp.* 4 fr.

Première edition.

6269 HUGO (V.). Les Voix intérieures. *Paris Eug. Renduel, 1837, in-8, demi-rel. chag. vert (Qq. feuillets tachés.* 7 fr.

Edition originale.

6270 HUGUES SALEL et **AMADIS JAMYN.** Les XVIII Livres de l'Iliade d'Homère..., traduits en vers françois, les XI premiers par Hugues Salel et les XIII derniers par Amadis Jamyn *A Paris, pour Abel l'Angelier, 1584, in-12 non-rel.* 10 fr.

6271 HUMBOLDT (Alexandre de). Essai géognostique sur le gisement des Roches dans les deux hémisphères. *Paris, F. G Levrault, 1823, in-8, br.* 4 fr.

6272 HUMPHREYS (H.-N). Ten centuries of art its progress in Europe, by Henry Noel Humphreys. *London, 1852, in-4, figures, cart. toile, tr. dor.* 7 fr.

6273 HYGINII historiographi verissimi Poeticon astronomicon. Opus utilissimum feliciter incipit. *Impressum Parrhisiis per Thomas Keeswesaliensem, 1512, in-4, caract. goth., fig, cart.* 10 fr.

Curieuses figures sur bois.

6274 JACQUEMONT. Coutes et poésies du C. Collier, commandant général des Croisades du Bas-Rhin. *Saverne,* 1792, 2 vol. in-16, veau racine, dos et plats ornés, tr. jaunes. 22 fr.

2 figures assez fines servant de frontispice, non signées.

6275 JACQUINOT. L'Usaige de l'Astrolabe, avec un Traité de la sphère, par Dominiq' Jacquinot, Champenois. *Paris, impr de Jehan Barbé, on les vend par Jacques Gazeau,* 1545, pet. in-4, réglé, fig sur bois, v. ant., tr. dor. *(Rel. fatiguee et qq. pîq de vers).* 23 fr.

Edition rare

6276 JANIN (J.). Le Livre *Paris, H. Plon,* 1870, in-8 raisin, br. 10 fr.

Edition originale, avec la couverture

Exemplaire tiré sur grand papier de Hollande. (n° 66).

6277 JOURNAL contenant tout ce qui s'est fait et passé en la cour de parlement de Paris, toutes les chambres assemblées, sur le sujet des affaires du temps présent (par Nic. Johannès, S' de Portail). *Paris,* 1648, pet. in-4, demi-rel. 10 fr.

6278 JOUSSE (M.) Le Secret d'Architecture decouvrant fidèlement les traits géométriques, couppes et derobemens nécessaires dans les bastiments, enrichi d'un grand nombre de figures adioustées sur châque discours pour l'explication d'iceux, par Mathurin Jousse, de la Fleche. *A. La Fleche, G. Grivean* 1642, in-fol., fig. parch. *(Reliure fatiguée et mouillures)* 10 fr.

6279 JOUVENCEL (Paul de). 1870. Récits du temps. *Paris, Dentu,* 1873, in-12, br. 3 fr

Edition originale, avec la couverture, Envoi autogr. signe de l'auteur à Nadar.

6280 JUGES (les) jugez, se justifiants, ou Récit de ce qui s'est passé en la condamnation ou exécution de quelques-uns des juges du dernier défunct roy d'Angleterre et autres seigneurs du parti du Parlement *Jouxte la copie imprimée à Londres,* 1663, pet. in-8, réglé, v. fauve, fil., dos orné, dent. int, tr. dor. *(Petit).* 6 fr.

6281 JULLIEN (J.-Aug). Histoire du théâtre de l'Opéra Comique (par J.-Aug. Jullien, connu sous le nom de Desboulmiers). *Paris, Lacombe,* 1769, 2 vol. in-12, v. marb., dos orné, fil. 10 fr.

6282 KATSNER. Les Chants de la vie, cycle choral, ou recueil de vingt-huit morceaux, à quatre, à cinq, à six et a huit parties, pour ténor et basses, etc., par G. Kastner. *Paris, Brandus,* 1854, gr. in-4, broché. 4 fr.

6283 KASTNER Les Sirènes. essai sur les principaux mythes relatifs à l'incantation, les enchanteurs la musique magique, le chant du cygne, etc., ouvrage orné de nombreuses figures représentant des sujets mythologiques et suivi de Le Rève d'Oswald, par G. Kastner *Paris, Brandus et Renouard,* 1858, gr. in-4, br. 9 fr.

6284 KEEPSAKE for 1840 edited by The Lady E. Stuart Wortley. *London,* 1840, gr. in-8, fig. sur acier, cart., tr. dor. 4 fr.

6285 LA BARILLÈRE (de). L'Antipseudopacifique ou censeur françois, au pseudo-pacifique réfuté de point en point, et augmenté. *Paris, Denys du Val,* 1604, in-12 vélin *(Rare).* 10 fr.

6286 LABÉ (Louise). Œuvres de Louise Charly, lyonnoise, dite Labé, surnommée la belle Cordière. *Lyon, Duplain frères,* 1762, in-12, front. fleuron sur le titre, vignettes et culs-de-lampe, par Nonnotte, gravés par Daullé cart. 10 fr.

6287 LACROIX (J.-F. de). Dictionnaire historique portatif des femmes célèbres *Paris,* 1769, 3 vol. in-12, v. marb. 6 fr.

6288 LA FARRE (M'° de). Œuvres. *Amsterdam, J. F. Bernard,* 1755, 2 vol. in-18, v. porph., dos ornés. fil. tr. dor 7 fr.

Mémoires et réflexions sur les principaux événemens du règne de Louis XIV, 1 vol. — Poésies, nouv. édit. considérablement augmentée, 1 vol.

6289 LA FONTAINE. Œuvres diverses de M' de La Fontaine. *A Paris, chez Chaubert,* 1729, 3 vol. in-8, portr, veau ant. 6 fr.

6290 LAGAUSIE (de). Le Pindare Thébain, trad. en vers et en prose avec figures en taille-douce. *Paris,* 1626, un vol. pet. in-8, v. f. *(Rare).* 10 fr.

6291 LA GRANGE-CHANCEL. Œuvres meslées de M. de La Grange *A la Haye, chez Charles Le Vier,* 1724. in-12. jolies vignettes, veau marb., fil. 5 fr.

Charmantes vignettes à mi-page.

6292 LA HARPE (de). Tangu et Félime, poème en IV chants. *Paris, Pissot,* 1780, pet. in 8, fig., br., couv. 15 fr.

1 titre gravé par Marillier, et 4 jolies fig. de Marillier, grav. par Dambrun de Ghendt, Halbou et Ponce.

Texte moderne, concernant les figures de l'édition de 1780 en premier tirage.

6293 LALANNE. Histoire de Chatelleraud et du Chatelleraudais. *Chatellernud,* 1859, 2 vol. in-8 carte et fig., brochés. (10 fr.) 4 fr.

Contenant une biographie des personnages célèbres. A consulter pour l'histoire des guerres de Religion dans la Province.

6294 LALLEMAND (L.). Histoire des Enfants abandonnés el délaissés Etudes sur la protection de l'enfance aux diverses époques de la civilisation. *Paris, Picard,* 1885, in-8, br, 4 fr.

Epuisé.

6295 LA MONNOYE (Bernard de). Œuvres choisies. *Paris et Dijon,* 1770, 3 vol. in-8 portrait, rel. veau. (Bon exemplaire.) 10 fr.

6296 LA MONNOYE (de). Histoire de M° Bayle et de ses ouvrages. *Paris,* 1716, in-12, v. m. 5 fr.

6297 LAMY (L. R. P.). Nouvelles réflexions sur l'art poétique dans lesquelles, en expliquant quelles sont les causes du plaisir que donne la poësie, on fait connaître en même temps le danger qu'il y a dans la lecture des poëtes, par le R. P. Lamy). *Paris,* 1688, 2 parties en 1 vol. in-12, veau. 5 fr.

Signature de Regnard sur le titre.

6298 LENTHÉRIC (Ch.) La Grèce et l'Orient en Provence—Arles— le Bas Rhône—Marseille —La Provence Maritime ancienne et moderne. — Les Villes Mortes du Golfe de Lyon. *Paris, Plon et Cie.* 1878-1883 — Ens 3 vol. in-12, cartes et plans, demi-rel dos et coins de chag. bl jans., tête dor., éb. 18 fr.

6299 LA PLACE (de). Théâtre. *Paris, veuve Duchesne,* 1772, in-8, v gr., dos orné, fil. 12 fr.

Exemplaire avec envoi autographe de l'auteur à M. le Comte d'Adhémar, Ministre plénipotentiaire de S. M. T. Ch° à la Cour de Bruxelles, et notes manuscrites de sa main

6300 LANTIER (de). Voyage d'Antenor en Grèce et en Asie. *Paris,* an IX (1801), 3 vol in-8 d-rel., fig. 12 fr.

Les voyages d'Antenor ne sont qu'un roman d'imagination, fort gracieux, à ta vérité, mais qui ne donne que des idées imparfaites sur les mœurs de l'ancienne Grèce on l'a surnommé avec raison, *l'Anacharsis des Boudoirs.* (Quérard).

6301 **LA RIVIÈRE** (dd). Abrégé de la Vie et de la Retraite de Juste de Clermont d'Amboise, chevalier de Reynel, brigadier de cavalerie dans les armées du roi, par M*** (le marquis Henri Fr. de La Rivière) *Paris, Delespine,* 1706, in-12 v. br. 3 fr.

6302 **LA ROCHEFOUCAULD.** Maximes et Réflexions morales du duc de La Rochefoucault. *A Paris, de l'imprimerie de Monsieur,* 1782, in-16, v. f., fil., dos orné, tr. dor. 5 fr.
 Jolie édition donnée par Suard

6303 **LA ROCHEFOUCAULD** (duc de). Maximes et réflexions morales, ornées du portrait de l'auteur gravé par Choffard d'après Petitot, et d'un modèle de son écriture par Miller *Paris,* 1820, 1 vol. in-18, br. n. rog. 3 fr

6304 **LA ROCHEFOUCAULD.** Mémoires de M*** D. L. R. (La Rochefoucauld) Sur les brigues à la mort de Louys XIII. Les Guerres de Paris et de Guyenne, et la prison des Princes. Apologie pour M. de Beaufort. Mémoires de M. de la Chastre. *A Cologne, chez Pierre van Dyck,* 1662, pet. in-12 (à la Sphère), mar. bleu, dos orné, fil., dent. int., tr. dor. (*Chambolle-Duru*). 50 fr.
 Bel exemplaire de l'Edition originale imprimée à *Bruxelles, par Foppens.*
 Willems n° 1997. — Haut. 130 millim.

6305 **LARROUMET** (G). Marivaux, sa vie et ses œuvres, d'après de nouveaux documents. *Paris, Hachette et Cie,* 1894, in-12, portr., br., couv. 2 fr. 25

6306 **LA SABLIÈRE** (de). Madrigaux de M de La Sablière, nouvelle édition, (avec une notice par l'abbé P.-J. Sépher). *Paris, Duchesne,* 1758, in-16, v. marb. 6 fr.

6307 **LA SUZE** (Comtesse de) Poésies de Mme la comtesse de La Suze. *Paris, Ch. de Sercy,* 1666, in-12, v. br. 10 fr.
 Première édition de ces poésies; l'éditeur y a ajouté les *Maximes d'amour* et l'*Almanach d'amour* pour 1665, attribués à Bussy-Rabutin.

6307 *bis* **LA TOUR D'AUVERGNE** Mémoires de la Vie de Frédéric-Maurice de la Tour d'Auvergne, duc de Bouillon (par Jacques de Langlade) *A. Paris, chez Pierre Trabouillet,* 1692, in-12, v. m. 10 fr.
 Rare.

6308 **LATTAIGNANT** (l'abbé G. C. de). Pièces dérobées à un ami. *Amsterdam,* 1750 2 vol. in-12, v. marb. 5 fr.

6309 **LAUJON** (P.) Œuvres choisies. *Paris,* 1812, 4 vol. in-8 bas. rac. 6 fr.

6310 **LAURENT de L'ARDÈCHE.** Histoire de l'Empereur Napoléon, illustrée par Horace Vernet *Paris, Dubochet,* 1839, un vol. gr. in-8 br., n. r. 8 fr.

6311 **LAVAL** (de). Explications des gravures au trait de quelques tableaux de P L. de Laval, peintre d'histoire, précédées d'observations sur les arts en général et sur leur état en France (1842), par C. A. de Laval, continuées par L -G. Monnier *Paris, Le Normant,* 1858, in-8, pl. br. 4 fr.

6312 **LA VALLÉE** (J.). La Chasse à Courre en France. Ouvrage illustré de 40 vignettes sur bois, dess par H. Grenier. *Paris, Hachette et Cie,* 1859, in 12, cart. Bradel, non rog., couv. 3 fr.

6313 **LA VALLÉE** (J). La Chasse à Tir en France. Ouvrage illustrée de 30 vignettes sur bois, dess. par F. Grenier. *Paris, Hachette et Cie,* 1878, in-12, cart. Bradel, non rog.. couv. 2 fr 50
 Racc. au faux-titre, titre et couverture.

6314 **LAVOIX** (H.). Monnaies à légendes arabes frappées en Syrie par les Croisés. *Paris,* 1877, gr. in 8, br., fig dans le texte, publié à 5 fr. 2 fr.

6315 **LE BEUF.** Lettres de l'abbé Lebeuf, publiées sous la direction de MM. Quantin et Chevert *Auxerre et Paris,* 1866-1868, 2 vol. in-8, br. plus 1 fascicule contenant la table analytique. 8 fr.

6316 **LE BRETON** (Le R. P.) Paraphrase des psaumes de David en vers françois. *Paris,* 1660, in-8, v., front. gr., fig. d'Audran. 4 fr.

6317 **LE BRUN.** Théâtre Lyrique, avec une préface où l'on traite du poème de l'Opéra et la Réponse à une épître satyrique contre ce spectacle. *A Paris,* 1712, in-12, v. brun. (Rare). 5 fr.

6318 **LE CHEVALIER DE FERRER.** Mémoires critiques sur l'Orient suivis de réflexions philosophiques et essai sur l'Ile de Corfou et d'un petit aperçu du sort des officiers de l'armée napolitaine après les événements de 1821. *Paris,* 1845, in 8, portr. br. 3 fr.

6319 **LE CLERC** (Séb.). Cours de dessin linéaire à l'usage des écoles primaires, des ouvriers des villes et des campagnes, précédé de la Géométrie pratique de Sébastien Le Clerc, revue et augmentée par Dembour. *Metz,* s. d., in-4, avec 40 pl., br. 3 fr.

6320 **LE CLERC** (Séb.). Discours touchant le point de veue, dans lequel il est prouvé que les choses qu'on voit distinctement ne sont veuës que d'un œil *Paris, Th. Jolly,* 1679, in-12, fig. de Séb. Leclerc, v. br. 15 fr.
 Edition originale.

6321 **LE CLERC** (Séb.). Pratique de la Géométrie, sur le papier et sur le terrain. *Paris,* 1682, in-12, front. et fig grav. par Leclerc, v. gr. 5 fr.

6322 **LE CLERC.** La vie d'Armand-Jean, cardinal duc de Richelieu. *Amsterdam,* 1724, 3 vol. in-12, portrait, v. (*Rare*) 9 fr.

6323 **LEÇON** || aux Ligueurs || M. D. XCIIII [1594]. *S. L.,* in-8 de 16 pp., cart. 10 fr.
 Ce factum est suivi de trois sonnets « A la noblesse françoise », à la fin desquels on lit :
 Rien de mortel ne désire mon ame.
 Le Pl.
 Les initiales Le Pl. signifient Le Plessis. Le nom de cet auteur, accompagné de la devise :
 Rien de mortel ne soupire mon ame,
 se trouve à la fin d'un *Himne de la Guerre et de la Paix, au Roy* (Tours, Claude de Montr'œil et Jean Richer), poème dont un exemplaire est conservé à la Bibliothèque nationale (Y. 4702).

6324 **LE FEVRE** (Ernest). Souvenirs de Voyages, dessinés d'après nature, et gravés à l'eau-forte, par Ernest Le Fèvre. *Rouen,* 1855-1859. 2 part. en 1 album in-4 obl. de 64 pl. y compris le faux-titre et titres, épreuves tirées sur Chine, demi-rel. chag r, pl. toile. 40 fr.

6425 **LE GALLOIS** Traité des plus belles bibliothèques de l'Europe. *Paris,* 1680, in-12, demi-bas. 4 fr.

6326 **LEGENDRE.** Mémoire de l'abbé Le Gendre, chanoine de Notre-Dame publiés d'après un manuscrit authentique avec des notes historiques biographiques et autres par M. Roux. *Paris,* 1863, in-8 br. (7 fr.) 3 fr 50

6327 **LE GRAND.** Œuvres de Théâtre de Monsieur Le Grand. *Paris,* 1712, in-12 v. 15 fr.
 La femme fille et veuve. *Paris,* 1707. — La famille

extravagante, 1709. — La foire Saint-Laurent, 1700. — L'Usurier Gentilhomme, 1713. — Toutes ces comédies sont en éditions originales.

6328 LEGRAND d'AUSSY. Choix et extraits d'anciens fabliaux du XII° et XIII° siècle. *Paris, Renouard*, 1829, gr. in-8. pap. vél., avec 18 fig. de Moreau et Desenne et une pl. de musique, br. 12 fr.

6329 LE MAIRE DE BELGES. Sensuit l'Epistre du roy à Hector de Troye, et aulcunes aultres œuvres assez dignes de veoir, composées par excellent historiographe maistre Jean le Maire de Belges... Adiouste les histoires sur une chascune œuvre, *nouvellement corrigées à Lyon. Jehan le Maire de Belges M.D.XL* (à la fin) *Nouvellement imprimé à Paris, l'an de grace*, 1540, in-8, parchemin, tr dor. 10 fr.

6330 LEMAIRE DE BELGES. Le Traictie intitulé de la Différence des Scismes et des Concilles de l'Eglise et de la preeminence et utilité des Côcilles de la saincte eglise Gallicaine... Avec lequel sont comprinses plusieurs autres choses curieuses et nouvelles et dignes de sçavoir.. Avec le Blason des armes des Vénitiens. *S. l.*, M V centz et XI (1511), in-4 goth. de 40 ff. n. chiff., fig sur bois, dérel. 10 fr.

6331 LEMERCIER (L.). La Panhypocrisiade, ou le Spectacle infernal du XVI° siècle, comédie épique. *Paris, F.-Didot*, 1819. — Suite de la Panhypocrisiade, ou le spectacle infernal du XIX° siècle. *Paris, G. Doyen*, 1832. Ensemble 2 vol. in 8 br. 8 fr.
Rare complet.

6332 LE MOYNE (le Père). La gallerie des femmes fortes. *Paris*, 1663, in-12, demi-rel. v., front. et fig., taches. 3 fr

6333 LE POT-POURRI, ouvrage nouveau de ces dames et de ces messieurs *Amsterdam* (*Paris*). 1748, un vol. in-12, v. m., frontisp. gravé. 8 fr.
Attribué au Comte de Caylus, cet ouvrage n'a pas été réimprimé dans les œuvres complètes de l'auteur (Barbier).

6334 LE ROUGE (Georges-Louis). Les curiosités de Paris, de Versailles, de Marly, de Vincennes, de Saint-Cloud et des environs. *Paris, Saugrain l'aîné*, 1718, 2 vol. in-12, fig., bas, 10 fr.
Rare.

6335 LEROUX. Dictionnaire comique, satyrique, critique, burlesque, libre et proverbial. *A Pampelune*, 1786, 2 vol. in-8. 5 fr.
Edition la plus recherchée.

6336 LE SAGE Les aventures de Monsieur Robert, chevalier de Beauchêne, capitaine de flibustiers dans la Nouvelle-France. *Paris*, 1732, 2 vol. in 12, bas., figures. 15 fr.
Edition originale.

6337 LE SAGE Turcaret. Comédie par Monsieur Le Sage. *A Paris, chez la veuve de Pierre Ribou*, 1735, in-12 cart 10 fr.
Dernière édition publiée du vivant de l'auteur. Rare.

6338 LE TELLIER. Sermons pour les prières de quarante heures contre les débauches du Carnaval *Lyon*, 1694, un vol. in-8, bas. (Rare). 5 fr.

6339 LE TELLIER. Sermons pour les trois derniers jours (et contre les débauches du Carnaval) *A Lyon*, 1695, un vol. in-8, v. 5 fr.

6340 LETTRE escritte par les Députez des Princes, Officiers de la Couronne et autres Seigneurs Catholicques qui recognoissent le Roy, pour la Conference faicte à Suresne & austres lieux. Aux Deputez de l'Assemblée qui est à present à Paris, du XXIII. Iour de

Iuin 1593. A Lyon, Par Benoist Rigaud. M.D.XCIIII (1594). Auec Permission. In-8 de 21 pp. et 1 f blanc, cart. 5 fr.
La lettre est signée : D. Ar. de Bourges, Chavigny de Bellièvre, Gaspard de Chomberg, Camus, A. de Thou et Revol.

6341 LETTRES et épîtres amoureuses d'Héloïse et d'Abeilard, trad. librement en prose et en vers. *Au Paraclet, s. d.* (1780) 2 parties en un vol. pet. in-8, demi-chag. 2 fr.

6342 LIBER (J.). Les Pantagrueliques, illustr. de Mesplès *Paris*, 1883, in-8 broché neuf. 12 f
L'un des rares exemplaires sur papier du Japon.

6343 LILLE. Observations sur l'histoire de Lille *Avignon*, 1765, un vol. in-8, d-v , non rogné. 3 fr.

6344 LINGUET (S. N. H.). Histoire impartiale des Jésuites, depuis leur établissement jusqu'à leur première expulsion. *S. l.*, 1768, 2 vol. in-12 veau fauve 8 fr.

6345 LIPSIUS (J.). Opera omnia postremum ab ipso aucta et recensita nunc primum, copioso rerum indice illustrata. *Vesaliæ*, 1655, 4 forts vol. in-8 vélin. (*Rare*). 30 fr.

6346 LISBONNE. Description de la ville de Lisbonne où l'on traite de la cour de Portugal de la langue portugaise et des mœurs des habitants des colonies portugaises, etc., etc. *Paris*, 1730, in-12, veau. 4 fr.

6347 LIVRE (Le). Revue mensuelle. bibliographie ancienne. rétrospective et moderne. *Paris, Quantin*, 1880-1889, 21 vol. gr. in-8, nomb. fig. dans le texte et planches hors texte, demi-rel. dos et coins de chag. violet poli, tête dor., non rog. 250 fr.

6348 LIVRE ROUGE Premier, (2°, 3°) recueil des dépenses secrètes de la Cour, connu sous le nom de Livre Rouge. *A Paris, de l'imprimerie nationale*, 1793. 3 parties en un vol. in-8, 1/2 rel. (Rare). 8 fr.

6349 LONGUERUE (Louis Dufour de). Description historique et géographique de la France ancienne et moderne. (*Paris*), 1722, 2 tomes en 1 vol. in-fol., avec 9 cartes par D'Anville, v. gr. 10 fr.

6350 LORRIS (Guill. de). Cy est le Roman de la Roze... *On les vend à Paris en la grande salle du Palais au premier pillier en la bouticque de Galliot du pre*, mil v c. xxxi (1531), in-fol. goth. à 2 col. de 45 lig. fig. sur bois, demi-rel. dos et coins de v. f. ant. 45 fr.
Bonne et rare édition dont Clément Marot a revisé le texte.
Mouillures et déchirures aux deux dern f.f. à l'angle supérieur.

6350 LOUIS XVI et ses vertus aux prises av. la perversité de son siècle, par l'abbé Proyart. *Paris*, 1819, 5 vol. in-8, port. bas. rac. 8 fr.

6351 LOUIS XVI. Recueil de 168 pièces relatives au Procès de Louis XVI. *Paris, Imprim. nationale*, 1792-93, 4 vol. — Mémoire justificatif de Louis XVI, par M° Léopold. *Paris*, 1814. portr Eus. 5 vol. in-8, demi-rel. bas 50 fr.
Recueil intéressant et bien difficile à trouver aussi complet.

3652 LUCAIN. M. Annaei Lucani Pharsalia, sive de Bello Civili Caesaris et Pompeii lib. X Additæ sunt in fine Hugonis Grotii .. *Amsterodami*, 1665, pet. in-12, titre gr., v. ant. 3 fr.

6353 LUCHET (M de). Le vicomte de Barjac, ou mémoires pour servir à l'histoire (galante) de ce siècle, *Dublin*, 1784, 2 tomes en 1 vol. pet. in-12, v. porph. 5 fr.

6354 LUCILIUS. Satyrarum quae supersunt Reliquiae... *Lugduni Batav., ex. off. Plantiniana*, 1597, in-4. v. 5 fr.

6355 LUDUS COVENTRIAE a collection of Mysteries, formerly represented at Coventry on the feast of corpus Christi, edited by J. Orchard Halliwell. *London*, 1841, in-8 cart. n. r. 10 fr.

6356 LYON. Mémoires signifiés pour les Syndics Maîtres-Gardes de la Communauté des Maîtres-Marchands et Maîtres-Ouvriers à façon en étoffes d'or, d'argent et soie, etc. de la ville et faubourgs de Lyon et des Provinces de Lyonnois, Forès et Beaujollois, contre Claude François Maguin, Pierre Briquet, Jean Martinet, etc., Maîtres-Ouvriers à façon de la dite Communauté. (*Lyon, De l'Imprimerie de Le Breton*, 1759), 2 plaq. en 1 vol. in-4, demi-rel. v. f. (*Belz*). 10 fr.

6357 LYRE des francs-maçons. Choix de cantiques, échelles, romances, rondes des f. f. Antignac, Armand-Gouffé, Brazier, etc., etc. *Eloge des Perruques*, enrichi de notes plus amples que le texte par le docteur Akerlio. *Paris, an VII*. Ensemble un vol. in-12, d.-v. 4 fr.

6358 MAINDRON (E.). Le Champ de Mars (1751-1889). Ouvrage illustré de 70 lettres ornées par J. Adeline et de 114 reproductions d'après les documents originaux. *Lille et Paris*, 1889, gr. in-8, demi-rel. dos et coins de chag. bl., fil., tête dor., non rog., couv. 22 fr.

6359 MALBRANCQ (J.). De Morinis et Morinorum rebus... *Tornaci Nerviorum*, 1639, in-4 v. (Rare). 5 fr.

6360 MALEBRANCHE. De la recherche de la vérité. *Paris, chez les Libraires associés*, 1772, 4 vol. in-12, v. f, dos orné, fil., tr. marb, 8 f.
Bel exemplaire.

6361 MALHERBE. Les Œuvres de M. François de Malherbe, gentilhomme ordinaire de la chambre du Roy, troisième édition. *Paris, Ant. de Sommaville*, 1638-1648, 4 part. en 1 vol. in-4, portr., v. 18 fr.
Edition estimée.

6362 MALTHE (Fr. de). Traité des feux artificiels pour la guerre, et pour la récréation; avec plusieurs belles observations, abbregez de géométrie, fortifications et exemples d'arithmétique en faveur des nouveaux étudiants ès mathematiques par le sieur F. D. M. (François de Malthe connu plus tard sous le nom de Malthus). *Paris, P. Guillemot*, 1629, in-8, front. et fig. dans le texte, grav., v br. (*Mouillures*). 5 f.
Curieux et rare.

6363 MALTHE (Francois de), Traité des feux artificiels pour la guerre et pour la récréation, avec plusieurs belles observations... *Paris*, 1640, in-8 bas., fig., mouillures et taches, livre rare 4 fr.

6364 MARESCHAL. La généreuse Allemande ou le triomphe de l'amour, tragi-comédie (en vers), mise en deux journées par le Sr Mareschal, où, sous nom empruntez et parmi d'agréables et diverses feintes, est représenté l'histoire de feu M. et Mad. de Cirey. *Paris, P. Rocolet*, 1631, 2 part. — Autres œuvres poétiques du sieur Mareschal. *Paris*, 1630. — Ens. 3 part. en 1 vol. pet. in-8, front. gr., figures, vél. marbré. 30 fr.
Très rare.

6365 MARÉCHAL (Sylvain). Le Lucrèce français; fragments d'un poëme, par Sylvain M*** L... Nouvelle édition, revue, corrigée et consi-

dérablement augmentée. *Paris, l'an VI*, in-8, portr., demi-rel. chag. vert. 5 fr.
Rare.

6366 MARÉCHAL. Traité des droits honorifiques des Seigneurs dans les Eglises *Paris*, 1705, 2 vol. in-12 v. f. (*Rel. anc.*) 7 fr.
Avec un traité du droit de Patronage de la présentation aux Bénéfices. — Arrêts servant de décisions par les droits honorifiques, — traité des dixmes.

6367 MARIE-ANTOINETTE. Mémoires de Weber concernant Marie-Antoinette *Paris, Baudouin*, 1822, 2 vol. in-8, brochés. 6 fr.

6368 MARIVAUX. L'Epreuve, comédie. *Paris*, 1740, in-12 cart, manque le privilège 15 fr.
Edition originale. Très rare.

6369 MARIVAUX. La Fausse Suivante, ou le Fourbe puny, comédie en trois actes (par M. de Marivaux.) A *Paris, chez Briasson*, 1729. In-12, cart. 10 fr.
Edition originale.

6370 MARIVAUX. L'Héritier de Village, comédie en un acte (par M. de Marivaux). A *Paris, chez Briasson*, 1729, in-12, cart. 10 fr.

6371 MARIVAUX. L'Heureux Stratagème, comédie de M. de Marivaux. A *Paris*, 1733, in-12, cart. 10 fr.
Edition originale.

6372 MARIVAUX. Le Jeu de l'Amour et du Hazard, comédie en trois actes (par M. de Marivaux). A *Paris, chez Briasson*, 1730, in-12, cart. 80 fr.
Edition originale. Très rare.

6373 MARIVAUX. La Joye imprévue, comédie (par M. de Marivaux). A *Paris, chez Prault père*, 1738, in-12, cart. 10 fr.
Edition originale.

6374 MARIVAUX. Le Legs, comédie. *Paris*, 1736, in-12 cart. 150 fr.
Edition originale. Très bel exemplaire.

6375 MARIVAUX. La Mère confidente, comédie en trois actes, de M de Marivaux. A *Paris, chez Prault fils*, 1735, in-12, cart. 10 fr.
Edition originale

6376 MARIVAUX. La voiture embourbée. A *Paris, chez Pierre Prault*, 1714, in-12 bas. 3 fr.
Edition originale, elle est très rare.

6377 MARMONTEL La Neuvaine de Cythère, avec notice par Ch. Monselet, illustrée du portrait de l'auteur et de 9 vignettes dessinées par Fesquet *Paris, Barraud*, 1879, gr. in-8, br., couv. 16 fr.
L'un des 135 exemplaires tirés sur papier de Chine (n° 90). auquel on a ajouté le tirage à part des vignettes et du portrait en 2 états, en noir sur Chine et en bistre sur Japon

6378 MAROLLES (Magné de). La Chasse au fusil, nouv. édit renfermant toutes les additions et améliorations préparées par l'auteur. *Paris, Barrois*, 1836, in-8, pl., demi-rel. v. vert. 6 fr.

6379 MAROLOIS (Samuel). Œuvres mathématiques, traictant de géométrie, perspective, architecture et fortification, de nouveau reveüe, augmentée et corrigée, par Albert Girard. *Amsterdam, J. Janssen*, 1628-1638, 3 parties en 1 vol. in-fol., titre grav. et pl., vél. (*Rel. anc.*) 20 fr.
Armoiries sur les plats.

6380 MAROT (Clément). Les Œuvres de Clément Marot de Cahors, en Quercy, valet de chambre du Roy. *Rouen, Raphaël du petit Val*,

1607, un fort vol. pet. in-12 vélin. (*Edition rare*).
12 fr.

6381 MAROT (Clément). Les Œuvres. *A La Haye, chez Moetjens*, 1700 2 tomes en un vol. pet. in-12, v. m. (*q.q. feuillets tachés, hauteur 130 mill.* 20 fr.

Bonne édition sous cette date. Bon exemplaire

6382 MARTI (Corneille). Les Généalogies et anciennes descentes des forestiers et comtes de Flandre, avec briéves descriptions de leurs vies et gestes, le tout recueilly des plus véritables, approuvées et anciennes croniques et annales qui se trouvent, par Corneille Marti, Zelandois, et ornées de portraicts, figures et habitz selo les façons et guises de leurs temps, ainsi qu'elles ont esté trouvees es plus anciens tableaux, par Pierre Balthasar, et par luimesme, mises en lumière. A la fin : *A Anvers imprimé par Jacques Mesens, pour Baptiste Vriendt, demeurant en la rue, dicte la Lombaerde Veste, à l'Escu d'Espaigne* Anno 1598, pet. in-fol. de 3 ff. prélim et 119 pp , 33 fig., demi-rel. bas. (*Qq. mouillures et un feuillet raccommodé et 2 cachets sur le titre*). 10 fr.

Curieuses figures.

6383 MARTIAL. Paris en 1867. 48 eaux-fortes par A. P. Martial *Paris, Cadart,* pet. in-4, demi-rel. chag. vert. 35 fr.

Très intéressante suite devenue rare.

6384 MÉLIDOR (pseudonyme de Cury). Les travaux d'Aristée et d'Amarile dans Salamine, histoire de ce temps. *Rouen, Corneille Piterson*, 1619, jolie fig. en taille-douce sur le titre, pet. in-12 vél. 8 fr.

6385 MELLIET (Laurens) Discours politiques et militaires sur Corneille Tacite, contenant les fleurs des plus belles histoires du Monde par Laurens Meillet sieur de Mont Essuy en Bresse. *A Lyon*, 1619, in-4, vélin bl. 3 fr.

6386 MÉMOIRES DE BILBOQUET, recueillis par un bourgeois de Paris (par Maurice Alhoy, Taxile Delord et Edmond Texier. *Paris, Librairie nouvelle*, 1854. 3 vol. in-12, demi rel. chag. bl. 6 fr.

6387 MERCIER DE COMPIÈGNE. Eloges du Pou, de la Boue et de la Paille, dédiés à bien des gens ; et autres pièces, trad. du latin. *Paris, Favre*, an VII, in-18, demi-rel. v. marb. 5 fr.

Dans le même volume: Les Prémices d'Annette, en X chants, par le Général Serviez. *Paris, Lucet*, an IV, fig. par Poisson.

6388 MERLANGE. Traité des Eaux Minérales de Merlange (près Montereau-Faut-Yonne), contenant l'Analyse des dites eaux, plusieurs pièces qui tendent à constater l'état de leurs sources, etc., etc. *A Paris*, 1766, in-12, demi-rel. 6 fr.

6389 MÉROVIR. Le Palais de Scaurus, ou description d'une maison romaine, fragment d'un voyage fait à Rome vers la fin de la République. *Paris, Firmin Didot*, 1822, in-4, plans et figure, br. 8 fr.

Exemplaire en grand papier.

6390 MERSENNE (Marin). Cogitata, physico, mathematica et harmoniæ, etc. *Parisiis*, 1644-1647, 7 parties en 2 vol in-4, fig., v. br. 20 fr.

Très rare.

6391 MÉTASTA E Opere del Signor Abate Pietro Metastasio. *In Parigi*, 1780-1782, 12 vol. in 8, veau rac. dent tr. marb. 36 fr.

Orné de 1 portrait par Steiner, gravé par Gaucher, 35 figures par Cipriani, Cochin, Delvaux, Martin et Moreau. L'Edition est magnifique, les illustrations sont de la plus grande beauté (Cohen).

6392 MEUSNIER de QUERLON. Mémoires de M. de *** pour servir à l'histoire du XVIIe siècle. *Amsterdam*, 1760, 3 vol. in-12, v. marb. 10 fr.

6393 MEY (l'Abbé Claude). Mémoire pour les abbés, prieurs et religieux des abbayes de Saint Vincent du Mans, de Saint Martin de Sées, de Saint Sulpice de Bourges, de Saint Alire de Clermont, et de Saint Augustin de Limoges. *Paris, Lambert*, 1764, v. marb. 10 fr.

Dans le même volume: Mémoire pour MM. l'Archevesque de Lyon, l'Evesque d'Orléans, l'Abbé le Noir, l'Abbé de Very et l'Abbé de Foy, nommés par le Roi aux Abbayes de Saint Alire de Clermont, de Saint Vincent du Mans, de Saint Sulpice de Bourges, de Saint Augustin de Limoges et de Saint Martin de Sées. *Paris, Chardon*, 1864.

6394 MICHAUD. Histoire des Croisades, illustrée de 100 grandes compositions par Gustave Doré, gravées par Bellenger, Doms, Gusman, Jonnard, Pannemaker, Pisan, Quesnel. *Paris, Furne, Jouvet et Cie*, 1877, 2 vol. in-fol., demi-rel. dos et coins de chag. vert, dos orné, fil., tête dor., non rog 200 fr.

L'UN DES 25 EXEMPLAIRES tirés sur PAPIER de CHINE n° 7). Très rare.
PREMIER TIRAGE des illustrations de G. DORÉ.

6395 MICHEL (André). Les Salons de 1897, ouvrage précédé d'une Etude sur les Salons, au Palais de l'industrie de 1857 à 1897, orné de 6 eaux-fortes, par MM. Bonnat Carey. Guérard, de Los Rios, Patricot, Waltner, et de 140 gravures dans le texte et hors texte. *Paris Gazette des Beaux-Arts*, 1897 in-4, en liv. dans un emboitage, au lieu de 20 fr. 9 fr.

6396 MICHIELS (A). Histoire de la peinture flamande depuis ses débuts jusqu'en 1864, par Alfred Michiels, seconde édition. *Paris, Lacroix-Verbœckhoven*, 1865-1876, 10 vol. in-8, br 35 fr

6397 MILLS Histoire du Mahométisme.., tr. de l'anglais par Germain Buisson de Rennes. *Guernesey*, 1826, un vol. in-8 d.-v. 4 fr.

6398 MIRBEL (de). Le Palais du prince du Sommeil, où est enseignée l'Oniromancie, autrement l'art de deviner par les songes. *Lyon*, 1670, pet. in-12, front gr., v. f., 1680, in-12 v. 3 f.

6399 LE MIROIR sans tache par l'abbé Valentin *A Paris, proche l'Archevéché*, in-12, v. 3 fr.

Rare.

6400 MOLIÈRE. LES ŒUVRES DE MONSIEUR DE MOLIÈRE, revues, corrigées et augmentées, enrichies de figures en taille-douce. *A Paris*, 1682, 8 vol. in-12 figures, rel. depareillée. 100 fr.

Edition la plus recherchée.

6401 MOLIÈRE. Œuvres, précédées d'une notice sur sa vie et ses ouvrages, par M. Sainte-Beuve. Vignettes par Tony Johannot. *Paris, Paulin*, 1835 36, 2 vol. gr. in 8, portr. et 300 vign dans le texte, grav. sur bois par Andrew Best et Leloir, Porret et autres, demi-rel. v. f, tr. marb. 32 fr.

1er tirage des figures.

6402 MOLINET (le P. C. du). Figures des différents habits des chanoines réguliers en ce siècle: Avec un Discours sur les habits anciens et modernes des chanoines tant séculiers que réguliers. *Paris, Siméon Piget*, 1666, in-4, fig., derel. 10 fr.

6403 MOMUS et le nouvelliste, ouvrage (en vers) mêlé d'histoires, de maximes, de bons mots et de nouvelles du tems (par Robinet de Saint Jean). *Paris, au Palais*, 1685, in-12, v., le titre manque. Très joli frontispice ajouté.

Curieux et rare. 4 fr.

6404 MONACOLOGIE, illustrée de figures sur bois. *Paris, Paulin,* 1844, petit in-8, cart. Bradel, tête éb., non rog. 6 fr.

Cette publication due à M. Charles MARTINS, reproduit en regard le texte latin d'Ignace DE BORN. « BARBIER. *Anonymes,* t. 3, col. 332, e ».

6405 MONCRIF. Essais sur la nécessité et les moyens de plaire. *A Paris,* 1738, in-12, v., front. gravé. (Première Edition). 3 fr.

Du désir de plaire — Des qualitez qui semblent plaire par elles-mêmes. — De quelques moyens de plaire. — Des défauts que le désir de plaire corrige, et de ceux qu'il adoucit — Etc.

6406 MONNAIES. Extraict, ou Abrege du du Livre de Asse de feu M. Bude, auquel les monnoyes, poix et mesures anciennes, sont reduictes à celles de maintenant, reueu de nouveau, corrigé et additionné. *Paris, Vinc. Sertenas,* 1550, in-16 réglé, v. gr. 20 fr.

6407 MONSTRELET (Enguerrand de) (Chroniques de). Contenans les cruelles guerres civiles entre les Maisons d'Orléans et de Bourgogne. Histoire de bel exemple et de grand iruict aux françois, commenceant en l'an 1400 et finissant en l'an 1467. *Paris, Pierre L'Huillier,* 1572, 3 vol. in-fol. v. br., comp. fil. tr. dor. 50 fr.

Edition recherchée Bel exemplaire en GRAND PAPIER.

6408 MONTBRUN (de). Mémoires de Monsieur le Marquis de Montbrun, enrichis de figures. *Amsterdam, chez Nic. Chevalier et Jacques Tirel,* 1701, petit in-12, port. et fig., demi-rel. v. f. éb. 5 fr.

Rare.

6409 MONTFLEURY. Théâtre de Messieurs de Montfleury père et fils, augmenté de trois Comédies avec des Mémoires sur la vie et les ouvrages de ces auteurs. Paris, 1739, 3 vol. in-12, v. m. 12 fr.

Quelques-unes des pièces de Montfleury eurent un succès énorme. Ainsi *La femme juge et partie,* 1660, balança dans le temps la réputation du « Tartuffe » joué à Paris la même année mais sur un théâtre différent.

Montfleury connait la scène, il a des intentions comiques et de la gaité dans le style mais il est incorrect et tellement licencieux que cette raison seule suffirait aujourd'hui pour le bannir du théâtre.

6410 MORALE EN ACTION (la), ou les Bons Exemples, ouvrage exécuté sous la direction et publié sous les auspices de Benjamin Delessert et du Baron de Gérando, illustré de 120 dessins par Jules David, gravés par Chevin. *Paris, G. Kugelmann,* 1843, gr. in-8, vign. dans le texte et planches hors texte, demi-rel. chag. violet dos orné, tr. marb. *(Rel. de l'époque.)* 6 fr.

6411 MORALITE nouvelle du mauvais riche et du ladre à douze personnages *Aix, Pontier,* 1823, pet. in 8 de de 32 pp; demi-rel. dos et coins de mar. vert, dos orné, tête dor. *(Belz).* 3 fr.

Edition à 67 exemplaires faite d'après un exemplaire de l'édition in-16, goth., conservé dans la Biblioth. publique d'Aix.

6412 MOREAU DE SAINT-ELIER. Songes physiques (par l'abbé L.-M. Moreau de Saint-Elier, frère de Maupertuis). *Amsterdam, (Paris), Thom. Joly,* 1753, in-12, v. marb. 3 fr.

Dans le même volume : De l'Homme et de la Reproduction des différens individus. Ouvrage qui peut servir d'Introduction et de défense à l'histoire naturelle des Animaux, par M. de Buffon (par C.-J. Panckoucke le fils). *Paris,* 1761, in-12.

6413 MORISE (R. P. Paul). Histoire de l'origine de toutes les Religions qui jusqu'à présent ont esté au monde, avec les auteurs d'icelles, en quelle prouince, sous quels Empereurs et Papes, et en quel temps elles ont esté instituées. Outre de plusieurs dames illustres, lesquelles ont mesprisé les grandeurs pour viure en solitude et religion. Avec l'origine des ordres militaires. *Paris, Rob. Colombel,* 1578, in-8, der. *(Mouillures).* 10 fr.

6414 MUGNIER (Fr.). Les Evêques de Genève. Annecy depuis la Réforme (1535-1879), 2e édit. revue et augmentée, avec 10 portraits à l'eauforte par Ch. Coppier. *Paris, Champion,* 1888, gr. in-8, br. neuf. 3 fr.

6415 MUNTZ (Eug). Raphaël archéologue et historien d'art. *Paris,* 1880, broch. gr. in-8. 2 fr. 50

6416 MUNTZ (Eug) Le Chroniqueur Bernard Hertzog et son gendre le poète Jean Fischart. *Mulhouse,* 1873, broch. in-8. 1 fr.

6417 MURET. Coustumes funèbres de toutes les nations. *Paris, Michel Petit,* 1675, in-12 v. *(Rare).* 5 fr.

Funérailles des Amériquains (*sic*). — Sépultures vivantes — Ignées — Aqueuses — Aériennes — Funérailles des Juifs modernes, etc., etc.

6418 MUSES ILLUSTRES (Les de Messieurs Malherbe Théophile. L'Estoile, Tristan, Colletet, Maynard, etc., etc. *Paris, chez Pierre David,* 1658, in-12 parchemin. *(Rare).* 10 fr.

6419 MUSSET (A. de). Premières et nouvelles poésies (1829-1852), avec portr et eaux-fortes de Lalauze, d'après Bida. *Paris Charpentier, et Fasquelle.* 1890-1891, 2 vol., in-32, veau grenat, fil. à fr., tr. dor. 15 fr.

6420 MUSSET (Alfred de) Un Rêve, ballade, par Alfred de Musset. Cent cinquante vers inconnus, avec note bibliographique, suivie d'une notice des portraits du poète. *Paris, P. Rouquette,* 1875, in-8 de 22 pp., demi-rel. dos et coins de chag. bl., dos orné à petits fers, fil., tête dor., non rog, couv. 16 fr.

Tiré à 120 exemplaires.

L'un des 10 sur papier Whatman.

6421 NAPOLÉON Ier. Recueil de pièces officielles sur le prisonnier de Sainte-Hélène, trad. de l'anglais. *Paris,* 1819, in-8 bas. 3 fr. 50

6422 NAPOLÉON et la conquête du monde, 1812-1832. — Histoire de la Monarchie universelle. *Paris,* 1836, in-8 br *(Rare).* 4 fr.

6423 NAUDÉ. Apologie pour tous les grands hommes qui ont esté accusez de magie. *Paris,* 1669, in-12, v br. 4 fr.

6424 NAUDÉ (G), *Parisien.* Apologie pour les grands hommes soupçonnez de magie : dernière édition où l'on a ajouté quelques remarques. *Amsterdam, P. Humbert,* 1712, in-12, front. gr, v. br. 4 fr.

6425 NOAILLES (Mis de). Henri de Valois et la Pologne en 1572. *Paris, M. Lévy frères,* 1867, 3 vol. in-8, tableau et carte, br. 10 fr.

Envoi autographe de l'auteur.

6426 NOBLESSE. Recueil de six ouvrages en un vol. in-8, demi-rel. *(Curieux).* 12 fr.

Histoire critique de la Noblesse, depuis le commencement de la monarchie jusqu'à nos jours, où l'on expose ses préjugés, ses brigandages, ses crimes, etc., par J.-A. Dulaure, Paris 1790. — De la destruction de la Noblesse en France. — Discours sur la Noblesse du Parlement du Bretagne, prononcés aux Chambres assemblées, 1789. — A la Noblesse de France, par un gentilhomme de province. — Procès-verbal de l'Assemblée de la province d'Artois, convoquée à Arras le 20 Avril (1789). Suivi du cahier des pouvoirs, demandes et instructions que l'ordre de la Noblesse donne à ses députés aux Etats-Généraux (1789). — Opinion et projet de décret sur le mode d'exécution de celui du 22 vendémiaire qui a decrété les propositions-faites d'expulser les royalistes, les émigrés et les prêtres réfractaires du territoire de la République..., par Terral, député du Tarn.

6427 NODIER (Charles). Description raisonnée d'une jolie collection de livres. Paris, 1844, in-8, dem.-rel. v. f. (Rare). 14 fr.

6428 NODIER (Ch.). Le Peintre de Saltzbourg journal des émotions d'un cœur souffrant : par Ch. Nodier Paris, Maradan, an XI-1803, in.-12, demi-rel. mar. bl. dos orné, fil., tr. dor., éb. (David) 5 fr.

6429 NODIER (Ch.). Questions de littérature légale. Du Plagiat, de la supposition d'auteurs, des supercheries qui ont rapport aux livres. Paris, Crapelet, 1828, gr. in-8, grand pap. vél., cart., n. rog. 16 fr.

Bel exemplaire.

6430 NOEL (Ed). Une mélodie de Schubert. Dessins de Georges Cain gravés par Deville. Paris, L. Conquet, 1888, in-16, br., couv. 30 fr.

Tiré à 125 exemplaires numérotés (n° 88). L'un des 100 sur papier vélin du Marais.

Très rare.

6431 NOEL (Edouard). Une mélodie de Schubert, dessins de Georges Cain, gravés par Deville. Paris, L Conquet, 1888, in-16. mar. La Vallière clair, filets et ornem. dor. sur le dos et les plats, dent. int, tr. dor. sur brochure, couv. (Chambolle-Duru). 100 fr.

L'un des 25 exemplaires tirés sur papier du Japon (n° 9) avec les figures en 3 états. La reliure a coûté 200 francs. L'exemplaire Conquet dans la même condition a été vendu 191 francs.

6432 NOGARET (F.) Le fond du sac renouvelé, ou bigarrures et passe-tems critiques de l'Aristénéte français. Paris, Capelle et Renaud An XIII-1805, 3 vol. pet. in-12, v. marbr., dos ornés, fil., tr. dor 5 fr.

6433 NOGARET (F.). Le Fond du Sac, ou Recueil de Contes en vers et en prose et de pièces fugitives. Paris, Leclère, 1866, Lyon, Imp. Louis Perrin, in-8, maroq. rouge, dos orné, fil. sur les plats, dent int, tr. dor.; étui. (Chambolle-Duru) 54 fr.

Figures gravées à l'eau-forte, deux à part et les autres à mi-page, en deux états.

Edition imprimée à 30 exemplaires sur papier de Chine.

6434 NORIAC (J.). Le 101e régiment, illustré par Armand Dumaresq, G. Janet, Pelcoq, Marin et Deuxétoiles. Deuxième édition illustrée. Paris, Librairie Nouvelle, 1861, pet. in-8, dem.-rel. chag. r., dos orné, tête dor., non rog (Qq. mouillures.) 6 fr

6435 NORMAND (Jacq.). Paravents et tréteaux. Fantaisies de salon et de théâtre. Paris, C. Lévy, 1882, in-12, br., couv. illust 3 fr.

Envoi autographe signé de l'auteur de Nadar.

6436 NORMANDIE Histoire de la Réformation à Dieppe, 1557-1657, par Guillaume et Jean Daval dits. les Policiens religionnaires, publiée pour la première fois, avec une introduction et des notes par Emile Lesens Rouen, 1888, 2 vol in-8 brochés, ppa. de Hollande 15 fr.

Epuisé.

6437 NORMANDIE, 10 opuscules en 1 vol. in-8, figures, demi-rel. 5 fr.

Notice sur 196 médailles romaines en or, trouvées pendant l'été de 1834 à Ambenay, canton de Rugles,

départ de l'Eure, par Ed. de La Grange. Paris, 1804. — Mémoire sur la grande cheminée de Quinéville, par Aug. Asselin. Cherbourg 1831 — Aperçu de la végétation des 5 départements de l'ancienne Normandie, par A. de Brébisson. Extrait, avec une lettre autographe de l'auteur. Notice sur le Mont St-Michel, à l'occasion de l'ouvrage de l'abbé Desroches, par F. V. Caen vers 1840. — Serlon, par V. E. Fillet. Bayeux, s. d. — Mémoire sur un piédestal antique de marbre, trouvé à Vieux, près de Caen, par E. Lambert, Bayeux, 1838, etc.

6438 NORMANDIE. Réflexions sur la division en districts du département de la Seine-Intérieure (par l'abbé Auber). Abbeville, 1790, br. in-8, (cassure au titre.) 2 fr.

6439 NOUVEAU théâtre italien ou recueil général des comédies représentées, par les comédiens italiens. Paris, 1733, 9 vol. in-12, v. fauve. 30 fr.

Bel exemplaire aux armes de la famille Colbert.

6440 NOUVELLE (la) fabrique des excellens traits de vérité, pour inciter les resveurs tristes et mélancoliques à vivre de plaisir. par Philippe d'Alcripe, sieur de Néri en Verbos (Le Picard sieur de Rien en Bourse. Imprimé cette année (Rouen, Viret, vers 1730), in-12, v. f. (Rare.) 20 fr.

6441 NOUVELLE GRAMMAIRE pour apprendre le flamand avec vocabulaire, dialogues, et lettres en françois et flamand. Anvers, s. d. (vers 1790), in-8, br. 3 fr.

6442 NOUVION. Histoire du Règne Louis-Philippe 1er Roi des Français (1830-1848). Paris, 1861, 4 vol in-8, demi-rel. v. f. (Au lieu de 30 fr. brochés) 12 fr.

6443 OVIDIO. Le Metamorphosi d'Ovidio al christianissimo re di Francia Henrico secondo di Givuanni Andrea dell'Anguillara In Vinegia per Gio. Griffio 1561, in-4, vélin. (Rel anc.) 12 fr

Edition estimée, joli titre grav. et nombreuses figures sur bois.

Exemplaire de Mgr Pellot, prem. Président du Parlement de Normandie, avec son bel ex-libris.

6444 PAINE (Thomas). Droits de l'homme, en réponse à l'attaque de M. Burke sur la Révolution française. Paris 1792-93, 2 parties en 1 vol. in-8, rel. veau 4 fr.

6445 PAINE (Thomas). Recueil des divers écrits, sur la politique et la législation, trad. de l'anglais. Paris, 1793, in-8, veau, portr. 3 fr.

6446 PANTHÉON des Illustrations Françaises au XIXe siècle, comprenant un portrait, une biographie et un autographe de chacun des hommes les plus marquants. Publié sous la direction de Victor Frond. Paris, A. Pilon, 1886, in-4, cart. toile verte, dos orné, tr. dor. 32 fr.

6447 PARELON (Paul). Episode du Siège de Paris en 1870 Chansons orléanistes chantées aux Grand'Gardes devant le Fort de Nogent-s.-M par Paul Parelon, soldat à la 3e Cie de Guerre du 153e Bon de Marche de l'Armée de Paris (Garde Nationale mobilisée). Fusillé le 24 mai 1871. Paris, 1886, pet. in-8 de 15 ff.; mar. bleu, dos et angles ornés de fleurs de lis, fil., dent. int., tr. dor. sur brochure, couv., étui. 125 fr.

Très joli Manuscrit de V. Bouton, sur peau de vélin. caractères en or, rouge, bleu et noir, texte encadré de filets rouges

6448 PARIS. Discours véritable de ce qui s'est passé en la Réduction de la ville de Paris, depuis le 6 mars jusques à la fin dudit mois. Lyon, P. Michel, 1594, pet. in-8 de 32 pp., dérel. 20 fr.

6449 PARIS. Embarras (l') du moment, divertissement de société, à l'occasion de la fête de M. de Lagardè maître des requêtes ; la veille de St-Pierre, son patron, représenté le 28 juin 1772, au château de la Cour-Neuve. *Aux Vertus, aux dépens de l'auteur, s. d.*, in-8, musique, mar. rouge, fil., tr. dor. (*Rel. anc*) 10 fr.

6450 PARIS. Histoire de la ville de Paris (jusqu'en 1730) (par Desfontaines et d'Aubigny). Paris, 1735. 5 vol in-12, v. m., plans. 15 fr.

6451 PARIS. Malingre (Claude). De la gloire et magnificence des anciens amateurs de belles antiquitez. *Paris*, 1612, un vol in-8, parch., taches 8 fr.

On trouve, pag 92 et suiv., une description des amphithéâtres de Paris, avec une déclaration des pompes magnifiques faites les 5, 6 et 7 août 1612, jours dédiez à une réjouissance publique.

6452 PASCAL. Les Provinciales ou les lettres écrites par L. de Montalte à un Provincial de ses amis et aux RR. PP. Jésuites ; sur le sujet de la morale, et de la politique de ces Pères. *A Cologne, chez P. de la Vallée*, 1657, pet. in-12, vél. bl. 15 fr.

6453 PATHELIN. La Farce de maistre Pierre Pathelin, avec son testament, à quatre personnages. Nouvelle édition. *Paris, Coustelier*, 1723 pet. in-8, v. br., dos orné, fil ; tr.dor. 3 fr.

6454 PERELLE (J.). Théod. Gazae liber de Mensibus atticus Joanne Perollo interprete ejusdem interpretis de rationae Lunae des epatiorum secundum Gazam, cum Tabula perfectiambibus annorum intercalorum *Parisiis,* 1535, in-8 10 fr.

Édition originale, très rare. Jean Perelle est né à Chatillon-sur-Seine vers la fin du XVe siècle.

6455 PEREZ Traité de l'estat honneste des chrestiens en leur vestement par la parole de Dieu, divisé en quatre parties par M. Perez, prédicateur et conseiller du feu Roy. *Imprimé à Paris, chez Jean Julien*, pet. in-8, vél (*Raparlier*). 10 fr.

6456 PERONNET (Denys). Sermons exortations catholiques pour les festes de Jesus Christ, divisez en deux tomes par D. Peronnet chanoine de la cathédrale d'Auxerre. *A Lyon* 1599, 2 vol. in-8, 1/2 rel. 12 fr.

6457 PERRISSIN et TORTOREL Suite de 35 planches représentant les histoires diverses qui sont Mémorables, touchant les Guerres, Massacres et Troubles advenus en France, gr. in-4 en largeur, demi-rel. dos et coins de chagr. r. (*Rel. défraichie*) 84 fr.

6458 PETIT-RADEL. Recherches sur les bibliothèques anciennes et modernes jusqu'à la fondation de la Bibliothèque Mazarine et sur les Choses qui ont favorisé l'accroissement du nombre des livres *Paris*, 1819, un vol in-8 br. 5 fr.

6459 PEUCHET (J). Mémoires tirés des archives de la police de Paris pour servir à l'histoire de la morale et de la police, depuis Louis XIV jusqu'à nos jours. *Paris, Levasseur et Cie,* 1838, 6 tom. en 3 vol. in-8, demi-rel. v. f., non rog. 24 fr.

Rare.

6460 PÉZENAS (Livre imprimé à). Goulard Traité sur les effets des préparations de Plomb et principalement de l'extrait de Saturne, employé sous différentes formes. *A Pézenas, de l'imprimerie de Joseph Fusier*, 1760. 2 vol., in-12, v. 4 fr.

6461 PIARD. (A.). Apologie royalle, par Ant.

Piard, S. du Montguenant, premier advocat du Roy en la vicomté de Neufchastel. *S. l*, 1612, pet. in-4, cart. à la Brad. 10 fr.

6462 PIDANSAT DE MAIROBERT L'Espion anglois ou Correspondance secrete entre Milord All'eye et Milord All'ear. *Londres, Adamson*, 10 vol. in-12, br., non rog. 40 fr.

Rare en condition pareille.

6463 PIERQUIN DE GEMBLOUX. Idiomologie des Animaux, ou Recherches historiques, anatomiques, physiologiques, philologiques, et glossologiques sur le langage des bêtes. *Paris*, 1844, in-8, demi-rel. bas., tr. peig. 4 fr.

6464 PITRE-CHEVALIER La Bretagne ancienne et moderne. Illustrée par A. Leleux, O. Penguilly, T Johannot *Paris*, W. *Coquebert, s. d.* (1844) 1 vol gr in-8, demi-rel. veau bleu, dos orné. 12 fr.

200 vignettes sur bois dans le texte, et 43 planches hors texte comprenant des planches d'armoiries, des gravures sur bois et sur acier, etc. 1ere édition.

6465 PLANCHER de VALCOURT. Le Petit Neveu de Boccace, ou contes nouveaux en vers. Nouv. édit., revue, corrigée et considérablement augmentée. *A Avignon*, 1781, in-8, fig., br., non rog. 14 fr.

1 frontispice, 1 figure et 4 vignettes par Desrais, gravés par Patas.

6466 PLATINA. Opus de vitis ac gestis Summorum Pontificum... Accessit breve quidem, sed longe utilissimum omnium Romanorum Pontificum et schismatum chronicon Onuphrii Patavini *Coloniœ, Cholinus,* 1562, in-fol, v. br. ant. 10 fr.

La page 119 contient une longue histoire de la papesse Jeanne.

6467 PLATINE de CREMONNE (B.). Les Vies, faictz et geste des sainctz peres, papes, empereurs et roys de France, par Baptiste Platine, et depuis tournées en françoys *Paris, Est. Grouleau*, 1551, in-8, fig. sur bois, v. br. (*Rel. anc. fatiguée*). 20 fr.

Ouvrage très rare contenant un curieux chapitre sur la *Papesse Jeanne.*

6468 POLDO D'ALBENAS (Jean). Discours historial de l'antique et illustre cité de NISMES en la Gaule Narbonoise, avec les portraitz des plus antiques et insignes bastimens dudit lieu... *Lyon, par Guill. Roville*, 1560, in-fol. fig., dé-rel. (*Piqûres de vers*) 40 fr.

Ouvrage curieux et très rare.

6469 PORÉE (abbé) et **DUDONET** Le pour et contre de la possession des filles de la paroisse de Landes, diocèse de Bayeux *Antioche,* (*Rouen*), 1738, in-8, v. marb. 10 fr.

Volume rare.

6470 PORTUGAL. Mayor Triumpho da Monarchia Lusitana... composto por pero de Sousa. *Em Lisboa,* 1649, in-4, rel., front. gravé 4 fr

6471 POT-POURRI (Le) ou préservatif de la Mélancolie. *Paris*, 1809, pet. in-12, cart. n. r. 3 fr.

Contient la Henriade travestie. La pipe cassée. La Rousse Elonade et autres pièces

6472 POUSSIN. Les Etats-Unis d'Amérique, mœurs, usages et coutumes politiques force, militaire, plan de la défense générale. Résumé de la prospérité actuelle de l'Union, son avenir *Paris*, 1874, in-8 br. 3 fr.

6473 PRAGMATIQUE SANCTION (la), contenant les décrets du Côcile national de l'Eglise gallicane, assemblée en la ville de BOURGES, au règne du Roy Charles septiesme. Avec le Concordat d'icelle, entre le Roy François premier de ce nom. et le Pape Léon dixiesme. *A Paris, par Vincent Sertenas*, 1561, in-8 vél. *Mouillures.*   10 fr.

6474 **PRÉCHAC** (de). Le voyage de Fontainebleau. *A Paris, au Palais*, 1678, in-12, v. m 10 fr.

Édition originale, très rare.

6475 **PRÉ-FONTAINE** (de). La Diane des Bois, par le sieur de Pré-Fontaine. *Paris, P. Rocolet*, 1628, joli titre gravé par Van Lochom, d'après Crispin de Passe, in-8, demi-rel. v. r.   16 fr.

Volume rare. — Exemplaire grand de marges.

6476 **PRESCOTT** (W.-H.) Histoire de la conquête du Mexique, avec un tableau préliminaire de l'ancienne civilisation mexicaine et la vie de Fernand Cortès, pub. en français par Am Pichot. *Paris, F. Didot et C*, 1863, 3 vol. in-8, fig., br.   9 fr.

6477 **PROCEZ** burlesque, entre Mr le Prince et Mme la Duchesse d'Esguillon, avec les plaidoyers, par le S. D. S. M. *Paris, Vve Pepingué et Maucroy*, 1649, in-4 de 35 pp. portr. de la duchesse d'Aiguillon, demi-rel. chag. vert (*Mouillures*).   3 fr.

6478 **PROPHETIES**. La fin des Temps, avec une notice par Eugène Bareste. *Paris, Lavigne*, 1840, in 16, demi-rel., dos et coins de mar. gren., dos orné, fil., tête dor., non rog 2 fr. 50

Recueil de Prophéties.

6479 **PROVINCIAL** (Le) à Paris, ou état actuel de Paris, ouvrage indispensable à ceux qui veulent connoître et parcourir Paris, sans faire aucune question. *Paris. Watin fils*, 1787, 4 vol in-24, br.   8 fr.

Curieux et rare.

6480 **PRUDHOMME** (L). Les crimes des reines de France, depuis le commencement de la monarchie jusqu'à Marie-Antoinette. *Paris*, 1791, in-8, demi-veau, avec 5 grav.   6 fr.

6481 **PSEAUTIER** (le) de Brunswick gravé par J. Pfann. — Brunswifischer Evangelischer Kirchen harmonegen Erster Theil, 1646, in-fol. cart.   10 fr.

129 pièces in-8 remontées in-folio.

6482 **QUATREMÈRE de QUINCY**. Dictionnaire historique d'architecture, contenant dans son plan, les notions historiques, descriptives, archéologiques, biographiques, théoriques, didactiques et pratiques de cet art. *Paris, Adr. Leclère*, 1832, 2 vol in-4, à 2 col., demi-rel. chag. Lavall.   10 fr.

Rare.

6483 **QUATREMÈRE de QUINCY**. Recueil de notices historiques lues dans les séances publiques de l'Académie royale des beaux-arts à l'Institut, par M. Quatremère de Quincy. *Paris, Adrien Le Clère*, 1834. — Suite du Recueil de notices historiques lues dans les séances publiques de l'Académie royale des beaux-arts à l'Institut, par le même. *Paris, Adrien Le Clère Bourgeois Maze*, 1837, 2 vol. gr. in-8, demi-rel. veau fauve, dos à nerfs, non rog. 10 fr.

6484 **QUÉRARD** (J.-M.). Les supercheries littéraires dévoilées. 2e édit. considérablement augmentée, publ. par MM. G Brunet et P. Jannet. *Paris, Daffis*, 1869-1871, 3 tom. en 6 parties in-8, br n. c.   24 fr.

Au lieu de 72 francs.

6485 **QUERELLE** des Bouffons à l'Opéra au XVIIIe siècle. 15 pièces en 1 vol. pet in-8, veau brun, fil., tr. dor. (*Andrieux*):   6 fr.

Lettre à une dame d'un certain âge, sur l'état présent de l'Opéra, 1752. — Le petit Prophète de Boehmischbroda,

1753. — Le Correcteur des Bouffons à l'Ecolieu de Prague. — La Guerre de l'Opéra. Lettre écrite à une Dame en Province. par quelqu'un qui n'est ni d'un coin, ni de l'autre. — Les Prophéties du grand prophète Monet, 1753. — Epître aux Bouffounistes, 1753. — Au petit prophète de Boesmischbroda, au grand prophète Monet, etc. 1754. — Lettre sur les Bouffons (par Rhulière). — Lettre sur la musique française, par J. J. Rousseau, 1753, et ., etc.

6486 **QUEVEDO VILLEGAS**. L'Enfer réformé, trad. de l'espagnol par le sieur de la Geneste *A Paris*, 1634, in-8, demi rel. (*première édition*).   5 fr.

6487 **QUINAULT**. Le Theâtre de Mr Quinault. Nouvelle édition, augmentée et enrichie de figures en taille-douce. *Amsterdam, Antoine Schelte*, 1697, 2 vol. pet. in-12, figures, veau brun, fil.   10 fr.

Hauteur 134 mill. Toutes les pièces composant ce recueil sont avec titre et pagination séparés.

6487 *bis* **QUINZE JOYES** (Les). Nostre Dame et autres devotes oroisons tirées de deux manuscrits du XVe siècle, publié pour la première fois par un bibliophile. *Tours, Impr. de J. Bouserez*, 1862, in-16 sur pap. vergé, br.   3 fr.

Ouvrage tiré à 100 exempl.

6488 **RABELAIS**. Œuvres, collationnées pour la première fois sur les éditions originales, accompagnées de notes nouvelles, et ramenées à une orthographe qui facilite la lecture par MM. Burgaud Des Marets et Rathery. *Paris, Firmin-Didot et Cie*, 1857-58, 2 vol. in-12, demi-rel. chag. vert, dos orné, pl. toile. (*Taches de rousseur*).   5 fr.

6489 **RACAN**. Dernières œuvres et poésies chrestiennes *Paris*, 1660, in-8, v., piq. de vers.   5 fr.

Edition originale

6490 **RACINE**. Œuvres de Racine. Sur l'imprimé, *A Paris, chez Claude Barbin*, 1696, 2 vol. in-12, v. br.   30 fr.

Très rare Edition non citée et qui paraît sortir des Presses de Lyon ou de Grenoble, elle est très bien imprimée en caractères fins et très lisibles ; elle reproduit l'édition de *Paris*, 1687, et à la fin du tome second, se trouvent *Esther* et *Athalie*, avec une pagination spéciale.

6491 **RAISONS** (Les) pour lesquelles Henry de Bourbon, soy disant Roy de Navarre, ne peult et ne doit estre reçeu, approuvé ni recogneu roy de France. *A Paris*, 1591, in-8 cart.   5 fr.

6492 **RAT** (Pierre). Commentaires sur les coutumes de Poitou (en lat et en franc.) *Pictavii (Poitiers)*, 1548, 1 vol. in-fol. veau.   6 fr.

6493 **RAYSSIGUIER** (de). Tragicomédie pastorale, ou les amours d'Astrée et de Céladon sont meslées à celles de Diane, de Siluandre et de Pâris, avec les inconstances d'Hilas. *Paris, Pierre David*, 1632, in-8 vélin.   10 fr.

6494 **RECUEIL** de Fables choisies dans le goût de M. de La Fontaine, sur de petits airs et vaudevilles connus, notés à la fin pour en faciliter le chant (par le P. J.-P. Valette, doctrinaire). Nouvelle édition, revue, corrigée, et augmentée. *Paris, Lottin et Butard*, 1749, pet. in-12, musique gravée, mar. bleu jans., dent. int., tr. dor. (*Chambolle-Duru*).   48 fr.

Ce rare recueil contient la plupart des Fables de La Fontaine mises en chansons.

6495 **RECUEIL** de pièces choisies tant en vers qu'en prose rassemblées en deux volumes (par La Monnoye). *La Haye*, 1714, 2 vol. in-12 v.   6 fr.

Contenant : Poésies du Chev. d'Acelly. — La Satire des Satires. — Le louis d'or par Izarn, etc., etc.

6496 RECUEIL de pièces en prose et en vers sur la mort de Louis XIIII, la Constitution, la Régence, la Chambre de justice et autres sujets. S. l., 1723, in fol. bas. **35 fr.**

Très curieux manuscrit du XVIIIᵉ siècle, de 788 pp. d'une bonne écriture et très bien conservé.

6497 RECUEIL de pièces manuscrites et imprimées réunies en un vol. in-8 v. **4 fr.**

Procès-verbal et criminel extrait des registres du parlement de Paris, contenant le procès criminel fait à Fr. Ravaillac après avoir commis le Parricide du Roy Henry quatre (etc.). S. l. n. d. (pièce manuscr.) — Lettre pastorale de M. Fléchier, evesque de Nismes, sur les malheurs du temps. Paris, 1709 — Discours sur l'amour de Dieu. S. l. n. d. (pièce manuscrite). — Lettre du P. Quesnel au R. P. de la Chaise S. l. n. d. (pièce manuscrite), (etc., etc.)

6498 RECUEIL de dix-sept pièces sur le différend entre le pape et les seigneurs de Venise, texte en latin. *Parisiis*, 1607, in-4, parch. ant. **4 fr**

6499 RECUEIL des Opéras représentez par l'Académie royale de musique, depuis son établissement. *Paris, chez Christophe Ballard*, 1703-1746. 16 vol. in-12 figures, basane. **25 fr.**

Rare.

6500 RECUEIL des beaux vers de MM. de Malherbe, de Racan, Maynard, Bois-Robert Monfuron, Lingendes, Touvant, Motin, de Lestoille, et autres des plus fameux esprits de la cour, reveuz, corrigez et augmentez. *Paris, Toussainct du Bray*, 1630, pet. in-8, 4 ff. prélim ; 918 pp., 10 ff. de table n. chiff. et 1 f. d'errata, demi-rel. chag. r., tr. peig. **16 fr.**

6501 RECUEIL des Traictés de confédération et d'alliance entre la couronne de France, et les princes des Estats estrangers, depuis l'an 1521 jusques à présent, avec quelques autres pièces appartenantes à l'histoire. S. l. (*Leyde Elzev. à la Sphère*), 1651, pet. in-8, demi-rel. v. br., tr. marb. **10 fr.**

Véritable elzevier d'Amsterdam, cité dans le cat. offic de 1656. — Willems, n° 1135.

6502 RECUEIL des traictés de confédération et d'alliance entre la couronne de France, et les princes et Estats étrangers, depuis l'an MDCXXI jusques à présent, avec quelques autres pièces appartenantes à l'histoire. *Anno* 1651 (*à la Sphère*), in-8 de 6 ff limln., 487 pp. v. marb. (*Légères mouillures*). **10 fr.**

Véritable elzevier d'Amsterdam, cité dans le cat. offic. de 1656. — Willems, n° 1135.

6503 RECUEIL important sur la question de savoir : Si un Juif marié dans sa religion, peut se remarier après son baptème, lorsque sa femme Juive refuse de le suivre et d'habiter avec lui. *Paris*, 1759, 2 vol. in-12. v. **7 fr.**

6504 RECUEIL. Le joli Recueil, ou l'histoire de la querelle littéraire, où les auteurs s'amusent en amusant le public. *Genève, chez les libraires associés des Œuvres du grand Voltaire*, 1760-61, 2 part. en 1 vol. pet. in-8, cart bradel. **3 fr 50**

Dans le même volume : Voyage au labirinthe du Jardin du Roi (par Lingue). La Haye (Paris), 1755, pet. in-8 de 32 pp. — Apologie de l'abbé de Prade, à MM. les Docteurs de Sorbonne, avec une analyse du livre intitulé, l'Esprit des Loix, 1752, pet. in-8 de 11 pp.

6505 REGRETS (les) et complainctes des gosiers altérez, pour la desolation du pauvre monde qui n'a croix A Rennes, chez Jean Durand, jouxte la copie imprimée à Paris, chez Anth. Huet, 1624. pet. in-8 réglé de 31 pp., mar. rouge, fil., à fr., dent. int, tr. dor. (*Hardy*). **35 fr.**

Pièce en vers de huit syllabes, très rare.

6506 REMONSTRANCES (*Trois*) faictes sur la fin des derniers troubles, et recueillies depuis peu de temps. Remonstrance faite en la grande église de MANTE en février 1593, sur la justice demandée au Roy par la Royne Louise douairière de France, de l'assassinat du feu Roy. *Paris, P. L'Huillier*, 1608, in-8 v. f. tr. rouge. **5 fr.**

6507 RENAULD de BEAUJEU. Le Bel Inconnu ou Giglain, fils de Messire Gauvain et de la fée aux blanches mains, poème de table ronde, publié d'après les ms unique de Londres avec une introduction et un glossaire par C. Hippeau. *Paris*. 1860, 1 vol. pet. in-8 br. **3 fr.**

Tiré à 300 exemplaires Epuisé.

6508 RENDU (A.). Menton et Monaco (Alpes-Maritimes). Histoire et description de ce pays, suivies de la Climatologie de Menton. *Menton*, 1867, in-12, dem.-rel. v. f. **3 fr.**

6509 RENOUARD (A.-Aug.). Annales de l'imprimerie des Alde, ou histoire des trois Manuce et de leurs éditions, 2ᵉ édit. *Paris, Renouard, (de l'imprim de Paul Renouard)*. 1825. 3 vol in-8, portr. et fac-simile, demi-rel. dos et coins de mar. r., dos ornés, n. rog. **42 fr.**

Exemplaire en grand papier, provenant de la Bibliothèque de M. L. DUROME, avec son ex-libris sur les titres.

6510 RENOULT. Les Avantures de la Madone et de François d'Assise, recueillies de plusieurs ouvrages des docteurs Romains, écrites d'un style récréatif; en même temps capable de faire voir le ridicule du Papisme sans aucune contreverse. *Amsterdam, Dan. la Feuille*, 1745, in-12, front. gr. et fig., v. marb. **10 fr.**

Peu commun

6511 RESPONSE a un curieux demandant pourquoi les hommes s'assubiectissent aux femmes. *Paris, Lucas Breyet*, 1598. — Exhortation aux dames vertueuses, en laquelle est demonstré le vray poinct d'honneur. *Paris, Lucas Breyel*, 1598. — Discours contre un petit traité intitulé: Exhortation aux dames vertueuses... *Paris, Lucas Breyel*, 1598 (manque le titre). — Ensemble 1 vol. pet in-12, vélin. **20 fr.**

Recueil rare et curieux.

6512 RETZ (Cardinal de). Œuvres. Nouv. édit., revue sur les autographes et sur les plus anciennes impressions, et augmentées de morceaux inédits, des variantes, de notes, etc., par MM. A. Feillet. J. Gourdault et R Chantelauze, (Tomes I à VIII). *Paris, Hachette et Cie*, 1872-1887, 8 vol. gr. in-8, br., couv. Au lieu de 160 fr. **46 fr.**

L'un des 158 exemplaires tirés sur grand papier vélin (n° 81) De la collection des Grands Ecrivains de la France.

6513 REVEIL. Galerie des Arts et de l'histoire composée des Tableaux et Statues les plus remarquables des Musées de l'Europe et de sujets tirés de l'histoire de Napoléon, grav. à l'eau-forte par Réveil. *Paris*, 1836. 8 vol. — Musée Religieux, 4 vol. Ensemble 12 vol. in-12, fig., demi-rel. veau. **35 fr.**

6514 RÉVOLUTIONS DE PARIS, dédiées à la nation et au district des petits Augustins, publiées par le sieur Prudhomme *Paris*, 1789 et années suivantes. 17 vol. in 8, fig. et cartes, demi rel. bas. fauve, ébarbés **35 fr.**

6515 RICHEPIN (J.). La Mer. *Paris, Dreyfous*, 1886, in-4, demi-rel dos et coins de mar vert, dos orné à petits fers, fil., tête dor., non rog, couv (*Levasseur*). **50 fr.**

L'un des 10 exemplaires tirés sur papier Whatmann.

6516 RIESTER. Fragmens d'ornemens, puisés dans les quatre Ecoles, dédiés à S. A. R. la Princesse Clémentine d'Orléans, par Deflorennes, Editeur. *Paris, s. d.* Recueil de 212 planches en 1 vol. in-4, demi-rel. toile.   50 fr.

6517 RIVAROL. Œuvres choisies, avec une préface de M* de Lescure. *Paris, Librairie des bibliophiles*, 1880, 2 vol in-16, cart. dos de perc, tête dor., non rog   12 fr.
L'un des 30 exemplaires tirés sur papier de Chine (n° 23)

6518 ROBERT de SORBONNE. Thibaut ou la naissance d'un comte de Champagne ; poëme en quatre chants, sans préface et sans notes, traduit de la langue romance, sur l'original composé en 1250, par Robert de Sorbonne, clerc du diocèse de Reims. *Paris*, 1811, in-12. br.   3 fr.

6519 ROGER (Eug). La Terre Saincte ou description topographique très particulière des saincts lieux et de la Terre de promission, avec un traicté de quatorze nations de différente religion qui l'habitent, leurs mœurs, leurs croyances, cérémonies et police, etc. etc. *Paris*, 1646, un vol in-4 rel, figures.   10 fr.

6520 — Il Devotissimo Viaggio di Gervsalemme fatto e descritto da Giovanni Zuallardo l'anno 1586 : aggiuntovi i varij luoghi di Terra Santa, intagliati da Natale Bonifacio *Roma, Fr Zanetti*, 1587, pet. in-4, fig. rel. vélin.   45 fr.
Livre peu commun

6521 ROIS de FRANCE. Les Augustes représentations de tous les Roys de France, depuis Pharamond jusqu'à Louis XIV. Avec un Abrégé historique sous chacun, contenant leurs naissances, inclinations et actions plus remarquables pendant leurs règnes *Paris, Vve P. Bertrand*, 1679, in 4 de 84 PORTRAITS dess. et gr. par l'Armessin, cart.   35 fr.

6522 ROQUEFORT. De l'état de la poésie françoise dans les XIIᵉ et XIIIᵉ siècles, par de Roquefort-Flaméricourt. *Paris, Fournier*, 1815, in-8, demi-veau fauve, n rog.   3 fr

6523 ROSS (Alex). Les Religions du monde, ou Démonstrations de toutes les Religions et hérésies de l'Asie, Afrique, Amérique et de l'Europe, depuis le commencement du monde, jusqu'à présent. trad. par Thomas La Grue. *Amsterdam, J. Schipper*, 1682, in-12, front gr. et fig., vélin   4 fr.

6524 ROSTAND (E.) Cyrano de Bergerac, comédie héroïque en cinq actes, en vers. *Paris, Fasquelle*, 1898, in-12, mar. vert pomme, tête dor., non rog (Rel molle).   20 fr.
Bel exemplaire de l'édition originale avec la couverture.

6525 ROTROU. Antigone, tragédie de M. de Rotrov. *A Paris, chez Tovssaint Qvinet*, 1639, in-4, vélin. (Mouillures)   20 fr.
Edition originale

6526 ROTROU Venceslas, tragi-comique, de M. de Rotrou. *Paris. Ant de Sommaville*, 1648, in-4, dérel.   35 fr.
Edition originale du chef-d'œuvre de Rotrou.

6527 SABATIER. Histoire de la législation sur les femmes publiques et lieux de débauche. *Paris, J.-P. Rorel*, 1828, in 8, br.   3 fr.
Rare.

6528 SACY (S. de). Variétés littéraires, morales et historiques. *Paris, Didier et Cie*, 1858, 2 vol. in-8, demi-rel. mar. La Vall. clair jans., tête dor., non rog.   6 fr.

6529 SAINT-JORRY Œuvres mêlées du chevalier de S. J. (de Saint-Jorry). *Amsterdam*, 1735, 2 vol. in-12, v. f. ant. fil.   8 fr.
On y remarque trois factums ou mémoires judiciaires très intéressans. Le premier volume contient des anecdotes turques, des poésies, des lettres, et la traduction en vers du premier livre du Remède contre l'amour d'Ovide. Le second volume renferme : une Lettre sur la ceinture d'une momie, une autre Lettre sur le style epistolaire des Orientaux, la Bien-Aimée du prophète, ou la pieuse Musulmane, histoire arabe ; Zineb célèbre à Alep, et trois pièces de théâtre en prose.

6530 SAINT-JULIEN. Le Courrier burlesque de la Guerre de Paris, envoyé à Monseigneur le Prince de Condé pour divertir. Son Altesse durant sa prison. Ensemble tout ce qui se passa jusqu'au retour de leurs Majestez (par le sieur de Saint-Julien). *Imprimé à Anvers et se vend à Paris, au Palais*, 1650, in-12, mar. vert jans., dent. int., tr. dor. (Belz-Niédrée).   18 fr.

6531 SAINT LAMBERT Les Saisons, poème traduit de l'anglais de Thompson. *Paris. Chaubert*, 1759, in-12, frontisp., figures et culs-de-lampe par Eisen, gravés par Baquoy, veau gran., tr. jasp.   5 fr.

6532 SAINT-LAZARE. Remarques d'histoire, ou descript. chronolog. des choses plus mémorables, passées tant en France qu'ès pays estrangers, depuis l'an 1610 jusques à présent, par le Sⁱ de Saint-Lazare. *Paris, Cl. Collet*, 1638, in-8, vél.   10 fr.
Volume rare, de 8 ff prélim., 960 et 93 pages.

6533 SAINT-MARTIN Des Erreurs et de la Vérité, ou les hommes rappellés au principe universel de la science, par un Ph'' (philosophe) Inc... inconnu). (L. Cl. de Saint-Martin). *Edimbourg*, 1782, 2 vol. in-8, br.   4 fr.
Raccom. au faux titre, et déchirure au 1ᵉʳ f. de la préface du t 1ᵉʳ

6534 SAINT-MARTIN (de). Les Etablissemens de Saint-Louis roi de France. *A Paris*, 1786, un vol. in-8 v., portrait, (rare).   5 fr.

6535 SAINT-PIERRE (B de). Paul et Virginie, précédé d'une notice inédite sur sa vie, écrite par lui-même. — La Chaumière indienne, suivie du Café de Surate, et autres opuscules *Paris, Werdet et Lequien*, 1829 Ens. 1 vol in-32 demi-rel. v. rouge, dos orné, non rog. (Rel. de l'époque).   5 fr.

6536 SAINT-PIERRE (B. de). Paul et Virginie (suivi de la Chaumière indienne) *Paris, L. Curmer*, 1838, gr in-8, portr. et fig., mar. bleu, orné de filets, 5 sur le dos et 8 sur les plats et à l'intérieur, tr. dor, étui (Chambolle-Daru).   168 fr.
Très bel exemplaire de cette magnifique édition.

6537 SAINT-PIERRE (B. de). Paul et Virginie. Dessins par de La Charlerie. *Paris, Lemerre*, 1868, in-4, titre rouge et bleu, texte encadré d'ornements, cart. toile r., non rog.   22 fr.

6538 SAINT-SIMON. Mémoires. Nouv. édit. collationnée sur le manuscrit autographe, augmentée des additions de Saint-Simon au journal de Dangeau et de notes et appendices par A. de Boislisle (tomes I, II. III). *Paris, Hachette et Cie*, 1879-1881, 3 vol gr in-8 br., couv.   14 fr.
L'un des 200 exemplaires tirés sur grand papier vélin (n° 123) De la collection des grands écrivains de la France.

6539 SALES (S. François de) Œuvres complètes, ornées de son portrait et d'un fac-simile de son écriture, tiré d'un fragment inédit. *Paris, Gaume frères*, 1832, 16 vol in-8, demi-rel. v. bleu, tr. marb.   30 fr.

6540 SALES (de). Examen pacifique des paradoxes d'un célèbre astronome en faveur des athées, suivi d'un essai philosophique et religieux sur une nouvelle cosmogonie. *Paris,* 1804, in-8 cart., n. r. 5 fr.
Très-rare.

6541 SALLENGRE. L'Eloge de l'Yvresse. *La Haye,* 1715, in-12, 1|2 rel. 2 fr. 25

6542 SALLENGRE (de) Histoire de Pierre de Montmaur, professeur royal en langue grecque dans l'Université de Paris. *La Haye,* 1715, 2 tomes en 1 vol. in-18, front. et fig., v. br. 7 fr.

6543 SALMON (Ch.). Histoire de Saint Firmin, martyr, premier évêque d'Amiens, patron de la Navarre et, des diocèses d'Amiens et de Pampelune. *Arras et Amiens,* 1861, in-4, pap. vergé, fig.; br. 6 fr.

6544 SALONS de 1883 à 1890 inclus. Texte par MM. Ph. Burty, A. Dayot, H. Havard, G. Olmer, G. Ollendorff, E. Montrosier, P. Mantz, M. Hamel, comprenant de nomb. photogravures par Goupil et Cie, dessins hors-texte, en-têtes, lettres ornées, culs-de-lampe. *Paris, Baschet.* 1883-1890, 8 vol in-4, en cartons. 294 fr.
Les années 1883-1884 sont sur PAPIER DU JAPON ; les autres sur papier de Hollande.

6545 SALUSTE (Guillaume de), seigneur du Bartas (Les Œuvres de), revûes, corrigées, augmentées de nouveaux commentaires, annotations en marge et, embellies de figures sur tous les jours de la semaine Plus a été adiousté la première et seconde partie de la suite auecq l'argument général et amples sommaires au commencement de chacun livre, par S. G. S. (Simon Goulart, Senlisien) *Paris, Toussainctz du Bray,* 1611, in-fol., titre gravé, fig., v ant 30 fr.

Exemplaire en GRAND PAPIER. Taches au titre et à quelques ff. Reliure fatiguée.

6546 SAND (George). La Marquise. Illustrations de Bauguies, gravées par Courboin *Paris, Calmann Lévy (pour L. Conquet),* 1888, pet. in 8, mar. grenat, ornem de 9 filets sur le dos, les plats et à l'intérieur, tr. dor. sur brochure. (*Chambolle-Duru.* 225 fr.

L'un des 225 exemplaires tirés sur papier vélin du Marais (n° 14) avec les vignettes en 3 états dont l eau-forte pure La reliure seule a coûté 200 francs. Magnifique exemplaire.

6517 SANDRICOURT (de). Les fictions politiques, ou les sérieux et agréables caprices du sieur de Sandricourt, sur les désordres civils arrivez en France ès années 1651 et 1652. *A Rouen,* 1652. in-4 dérel. 10 fr.
Recueil de 21 pièces.

6548 SARAH-BERNHARDT Dans les Nuages. Impressions d'une chaise. Illustré par G. Clairin. *Paris, Charpentier,* s. d., in-4, pap. vél teinté. cart. dos et coins de perc. verte, non rog, couv 6 fr.

6549 SARAZIN (J., né au Mans. Horographum catholicum seu universale quo omnia cuiuscunque generis Horologia Sciotherica in quacunque superficie data compendio ac facilitate incredibili describuntur *Parisiis, Séb. Cramoisy,* 1630, in-4, fig, vél. 5 fr.

6550 SAUMAIZE (Cl.). Claudii Salmasii ad Ægidium Menagium epistola super herode infanticida hemsii tragœdia, et genovra balsacii. *Parisiis, apud viduam Mathurini Dupuis,* 1644, in-8, parch. (Rare) 3 fr.

6551 SAUMUR (Impression de). Apollodori Athenensis Bibliothéces sive de Diis, libri tres T. Faber. *Salmurii,* 1661, in-12 v. 3 fr.

6552 SCARRON. Œuvres de Monsieur Scaron, nouvelle édition, revue, corrigée et augmentée de quantité de pièces omises dans les précédentes éditions *A Amsterdam, chez Wetstein et Smith.* 1737, 10 vol pet in-12, port., fig. en taille-douce, v. f. 30 fr.

6553 SCARRON Typhon ou la gigantomachie, poème burlesque. *Paris,* 1654. — Le Jodelet ou le maistre valet, comédie, 1659. — Le Jodelet duelliste, comédie, 1659. — L'Héritier ridicule, comédie, 1659 — D Japhet d'Arménie, comédie. *Paris,* 1650. — Ensemble un vol. in-12, v. m. 10 fr.

6554 SCOTT (W.). Œuvres, traduct. nouv par Alb. Montémont. *Paris, F.-Didot frères,* 1836, 26 vol. in 8, à 2 col., cart. 26 fr.
Les Fiancés — L'antiquaire. — Anne de Geierstein. — Le Nain noir. — Rob-Roy. — Kenilworth. — Le Jour de Saint-Valentin — Le Monastère. — Woodstock. — La prison du Mid. — Lothian. — Les aventures de Nigel. — Le Comte Robert de Paris. — Redgauntlet. — Quentin Durward — Le Pirate. — Le Talisman. — L'Abbé, — Peveril du Pic — Le Vieillard des Tombeaux. — Guy Mannering. — Les Chroniques de la Canongate. — Le Château dangereux. — La Fiancée de Lammermoor. Ivanhoé. — Œuvres poétiques. 2 vol.

6555 SCRIBE (E) et C. DELAVIGNE La Somnambule, comédie-vaudeville, en deux actes. *Paris, Mme Huet,* 1819, in-8, cart. Bradel, non rog 3 fr.

Edition originale. — Mouillures et nom à l'encre sur le titre.

6556 SEGHERS (L). Trésor Calligraphique. Recueil de Lettrines, Initiales, etc , du Moyen Age à l'époque de la Renaissance, par Louis Seghers. Dessinateur calligraphe de S. M. le Roi des Belges, mis en chromo par Jul. Seghers. *Anvers, L. Seghers et Fils,* s. d Album in-4 obl. de 46 planches en feuilles dans un carton. 32 fr.

6557 SEJOUR DES MUSES (Le) ou la Cresme des bons vers. *Rouen,* 1630, in-8. v. f , tr. dor. 30 fr.
Très rare — Recueil de pièces de Vers de Ronsard du Perroy, d'Aubigné père et fils. de Lingendes, Molin, etc.

6558 SHAKSPERE'S. Merchant of Venice, the first (tho worse) quarto, 1600, a facsimile in photo-lithography by William Griggs, etc. *London, W. Griggs s d.,* in-8 carré, demi rel bas. gren. 7 fr. 50

6559 SICHLER (Léon). Contes Russes, traduits d'après le texte original, et illustrés par Léon Sichler. *Paris, E. Leroux,* 1886 in-4, pap. vél., titre r. et n. nombr. fig. dans le texte et pl. hors texte, br. couv. impr en coul. 18 fr.
L'un des 20 exemplaires tirés sur papier de Hollande (n° 10).

6560 SOCARD. Supplément à la Bibliographie des Mazarinades. *Paris,* 1876, in-8, couv. cart. 3 fr.

6561 SOLEIL (F.). Les Heures gothiques et la Littérature pieuse au XV et XVI siècles. Frontispice à l'eau-forte par J. Adeline Vingt-quatre reproductions fac-similés. Six dessins originaux d'Antoine Duplais-Destouches. *Rouen, A Augé,* 1882, in 8, titre r. et n., br., c. 18 fr.
Tiré à 300 exemplaires numérotés, dont 240 dans le commerce n° 10). L un des 40 premiers renfermant une triple suite du frontispice sur Hollande. Chine et Japon.

6562 SOMEIRE (de). L'Amour innocent ou l'illustre Cavalier. *A Paris, chez Denis Thierry,* 1651, in-4, vélin. 5 fr.
Roman dédié à Madame, sœur de Louis XIV. — Dans l'approbation et le privilège, l'auteur est nommé « de Sommaire ».

6563 SOREL (Charles). La vraye histoire comique de Francion, composée par Nicolas de Moulinet, sieur du Parc, gentilhomme lorrain (masque de Charles Sorel), soigneusement revue et corrigée. *A Leyde, chey Henry Drumond*, 1685, 2 vol. pet. in-12, front. gr. et fig., v. f. ant., tr. dor. 20 fr

Très bonne édition.

6564 SOREL (Charles). La vraye histoire comique de Francion, composée par Nicolas du Moulinet. *A Leyde*, 1721, 2 vol. in-12, v. figures. 15 fr.

D'après Cohen 25 à 30 fr.

6565 SPINOSA. Opera Posthuma. *S. L. (Hollande)*, 1677, un vol. in-4, v. ant. (Bon exemplaire). 25 fr.

Très rare.

6566 STAEL (Mᵐᵉ la Bᵒⁿⁿᵉ de). Corinne ou l'Italie. *Paris, Treuttel et Würtz*, 1841-42, 2 vol. in-8, nomb. fig. dans le texte, mar. gren. à gros grain dos orné, comp. de fil. et ornem. à fr. et dor. sur les plats, tr. dor. (*Rel. de l'époque*). 10 fr.

6567 STEENACKERS (F.-F.). L'Invasion de 1814, dans la Haute-Marne *Paris, Didier et Cⁱᵉ*, 1868, in-8, carte, br. n. c. 3 fr. 50

6568 STEPHANUS (Byzantinus) de Urbibus (en grec). (A la fin) *Venelns, apud Aldum Romanum*, M.D.II. (1502), in fol. de 80 ff. non chiff., veau brun, riches comp. à froid (*Rel. anc.*) 110 fr.

{PREMIÈRE ÉDITION, rare Précieux exemplaire ayant appartenu au savant JACQUES VINTIMILLE, né à Rhodes et devenu conseiller au Parlement de Dijon, ainsi qu'il nous l'apprend dans une NOTE AUTOGRAPHE, datée de 1550 et écrite en grec au verso du dernier f.

Ce volume devint ensuite la propriété de MAURICE DAVID, célèbre historien français, né à Dijon en 1614 et mort dans la même ville en 1679, Il a couvert les marges des ff. d'annotations manuscrites en grec et en latin et en dernier lieu de la collection A. Didot, où il a été vendu 170 FRANCS et les frais.

Curieuse reliure du XVIᵉ siècle, ornée de jolis compartiments estampés à froid. — Le dos est refait.

6569 STOFLER de JUSTINGENCE. Traité de la composition et fabrique de l'Astrolabe, et de son usage : avec les préceptes des mesures géométriques : le tout traduit du latin de Jean Stofler de Justingence. Aavecques annotations sur l'usage de l'Astrolabe et mesures géométriques, faites par Jean Pierre de Mesmes. *Paris, chez Guill. Cauellat*, 1560, in-8, fig, v. marb., tr. r. 18 fr.

6570 TAHUREAU. Les Dialogues non moins profitables que facétieux. *Paris, Buon*, 1576, in-16, mar. r., fil., tr. dor. (*Rel. anc. fatiguée.*) 15 fr.

6571 TARBE (P.). La vie et les œuvres de Jean-Baptiste Pigalle, sculpteur. *Paris, Vᵉ Renouard*, 1859, in-8, pap. vergé, br. 3 fr.

6572 TÉRENCE. Les comédies de Térence avec la traduction et les remarques de Madame Dacier *Amsterdam*, 1747, 3 vol. in-12, fig. de *Bernard Picard*, v. br. 6 fr.

6573 TESTAMENT d'une fille d'amour, mourante. *Londres*, 1769, in-8 de 15 pp., non rel. 3 fr.

6574 TESTAMENT littéraire de M. C. Leber, suivi d'une description sommaire des Livres et Objets d'art les plus remarquable de son cabinet. *Orléans, Herluison*, 1860, br. in-8, pap. de Hollande. (*Tiré à 100 exemplaires.*) 2 fr.

6575 TESTAMENT politique de M. J.-B. Colbert, où l'on voit tout ce qui s'est passé sous le règne de Louis-le-Grand jusqu'en l'année 1684 (par Sandraz de Courtilz), *suivant la copie imprimée à La Haye*. 1693, pet. in-12 v., portrait. 3 fr. 50

6576 THEATRE des Boulevards ou Recueil des Parades *A Mahon*, 1756, 3 vol. in-12, frontispice gravé 10 fr.

Les tomes 2 et 3 sont brochés, non rognés, le tome 1ᵉʳ est rogné.

6577 THEATRE d'un poète de Sybaris, traduit pour la première fois du grec, avec des commentaires, des variantes et des notes pour servir de supplément au Théâtre des Grecs, (ouvrage composé par Delisle de Sales). *A Sybaris, et Paris*, 1788, 3 tomes en 1 vol. in-18, veau brun. 4 fr.

6578 THEATRE FRANÇOIS (Le) divisé en trois livres, où il est traité I. De l'usage de la Comédie. - II. Des Autheurs qui soutiennent le théâtre. III. De la Conduite des Comédiens Réimpression de l'édition de *Lyon, Michel Mayer*, 1674. *Bruxelles, Mertens et fils*, 1867, pet. in-12, pap. de Holl., br., couv. 5 fr.

Tiré à 100 exemplaires. Nº 21.

6579 THÉATRE. La Célimène, comédie, de Rotrou. *Imprimée à Rouen et se vend à Paris*, 1661. — Venceslas, tragi-comédie de M. de Rotrou, *sur l'imprimé à Paris*. 1655. — Le Dictateur Romain, tragédie (par Maréchal) *A Paris*, 1646. — La Virginie romaine, tragédie de M. Leclerc. *Paris*, 1645 — Les Menechmes, comédie de M. Rotrou. *Paris*, 1661. Ensemble un vol. pet. in-12, v. 20 fr.

Recueil rare. Bel exemplaire.

6580 THE COMPANION to the play-house or an historical account of all the dramatic Writers (and their Works) that have appeared in great Bretain and Irelande, from the commencement of our Theatrical exhibitions down to the present Year 1764. *London*, 1764, 2 vol. in-12 v. 8 fr.

6581 THEVENOT (de). Relation d'un voyage fait au Levant... avec la suite. *Paris, Billaine*, 1665 et 1674, 2 vol in-4 v ant. (*Rel. dépareillée, mouill. et piq. de vers.*) 4 fr.

6582 THIERS (J.-B). Critique de l'histoire des Flagellans, et Justification de l'usage des disciplines volontaires *Paris*, 1703, in 12, v br. 3 fr.

Contre l'histoire des Flagellans de J. Boileau, impr. en 1701.

6583 THIERS (Jean-Baptiste) Histoire des perruques, où l'on fait voir leur origine, leur usage, leur forme, l'abus et l'irrégularité de celles des ecclésiastiques. *A Avignon, Louis Chambeau*, 1779, in-12 veau. 4 fr.

6584 THIERS (J.-B.). Traité de l'exposition du Saint-Sacrement de l'autel. *Paris*, 1673, in-12, demi-rel. chag. 3 fr.

6585 THIERS (J.-B.). Traité de l'exposition du S.-Sacrement de l'autel, quatrième édition, revue, corrigée et augmentée. *Avignon*, 1777, 2 vol. in-12. v. marb. 4 fr.

6586 THOINAN (Ern.). Un Bisaïeul de Molière. Recherches sur les Mazuel musiciens des XVIᵉ et XVIIᵉ siècles, alliés de la famille Poquelin. *Paris, A. Claudin*, 1878, in-12, cart., n. rog. 22 fr.

Exemplaire sur PARCHEMIN-VÉLIN, avec eau-forte en 3 états, dont 2 sont avant la lettre. Tiré à six exempl. (nº 6).

6587 **THOU** (J.-Aug. de). Thuana sive excerpta ex ore Jacq. Aug. Thuani, per F. F. P. P. (Fratres Puteanos) *S. l.* (*Hollande, à la Sphère*), 1669, pet. in-8 de 51 pp., vélin. 10 fr.
Edition originale très rare — Elzévir de Leyde.

*6588 **THUCYDIDIS** historia belli peloponnesiaci, latine Laur. Valla interprete cum epistola Barth. Parthenii ad Fr Thronum (*absque nota*) (vers 1500), in-fol. goth. de 134 ff. non chiff. à 46 ou 47 lign. par page, cart. (*Mouillures*). 20 fr.
Première édition latine. Le volume commence par la préface de Laur. Valla, adressée au pape Nicolas V vendu 67 fr. Libri.

6589 **TILLIER** (Claude). Mon oncle Benjamin. Nouvelle édition illustrée d'un portrait-frontispice et de 42 dessins de Sahib, gravés sur bois par Prunaire, avec une préface par Monselet. *Paris, L. Conquet*, 1881, 2 vol. in-8, mar. La Vallière, ornem. et compart. de filets droits, entrelacés et courbés sur le dos et les plats, 6 fil. à l'int., tête dor., non rog., couv., étui. (*Chambollo-Duru*). 350 fr.
Superbe exemplaire sur papier du Japon offert par l'éditeur à M. Chambolle, contenant le tirage à part de toutes les compositions en bistre, sur Japon.
La reliure seule a coûté 350 fr.

6590 **TOCQUEVILLE** (Al. de). De la démocratie en Amérique, orné d'une carte de l'Amérique. *Paris, Gosselin*, 1835, 2 vol. in-8, v. gren. dos orn. fil. tr. marb. (*Première édition*). 10 fr.

6591 **TOILETTE de M. L'ARCHEVESQUE de SENS**, ou Réponse au factum des filles Sainte-Catherine lès Provins, contre les Pères Cordeliers. *S. l.*, 1669, in-12, cart. 15 fr.
Exemplaire entièrement non coupé. Vendu en condition ordinaire 17 fr 50 en 1862. La Bédoyère. L'auteur de cet ouvrage satyrique est Jean Burluguay.

6592 **TOULOTTE**. La Cour et la ville. Paris et Coblentz, ou l'ancien régime et le nouveau, considérés sous l'influence des hommes illustres et des femmes célèbres, depuis Charles IX, Henri IV et Louis XIV, jusqu'à Napoléon, Louis XVIII et Charles X. *Paris*, 1828, 2 vol. in-8, br. 6 fr.

6593 **TOULOUSE**. Edict et déclaration du roy Henry IV, de France et de Navarre sur l'union et incorporation de son ancien patrimoine mouvant de la couronne de France, au domaine d'icelle : avec l'arrêt de la court de Parlement de Tolose, sur la verification, publication et registre dudict Edict. Ensemble l'interprétation des causes d'iceluy par Pierre de Beloy, conseiller et advocat general de Sa Majesté audit Parlement de Tolose. *A Tolose, Impr. des Colomiés* 1608, in-8, demi v. (*Mouillures*). 6 fr.

6594 **TOULOUSE**. Abrégé de ce qui s'est passé en la ville de *Thoulouse*, pour raison du prétendu mariage de Perrette Sauvin *A Thoulouse*, 1611, in-8 de 5 pp. dérel. 6 fr.
Pièce rare.

6595 **TOURNET** (J.). Notice des diocèses de l'Eglise universelle, avec un sommaire de tous les Conciles tant généraux que provinciaux, rapportez à leurs provinces en diocèse. *Paris. Targa*, 1625, 1 fort vol. in-8, parch. 12 fr.

6596 **TRAICTÉ** (Petit) contre l'abominable vice de paillardise et adultère qui est aujourd'huy en coustume, et comme chose indifférente de s'en abstenir ou non entre les mondains qui ne sentent que la terre, par Guillaume le Fault Réimpression sur l'original. *La Haye, A. Meuris*, 1629. Lille, 1668, pet. in-12, pap. vergé, br. 3 fr.
Tiré à 200 exemplaires.

6597 de **TRAVENOL** (Louis) et Jacques **DUREY NOINVILLE**. Histoire du théâtre de l'Opéra en France depuis l'établissement de l'Académie royale de musiques jusqu'à présent. En deux parties. *Paris, J. Barbou*, 1753, in-8, veau ant. 4 fr.

6598 **TREBUTIEN** Eugénie de Guérin, journal et lettres publ. par G. S. Trébutien. *Paris, Didier*, 1863, in-8, br. 3 fr. 50

6599 **TRELLON** (de). La Muse guerrière, dédié à monsieur le comte d'Aubijoux, par Claude, sieur de Trellon. *Lyon, Pierre Rigaud*, 1614, in-12, vélin. 30 fr.
Bel exemplaire dans sa première reliure.

6600 **TRÉSOR DU PARNASSE** (le), ou le plus joli des Recueils (par Martin Couret de Villeneuve et L.-P Béranger). *Londres*, 1762-1770, 6 vol. in-12, mar. rouge, dos orné, 3 fil. et coins dor.. dent int, gardes papier doré, tr. dor. (*Rel. anc*). 54 fr.
Manque le faux-titre du tome Ier.

6601 **TRESSAN** (Comte de). Histoire de Robert surnommé le brave. *A Londres*, 1800, in-8, pap. vélin, veau brun, beau portrait. 5 fr.

6602 **TRISSINO**. La Italia liberata. *Roma et Venetia*, 1547-48. 3 vol. pet. in-8, d.-mar. 10 fr.
Edition originale. Les Passages contre la Cour de Rome, supprimés ou retouchés par l'auteur, dans la plupart des exemplaires, existent dans celui-ci.

6603 **TRISSINO**. La Sophonisba. (In fine). *Vicenza*, 1529, in-4, vélin. 8 fr.
Edition originale, très rare, elle est remarquable par l'emploi des lettres grecques pour O et pour E que venait d'adopter l'auteur. (*Brunet*).

6604 **UZANNE** (O). La Française du siècle. La Femme et la Mode, métamorphoses de la parisienne de 1792 à 1892. Tableau des mœurs et usages aux principales époques de notre ère républicaine. Edition illustrée de plus de 160 dessins inédits, par A. Lynch et E. Mas, frontispice en couleurs de F. Rops *Paris, Librairies-Imprimeries réunies*, 1892, gr. in-8, pap. vél, titre r. et n., demi-rel. dos et coins de mar. lilas, dos orné, fil, tête dor., non rog., couv. 32 fr.

6605 **VACQUERIE** (A). Tragaldabas. Edition illustrée de 54 Compositions de Edouard Zier, gravées par F. Méaulle. *Paris, Chamerot*, 1886, in-4, br., couv. 22 fr.
Tiré à 600 exemplaires numérotés (n° 245). L'un des 500 sur papier vélin blanc.

6606 **VADÉ**. Œuvres de M. Vadé ou Recueil des Opera-Comiques, Parodies et Pièces fugitives de cet auteur, avec les airs, rondes et vaudevilles notés. *Paris*, 1758. 4 vol. in-8, *portrait et vignettes d'Eisen*, br. 14 fr.

6607 **VADÉ**. Recueil de dix pièces de théâtre réunies en 1 vol. in-8, br. avec musique notée. 4 fr.
La Nouvelle Bastienne, opéra-comique Paris, 1755. — Les Racoleurs, opéra-comique. Paris, 1762. — Le Suffisant. Paris, 1753. — Le Trompeur trompé ou la rencontre imprévue, opéra-comique. Paris, 1755. — Le Poirier, opéra-comique. Paris, 1753. — Il étoit tems, parodie de l'acte d'Ixion dans le ballet des élémens. Paris, 1754. — La Fileuse, parodie d'Omphale. Paris. 1754. — Le Bouquet du roi, opéra-comique. Paris, 1752. — Les Rivaux heureux ou les caprices de l'amour, comédie. Paris, 1763. — Le Compliment de Nicette, en prose ou en vaudevilles, pour l'ouverture de la foire Saint-Germain. Paris, 1763.

*6608 **VADÉ** (J.-J) et de **L'ÉCLUSE**. Œu

vres badines *Paris, an VII.* pet. in-12, mar. La Vall., dos orné, fil., dent. int. tr. dor. (*Ducharne*).   12 fr.

Une jolie figure non signée.

6609 **WAIRASSE** (D). Histoire des Sevarambes peuples qui habitent la terre australe. *Amsterdam*, 1734, 2 tomes en un vol. in-12, v   4 fr.

6610 **VALLA**. Elegantiarum Laurentii Vallæ, libri VI carmine super peistricts. *Parisiis, apud Prigentium, Calvarenum*, 1547, in 8, cart.   5 fr.

6611 **VANDALE** (Antonius)..De Oraculis ethnicorum dissertationes duae ; accedit et schediasma de consecrationibus et tonicis *Amstelaedami*, 1683, in-12, v. aut., front.   3 fr.

6612 **VAPEREAU** (G.). Dictionnaire universel des Littératures. *Paris, Hachette et C*, 1876, 12 fasc. gr. in-8 à 2 col Au lieu de 30 francs.   12 fr.

6613 **VAUQUELIN DE LA FRESNAYE.** Pour la monarchie de ce royaume contre la diuision. A la royne mere du Roy, par I. Vauquelin de la Fresnaye. *A Paris, de l'imprimerie de Frédéric Morel*, 1563, pet. in 8 de 12 pp. (en vers), mar. vert, dent. int., tr. dor. (*Duru*).   75 fr.

Premiere édition très rare.

6614 **VECELLIO** (Césare). Costumes anciens et modernes, principalement du XVIe siècle, contenant 513 figures tirées en noir, dessinées par Gérard Séguin, gravées par Huyot, et accompagnées de l'explication en texte italien avec traduction française. *Paris. Firmin-Didot et C*. 1859-1860, 2 vol. — Essai typographique et bibliogrophique sur l'histoire de la Gravure sur bois, par A Firmin Didot, pour faire suite aux costumes de C Vecellio. *Paris, Firmin-Didot*. 1853, 1 vol. — Ens. 3 vol. in-8.   22 fr.

Le premier ouvrage est fait Bradel, don rog (Mouillures au tome Ier. Le second est en maroquin vert, fil. dor., non rog.

6615 **VIARDOT** (L.) Essai sur l'histoire des Arabes et des Mores d'Espagne. *Paris, Paulin*, 1833, 2 tomes en 1 vol., in-8, demi-rel. v. vert.   3 fr

6616 **VIE** de Madame J.-B. de la *Mothe Guion*, écrite par elle-même. *A Cologne*, 1720, un vol. in-12 BROCHÉ NON ROGNÉ, portrait.   6 fr.

6617 **VIE** de Saint Victor, évêque du Mans, patron de la paroisse de la Chaussée Saint-Victor près Blois, rédigée sur deux manuscrits du XIVe siècle, nouvellement découvertes appartenant aux archives départementales du Loir-et-Cher et sur d'autres documents. *Blois*, 1863, brochure in 8 de 32 pages.   0 fr. 60

6618 **VIGIER** (Jean). Traicté de Peste, contenant la nature, causes, signes, accidens, preservation et curation d'icelle, avec le moyen de désinfecter les maisons et meubles. par M. Jean Vigier, docteur médecin à Castres en Albigeois. *A Lyon, par Jean Anth. Huguetan*, 1614, pet in-8, mar. vert, milieux dor., dent. int , tr. dor. (*Thiburon-Echoulard*).   28 fr.

Exemplaire provenant de la Bibliothèque de E. M. BANCEL, avec son ex-libris

6619 **VIGNY** (Alf. de) Poèmes antiques et modernes. *Paris, H. Delloye, V. Lecou*, 1837, in-8, br.   3 fr.

6620 **VILLEROY.** Mémoires d'Estat par Monsieur de Villeroy *A Paris*, 1665, 4 vol. pet in-12, vélin.   15 fr.

Excellente édition de ces memoires.

6621 **VINCENT DE LA LOUPE** (*né à Chartre*) Premier et second livre des diguitez, magistrats et offices du royaume de France. Ausquels est de nouveau adjouté le tiers livre de ceste matière outre la reveue et augmentation d'iceux (par Vincent de La Loupe). *Paris, Guillaume Le Noir*, 1560, in-8 de 68 ff. chiff. cart.   18 fr.

Très rare.

6622 **VOCABULAIRE DES ENFANTS** Dictionnaire pittoresque, illustré par un grand nombre de petits Dessins. *Paris, Aubert*, 1839, gr. in 8 à 2 col , demi rel. chag. gren , tête dor., non rog. (*Mouillures*).   12 fr.

6623 **VOGUÉ** (E.-M. de). Le Manteau de Joseph Olénine. portrait gravé par A. Lamotte. *Paris, L. Conquet*, 1889, in 16, br., couv.   18 fr.

L'un des 200 exemplaires tirés sur papier vergé du Marais et non mis dans le commerce

6624 **VOLNEY** (C. S.). Tableau du climat et du sol des Etats-Unis d'Amérique. *Paris*, 1822, in-8 bas carte.   4 fr.

Suivi d'éclaircissements sur la Floride, sur la Colonie française à Seroto, sur quelques Canadiennes et sur les sauvages.

6625 **VOLTAIRE**. Candide ou l'optimisme, traduit de l allemand de M. le docteur Ralph *S. l.* 1759, in-12, veau.   5 fr.

Edition originale

6626 **VOLTAIRE** Contes de Guillaume Vadé *S. l.* 1764, in-8, cartonné sur brochure.   8 fr.

Edition originale. Très bel exemplaire.

6627 **VOLTAIRE** La Henriade, poème, avec les notes et les variantes ; suivi de l'essai sur la poésie épique. *Paris, Stéréotype d'Herhan, an XIV 1805*, in 8, demi-rel. mar. rouge   7 fr. 50

1 portrait dess. et grav. par A. St-Aubin et 10 figures par Monnet grav par Simonet.

6628 **VOLTAIRE**. La Ligue ou Henry le Grand, poème épique par M. de Voltaire, avec des additions et un recueil de pièces du même auteur. *Amsterdam, (Evreux)*, 1724, in-12 v. m.   15 fr.

Cette seconde édition, donnée par Desfontaines, est aussi imparfaite que la première, l'éditeur s'est avisé d'y glisser des vers de sa façon aux endroits où il y avait des lacunes, ils sont du reste faciles à distinguer.

Cette seconde edition est fort rare (Querard, bibliographie Voltairienne).

6629 **VOLTAIRE** Œdipe Tragédie par Monsieur de Voltaire. *A Paris, chez Pierre Ribon*, 1719, 1 vol. in-8, v. m.   8 fr.

Edition originale du premier ouvrage de Voltaire. — A la suite on a relié sept pièces ayant rapport à cette tragédie Réunion rare.

6630 **VOLTAIRE**. La Pucelle d'Orléans, poème héroï-comique en dix-huit chants Nouvelle édition, sans faute et sans lacune, augmentée d'une Epitre du Père Grisbourdon à M de Voltaire, et d'un Jugement sur le Poème de la Pucelle à M***, avec une Epigramme sur le même poème. *A Londres*, 1780, in-18, fig., mar. bleu, dos orné, ornem. de fil et large dent. aux petits fers sur les plats, dent int , tr. dor (*Chambolle-Duru*).   175 fr.

Très bel exemplaire 1 frontispice représentant Voltaire assis et Jeanne d'Arc debout, 1 portrait de la Pucelle, son supplice, dans la tablette au-dessous du portrait, et 18 figures, dite *suite anglaise* attribuée à Marillier. La reliure a coûté 150 francs.

6631 **VOYAGE** aux Côtes de Guinée et en Amérique par M. N *Amsterdam*, 1719, 1 vol in-12, fig , br n. r.   3 fr. 50

6632 **VOYAGE** de messieurs de Bachaumont et

de La Chapelle, avec un mélange de Pièces fugitives, tirées du Cabinet de Monsieur de Saint Évremont. *A Utrecht. chez François de Galma, 1697, in-12*, demi-cart. toile verte. 5 fr.
Très bonne édition.

6633 **VOYAGES** du capitaine Robert Lade en différentes parties de l'Afrique, de l'Asie et de l'Amérique. *Paris, chez Didot, 1744, 2 vol. in-12*, cartes, v., marbr. 6 fr

6634 **VULSON** de la **COLOMBIÈRE**. (*Dauphinois*). Les Portraits des hommes illustres françois qui sont dans la Galerie du Palais de Richelieu. *A Paris, chez François Mauger, 1668, in-12*, v. m. portraits. 8 fr

6635 **WECKER** (L. de) Echelle métrique pour mesurer l'Acuité Visuelle. *Paris, Doin, 1877, 2 vol. in-8*, dont un de planches, cart toile verte. (*Cart. de l'éditeur*). 4 fr.

6636 **WERDET** (E.). Histoire du Livre en France, depuis les temps les plus reculés jusqu'en 1789, 5 vol — De la librairie française depuis les temps les reculés jusqu'à nos jours, 1 vol. *Paris, Dentu, 1860-64, 6 vol. in-12*, demi-rel. v. vert, tête jasp., non rog. 32 fr.

6637 **ZONARAS** (Jean). Les Histoires et Croniques du Monde disposez en trois livres. *A Paris, chez Jean Parent, 1553, 1 vol in folio*, rel. fatig. *Très rare.* 10 fr.

AMBROISE FIRMIN-DIDOT

Essai Typographique et Bibliographique

SUR

L'HISTOIRE DE LA GRAVURE SUR BOIS

Paris, Didot, 1863, 1 vol. in-8 de 315 pages à 2 colonnes.

AU LIEU DE **5** FR. . . . . **2** FR.

Excellent traité et l'un des meilleurs que l'on ait sur ce sujet. — De la Gravure dans l'antiquité. — De la gravure sur bois au moyen-âge. — Des cartes à jouer et de leur origine. — Premiers livres Xylographiques avec gravures sur bois. — Principaux livres à gravures sur bois avant Albert Durer. — Les gravures sur bois ont-elles été taillées par les maîtres qui les ont dessinées. — Albert Durer, son influence sur la gravure. — Indication des principales gravures sur bois dues à différents maîtres de l'école allemande. — Hans Holbein. — Les simulachres de la mort. — Graveurs sur bois célèbres de l'Italie. — Origine des gravures en camaïeu. — Caractère et emploi de la gravure sur bois en France. — Ant. Vérard. — Geoffroy Tory. — Les livres à vignettes, etc.

LE JOURNAL DES ARTS

Chronique de l'Hôtel Drouot

VENTES ARTISTIQUES EN FRANCE ET A L'ÉTRANGER

Expositions et Concours de Beaux-Arts

ART INDUSTRIEL

Paraissant deux fois par semaine, du 15 Novembre au 1ᵉʳ Juillet
et du 1ᵉʳ Juillet au 15 Novembre, une fois.

Directeur-Gérant : **Aug. DALLIGNY.** — Secrétaire de la Rédaction : Etienne **DALLIGNY.**
Rédaction et Administration, 1, Rue de Provence, PARIS.

ABONNEMENTS

FRANCE : un an . . . . . . **20** fr. — Six mois . . . . **15** fr.
ÉTRANGER : un an . . . . **25** fr. — Six mois . . . . **18** fr.
Prix du numéro : **50** centimes.

Vente du Samedi 25 Mars 1899.

HOTEL DROUOT — SALLE N° 10.

EN DISTRIBUTION :

CATALOGUE

DE BEAUX

Livres Modernes

ROMANTIQUES — AUTEURS CONTEMPORAINS

En Editions Originales

LIVRES ILLUSTRÉS DU XIXᵉ SIÈCLE

RELIURES DE L'ÉPOQUE ROMANTIQUE

PUBLICATIONS DE LUXE — CARICATURES

Affiches étrangères. 1897. Exemplaire sur Japon. — Aquarellistes et Grands peintres français et étrangers. 16 fasc. in-fol. — **Arioste**. Roland furieux. ill par G. Doré (*Exemplaire sur Japon mince*). — Petite Collection Antique. 12 vol, Exempl sur Japon. — **Daudet**. Tartarin sur les Alpes. Exempl. sur Japon, avec une aquarelle originale de Mirbach. — **Daumier**. Collection de 38 fumés. — **Diderot**. Jacques le fataliste. *Edition de la Société des Amis du Livre*. — **Dorat**. Œuvres complètes. 20 vol., *fig. de Marillier*. — Les Français peints par eux-mêmes. 8 vol. — **Galland**. Les Mille et une Nuits. 1840. 3 vol. gr. in-8, *couvertures*. — **Haraucourt**. La légende des Sexes. 1883. — Le Livre d'Heures d'Anne de Bretagne. — **La Fontaine**. Contes. Edition Lemonnyer. *Exempl. sur pap. de Chine*. — Mémorial de Sainte-Hélène, illustr. de Charlet. *Exempl. avec les couvertures*. — **Le Sage**. Le Diable boiteux, illustré. *Paris, Bourdin, 1842. Exemplaire sur papier de Chine*. — **Morin**. Les Cousettes. *Paris, E. Conquet*. 1895, in-8. Exemplaire sur Japon. — Paris à travers les Ages. 2 vol. in-fol. — Contes de Perrault. *Edition Curmer*, avec les couvertures. — **Pigal**. Mœurs parisiennes. 72 planches coloriées. — **Rabelais**, illustré par Robida. *Exemplaire sur Chine*. — **Steinlen**. Epreuves d'Artistes. — **Theuriet**. Sous Bois. Exemplaire sur Japon. — Publications de Léon Conquet. — etc., etc, etc.

PARIS

A. DUREL, LIBRAIRE

21, RUE DE L'ANCIENNE-COMÉDIE, 21

9 ET 11, PASSAGE DU COMMERCE, 9 ET 11

1899

GRANDE IMPRIMERIE DU CENTRE. — HERBIN, MONTLUÇON.

L'INTERMÉDIAIRE

DES

Bibliophiles — Libraires — Amateurs

CATALOGUE DE BONS LIVRES ANCIENS ET MODERNES

Rares, Curieux ou singuliers, en tous genres

EN VENTE AUX PRIX MARQUÉS

ADMINISTRATION 21, Rue de l'Ancienne-Comédie 9 et 11, Passage du Commerce PARIS	**A. DUREL** Propriétaire-Gérant	L'Abonnement donne droit à l'Envoi de tous nos Cata- logues de Ventes Publiques
ABONNEMENTS PARIS — PROVINCE — ÉTRANGER **3** francs par An		**TARIF DES ANNONCES** La page entière 50 fr. La demi-page 30 fr.

PARIS

A. DUREL, Libraire

21, RUE DE L'ANCIENNE-COMÉDIE, 21
9 ET 11, PASSAGE DU COMMERCE, 9 ET 11

1899

6638 ABOUT (E.). Le Nez d'un notaire. Édition illustrée de 1 frontispice et 12 vignettes dessinés et gravés par Géry-Bichard. *Paris, Calmann Lévy*, 1886, pet. in-8 br., couv.   50 fr.

— L'un des 225 exemplaires tirés sur papier vélin à la cuve pour L. Conquet, avec les vignettes dans le texte.

Très rare.

6639 ABRÉGE chronologique des grands fiefs de la Couronne de France, avec la chronologie des princes et seigneurs qui les ont possédés, jusqu'à leurs réunions à la Couronne. *Paris*, 1759, pet. in-8, veau.   3 fr.

Cet ouvrage est de P. N. Brunet.

6640 ADAM (Ad.). Souvenirs d'un musicien, précédés de notes biographiques écrites par lui-même. — Derniers souvenirs d'un musicien. *Paris, Lévy frères*, 1857-1859. Ens. 2 vol in-12, br.   4 fr.

Éditions originales, avec les couvertures.

6641 ADRIANI. Istoria de suoi tempi. *In Venetia*, 1587, un vol. pet. in-4 de plus de 1600 pag., v. ant.   5 fr.

6642 ADVERTISSEMENT fait au roy, de la part du roy de Navarre et de Monsieur le prince de Condé, touchant la dernière déclaration de guerre, 1587. *Imprimé à la Rochelle, par Jean Portost*, pet. in-8 de 7 ff., cart. toile, tête dor. 9fr.

Pièce très rare.

6643 ADVIS donné aux hommes martyrisez par leurs femmes. — Nouvelle Gazette enrhumée. — Le Testament du scientific et praulific Picotin, baron des Capilotades, marquis des Ragouts, etc. *Suivant la Copie de Paris*, 1651. *Lille, Leleu*, 1877, in-12, front., pap. vergé, br.   2 fr.

Réimpression tirée à petit nombre de plaquettes comiques.

6644 AICARD. Roi de Camargue, illustrations de George Roux. *Paris, Testard*, 1890, in-8, pap. vélin du Marais, cart. dos et coins de mar. r., non rog., couv. (*Carayon*).   21 fr.

Bel exemplaire, reliure neuve.

Publié à 25 fr. broché.

6645 ALHOY (M.) et L. **LURINE**. Les Prisons de Paris, histoire, types, mœurs, mystères. Édition illustrée. *Paris, G. Havard*, 1846, gr. in-8, nomb. fig. dans le texte et planches hors texte, demi-rel. dos et coins de chag. r., dos orné, tête dor., non rog.   20 fr.

Première édition. Manque le classement des gravures.

Quelques mouillures et raccommodage à une planche.

6646 ALPHABETS, numerals and devices of the middle ages, by Henry Shaw. A series of ten plates. *London, Will. Pickering*, 1845, in-8, 10 planches, br.   1 fr.

Collection de lettres et chiffres gothiques.

6647 AMYNTE (L') pastorale, traduction nouvelle, avec les figures. *A Paris, chez Toussainct Quinet*, 1638, in-4, veau écaille, tr. dor.   10 fr.

6648 ANACRÉON. Vita e opere d'Anacreonte. 1742, in-4 *manuscrit*, maroq. rouge, dent. sur les plats, tr. dor. (*Rel. anc.*).   8 fr.

Manuscrit d'une belle écriture.

6649 ANAGRAMMEANA, poëme en huit chants, par l'Anagramme d'Archet, ouvrier maçon, l'un des trente associés à l'abonnement d'un journal littéraire, 95e édition. *A Anagrammatopolis, l'an XIV de l'ère anagrammatique* (Réimpression tirée à 200 exemplaires. *Lille*, 1867), in-18 en feuilles.   4 fr.

Un des quatre exemplaires tirés sur bristol.

6650 ANCIENNES comédies en 2 vol. in-8, d.-rel. f. (19 pièces).   10 fr.

Savoir : L'Heureux retour. *Paris*, 1745. — L'Impertinent, par Desmahis. *Paris*, 1750. — Les Fausses Inconstances, par de Moissy. *Paris*, 1751. — Le Bon Soldat, par Poisson. 1755. — La Ceinture magique, par de Rousseau. *Bruxelles*, 1755. — Le Cercle ou la Soirée à la mode, par Poinsinet. *Avignon*, 1745. — Le Deuil, par de Hauteroche. 1770. — Robert le Bossu, par Montenclos. *Paris*, an VII. — Le petit Jules. *Paris*, an VIII. — La Métromanie par Piron. 1738. Éd. orig., etc., etc.

6651 ANEAU (Barthélemy). Lettre du Roy très-chrestian (*sic*) aux souverains estatz du S. Empire. Traduicte par Anéau. *Lyon, Philibert Rollet, s. l. n. d.* (1553), 18 ff. non chiff., cart.   25 fr.

Pièce importante. Henri II proteste de son dévouement aux intérêts des princes allemands «ses tres bons amys», menacés par l'ambition de Charles-Quint qui a «abandonné les Allemaignes en butin aux Hespaignolz.» Cette lettre est une confirmation du traité récemment conclu avec la ligue de Smalkalde. On a relié à la suite quelques pièces de 1588.

6652 L'ANE MORT et **LA FEMME GUILLOTINEE**, drame, d'après l'ouvrage de Jules Janin, in-12, demi-rel. chag. noir, tête jasp. non rog.   7 fr. 50

Parodie romantique très amusante. Manuscrit de 160 pages d'une bonne écriture.

6653 ANNALES LITTÉRAIRES et administratives des Bibliophiles Contemporains pour 1891. *Paris, Imprimé pour les Sociétaires de l'Académie des beaux livres*, 1892, in-8 raisin, pap. de Holl., portr. et fac-similé d'une lettre autographe du Duc d'Aumale, fig. dans texte, br., couv. illust. (50 fr.)   12 fr.

Tiré à 225 exemplaires (nº 221).

6654 APOLLONII ALEXANDRINI de Syntaxi seu constructione orationis libri IV. *Francofurti*, 1590, in-4 rel.   4 fr.

6655 APOLOGIE de Monsieur de la Bruyère ou réponse à la critique des Caractères de Théophraste. *A Paris*, 1701, in-12, v. m. (*Bel exemplaire*).   5 fr.

Se joint à la collection des éditions originales de La Bruyère.

6656 APOLOGIE de M. l'abbé de Pradès (par Diderot et d'Alembert). *Amsterdam*, 1753, 2 vol. in-12 veau.   5 fr.

Rare.

6657 APULEIUS (L.). Apuleii madaurensis philosophi platonici metamorphoseos, sive de asino aureo libri undecim, eu praefatione, et argumentis Philippi Beroaldi in singulos libros et authoris vita. *Parisiis, Sim. Colinaei*, 1536, in-8, bas. marbr. *Mouillures*.   3 fr.

6658 AQUARELLISTES FRANÇAIS (Société d'). Ouvrage d'art publié avec le concours artistique de tous les Sociétaires. Texte par les principaux critiques d'art. Illustré de photogravures, tirées en couleur, dans le texte et hors texte, dessins à la plume. *Paris, H. Launette*, 1883, 2 vol. en 8 fasc. in-fol., pap. vél., titre r. et n., en feuilles, dans des cartons illustrés.

6659 PEINTRES FRANÇAIS et ÉTRANGERS (Les grands). Ouvrage d'art. Publié avec le concours artistique des Maîtres. Texte par les principaux critiques d'art. Illustré de photogravures, tirées en couleur, dans le texte et hors texte, dessins, études et croquis dans le texte. *Paris, Launette et Goupil*, 1884-86, 2 vol. en 8 fasc. in-fol., pap. vél., titre r. et n., en feuilles, dans des cartons illustrés. Les deux numéros : *Ensemble* :   200 fr.

6660 **ARETIN** (Lud. Dolce, dit l'): A Dialogue on painting. *London*, 1770, in-8 v.   2 fr.

6661 **ARISTOTILE**. L'Ethica d'Aristotile, tradotta in lingua vulgare fiorentina et commentata per Bernardo Segni. *In Firenze*, 1550, in-4, fig. sur bois, vel.   8 fr.
> Edition rare citée dans le vocabulaire de la Crusca.

6662 **ARLEQUINIANA**, ou les bons-mots, les histoires plaisantes et agréables, recueillies des conversations d'Arlequin (par Ch. Cotolendi) *Suivant la Copie*, à *Paris, Fr. et P. De Laulne*, 1708, pet. in-12, front. gr. cart.   3 fr.

6663 **ARMACANUS** (Alex. Patricius). Le Mars françois ou la guerre de France, en laquelle sont examinees les raisons de la justice pretendue des Armés et des Alliances du roi de France, mises au jour par Alexandre Patricius Armacanus (Corn. Jansenius) et traduites de la troisieme edition, par C. H. D. P. D E. T. B. (Ch. Hersent). S. l. 1637, in-8, v. gr.   10 fr.

6664 **ARNAUD** (d'). Epreuves du sentiment. *Paris, Lejay et Delalain*, 1772-1778, 5 vol. gr. in-8, fig. et vign., v. marb. ant. (*Racc. à qq. feuillets et mouillures*).   10 fr.

6665 **ARNAY** (d'). Habitudes et mœurs privees des Romains. *Paris*, 1796, in-8, demi-rel. veau.   3 fr. 50
> Curieux et peu commun.

6666 **ARNOULD** (A. M.). Système maritime et politique des Europeens pendant le 18e siecle. *Paris*, 1797, in-8 rel. (*Rare*).   5 fr.
> La conséquence de ce Système est de montrer à l'Europe la *Marine Anglaise*, comme un colosse menaçant et redoutable...... si haine éternelle à sa tyrannie n'est unanimement juree par toutes les nations intéressees à la liberté des Mers. (*Chapitre XIX, page 274*). L'auteur, né à Dijon, membre du Tribunat, est mort à Paris vers 1812.

6667 **ASCONIUS PEDIANUS** (Q.). Commentationes in aliquot orationes M. Tullii Ciceronis... *Lugduni, apud Joan Tornaesium, et Gul. Gazeium*, 1551, in-8, vel (*Mouillures*).   10 fr.
> Dans le même volume : Ciceronianum. Lexicon Graecolatinum. Id est Lexicon ex variis Graecorum scriptorum locis a Cicerone interpretatis collectum, ab Henrico Stephano. *Ex officina Henrici Stephani, Pariensis typographi*, 1557, in-8. — In M. T. Ciceronis quâplurimos locos castigationes Henrici Stephani : partim ex ejus injenio, partim ex vetustissimo exemplari. *Ex officina Henrici Stephani, Parisiensis typographi*, 1557, in-8.

6668 **A TALE** of a tub : Written for the universal improvement of mankind diu multumque desideratum... *London*, 1734, in-12 veau.   3 fr.

6669 **AUBIGNAC** (d'). Sainte Catherine, tragedie. *Troyes*, 1718, in-12, 1/2 rel. anc.   2 fr.

6670 **AUDEBERT-GERMANI.** Audeberti Aurelii Venetiae, Roma, Parthenopae. *Hanovrae*, 1603, in-8, vélin. (*Rare*).   4 fr.

6671 **AULI** Gellii luculentissimi scriptoris, Noctes atticæ. *Venetiis*, 1544, in-8, cart. ital. vel.   3 fr.
> Mouillures aux premiers feuillets.
> Edition très rare.

6672 **AUTEUR** (L') de la Nature (par Clement de Boissy). *Paris, L. Cellot*, 1782, 3 vol. in-12, front. gr. mar. rouge, fil., dos ornés, tr. dor. (*Rel. anc.*).   16 fr.
> Bel exemplaire.

6673 **AVITUS**. S. Avili archiepiscopi Viennensis, Opera, edita nunc primùm, vel instaurata, cura et studio Iacobi Sirmondi. *Parisiis, Seb. Cramoisy*, 1643, in-8, demi-rel. bas.   4 fr.
> Exemplaire ayant appartenu à M. E. Laboulaye avec sa signature sur le titre.

6674 **BACHOU** (J.). La Philosophie naturelle restablie en sa pureté, publiee en françois par Jean Bachou. *Paris, Pepingué*, 1651, in-12, v. ant.   6 fr.
> Rare.
> Avec le Traicté de l'ouvrage secret de la philosophie d'Hermez qui enseigne la manière et la façon de faire la Pierre philosoplale (par le président Jean d'Espagnet).

6675 **BALADES DANS PARIS**. Au Moulin de la Galette. — A l'Hôtel Drouot. — Sur les Quais. — Au Luxembourg. Notes inedites par MM. E. R. Paul Eudel, B.-H. Gausseron et Adolphe Rette *Paris, imprimé pour les « Bibliophiles Contemporains » Académie des beaux-livres*, 1894, pet. in-4 Illustrations de A. Bertrand, texte avec cadres lithographiques polychromes, composes et mis sur pierre par Alexandre Lunois, br., couv. impr. en couleurs.   250 fr.
> Tiré à 180 exemplaires, avec deux états des planches en *noir et coloriees*.

6676 **BALZAC**. Lettere del signor Di Balzac, tradotte dal Francesc in lingua Italiana, consagrate all, illustriss. et excell signor Zacharia sacredo. *Venetia*, 1707, pet. in-12 velin.   3 fr.
> Edition rare.

6677 **BARON**. Les œuvres (de Theâtre) de M. Baron. *Paris. P. Ribon*, 1704, in 12 bas.   3 fr.
> Contenant : La Coquette ou la fausse prude, 1718 — L'Homme à bonnes fortunes, 1718 — L'Andrienne, 1704. (Edit. orig.).

6678 **BARRAL**. Mémoire sur les Trapps et les Roches Volcaniques, dans lequel on donne l'origine des Laves en boules, et des articulations des Prismes basaltiques. *Bastia, impr. d'Et. Batini*, 1789, in-8 de 48 pp., br., non rogne.   2 fr. 25

6679 **BARRE** Hist. générale d'Allemagne par le P. Barre. *Paris*, 1748, 10 tomes en 11 vol. in-4, v. mar., *portraits et vignettes.*   12 fr.

6680 **BARRÈRE** (Petro). Ornithologiæ specimen novum, sive series avium in ruscinone, Pyrenaeis Montibus, atque in Galliâ Acquinocliali Observatorum, in Classes, genera et species, novâ methodo, digesta. *Perpiniani, G S Le Comte*, 1745, pet. in-4, fig., velin.   4 fr. 50
> Les ouvrages imprimés à *Perpignan* au 18e siècle sont fort rares.

6681 **BATAILLE** (D'). Le Diable au XIXe siecle, ou les mysteres du spiritisme devoiles, la Franc-Maçonnerie luciferienne. *Paris, Delhomme et Briguet*, s. d., (1893), 2 vol. gr. in 8, nombreuses gravures dans le texte, demi-rel., chag. vert.   10 fr.

6682 **BAYLE** (Pierre). Dictionnaire historique et critique, quatrieme edition, revue, corrigée et augmentée, avec la vie de l'auteur, par Des Maizeaux. *Amsterdam*, 1730, 4 vol. in-fol., v. f., tr. rouges.   25 fr.

6683 **BEAUMARCHAIS**. Le Barbier de Séville, comedie en quatre actes. — Le Mariage de Figaro, comédie en cinq actes, avec une notice par A. Vitu. Dessins de S. Arcos, graves à l'eau-forte par Monzies. *Paris, Librairie des bibliophiles*, 1882, 2 vol. in 16, pap. de Holl., br., couv. Public a 32 francs.   10 fr.

6684 **BEAUVOIR** (Mme A. R. de). Dos à Dos, comédie en 1 acte et en prose. *Paris, J. Claye*, 1856, in-8, cart. toile, tr. dor.   2 fr.
> Edition originale.

6685 **BELIN** (*né à Marseille*). Mustapha et Zeanger. Tragédie. *Paris*, 1705, in-12, parchemin. 3 fr.

Edition originale.

6686 BELLEAU (Rémy). Les Œuvres poétiques de Remy Belleau. Rédigées en deux tomes. Reveues et corrigees en ceste dernière impression. *A Lyon, pour Th. Soubron*, 1592, 2 tomes en 1 vol. in-12, mar. r., fil, tr. dor. 57 fr.

Edition très rare.

Portrait par Gaucher, ajouté.

6687 **BELON** (J.), *du Mans*. Les Observations de plusieurs singularitez et choses memorables, trouvées en Grece, Asie, Judée, Egypte, Arabie, et autres pays estranges, redigées en trois livres, par Pierre Belon, du Mans. Reveuz de nouveau et augmentez de figures. *Paris, Hierosme de Marnef et Vve Guillaume Cavellat*, 1588, in-4, fig., mar. vert, fil., dos orne, tr. dor. (*Rel. anc.*). 80 fr.

Bel exemplaire.

Quatrième édition de ce livre, la seule contenant les deux grandes cartes de l'isle de Lemnos et du mont Sinai.

6688 **BEMBO**. Petri Bembi Patricii Veneti, epistolae omnes, quotquot exstant, latinae puritatis studiosis ad imitandum utilissimae : quarum libri sexdecim Leonis X Pont. Max. nomine scripti sunt, sex autem reliqui familiares epistolas continent. *S. l. n. d.*, pet. in-8, v. 31.

6689 **BERNARD** (Aug.). Histoire de l'Imprimerie Royale du Louvre. *Paris, impr. imper.*, 1867, in-8, br. Au lieu de 8 francs. 3 fr.

Les Types grecs de François Ier. — Les caractères orientaux de Louis XIII. — Fondation de l'Imprimerie Royale du Louvre. — Catalogue chronologique des éditions de l'Imprimerie Royale du Louvre, etc., etc.

6690 **BERNARD** (Thales). La Lisette de Beranger, souvenirs intimes. Eau-forte par G. Staal. *Paris. Bachelin-Deflorenne*, 1864, in 32, cart. demi-toile verte, non rog. 2 fr.

6691 **BERNARTI** (J.). De utilitate legendoe historie libri duo. *Anvers*, 1593, pet. in-8 rel. 3 fr.

Rare.

6692 **BERNI** (Fr). Il primo, secondo, terzo, libro dell'opere burlesche di Francesco Berni, di M. Gio della Casa, del Varchi, del Mauro, di M. Bino, del Molza, del Dolce e del Firenzuola e di altri autori. *In Londra, in Firenze*, 1723, 3 vol. pet. in-8, vél. (*Armoiries sur les plats*). 9 fr.

6693 **BERTIN** (Eugene). La première femme, conte dialogue en vers. *Nouméa*, 1880, in-12 broche. 3 fr.

Envoi autographe signé de l'auteur.

6694 **BIBLE.** Canticus Canticorum, Hester, Daniel, Ezdras et Nehemia. *S. l. n. d.* (*Argentorati vel Basileæ, avant 1550*), in-8, cart. 10 fr.

Cette curiosité bibliographique se compose d'un titre entouré d'une belle bordure gravée sur bois, et des feuillets chiffrés 226 à 233. Le volume doit faire partie d'une Bible latine ; cependant il est complet, tel qu'il est. Dans l'avis au lecteur, placé au verso du titre, on lit : Consumus hos quatuor libros, studiose Lector, seorsum in unum volumen, *etc.*

6695 **BIBLIOTHÈQUE ORIGINALE.** Publiee par R. Pincebourde, 7 vol. in-16, avec frontispices à l'eau-forte, par MM. Faustin Besson, Ed. Morin, Ulm, Staal, br., couv. 22 fr.

Les Mystifications de Caillot-Duval, etc. Introduction et Eclaircissements, par Lorédan Larchey. — Fréron ou l'illustre critique, sa vie, ses écrits, etc., par Ch. Monselet. — Petrus Borel, sa vie, ses écrits, etc., par J. Claretie. — La Vérité sur la Mort d'Alexandre le Grand, par E. Littré. — La Mort de Jules César, par Nic. de Damas. — Correspondance intime de l'Armée d'Egypte interceptée par la croisière anglaise. Introduction et Notes, par Lorédan Larchey. — Béranger et son temps, par J. Janin. — L'Histoire du sieur Abbé. Comte de Bucquoy, singulièrement son Evasion du For-L'Evêque et de la Bastille, par Mme Du Noyer.

6696 **BLESSEBOIS** (Corneille). Le Lion d'Angelie, histoire amoureuse et tragique, par Pierre-Corneille Blessebois. — Le Temple de Marsias (en vers), par Pierre Corneille Blessebois. *A Cologne, chés Simon l'Africain*, 1676, 2 part. en 1 vol. pet. in-12, front. gravé, rel. pleine en maroq. rouge du Levant, à nerfs, fil. à froid, tr. dor. (*Duru*). 100 fr.

Petit roman fort rare et très recherché imprimé par les Elzeviers. — La dédicace qu'on trouve en tête du volume est adressée à *Monsieur Elzevier, capitaine ordinaire de mer, pour le service de la République de Hollande, montant aujourd'hui un vaisseau de soixante et dix pièces, appelé le Chêne.* Dans une pièce de vers qui suit, les premières lettres de chaque vers forment un anagramme des mots : *Le capitaine Daniel Elzevir.* — Bel exemplaire grand de marges (130 mill.). — Léger raccommodage dans la marge du haut du frontispice gravé.

6697 **BOCCACIO.** I Casi de gli huomini illustri. *In Venegia*, 1545. in-8, demi-rel. veau, mouillures. (*Rare*). 8 fr.

6698 **BOCCACIO** (*Giov.*). Laberinto d'Amore di M. Giovanni Boccaccio con una epistola confortatoria a messer Pino di Rossi del medesimo auttore. *Au verso du dernier feuillet :* P. Alex., Pag. Benacenses. F. Bena. V. V., un pet. in-8 de 68 fl. chiff., demi-rel. bas. 4 fr.

Edition assez rare, très correcte et fort bien imprimée.

6699 **BOCCACE.** Le Decaméron de Boccace, traduction complète par Antoine Le Maçon, secretaire de la Reine de Navarre (1545). *Paris, Liseux*, 1879, 6 vol. in-16 elzev., impr. par Motteroz sur pap. de Holl., tit. rouge et noir. Au lieu de 30 francs. 15 fr.

Le Décaméron est une de ces œuvres impérissables qui rajeunissent avec les siècles au lieu de vieillir, et celle qui porte plus profondément peut-être l'empreinte de l'époque où elle parut. — La joie de revivre y éclate, la grande joie de la Renaissance. — Comme pour donner plus de saveur et de raffinement aux voluptés, Boccace a mis pour frontispice à son livre la peste de Florence, tableaux lugubres de la Mort, sinistre emblème du moyen âge en personne, décharné par les macérations, abêti par la scolastique ; le voile de tristesse que la religion répandit sur le monde, pour faire désirer d'en sortir, Boccace le déchire en se jouant ce poison ; glacial qu'elle faisait circuler dans les veines pour abolir toute énergie, toute vitalité, Boccace en trouve dans le rire l'antidote tout puissant, ce clair rayon de soleil qu'il fait reluire, dissipe les ombres et chasse les cauchemars. — La Reine Marguerite, grande admiratrice de ce chef-d'œuvre, en commanda une traduction française à son secrétaire, Antoine Le Maçon, pour remplacer l'imitation informe, démodée et hors d'usage, qu'en avait donné dès la fin du XIVe siècle Laurent de Premierfaict Le Maçon s'acquitta de sa tâche avec tant de goût et d'exactitude que son travail est devenu en quelque sorte définitif. Sabatier de Castres s'est borné à le retoucher lourdement et prétentieusement, tout en donnant sa traduction comme nouvelle. — On a reproduit exactement, dans la présente édition, les ornements typographiques et les vignettes de l'édition lyonnaise de Guillaume Roville, 1551, in-16, les vignettes sont attribuées avec beaucoup de vraisemblance à Salomon Bernard, dit le Petit Bernard. — Ces vieux bois, d'une exécution tout à la fois naïve et savante, sont plus en harmonie avec le style du XVI° siècle que des dessins modernes, si parfaits qu'ils fussent comme œuvre d'art.

6700 **BOETIUS** Manlio Severino Boetio, senatore. Della consolatione de la filosofia, tradotto da Cosimo Bartoli. *In Fiorenza, appresso Lorenzo Torrentino*, 1551, velin blanc.   3 fr.

6701 **BOILEAU**, Satires du sieur D***. A Paris, 1668, in 8, front. gr., v. m.   15 fr.
   TROISIÈME ÉDITION ORIGINALE. Elle est augmentée des satyres VIII et IX et du discours de la satyre. *Elle est si rare que Berryat-Saint-Prix, n'avait pu en découvrir d'exemplaire* et qu'elle manquait également à M° Walckenaer.

6702 **BOISSY** (de). Le je ne sçai quoi, comedie de M. de Boissy. *A Paris, chez Pierre Prault*, 1731. In-8, fig., cart. toile.   2 fr.
   Très jolie figure.

6703 **BOLDENYI** (J.). La Hongrie ancienne et moderne, histoire, arts, littérature, monuments. Dessinateurs Janet-Lange, V. Beauce, E. Breton, etc. Graveurs Trichon, E. Deschamps, Rose, etc. *Paris; Lebrun*, 1853, gr. in-8, fig., br.   3 fr.

6704 **BOLÉ** (A.). Mademoiselle Rachel et l'avenir du Théâtre français. *Paris*, 1859, in-8 br., portrait.   3 fr.

6705 **BOMBASTE** (Clé de). Le Trompette françois, ou fidele françois (par le comte de Bombaste). S. l., 1609. — **Le Miroir des Alchimistes**, où l'on voit les erreurs qui se font en la recherche de la pierre philosophale, etc., avec instructions aux Dames pour doresnavant estre belles et en convalescence, sans plus user de leurs fards venimeux ordinaires, par le Chevalier impérial. S. l., 1609. Ensemble 1 vol. in-12, avec 2 front. gr. ajoutés, veau fauve.   20 fr.
   Le second ouvrage sur l'alchimie est de la plus grande rareté.

6706 **BONARELLI.** Filli di Sciro .. *In Ferrara*, 1607, in-4, figures de Vallegrio, cart.   5 fr.
   Edition originale de cette pastorale, elle est rare.

6707 **BONIFACIUS** (B.). Ludicra historia, opus ex omni disciplinarum genere selecta ac incunda eruditione refertum... *Venetiis*, 1654, in-4, veau.   5 fr.

6708 **BONNARDOT.** Des telescopes, causeries familières sur les telescopes de tous genres, leurs effets, leur theorie, l'époque de leur invention, leurs perfectionnements successifs et leur avenir. *Paris*, 1855, in-12, br.   3 fr.

6709 **BOUCHER** (Jean). De justa Henrici tertii abdicatione e Francorum regno libri quatuor. *Parisiis, capud Nic. Nivellium*, 1589, in-8, d.-rel. v. bl., tr. peig.   6 fr.
   Pamphlet écrit avec passion et dans le sens des ligueurs.

6710 **BOUGEANT.** La femme docteur ou la Theologie tombee en quenouille, comedie. *La Haye*, 1731, in-12, v.   3 fr.

6711 **BOUGY** (Alfred de). Voyage dans la Suisse française et le Chablais. Opuscules posthumes de J.-J. Rousseau; et lettres inédites de Mad. de Varens. *Paris, Poulet-Malassis*, 1860, in-12, br.   3 fr.

6712 **BOULANGER.** Œuvres complètes de feu Boulanger. *En Suisse, d'une Imprimerie philosophique*, 10 vol. pet. in-12, v.   10 fr.
   Bonne édition.

6713 **BOULANGER.** L'Antiquité dévoilée par ses usages, ou Examen critique des principales opinions, cérémonies et institutions religieuses et politiques des différents peuples de la terre, par feu Boulanger. *Amsterdam, Marc Michel Rey*, 1766, 3 vol. in-12, mar. rouge, dos orné, fil. gardes de papier doré, tr. dor. (Rel. ancienne).   40 fr.
   Très bel exemplaire. Rare en pareille condition.

6714 **BOULANGER.** L'Antiquité dévoilée par ses usages, ou examen critique des principales opinions. Cérémonies et institutions religieuses et politiques des differents Peuples de la Terre. *A Amsterdam chez Marc Michel Rey*, 1766, 3 vol. in-12, v.   6 fr.

6715 **BOURGET** (P.). Nouveaux Essais de Psychologie contemporaine — M. Dumas fils — M. Leconte de Lisle — MM. de Goncourt — Tourgueniev — Amiel.. *Paris, Lemerre*, 1886, in-12, cart. Bradel, n. r.   15 fr.
   Edition originale. — Exemplaire tiré sur papier de Chine encollé.

6716 **BOUSSOLE** (La) des Amans, dediée à S. A. R. Mademoiselle. *Paris, Ch. de Sercy*, 1668, in-8, vel.   5 fr.
   Très rare.

6717 **BOUTERWEK.** Histoire de la litterature espagnole traduite de l'allemand par le traducteur des lettres de Jean Muller. *Paris*, 1812, 2 tomes en 1 vol. in-8, d.-rel. v. fauve   5 fr

6718 **BRAZIER** (Nic.). Chroniques des Petits Théâtres de Paris. Réimprimees avec notice, variantes et notes par G. d'Heylli. *Paris, Rouveyre*, 1883, 2 vol. in-16, br., couv.   6 fr.
   Publié à 15 francs.

6719 **BROTONNE** (F. de). Civilisation primitive, ou Essai de restitution de la periode ante-historique, pour servir d'introduction a l'histoire universelle. *Paris, Warée*, 1843, in-8, br., couv.   4 fr. 50

6720 **BRUEYS.** L'opiniâtre, comédie en trois actes. *Paris, chez Prault*, 1725, in-12, dérel. (Edit. orig.).   2 fr. 25

6721 **BRUN** de la Montagne, roman d'aventure, publié d'apres le manuscrit de Paris, par Paul Meyer. *Paris*, 1875, un vol. in 8, cart. n. r.   3 fr.

6722 **BRUNET** (J.-Ch.). Notice sur deux anciens romans intitules Les Chroniques de Gargantua, ou l'on examine les rapports qui existent entre ces deux ouvrages et le Gargantua de Rabelais, et si la premiere de ces chroniques n'est pas aussi de l'auteur du Pantagruel. *Paris, Silvestre*, 1834, broch. in-8.   2 fr.

6723 **BRUNETIÈRE** (F.). L'Evolution de la Poésie lyrique en France au XIX° siecle. *Paris, Hachette et C°°*, 1894, 2 vol. in-12, br., couv.   4 fr. 50

6724 **BRUNNER.** Fasti Mariani cum diversorum elogiis in singulis anni dies distributis. *Autverpiæ, Aertssens*, 1663, in-16, fig. en taille-douce, bas. marb.   4 fr.
   Très court de marges.

6725 **BULENGERI** *Julio-dunensis* (J.-C.). De Theatro, ludisque scenicis, libri duo. Editio prima. *Tricassibus, Typis Petri Chevillot*, 1603, in-8, fig., mar. vert (Rel. anc.).   10 fr.
   Volume rare. J. C. Boulenger de Loudun est cité dans Dreux du Radier ; tome 3.

6726 **BULLETIN** du bibliophile Belge, fondé par le B⁰ⁿ de Reiffenberg, publié par J. M. Heberlé, sous la direction de Ch. de Chênedollé (tom. 1. 2. 3. 4. 5. 6. 8). *Bruxelles*, 1845 1851, 7 vol. in-8, demi-rel., v. f.   8 fr.

6727 **BURAT** (H.). Géologie appliquée ou traité de la recherche et de l'exploitation des minéraux utiles; nombreuses fig. *Paris, s. d.*, in-8, demi-rel.   3 fr.
   Envoi signé de l'auteur à M. Peclet, cachet sur le titre.

6728 **BUSEMBAUM** (Herm.) *Soc. Jés.* Medulla theologiae moralis facili ac perspicua methodo resolvens casus conscientiæ ex variis probatisque authoribus concinnata, pænitentibus aecque ac confessariis perquam utilis. Editio ultima ab Auctore recognita, et plurimum aucta. *Leodii, Joan. Mottet*, 1653, 1 fort vol. in-12, front. gr., vel.   3 fr.

6729 **BUSNACH** (W) et O. **GASTINEAU** L'Assommoir, drame en cinq actes et neuf tableaux, avec une preface d'Emile Zola et un dessin de G. Clairin. *Paris, Charpentier*, 1881, in-12, br., couv.   2 fr.

6730 **BUSNOT** (Dominique). Histoire du règne de Mouley-Ismael, roy de Maroc, Fez, Tafilet, Souz. etc., par le pere Dominique Busnot. *Rouen*, 1714, in 12, fig., v. brun.   3 fr.

6731 **BUSSY**. Discours du Comte de Bussy-Rabutin a ses enfans sur le bon usage des adversites et les divers evénemens de sa vie. *A Paris*, 1694, in-12, v.   3 fr.
   Edition originale.

6732 **BUTTET**, *Savoysien* (Cl. de). Epithalame, ou Nosses de tresillustre et magnanime Prince Emanuel Philibert Duc de Savoye, et de tresvertueuse Princesse Marguerite de France, Duchesse de Berry, Seur vnique du Roy. Par Marc Claude de Buttet Savoisien. *A Paris, De l'imprimerie de Robert Estienne.* M. D. LIX [1559]. Auec Priuilege. In 4 de 14 ff. non chiffres, caract. ital., mar. rouge jans., dent. int, tr. dor. *(Trautz-Bauzonnet)* 130 fr.
   Voy. Catal. Rothschild, tome I, n° 708.
   Vendu 205 fr. mar. de Capé. Vente W. Martin.

6733 — Ode funebre sur le Trepas du Roi, où sont entreparleurs la France et le Poete, par Marc Claude de Buttet, Savoisien. *A Paris, chez Gab. Buon*, 1559, in-4 de 4 ff., cart. Bradel.   50 fr.
   Pièce en vers de la plus grande rareté. Vendue 200 fr. M. Martin.

6734 **BYRON** (Lord). Le pelerinage de Childe-Harold, poeme romantique, traduit en vers français. *Paris, Dupont*, 1828. — Melodies poétiques et chants d'amour, par G. Pauthier, de Censay. *Paris, Maurice*, 1826. Ensemble 1 vol. in-18, veau violet. fil., dos orné, vignette de Chasselat, gravée par Muller.   4 fr.

6735 **CAILHAVA** (de). De l'Art de la Comédie ou detail raisonné des diverses parties de la Comedie, et de ses differents genres, suivi d'un traite de l'Imitation, où l'on compare à leurs originaux les imitations de Molière, et celle des Modernes, etc., terminé par l'Exposition des Causes de la decadence des Theatres et des moyens de les faire refleurir. *Paris*, 1772, 4 vol. in-8, veau marbre.   8 fr.

6736 **CAMPISTRON** (de). OEuvres de M. de Campistron... Nouvelle Edition, corrigee et augmentée de plusieurs pieces qui ne se trouvent point dans les editions precedentes. *A Paris, Par la compagnie des libraires*, 1739, 2 vol. in 12, mar. rouge, fil., dos ornes, tr. dor. *(Rel. anc.)*.   65 fr.

6737 **CANTIQUE** sur la délivrance de Monseigneur le Duc d'Alançon. S. l., 1575, in-8 de 4 ff., cart. Bradel.   50 fr.
   Pièce rarissime en vers, non citée.

6738 **CARNOT**. De la défense des places fortes. *Paris*, 1840, in-8, bas. rac.   3 fr.

6739 **CARREL** (Arm.). Histoire de la contre-révolution en Angleterre, sous Charles II et Jacques II. *Paris, Sautelet*, 1827, in-8, demi-rel. bas.   3 fr.

6740 **CARREL** (A.). OEuvres politiques et littéraires, mises en ordre, annotees et precedées d'une notice biographique sur l'auteur par Littré et Paulin. *Paris, Chamerot*, 1857-59, 5 vol. in 8, br. n. c.   12 fr.

6741 **CARRON**. Le Modele des prêtres ou vie de J. Brydaine, Missionnaire. *Paris*, 1803, in-12, portrait, br.   3 fr.

6742 **CASTELLANUS**. Petri Castellani *Gérardimontensis* Eortodoxion, sive de festis graecorum syntagma in quo plurimi antiquitatis ritus illustrantur. *Antuerpiae H. Verdussij, s., d.* (1617) — Georgii Godini selecta de originibus Constantinopolitanis, interprete Georgio Dovsa secunda edtio notis Juamris Meursi illustrata. *Aureliae Allobrogum, Petrus de la Rouere*, 1607, Ensemble 1 vol. in 8, parch. (piqûres de vers).   3 fr. 50

6743 **CATALOGUE** des Livres de feu M. Berthaud qui seront vendus au plus offrant et dernier enchérisseur, etc. *A Paris, chez Moreau*, 1756, in-12, v. m. (*prix mss.*)   4 fr.
   Dans le même volume cinq autres catalogues de vente, avec la plupart des prix.

6744 **CATULLE**. Tibulle et Gallus. *Amsterdam et Paris, Delalain*, 1771, 2 vol. gr. in-8, front. par Eisen, grave par de Longueil, et 1 cul-de-lampe par les mèmes, v. marbr. ant.   6 fr.

6745 **CAYON** (J.). Souvenirs, et monumens de la Bataille de Nancy, 5 Janvier, 1477. *Saint-Nicolas de-Port, P. Trenel*, 1837, plaq gr. in-8, cart., non rog.   3 fr.
   Tiré à petit nombre

6746 **CÉARD** (Henry). Une belle Journée. *Paris, Charpentier*, 1881, in-12, br.   4 fr.
   Édition originale, avec la couverture.

6747 **CENT NOUVELLES NOUVELLES** (Les); suivent les Cent Nouvelles contenant les Cent Histoires nouveaux qui sont moult plaisans a raconter en toutes bonnes compagnies, par maniere de joyeusceté. *A Cologne, chez Pierre Gaillard*, 1701, 2 vol. pet. in 8, fig., mar. vert, dos ornes, fil., dent. int, tr. dor. *(Rel. anc.)* 85 fr.
   Dans cet exemplaire à grandes marges les figures sont collées sur papier bleu et d'épreuves evidemment primitives.
   Exemplaire de A. A. Renouard.

6748 **CHANSONS**. La fleur des Chansons françaises. *Paris, Delarue, s. d.*, gr. in-12, titre grav. et nombr. fig., br. couv., impr. en couleurs.   2 fr.

6749 **CHANTREAU**. Voyage philosophique, politique et litteraire fait en Russie pendant les annees 1788-89, 1|2 v., fig. et carte.   3 fr.

6750 **CHAPELLE** et **BACHAUMONT** OEuvres de Chapelle et de Bachaumont. *A La Haye et se trouve à Paris, chez Quillau*. 1755, in-12, veau marbr. *(Rel. anc.)*.   6 fr.
   Excellente edition qui a servi de texte pour les réimpressions modernes. Exemplaire en grand papier.

6751 **CHAPPERON** (T.). Chambéry à la fin du XIVe siècle. *Paris, Dumoulin, (impr. de L. Perrin, à Lyon)* 1863, in-4, pap. vergé teinte, plan*
br. neuf.   5 fr.

 Publié à 20 fr.

6752 **CHARONDAS LE CARON**. Questions diverses et discours de Loys Charondas Le Caron, jurisconsulte parisien, plus la philosophie dudict Charondas. *A Paris, à l'Olivier de Pierre l'Huillier,* 1583, 2 parties en 1 vol. in-8, demi-rel. cuir de Russie.   6 fr.

6753 **CHASSIN** (Ch. L.). La Hongrie, son génie et sa mission, étude historique suivie de Jean de Hunyad, récit du XVe siècle. *Paris, Garnier,* 1856, in 8, br.   2 fr. 25

6754 **CHAZET** (Alissan de). Mémoires, souvenirs, œuvres et portraits. *Paris, Postel,* 1837, 2 vol. in-8, portraits, br. n. c.   5 fr.

 Ces mémoires sont assez rares.

6755 **CHEFS-D'ŒUVRE ANTIQUES** *Paris, Quantin,* 1878-1885, 10 vol. in-32, en têtes et encadrements en plusieurs tons, rel. cuir de Russie, dos orné, comp. de fil. à fr, milieux et coins dor., dent. int. tr. dor.   150 fr.

 Apulée : L'amour et Psyché.— Musée : Héro et Léandre.— A. Tatius : Leucippe et Clitophon.— Lucien : Dialogue des Courtisanes.— Virgile : Les Bucoliques.— Poésies de Anacréon et de Sapho.— Apollonius de Rhodes : Jason et Médée.— Horace : Odes et Epodes.— Théocrite : Les Idylles.— Properce : Les Elégies.

6756 **CHEREAU** (D. A.). Les ordonnances faites et publiées à son de trompe par les carrefours de ceste ville de Paris, pour éviter le danger de peste, 1531, precedées d'une etude sur les epidemies parisiennes. *Paris, Willem,* 1873, in-16, papier vergé, front. gr., br.   3 fr.

 Tiré à 350 exemplaires.

6757 **CHEVALIER** (Michel). Lettres sur l'Amérique du Nord. *Paris, Gosselin,* 1838, 2 vol. in-8 brochés.   6 fr.

 Peu commun.

6758 **CHEVRIER**. Poemes sur des sujets pris de l'histoire de notre temps, publiés par M.D*** (F. A. Chevrier). *Liége, aux dépens de la Compagnie,* 1758, pet. in-8, v. gr., dos orné, fil., tr. r.   4 fr. 50

 Ces poemes sont : l'Alcadiade, ou prouesses angloises en Acadie, Canada, etc. *Cassel,* 1758. — La Mandrinade poème héroï-comique en six chants. — La Prussiade, poème en quatre chants. A la suite : Traité des causes physiques et morales du rire, relativement à l'art de l'exciter (par Louis Poinsinet de Sivry). *Amsterdam, Rey,* 1768.

6759 **CICÉRON**. Opera quæ supersunt omnia. *Glasguæ, Foulis,* 1749, 20 vol. pet. in-12, mar. citron, dos orné, fil., tr. dor. (Rel. anc).   45 fr.

 Bonne édition. Rare en reliure ancienne

6760 **CLARKE** (Revérend J. S.). Vie de Jacques II, roi d'Angleterre, d'après les mémoires écrits de sa propre main, à laquelle on a joint les Conseils du roi a son fils et le testament de Sa Majesté. Publiée sur les memoires originaux de la famille de Stuart. Traduite de l'anglais par Jean Cohen. *A Paris, chez Artus Bertrand,* 1819, 4 vol. in-8, portait. veau.   5 fr.

6761 **CLAUSTRE** (de). Dictionnaire de mythologie, pour l'intelligence des poètes, de l'histoire fabuleuse, des monumens historiques, des bas-reliefs, des tableaux, etc. *A Paris, chez Brunsson* 1745, 3 vol. in-12, veau ant.   3 fr. 50

6762 **CLAVIERE** (Et.) et J. P. **BRISSOT de WARVILLE** De la France et des Etats-Unis, ou de l'importance de la Revolution de l'Amérique pour le bonheur de la France... *Londres,* 1787, in-8, demi-rel. bas.   3 fr.

6763 **CLÉMENT**. Observations et nouvelles observations antiques sur différents sujets de litterature. *Genève et Paris,* 1771-72, 2 vol. pet. in-8, veau porphyre.   5 fr.

6764 **CLÉRY**. Mémoires de M. Cléry, valet de chambre de Louis XVI. *Londres,* 1800, in-18, fig., broché.   2 fr. 50

 Edition très rare.

6765 **CLESSE**. Les campagnes au Moyen-Age et sous l'ancien regime. *Verdun,* 1872, in-8 de 47 pp., br., neuf.   1 fr. 25

6766 **CLESSE**. Histoire de l'ancienne châtellenie et prevoté de Conflans en Jarnisy. *Verdun,* 1872, gr. in-8, br , neuf.   3 fr.

6767 **CODE** de la Librairie et Imprimerie de Paris. *Paris,* 1744, in-12, vel.   3 fr.

 Intéressant à consulter.

6768 **CODE** de la nature, ou le véritable esprit des loix. *Partout, chez le vrai sage,* 1760, in-12, v.   2 fr. 25

 Cet ouvrage rare est de Morelly.

6769 **COHEN** (H.). Guide de l'amateur de livres à vignettes du XVIIIe siècle, contenant la description d'un choix de plus de 450 ouvrages illustrés par Boucher, Cochin, Gravelot, Eisen, Moreau, Marillier, Le Barbier, etc. *Paris, F. Rouquette,* 1870, in-8, pap. de Holl., demi-rel. chag. r.   15 fr.

 Dans le même volume : Livres perdus et Exemplaires uniques, par J.-M. Quérard. Publié par G. Brunet. *Bordeaux, Lefebvre,* 1872, in-8, pap. de Holl. (*Tiré à 300 exemplaires numérotés, no* 160).

6770 **COLLÉ** (Ch). Journal historique, ou Mémoires critiques et litteraires sur les ouvrages dramatiques et sur les événements les plus mémorables, depuis 1748 jusqu'en 1751 inclusivement. *Paris,* 1805, in-8, demi-rel. dos et coins de v. f.   3 fr.

 Première édition.

6771 **COLLECTION GAY**: *Volumes pet. in-12, demi-rel. dos et coins de chag. r.; fil., tête dor., n. rog.*

6772 **GRANDES** et récréatives pronostications pour cette presente annee 08445000470, par maistre Astrophile le Roupieux. 1863.   3 fr.

6773 **LE LIVRE** de Matheolus, par Jean Lefèvre. 1846-1864, 2 vol.   6 fr.

6774 **LE PREMIER LIVRE** de la muse folastre, recherchee des plus beaux esprits de ce temps. 1864.   4 fr.

6775 **LE THRÉSOR** des joyeuses inventions du Paragon des poesies. 1864.   3 fr. 50

6776 **COLLECTION GAY**: *de 1864 à 1883, volumes pet. in-8 et pet. in-12, broch.*

6777 **ANALECTES** du Bibliophile, par J. Gay. (1er volume 1876), 1876.   2 fr.

6778 **BREVET** d'apprentissage d'une fille de modes a Amatante.   1 fr.

6779 **LES DELICES**, ou Discours joyeux et recreatifs, tenus dans tous les bons cabarets de France, par Verboquet le Génereux, 1864. 2 fr. 50

6780 **DEUX BISCUITS** (les), tragédie, traduite de la langue que l'on parlait jadis au royaume d'Astracan. Et mise depuis peu en vers français (par Ch.-Fr. Ragot de Grandval). *Astracan,* 1722, pet. in-12, pap. de Holl , br, n. rog.   2 fr.

 Réimpression faite à 120 exemplaires numérotés. N° 13, *Imprimerie particulière,* 1866,

6781 LE DICT des pays, avec les condicions des femmes, et plusieurs autres belles balades.
1 fr.

6782 LES DIFFÉRENTS des chapons et des coqs, touchant l'alliance des poules, avec la conclusion d'yceux.
1 fr.

6783 ENTRETIENS (les) de la Truche, ou les Amours de Jean Barnabas et de la mere Roquignard.
2 fr. 25

6784 FARCE joyeuse, très bonne, à deux personnages du Gaudisseur qui se vante de ses faictz et ung Sot qui luy respond au contraire.
1 fr.

6785 JUVERNAY (P.). Discours particulier contre les Femmes desbraillees de ce temps, avec notes de Philomneste Junior (G. Brunet).
3 fr. 50

6786 LOUENGE (la) des femmes. Invention extraite du commentaire de Pantagruel, sur l'Androgyne de Platon. *Lyon, Jean de Tournes,* 1551.
3 fr.

Réimpression faite à 100 exemplaires numérotés. N° 29. *Bruxelles, A Mertens* (1863), avec une notice (par G. Brunet).

6787 MISTANGUET (Les plaisantes idées du sieur), docteur a la moderne.
3 fr.

6788 MOINE (Le) secularisé, réimpression textuelle de l'edition de 1645, augmentée d'une notice bibliographique par P. L. Jacob
2 fr. 50

6789 PIRON. Voyages de Piron a Beaune, seule relation complete, et en partie inédite, accompagnée, pour la premiere fois, de toutes les pieces accessoires, publ. sur les mss. autographes originaux, avec une introduction et des notes par H. Bonhomme. *Paris, Gay,* 1863, pet in-12.
3 fr.

Tiré à petit nombre. N° 13

6790 PRIVILÈGE DU COCUAGE (les), ouvrage utile et necessaire tant aux Cornards actuels, qu'aux Cocus en herbe. *A Vicon, chez Jean Cornichon, à l'enseigne du Coucou,* 1682.
4 fr.

6791 RABELAIS, ressuscité, recitant les faicts et comportements admirables de tres-valeureux Grandgosier, roy de place-vuide. *Rouen,* 1611, nouv. edit. avec notes de Philomneste Junior (G. Brunet). 1867.
3 fr.

6792 LE SANDRIN ou verd-galand où sont naifvement déduits les plaisirs de la vie rustique. *Paris, A. Du Breuil,* 1609 (Reimpression). *Bruxelles, Impr. Mertens,* 1863. in-16 sur pap. vergé, br.
5 fr.

De la collection des raretés bibliographiques, tiré à 100 exempl.

6793 — Sur les Obscénités, remarques par P. Bayle, 1879.
2 fr. 50

6794 — Le Theatre François, divisé en trois livres, 1867.
3 fr.

6795 VIDA CREMONENSIS (M.-H.). Le jeu des Eschets, trad. en vers français du poeme latin, par M. D. C. Reimprimé sur le seul exemplaire connu, existant aujourd'hui a la Bibliothèque de Grenoble. *Paris, Gay,* 1862, pet. in-12, pap. de Holl., br., n. rog.
3 fr.

Tiré à 115 exemplaires numérotes. N° 97

6796 ZELINDE, comedie, ou la véritable critique de l'Escole des Femmes, et la critique de la critique.
2 fr.

6797 COLUMELLE. De l'Agricultura libri XII, trad. en lingua italiana per Pietro Lauro Modonese. *In Venetia,* 1545, pet. in-8, velin.
4 fr.

Edition très rare.

6798 COMMANDEMENS DE DIEU ET DU DYABLE (Les), avec la remontrance de la mort. *Et se vend à Paris, chez Techener,* in-8, demi-rel. chag. viol.
4 fr.

Réimpression en fac-similé, tirée à 76 exemplaires seulement.

6799 COMMENTARII sive annales rerum flandicarum libri septendecim autore J. Meyero Baliolano. *Antverpiæ,* 1561, in-folio, velin, *beau titre encadré.*
5 fr.

6800 COMMYNES. Las Mesmorias de Felipe de Commines con escolios propios don Juan Vitrian. *Amberes,* 1643, in-folio, front gr., mar. r., tr. dor. (*Rel. anc.*).
25 fr.

Edition très rare.

6801 COMPAYRE (Gab.). Histoire critique des doctrines de l'education, en France depuis le XVIe siecle. *Paris, Hachette,* 1879, 2 vol. in-8, br.
6 fr.

Publié à 15 francs.

6802 CONCILE DE TRENTE. Le Sainct sacre, universel et general Concile de Trente, legitimement signifié et assemblé sous nos SS. PP. les Papes Paul III, l'an 1545-1547. Jules III l'an 1551-1552 et souz nostre S. Pere-Pins IV, 1562-63. *Paris, Guill. Bichon,* 1588, in-12, vel.
15 fr.

Bel exemplaire, contenant le catalogue des livres prohibés.

6803 CONDORCET. Vie de Monsieur Turgot. *A Berne,* 1787, in-8 br., n. r
4 fr.

6804 CONGO. Mission evangelica al reyno de Congo, por la Seratica Religion de los Capuchinos. Dedicala al Rey Nuestro Senor : que Dios guarde. Don Joseph Pellicer de Tovar, senor de la Casa de Pellicer i de Offau, Cronista Mayor de su Majestad i de su Consejo. *Con licencia en Madrid, por Domengo Garcia i Moras. Ano* 1649, in-4. 8 ff. prelim., 74 ff. chiffrés, véln.
67 fr.

Très rare.

6805 CONNETTE (Michel). La Géométrie réduitte en une facile et briefve practique. *A Paris,* 1626, 2 parties en un vol. in-8, parch., *figures.*
3 fr.

6806 CONSERVATEUR (Le). *Paris, Lenormant fils,* octobre 1818 — Mars 1820, (par de Chateaubriand, Grignon d'Auzouer, de Polignac, l'abbé F. de La Mennais, et autres). 6 vol. in-8, v. rac.
8 fr.

6807 COPPIE des memoires secrets en forme de missiue, envoyez de **Bloys** par un polytique mal asseure à un sien amy aussi polytique de ceste ville de Paris. Auec la responce laquelle a esté descouverte sur un lacquais sortant de ceste ville. lequel a donne l'adresse dudit polytique au logis duquel lesdicts mémoires ont esté trouvez. S. l., 1589, 30 pp. et 1 f. blanc.
— Coppie de la responce faite par un polytique de ceste ville de Paris, aux precedens mémoires secrets, qu'un sien amy lui auoit envoyes de Bloys, en forme de missiue. S. l, *chez Jacques Gregoire, imprimeur,* 1589, 37 pp. et 3 ff. non chiff. dont 1 bl. Ens. 2 part en 1 vol., veau jasp., pet. dent. et fil, tr. r.
15 fr.

6808 CORDAY (Charlotte de). OEuvres politiques, réunies par un Bibliophile Normand, avec un fac-simile inedit. *Caen et Paris, France,* 1863, in-8 de 50 pp. br, n. c., couv.
3 fr.

6809 CORNEILLE (J.-B.). Les premiers élémens de la peinture pratique, enrichis de figures de proportion, dessinees et gravees par J.-B. Corneille. *A Paris, chez N. Langlois,* 1684, pet. in 12, veau.
3 fr.

6810 **CORNELIUS NEPOS** qui contra fidem veteris inscriptivis Plinius ant Suetonius appellabatur. *Venalis (sub Aureo Lilio vici beati Iacobi) ab Ioanne Paruo, s. d.*, petit in-4 dérel. 3 fr.

6811 **CORTAMBERT** (L.) et F. de **TRIA-NALTOS**. Histoire de la Guerre Civile Américaine, (1860-1865), avec portraits, cartes et plans. *Paris, Amyot*, 1867, 2 vol. in-8, br., n. c. 5 fr.
Publié à 15 francs et devenu peu commun.

6812 **COURCELLE-SENEUIL** (J. G.). Traité théorique et pratique des entreprises industrielles, commerciales et agricoles ou Manuel des affaires. *Paris, Guillaumin*, 1857, in-8 br. (7 fr. 50). 3 fr.

6813 **COURCELLES** (de). Vie de la marquise de Courcelles, écrite en partie par elle-même. *Paris*, 1808, in-12, demi-chag. 2 fr. 25

6814 **COURNAULT** (E.). De l'âme, essai de psychologie expérimentale *Paris*, 1855, un vol. in-8 br. 3 fr. 50
Publié à 7 fr. 50.

6815 **COURTOIS** fils (A.). Manuel des Fonds publics et des Sociétés par Actions. *Paris*, 1878, 1 fort vol. in-12, br. n. c. (7 fr.) 3 fr.

6816 **COURTOIS** fils (A.). Traité élémentaire des Opérations de Bourse et de Change. *Paris, Garnier frères*, in-12, br. n. c. 2 fr. 25

6817 **COURVAL-SONNET**. Les Satyres du sieur de Courval-Sonnet, gentilhomme Virois, dédiées à la reine mère du Roy. Satyre Menipée sur les poignantes traverses du mariage. *Paris, Rolet Boutumé*, 1621. Ensemble 1 vol. in-8, portr. gr. par Matheus, v. f. ant. (*Légères piq. de vers*). 50 fr.
Première édition. Très rare avec la « Satyre » qui manque presque à tous les exemplaires.

6818 — Les OEuvres satyriques du sieur de Courval-Sonnet, gentilhomme Virois, seconde édition, revue, corrigée et augmentée par l'auteur. *A Paris, chez Rolet Boutonné*, 1622, in-8, portraits, parchemin. 30 fr.
Rare.

6819 **COXE** Voyage en Pologne, Russie, Suède, Danemark, etc. *A Genève*, 1786, 2 vol. in-4, portraits, cartes géog. Plans et fig. en taille-douce, veau écaille. (*Rel. anc.*). 6 fr.

6820 **CREBILLON** (le père). Les OEuvres de M. de Crébillon. *A Paris*, 1713, in-12, v. (*Edit. orig*). 3 fr.

6821 **CRÉBILLON** (le père). Théâtre de Monsieur de Crebillon. *A Paris, chez Pierre Ribou*, 1717. In-12, réglé, mar. rouge, fil. a froid, doublé de tabis, tr. dor (*Rel. anc.*). 25 fr.
Contient : Idoménée. — Atrée et Thyeste. — Electre. Rhadamisthe et Zénobie. — Sémiramis. *Paris, Ribou*, 1717. Cette dernière pièce est en édition originale.

6822 **CRÉBILLON** (le fils). Ah ! quel conte ! conte politique et astronomique. *Bruxelles*, 1754, 8 parties en 4 vol. in 12, veau. 8 fr.

6823 — Lettres athéniennes extraites du portefeuille d'Alcibiade. *Paris*, 1771, 4 vol. pet. in-8, v. m. 10 fr.
Edition originale.

6824 **DANCE** (La) aux aveugles et autres poésies du XVe siècle, extraites de la Bibliothèque des ducs de Bourgogne. *Lille*, 1748, in-12, BROCHÉ, NON ROGNÉ. 5 fr.
Très rare en pareille condition.

6825 **DANCOURT**. Recueil factice de 17 pièces en éditions originales, réunies en 4 vol. in-12, v. ant. 68 fr.
La femme d'intrigues. 1694. — Renand et Ar-

nude. 1697. — Le Chevalier à la Mode. 1697. — La Loterie. 1697. — L'Esté des Coquettes 1701. — Les Bourgeoises à la Mode. 1693. — Le Tuteur. 1695. — La foire de Bezons. 1696. — Les fées. 1699. — La feste de Village. 1700. — Les Trois Cousines. 1700. — Cohn-Maillard. 1702. — L'Opérateur Barry. 1702 L'Inconnu. 1704. — Les Amans magnifiques. 1704. Les Enfans de Paris. 1705. Le Galand jardinier. 1705.

6826 **DAUDET** (A.). Numa Roumestan, mœurs parisiennes *Paris, Charpentier*, 1881, in-12, br. 4 fr. 50
Edition originale, avec la couverture.

6827 **DAUDET** (Alphonse). Robert Holmont, journal d'un solitaire. Dessins et aquarelles de Picard et Montegut, gravure de Guillaume frères. *Paris, Dentu*, 1888, in-8 carré, br., couv. illust. (*Brochure fatiguée*). 5 fr.
Publié à 10 francs. Epuisé.

6828 **DAUMAS** (Général). Le Sahara algérien. Etudes géographiques et historiques sur la Région sud des établissements français en Algérie. *Paris*, 1845, in-8 br. 3 fr.

6829 **DAUPHIN**. La dernière Héloïse ou Lettres de Julie Salisbury, recueillies et publiées par Dauphin, citoyen de *Verdun et Paris*, 1792, in-18, titre gravé et une figure par Queverdo, basane. 4 fr.
Cohen de 10 à 12 fr.

6830 **DAUPHINÉ. — SALVAING** (Denis de). De l'usage des fiefs et autres droits seigneuriaux en Dauphiné, par M. Denis de Salvaing, premier président en la chambre des Comptes de Grenoble. *Grenoble, Féronce*, 1664, petit in-8, bas. (*Rare*). 10 fr.
Mouillures.

6831 **DAVID**. Le Peintre Louis David (1748-1825). Suite d'Eaux-Fortes, d'après ses OEuvres, gravées par J. L. Jules David, son Petit-Fils. *Paris, V. Havard*, 1882, in-4 de 140 planches, en feuilles, dans un carton. 70 fr.
L'un des 20 exemplaires (no 12), épreuves d'artiste, avant la lettre, sur papier japonais, format 114 jésus.
Publié à 200 francs.

6832 **DÉAL** (J. F.). Dissertation sur les Parisii, ou parisiens, et sur le culte d'Isis chez les Gaulois. *Paris, Firmin Didot père et fils*, 1826, in 8 br. 3 fr. 50
Rare.

6833 **DÉCLARATION** de la volonté du Roy, sur l'ouverture de la guerre contre le Roy d'Espagne. Paris, F. Morel, 1594, pet. in-8 de 8 pp., demi-rel. toile (Lemardeley). 4 fr.

6834 **DÉCLARATION** du Roy, contre la convocation faicte en la ville de PARIS, par le duc de Mayenne. *Lyon, P. Dauphin*, 1594, pet. in-8 de 16 pp ; demi-rel. toile. (Lemardeley). 6 fr.
Pièce rare.

6835 **DÉCLARATION** du Roy du pouvoir de Monsieur de Dampville, admiral de France. *Paris*, 1576, in-8 de 12 pag. cartonné. 4 fr.

6836 **DÉFENSES** de ceux du collège de Clermont contre les requestes et plaidoyés contre eux ci-devant imprimés et publiés. Ensemble les lettres patentes du Roy Henri III pour l'approbation et confirmation de la compagnie et société de Jesus S. l., 1594, in-8 de 71 pp.; demi-rel. v. f. 7 fr.

6837 **DELAVIGNE** (C.). Epître à M. A. De la Martine. *Paris*, 1824, in-8 broché ; couv. imp. (*Edit. orig.*). 3 fr.

6838 DELVAU (A.). Au bord de la Bièvre. Impressions et souvenirs, nouv., edit. precedee d'une bibliographie des ouvrages de l'auteur. *Paris, Pincebourde*, 1873, in 8, pap. vergé, br. n. c., couv.   4 fr.
Tiré à petit nombre.

6839 DELVAU (A.). Dictionnaire de la langue verte, argots parisiens comparés, 2ᵉ édit., entierement refondue et considerablement augmentee. *Paris, Dentu.* 1867, in-12, br., couv. 22 fr.
Exempl. très frais.

6840 DÉSAUGIERS (M.-A.). Chansons et poésies diverses. *Paris, Ladvocat*, 1827, 4 tom. en 2 vol in-12, v. antiq., dos ornes, fil. et ornem. à fr. sur les plats. (*Rel. de l'époque*).   7 fr.
C'est la meilleure édition de ce Chansonnier.

6841 DES MICHELS. (Abel). Essai sur les affinités de la civilisation chez les Annamites et chez les Chinois. *Paris*, 1869, br. in 8. 1 fr.

6842 DESTOUCHES (Nericault). Le Philosophe marié, ou le mary honteux de l'être, comedie en vers, en cinq actes. *Paris, François Le Breton*, 1727, pet. in-8, br.   5 fr.
Edition originale. Exemplaire entierement non rogné.

6843 DIALOGUE de la Mode et de la Nature. S. l., 1662, pet. in-12 de 60 pp., vehn.   3 fr.

6844 DICTIONNAIRE néologique a l'usage des beaux esprits du siecle. *Amsterdam*, 1728, in-12, v.   3 fr.
Par Guyot-Desfontaines.

6845 DIDEROT. Le fils naturel ou les Epreuves de la Vertu, comedie en cinq actes *Amsterdam*, 1757, in-8, bas. (Edit. orig.).   3 fr.

6846 DIDEROT. Histoire generale des dogmes et opinions philosophiques depuis les plus anciens temps jusqu'a nos jours. *Londres*, 1769, 3 vol. in-8, v. rac.   6 fr.
Edition originale.

6847 DIDEROT. Œuvres inédites de Diderot. Le Neveu de Rameau. Voyage de Hollande. *A Paris*, 1821, in-8, 1|2 chag. r., n. r.   5 fr.
Edition originale.

6848 DIDEROT. Œuvres de theatre de M. Diderot avec un discours sur la poesie dramatique. *Amsterdam*, 1759, 2 vol. in-12, v.   4 fr.
Le fils naturel ou les épreuves de la vertu, comédie. — Le Pere de famille, comédie.

6849 DIDEROT. Jacques le Fataliste et son maitre. *Paris, chez Buisson, an V*, 2 tomes en 1 vol. in-8, 1|2 veau.   10 fr.
Edition originale.

6850 DIDEROT. Le pere de famille, comedie en cinq actes et en prose, avec un discours sur la poésie dramatique. *A Amsterdam*, 1758, in-8, v. m.   5 fr.
Edition originale.

6851 DIODORE. Les trois premiers livres de l'histoire de Diodore Sicilien, translatez de latin en français par Ant. Macault. *A Paris, chez les Angeliers*, 1541, in-8. d.-rel. v. ant.   10 fr.

6852 DIODORUS. Diodori siculi historici clarissimi, bibliothecae, seu rerum antiquarum tum fabulo sarum tum verarum historiae, priores libri Sex. Poggio Florentino interprete *Parisiis, S. Colinaeum*, 1531, in-8, v. f. ant. (Rel. anc.).   3 fr. 25

6853 DIXON (W. Hepworth). La Russie libre, trad. de l'anglais par Em. Jonveaux, illustré de 75 gravures sur bois et d'une carte. *Paris, Hachette et Cⁱᵉ*, 1873. gr. in-8, br.   4 fr.
Envoi autographe sur le faux-titre.
Publié à 10 fr.

6854 DOCUMENTOS para la biographia é historia del episcopado del ilustrisimo senor D. Manuel Jose Mosquera, Arzobispo dé Santafe de Bogota. *Paris*, 1858, 3 vol. gr. in-8, 1|2 ch.   6 fr.

6855 DOMENICHI (Lod.). Facetie, motti et burle di diversi signori et persone priuate, raccolte per M. Lodovico Domenichi, et da lui di nuouo del settimo libro ampliate : con una nuova aggiunta di Motti; raccolti da Thomaso Porcacchi, et con un discorso interno a essi, con ogni dilugentia ricorrette, et ristampate. *In Vinetia, Giorgio de Cavalli*, 1565, in-8, cart. (*Mouillures*).   3 fr.
Edition rare.

6856 DRUMONT (E.). La France-juive, essai d'histoire contemporaine. *Paris, Marpon et Flammarion, s. d.* (1885), 2 vol. in-12 br.   7 fr.
Edition originale avec les couvertures.

6857 DU BELLAY. Les Œuvres françoises de Joachim Du Bellay, gentil-homme Angevin, reveues et de nouveau augmentees de plusieurs poesies non encore auparavant imprimées. *A Lyon, par Antoine de Harsy*, 1575, in-8, mar. rouge jans., dent. intér., tr. dor. (*Hardy*). 85 fr.
Edition rare.

6858 DU BOIS-MELLY. Le Récit de Nicolas Muss, serviteur de M. l'Amiral. Episode de la Saint-Barthelemy. *Genève et Bâle*, 1878, in 8 br.   4 fr.

6859 DUCHERII (Gilbertii). Vultonis aquapersani, Epigrammaton libri duo. *Lugduni, upud Seb. Gryphium*, 1538, pet. in-8 non rel. (*Mouillures*).   3 fr.
Très-rare.

6860 DU CHESNE (Andre). Les Antiquitez et recherches des villes, chasteaux, et places plus remarquables de toute la France. Divisees en huict livres, selon l ordre et ressort des huict Parlemens, par Andre Du Chesne, Tourangeau. *A Paris, chez Jean Petit-Pas*, 1609, 2 parties en 1 vol pet. in-8, mar. vert, fil., dos orne, dent. int., tr. dor. (*Duru*).   60 fr.
Bel exemplaire d'un livre rare et fort curieux.

6861 DUCHOUL (Guillaume du). Discours de la religion des anciens romains, de la castramétation et discipline militaire d'iceux, des bains et antiques exercitations grecques et romaines. Illustre de médailles et figures retirces des marbres antiques qui se treuuent a Rome et par nostre Gaule. *A Lyon, par Guillaume Rouille*, 1581, 2 tomes en 1 vol. in-4, veau ant. 10 fr.
Nombreuses et belles figures sur bois.

6862 DUCLOS. Considerations sur le génie et les mœurs de ce siecle. *Paris*, 1749, in-12, v. m. (*Edit. orig.*).   3 fr. 50

6863 DUCLOS. Considerations sur les mœurs de ce siecle. S. l., 1751, un vol. in-12, veau. 3 fr.
Edition en gros caractères. Elle est assez rare.

6864 (DUCLOS) Mémoires secrets sur les règnes de Louis XIV et de Louis XV. *Paris, Buisson*, 1791. 2 vol. in-8, demi-rel. bas.   5 fr.

6865 DUFORT (J.-B.). Trattato del ballo nobile. *Napoli*, 1728, in-8, fig. dans le texte, bas. 2 fr.

6866 DUMESNIL (Marie-Françoise). Mémoires en reponse aux Memoires d'Hyppolite CLAIRON, suivis d'une lettre du celebre Le Kain et de plusieurs anecdotes curieuses, relatives au Theatre Français. *Paris, Dentu*, an VII, in-8, portr., br.   3 fr. 25

6867 DUPRÉ (Adrien). Voyage en Perse, fait dans les annees 1807, 1808, 1809, en traversant l'Anatolie et la Mesopotanie depuis Constantinople jusqu'a l'extremité du golfe Persique et delà à Irewan. Accompagné d'une carte dressée par M. Lapie. *Paris, J. G? Dentu,* 1819. 2 vol. in-8, carte, v, gran.   5 fr.

6868 **DURDENT** (R.-J.). Batailles de Leipsick, depuis le 14 jusqu'au 19 octobre 1813, ou Récit des évenemens mémorables qui ont eu lieu dans cette ville et aux environs, pendant ces cinq journées ; le tout originairement ecrit en allemand, par un témoin oculaire ; traduit de l'anglais de M. Fréd. Shoberl, sur la 8e edition et accompagné de notes (par R.-J. Durdent). *Paris, Dentu,* 1814, in-8, br., non rog.   3 fr.

*6869 **DUVAL.** Lettres curieuses sur differents sujets (par François Duval). *A Paris, chez Nicolas Pépie,* 1725, 2 vol in-12, mar. r., fil, tr. dor. (*Rel. anc.*)   30 fr.

Ouvrage peu commun dedié à Mgr le comte de Morville, ministre et secrétaire d'Etat pour les affaires etrangères.

6870 **EDICT** du Roy sur l'union de ses subjects catholiques. *Paris,* 1588, in-8 cart.   3 fr.

6871 **EDITS** et Lettres-patentes du Roy Charles IX, relatifs au Clergé (1564-1572). — Ens. 13 pieces en 1 vol. in 8, velin.   30 fr.

1. Lettres-patentes du Roy, contenant ratification dudict Seigneur pour la vente et aliénation de soixante et seize mil livres tournois de rente, rachetable à perpétuité. *Paris, Robert Estienne,* 1564, 11 ff. — 2. Lettres patentes du Roy pour le recouvrement des deniers des taxes de tous les beneficiez qui sont taxez par les départements particuliers de chacù diocèse de son obéissance, *Paris, Canivet et Dallier,* 1568, 4 ff. — 3. Lettres-patentes de déclaration du roy, contenant qu'il n'a entendu et n'entend que les titulaires des abbayes ou Priorez estât en la collation des ordinaires de son royaume : soient tenuz recevoir aucun soldat ou stropiat, es places de Religieux layz. *Paris, Canivet et Dallier.* 1569, 8 ff. dont le dernier est blanc. — 4. Lettres-patentes du Roy pour faire saisir et arrester tous et chascûs les fruicts, profficts et revenus téporels des Abbayes et Prieurez, testants au-dedans du ressort et juridiction de ceste ville de Paris, entre les mains des fermiers et receveurs d'iceulx *Paris, Robert Estienne,* 1568, 4 ff — 5. Autres Lettres-Patentes du Roy, portans permission à tous beneficiez de faire coupper des boys de haute fustaye ou vieux ballivaux des taillys de leurs benefices iusques à la concurrence de leurs taxes seulement. *Paris, Dallier,* 1568, 4 ff. — 6. Lettres-patentes et Commission du Roy concernant les privilèges et exemptions, octroyées au clergé et gens ecclésiastiques de France *Paris, Dallier,* 1569, 4 ff. — 7. Ordonnance du Roy sur le payement des cottizations des Beneficiez de ce Royaume suivant le département faict sur chacun diocèse d'iceluy, procédant de la vente de leur temporel à perpétuite iusques à la somme de cinquante mil escus d'or de rente. *Paris, Dallier,* 1569, 12 ff. — 8 Ordonnance du Roy faicte pour la récompense des Prélats et Seigneurs d'Eglise, sur les biés et confiscations des rebelles. *Paris, Dallier,* 1569, 8 ff. dont le dernier est blanc. — 9. Lettres-patentes du Roy, d'authorisation et approbation des subdélégations faictes par les déléguez de Sa Majesté, pour procéder à la vente du temporel des Ecclésiastiques. *Paris, Dallier,* 1569, 4 ff. — 10. Bulle de Nostre Sainct-Père le Pape pour l'aliénation de cinquante mil escus de rente pour subvenir aux urgents affaires et nécessitez de la guerre contre les rebelles de Dieu. *Paris, Canivet et Dallier,* 1569, 11 ff. — 11. Edict du Roy pour la récompense des cinquante mille escuz de rente accordez à sa majesté par le Clergé de son royaume. *Paris, Nyverd, s. d.*

(1569); 8 ff. — 12. Déclaration du Roy sur la prolongation de l'aliénation de temporel de l'Eglise, pour le temps et terme d'un an. *Paris, Dallier,* 1570, 4 ff. — 13. Lettres-patentes du Roy pour contraintre de payer les rentes et revenus des Beneficiers, monobstant que les réparations et des Eglises bénéfices ne soient faittes. *Paris, Morel,* 1572, 4 ff.

6872 **EICHHOFF** (F. G.). Etudes grecques sur Virgile. *Paris,* 1825, 2 vol in-8 br.   4 fr.

6873 **ELOGE** (L') de quelque chose dédié a quelqu'un avec une préface chantante (par Coquelet). *Paris,* 1730, in-12 de 34 pp. derel. 3 fr.

Edition originale de cette pièce très souvent réimprimée.

6874 **ENIGMES.** Nouveau Recueil d'énigmes dédié a S. A. R. Mgr le prince de Conty. *A Paris,* 1724, in-12 veau, *figure.*   5 fr.

Curieux volume contenant 542 Enigmes en vers. Avec la Clef à la fin de l'ouvrage.

6875 **ENTERREMENT** (L') du dictionnaire de l'Académie françoise. *S. l.* (1697, vol in-12, v. m., front. grave. (*Rare*)   6 fr.

Cet ouvrage est de Mallement de Messange. C'est à tort qu'il a été attribué à Furetière mort depuis 1688.

6876 **EPIGRAMMATA** ex libris græcæ anthologiæ a Q. Septimio Florente Christiano selecta et latine versa sive florilegium latinum ex græco florilegio. Accessit Musæi Poëmatium versibus ab eodem expressum. *Lutetiæ ex typographia Roberti Stephani,* 1608, 1 vol. in-8, velin.   4 fr.

6877 **EPISTOLARUM** obscurorum virorum, ad Dm M. Ortuinum gratium volumina II ; accesserunt huic editioni epistolæ Bened. Passavantii ad D. Petrum Lysetum, et la complainte de Pierre Lyset, sur le trespas de son feu nez. *Londini, H. Clements,* 1710, in-12, v. f. anl. 3 fr.

Edition bien imprimée et recherchée en France.

6878 **L'EPISTRE** de M. Malingre, envoyée à M. Clement Marot : en laquelle est demandee la cause de son departement de France Avec la responſe dudit Marot Icy trouverez une louange de France et des Bernoys, avec une noble rolle d'anciens François habitans en Savoye, et deux epitaphes de Clement Marot. *Nouvellement imprimé a Basle, par Iaq. Estange, ce 20 d'Octobre,* 1546, in-8, mar. rouge, dos orné, fil, dent. int, tr. dor. sur brochure (*R. Petit*).   30 fr.

Réimpression faite par Jean Enschedé et fils à Harlem, pour la Librairie Tross à Paris, en 1868

Exemplaire tiré sur PEAU DE VELIN.

6879 **EQUICOLA** (Mario). Libro di natura d'amore. *Vinegia, Bindoni,* 1531, pet. in-8 velin, *manque le feuillet 96.*   3 fr.

Edition très rare.

6880 **ESCHINE** et DEMOSTHÈNE. Due orationi, l'una di Eschine contra di Tesifonte, l'altra di Demosthene a sua difesa. Di greco in volgare nuovamente tradotte per un gentilhuomo Firentino. *In Vinegia, Aldus,* 1554, pet. in-8, cart.   5 fr.

Manque des alde au commencement à la fin du volume.

6881 **ESTAMPE** (l') et l'AFFICHE. Revue d'art. Directeur : Clement-Janin — Redacteur en chef : Andre Mellerio *Paris, E. Pelletan,* 1897-1898, 2 vol. in-4, nombreuses illustrat.   90 fr.

L'un des 25 exemplaires sur papier vélin de cuve (n° 12) contenant le TIRAGE A PART sur CHINE volant de toutes les illustrations.

Le tome Ier est en demi-rel. dos et coins de

mar. r., ornem, de fil. sur le dos, tête rog., non rog., couv. (*Carayon*).
— Le tome 2e est en livraisons.
TRÈS RARE.

6882 ÉTINCELLE (l') Souvenirs de littérature contemporaine, par de Lamartine, Th. Gautier, Chateaubriand, M. Raymond, d'Arlincourt, G. Sand, Ch. Nodier, etc, etc. *Paris, chez tous les Libraires, s. d.*, in 8 avec vignettes sur le titre, bas. bleue gaufrec.   3 fr.

6883 EUNAPE. Vies des philosophes et des sophistes, traduites en françois par Stephane de Rouville. *Paris*, 1879, in-18, papier teinté, broché neuf. *Au lieu de 3 fr.*   1 fr.

6884 EURIPIDIS. Tragocdiae duae, Hecuba et Iphigenia in Aulide latine factae, des Erasmo Roterodamo interprete (à la fin). *Basileae apud Thomam Wolf Mense Febranrio*, 1522, pet. in-4, dérel.   4 fr.
Belle bordure grav. sur bois, au titre.

6885 EUSEBII. Caesariensis et Samuelis Amensis. Chronica, edidit Angelus Maius et Johannes Zohrabus. *Mediolani*, 1818, in-4 br.   3 fr.

6886 EUTYCHIUS, patriarcha Alexandr. Ecclesiae suae origines, ex ejusdem arabico nunc primum typis edidit ac versione et commentario auxit J. Selden. *Londini*, 1642, in-4, v. marb.   3 fr.

6887 EX CTEFIA. Agatharchide, Memnone cxcerptoe historiae Appianii berica.. Omnia nunc primum edita. Cum Henrici Stephani castigationibus. *Ex officina Henrici Stephani. Parisientis typographi*, 1557, in-8, parch.   5 fr.

6888 EXPILLY (Cl.) Histoire du chevalier Bayard et de plusieurs choses mémorables advenues sous le règne de Charles VIII, Louis XII et François Ier, avec son supplement par M. Claude Expilly, président au Parlement de Dauphine, et les annotations de Theodore Godefroy, augmentees par L. Videl, nouvelle édition. *Grenoble, J. Nicolas*, 1650, in-8, mar. bl., tr. peig.   35 fr.
Très rare.

6889 EZOUR-VEDAM (l') ou ancien commentaire de Vedam, contenant l'exposition des opinions religieuses et philosophiques des Indiens. *A Yverdon*, 1778, 2 vol. in-12, brochés, non rognés.   4 fr.
Cet ouvrage fut publié par le savant orientaliste *de Sainte Croix* qui fut dupe de ce pastiche.

6890 FABRE (F.). Julien Savignac, avec deux dessins de J.-P. Laurens, graves a l'eau-forte par Ch. Courtry *Paris, Charpentier et Cie*, 1884, in-32, mar. gren. jans., dent. int., tête dor, non rog.   15 fr.
Exemplaire sur papier de Hollande.

6891 FAGUET (Em.). XVIIe — XVIIIe — XIXe siecles. Etudes litteraires. *Paris, Lecene, Oudin et Cie*, 1890-93, 3 vol. in-12, br., couv.   7 fr.
Corneille. — Pascal. — Molière. — La Rochefoucauld. — La Fontaine. — Racine. — Pierre Bayle. — Fontenelle. — Le Sage. Voltaire. — J.-J. Rousseau. — Chateaubriand. — Lamartine. — A. de Vigny. — V. Hugo — A. de Musset. — Th. Gautier. — P. Mérimée. — Michelet. — G. Sand — Balzac, etc., etc.
Un nom à l'encre sur la couverture et le faux-titre du 3e volume.

6892 FANO (Dr). Traité pratique des maladies des yeux, contenant des Résumés d'Anatomie des divers organes de l'appareil de la vision. *Paris*, 1866, 2 vol. in-8, nomb. fig. dans le texte et pl. hors texte color., br.   4 fr.
Publié à 32 francs.
Envoi autographe de l'auteur.

6893 FARADAY. Manipulations chimiques, trad. de l'anglais par Maiseau et revu pour la partie technique par Bussy. *Paris*, 1827, 2 vol. in-8, br., *figures*.   4 fr.
Ouvrage estimé et peu commun.

6894 FAVART. Théâtre de Mme Favart ou Recueil des Opéra-Comique et Parodies. *Paris*, 1746-57. 3 vol. in-8, veau, musique.   10 fr.
Toutes les pièces formant ce recueil sont en éditions originales.

6895 FELIBIEN DES AVAUX. Description de divers ouvrages de peinture faits par le Roy (par Le Brun). *A Paris*, 1671, in-12, v. (Rare).   10 fr.
On trouve dans ce volume la Relation de la feste de Versailles du 18 Juillet 1668 où fut joué le Bourgeois gentilhomme de Molière.

6896 FIDELE DE PAU (Le R.). Le philosophe dithyrambique. *A Paris*, 1766, in-12 veau.   2 fr. 50

6897 FLÉCHIER. Oraisons funèbres. *Paris, Lefevre*, 1826. — Massillon, Petit Carême. *Paris*, 1826. Ensemble 2 vol. in-18, br.   3 fr.

6898 FLÉCHIER. Recueil des Oraisons funèbres prononcees, par Messire Esprit Fléchier, Evesque de Nismes. *Paris*, 1703, in-12, bas.   3 fr.

6899 FLORES Bibliae sive loci communes. *Lugduni, Gulielmum*, 1572, in-16, parch. (*Légères mouillures*).   4 fr.
Exemplaire ayant appartenu à M. Ed. Laboulaye.

6900 FOLEY (Ch.). Les Saynetes, décors de Joseph Roy. *Paris, Ed. Monnier*, 1884, in-8, fig. br., couv. ill.   2 fr.

6901 FONTAINE (La comtesse Givry de). Histoire d'Aménophis, prince de Libie, à laquelle on a joint l'histoire de la comtesse de Vergi (par Adrien de la Vieuville-d'Orville, comte de Vignacourt). *A la Haye, Pierre Gosse*, 1725, 2 parties en 1 vol. in-12 broche, non rogné.   3 fr.
Rare.

6902 FORAIN (J.-L.). Les temps difficiles (Panama). *Paris, Charpentier et Fasquelle*, 1893, in-4, br., couv. illust.   45 fr.
L'un des 100 exemplaires tirés sur papier de Chine (no 25) avec double épreuve des planches, avant et avec la lettre.
Epuisé; rare.

6903 FOUGERET DE MONBRON. La Henriade travestie en vers burlesques. *Berlin*, 1745, in-12, v. marb.   2 fr. 25

6904 FOUGERET DE MONBRON. La Henriade travestie en vers burlesques, nouvelle édition. *Amsterdam*, 1775, in-12, demi-rel. dos et coins de v. f.   3 fr. 50
Dans le même volume, Caquet-Bonbec, la Poule à ma tante, poeme en sept chants, (par J.-B. de Junquieres). *Paris, Renard*, 1802, in-12, titre gr.

6903 FOUINET (Ern.). La Caravane des morts. *Paris, Masson et Duprey*, 1836, 2 vol. in-8, 1|2 rel. v. tr. marb.   6 fr.
Edition originale.

6906 FOUQUE (Victor). Quatre lettres inédites de madame de Maintenon, précédees et accompagnées d'un précis historique. *Chalon-sur-Saône*, 1864, in-8. br.   2 fr. 50

6907 FOUQUET. Mémoires sur la vie publique et privee de Fouquet, Surintendant des Finances, d'apres ses lettres et des pieces inédites conservees a la Bibliotheque impér., par Chéruel. *Paris, Charpentier*, 1862, 2 vol. in-12, br. n. c.   3 fr.
Publié à 7 francs.

6908 **LA FRANCE** littéraire contenant les noms des gens de lettre, des savants, etc. *Paris*, 1759, pet. in-12, v.   3 fr.

6909 **FRANC-MAÇONNERIE.** Règlement de la R∴ L∴ St-Jean, sous le titre distinctif des Disciples de Salomon. à l'O∴ de Louverain, le 23ᵉ J∴ du 5ᵉ M∴ de l'an de la V∴ L∴ 5804. *A l'O∴ de Bruxelles, imprim. du F∴ Poublon* (1804), in-8 br. (*déchirure au faux titre*)   3 fr.

6910 **FRANÇOIS** (R.). Essay des merveilles de nature et des plus nobles artifices, par René François. *Rouen, J. Osmont*, 1631, in-8, fig. sur bois, parch.   7 fr.
Exemplaire d'Huzard.

6911 **FRANÇOIS** (N.), *de Neufchateau*. Voyages agronomiques dans la Senatorerie de Dijon, etc. *Paris, Huzard*, 1806, in-4, plan, br., non rog.   4 fr.
Rare.

6912 **FRANÇOIS.** Henry de Montmorency, duc de Luxembourg, maréchal de France, au lit de la mort, comédie. *Manuscrit*, in 12, parchemin.   12 fr.
Manuscrit du commencement du 18ᵉ siècle.

6913 **FRANKLIN** (A.). Préface du Catalogue de la Bibliothèque Mazarine, rédigée en 1751 par P. Desmarais, publiée, traduite en français et annotée par A. Franklin. *Paris*, 1867, in-12, papier vergé.   2 fr.

6914 **FRANKLIN** (A.). Recherches sur la Bibliothèque publique de l'Eglise Notre-Dame de Paris au XIIIᵉ siècle, d'après des documents inédits. *Paris, Aubry*, 1863, pet. in-8, pap. velin, br. n. c.   3 fr.
Tiré à 300 exemplaires.

6915 **FRÉDÉRIC II.** Matinées royales, ou entretiens sur l'art de regner. S. l., 1767, in-12 de 68 pp, cart.   3 fr.
Pamphlet célèbre attribué successivement à Voltaire, au baron de Patono et au comte de Schwerin.

6916 **FRÉDÉRIC II.** Poésies diverses (publiées par de Boyer d'Argens, et de Beausobre). *Berlin, chez chrétien Fréd. Woss*, 1760, pet. in-8, cart. non rog.   3 fr.

6917 **FRÉDÉRIC-LE-GRAND.** OEuvres du philosophe de Sans-Souci. *Possdam*, 1760, 2 vol. in-12, demi-rel.   4 fr.

6918 **FRISCHLINO** (*Nicodemo*), Phosmo: hoc est Comœdia posthuma, nova et sacra : de variis hæresibus et hæresiarchis, etc. *Impr. in Iazygibus Metanastis*, 1598, pet. in-8, v. fauve, ill.   6 fr.
A la fin de cette comédie on a imprimé le prologue et les chœurs en allemand, qu'on ajoutait à la pièce latine. Très rare. Cette pièce manque dans toutes les éditions des œuvres de l'auteur, excepté dans celle de 1636.

6919 **FROLICH** (Erasmo), Notitia elementaris numismatum antiquorum illorum, quæ urbium, liberarum regum et principum ac personarum illustrium appellantur. *Viennæ, Praga et Tergesti, Typis, J. Thomæ Trattner*, 1758, in-4, dem rel. *21 tableaux*.   3 fr.

6920 **FROMENTIN** (A.). Essai historique sur Yvetot et coup d'œil jeté sur ses environs, Valmont, S.-Wandrille, Caudebec, par A. Fromentin. *Rouen*, 1844, in-8, fig., maroq. rouge, dent. int., tr. dor.   12 fr.

6921 **FUCHS** (Léonard). De historia stirpium commentarii insignes, Leonharto Fuchsii medico Accessit ijs succinta vocum obscurarum in hoc opere occurrentium explicatio, una cum quintuplici indice, græeas, latinas, herbarijs seu officinis usitatas, gallicas et italicas nomenclaturas continente. *Lugduni, apud J. Tornaesium et Gul. Gazeium*, 1555, pet. in-8 de 24 ff. prélim. et 991 pp., velin.   3 fr.

6922 **FULCHIRON.** Voyage dans l'Italie septentrionale. *Paris*, 1863, 2 vol. in-8, demi-rel. veau.   3 fr.

6923 **GAGNIÈRE** (A.). Histoire de la presse sous la Commune, 18 mars au 24 mai 1871. *Paris*, 1872, in-12, cart. n. r.   3 fr.

6924 **GALIOT** (Th.). Inventaire de l'histoire journalière, contenant par ans, mois et jours l'eslite des choses remarquables advenues depuis la creation du monde jusques à présent et principalement de ce qui touche les affaires de la France, par T. G. P. (Thomas Galiot, prêtre.). *Paris, Jacq. Rezé*, 1599, in-8, vélin ant. (*Piq. de vers*)   15 fr.
Très rare.

6925 **GAMBETTA.** Monument Gambetta. Souscription et Programme. Commentaire du Projet Aubé-Boileau, et Monographie par l'Architecte L.-C. Boileau fils. *Paris, André, Daly fils et Cie*, s. d., in-fol., fig. dans le texte et 20 planches hors texte, en portefeuille.   23 fr.

6926 **GARAT.** Recueil d'opuscules, en un vol. in-8, bas. (*Rare*).   10 fr.
Eloge de Suger, abbé de Saint-Denis, ministre d'Etat, et Régent du Royaume, sous le règne de Louis le jeune. Discours qui a remporté le prix de l'Académie françoise en 1779. *Paris*, 1779. — Eloge de Charles de Sainte Maure, duc de Montausier. *Paris*, 1781. — Eloge de Bernard de Fontenelle. *Paris*, 1784 — Dominique-Joseph Garat, nombre de l'Assemblée Constituante, à M. Condorcet, membre de l'Assemblée Nationale. *Paris*, 1791. — Discours de D.-J. Garat, Ministre de la Justice, à la Convention nationale. *Paris*, 1792. — Discours du Ministre de la Justice, prononcé lors de son acceptation du Ministère de l'intérieur, le 15 mars, 1793, etc., etc.

6927 **GARIEL** (P.). Les Gouverneurs anciens et modernes du Languedoc. *Montpellier, Seguin*, 1874, in-8, br., couv.   3 fr.
Reproduction textuelle de l'édition de 1669, accompagnée de notes et suivie de la Liste chronologique des Commandants militaires de la Province jusqu'en 1789.
Exemplaire sur papier de Chine.

6928 **GATIEN DE MORILLON.** Paraphrase sur le Le Livre de l'Ecclésiaste en vers français. *Paris*, 1670, in-12, v.   3 fr.

6929 **GAUCHET** (Cl). Le Plaisir des champs, avec la Venerie, volerie et pescherie, poème en quatre parties. Edition revue et annotée par P. Blanchemain. *Paris, A. Franck*, 1869, in-12, mar. brun, dos orné, encadrem. de fil. à fr., milieux et coins dor., dent. int., tr. dor.   13 fr.

6930 **GAUTHIER** (Mme). Nouveaux voyages en plusieurs provinces de France, ou correspondances de Mme de G***, où se trouvent plusieurs anecdotes. *Londres et Paris*, 1787, in-12, demi-rel. bas   3 fr.
Contenant plusieurs anecdotes dans un voyage aux eaux de Barège.

6931 **GAUTIER.** Le Tombeau de Théophile Gautier. *Paris, Lemerre*, 1873, pet. in 4, pap. verge, titre r. et n., portrait-frontispice a l'eau-forte.   10 fr.
Volume devenu peu commun.

6932 **GAZET** (Guillaume). L'Histoire ecclésiastique du Pays-Bas, contenant l'ordre et suite de tout les évesques et archevesques de cha-

cun diocèse, avec un riche recueil de leurs faicts plus illustres ... plus la succession des comtes d'Artois et les choses mémorables advenues de leur temps. *Arras*, 1614, in-4, titre remonté, demi-rel. veau rouge. (*Exemplaire très grand de marges*). 15 fr.
Rare.

6933 **GELLIUS** (Aulus). Noctes atticae. *Apud Séb. Gryphium, Lugduni* 1550. — Petri Mosellani protegensis, viri eruditissimi, in Auli Gelliis, Noctes atticas, annotationnes. *Lugduni, apud Seb. Gryphium*, 1542. Ensemble 1 vol. in-8, v. f. ant. 4 fr.

6934 **GERMONT** (de). Le Napolitain, ou le défenseur de sa maitresse (par de Germont). *Paris, Blageart*, 1682, in-12, mar. bleu, dos orné à petits fers, fil., doublé et gardes en étoffe, dent., mors de mar. bleu, doubles gardes, tr. dor. 7 fr.
Edition originale.

6935 **GESSNER**. La mort d'Abel, poëme en cinq chants traduit de l'allemand par Huber. *Londres*, 1785, in-18, frontisp. gravé par Benoit d'après Werff, v. écaille, fil. 3 fr.

6936 **GINISTY** (P.). Quand l'Amour va tout va ! Illustrations de Henriot *Paris, Marpon et Flammarion*, s. d. in-12, br. n. c, couv. illust. 7 fr.
Edition originale.
L'un des 25 exemplaires numérotés sur papier du Japon. N° 7.
Publié à 15 francs. Epuisé.

6937 **GOLDEN** Thought from Golden Fountains. Arranged in Fifty-two divisions. Illustrations by eminent artists, engraved by the brothers Dalziel. *London, Frédérick Warne*, s. d. Gr. in-8, cartonnage de l'éditeur, tr. dor. 4 fr.
Texte encadré. Nombreuses figures.

6938 **GONCOURT**. Collections des Goncourt, 7 vol. gr. in-8, portraits, br., couv. 20 fr.
Collection complète, rare.
Bibliothèque du XVIIIe siècle. Livres, Manuscrits, Autographes, Affiches, Placards. *Paris, Morgand*, 1897. — Livres Modernes. *Paris, Durel*, 1897. — Gravures du XVIIIe siècle. *Paris, Danlos*, 1897. — Dessins, Aquarelles et Pastels du XVIIIe siècle. *Paris, Féral Père et Fils*, 1897. — Estampes modernes, Aquarelles et Dessins. *Paris, Dumont*, 1897. — Objets d'Art du XVIIIe siècle. *Paris, Mannheim Père et Fils*, 1897. — Arts de l'Extrême-Orient. *Paris, Bing*, 1897.

6939 **GONCOURT** (Ed. de). La fille Elisa. Compositions et eaux-fortes originales de Georges Jeanniot. *Paris, E. Testard*, 1895, in-8, raisin, mar. grenat, double et gardes étoffe, large bordure avec ornem. de 8 fil., mors de mar. grenat, doubles gardes, tr. dor. sur brochure, couv. étui (*Marius Michel*). 450 fr.
DE LA COLLECTION DES DIX,
L'un des 40 exemplaires tirés sur papier vélin à la cuve, avec une TRIPLE SUITE des eaux-fortes, et le tirage à part hors texte sur papier de Chine volant des vignettes.
On a ajoute une *eau-forte refusée*, pour le chapitre XIX.

6940 **GONCOURT** (E. et J. de). L'Italie d'Hier. Notes de Voyages (1855-1856), entremêlées des croquis de Jules de Goncourt, jetées sur le carnet de voyage *Paris, Charpentier et Fasquelle*, 1894, in-8, br., couv. 22 fr.
Publié à 35 francs. Epuisé.

6941 **GONZALÈS**. Les Caravanes de Scaramouche suivies de Giangurgolo et de maitre Ragueneau. *Paris*, 1881, in-8, eaux-fortes et vignettes par Henry Guerard, br. neuf. 10 fr.
Publié à 20 francs. Epuisé.

6942 **GOUYE DE LONGUEMARE**. Dissertation sur la Chronologie des rois Mérovingiens, depuis la mort de Dagobert I jusqu'au sacre de Pépin... et des Eclaircissements sur le roy des Ribauds. *Paris, Chaubert*, 1748, pet. in 8, mar. r., dos orné, fil., tr. dor. (Rel. anc.). 8 fr.

6943 **GRAVE** (J. de). Republique des Champs-Elysées ou Monde Ancien. *Gand*, 1806, 3 vol. in-8, br. n. r. 10 fr.
Ouvrage tiré à petit nombre et très rare ; l'auteur démontre que : les Champs-Elysées et l'enfer des anciens sont le nom d'une ancienne République d'hommes forts et religieux, située à l'extrémité septentrionale de la Gaule et surtout dans les îles du Bas-Rhin, que la déesse Cirée est l'emblème de l'Eglise Elysienne, etc., etc.

6944 **GRÉGOIRE** (H.). De la littérature des Nègres, ou Recherches sur leurs facultes intellectuelles... par H. Gregoire, ancien evêque de Blois. *Paris*, 1808, in 8, br. 5 fr.
On a joint à cet exemplaire une notice sur cet ouvrage, par Lanjuinais.

6945 **GRESSET**. Œuvres choisies. *Paris, au bureau des Editeurs*, 1829, pet. in-12, cart., demi-maroq, non rog. 3 fr.

6946 **GRILLOT** (le P. J). Lyon affligée de la contagion ou Narré de ce qui s'est passé de plus mémorable dans ceste ville, depuis le mois d'aoust 1628 jusques au mois d'octobre 1629, par le P. Jean Grillot, de la compagnie de Jesus. *A Lyon, chez F. de la Bottière*, 1629, pet. in-8, mar. bleu jans., dent. int., tr. dor. (*Chambolle-Duru*). 50 fr.
Bel exemplaire.

6947 **GRISEL** (J). Les Premières Œuvres poétiques de Jehan Grisel, Rouennois, au très chrestien Roy de France et de Navarre, Henry III. *Rouen, Raph du Petit-Val*, 1599 in-12, mar. bleu, dos orne, milieux a feuillages, dent. int., tr. dor. (*Trautz-Bauzonnet*). 125 fr.
Bel exemplaire de ce poète normand.

6948 **GUÉRIN DU ROCHER**. Histoire véritable des Tems fabuleux. *Paris*, 1776-79, 4 vol. in 8, v. mar. (*Bel exemplaire*). 15 fr.
Rare. On y a ajouté comme quatrième volume : L'Histoire véritable des temps fabuleux confirmée par les critiques qu'on en a faites.

6949 **GUEULETTE** (Ch.). Mademoiselle Constance, Mayer et Prud'hon. *Paris, Detaille*, 1880, gr. in-8 de 49 pp., pap verge de Holl., fig. dans le texte et planches hors texte, grav. a l'eau-forte par Mongin, Gaujean et Taiée, et fac-similé cart., dos de perc., non rog, couv. 5 fr.
Tiré à petit nombre.

6950 **GUEYMARD** (E.). Sur la Minéralogie, la Géologie et la Metallurgie du dep. de l'Isère. *Grenoble*, 1830, in-8 br. 3 fr.

6951 **GUMBLE** (Th.). La vie du général Monk duc d'Albemarle. La restauration de S. M. Britannique, Charles second, trad. de l'anglais (par Guy Miege). *Londres, Robert Scot (Hollande)*, 1672, pet. in-12, mar. gren., dos orné de fil., plats quadrilles, dent. int., tr. dor. 15 fr.
Exemplaire provenant de la *Bibliothèque de Pixéricourt*.

6952 **GUYETAND**. Poésies diverses par Mr Guyetand du Mont-Jura. *A Paris*, 1790, in-8, veau. 3 fr.

6953 **GUYON** (né à *Lons-le-Saunier*). Essai critique sur l'etablissement et la translation de l'Empire d'Occident ou d'Allemagne, les causes singulieres par lesquelles les français l'ont perdu. *Paris*, 1752, in-8, v. 4 fr.
Peu commun.

6954 **GUYOT**. Portefeuille des Artistes. Recueil de 72 planches en 1 vol. gr. in-4, demi rel. toile. 8 fr.

Armes défensives et offensives des Grecs, des Romains et autres Peuples de l'Antiquité, d'après les Monuments Antiques, etc.

6955 **HAGIOGLYPTA** sive picturæ et sculptura sacræ antiquiores presertun quæ romæ reperiuntur explicate a Joanne L'Heureux. *Paris*, 1856, in-8 br., fig. 3 fr.
Rare.

6956 **HAHNEMANN** (S.). Traité de la matière medicale ou de l'action pure des medicamens homœopathiques *Paris*, 1834, 3 vol. in-8, 1|2 rel. (*Rare*). 5 fr.

6957 **HAMILTON** (Ant.). Mémoires de la vie du Comte de Grammont, contenant particulierement l'Histoire amoureuse de la Cour d'Angleterre, sous le regne de Charles II. *Cologne, P. Marteau*, 1713, pet. in-8, v. br. 10 fr.
Edition originale.

6958 **HAMILTON** (C. Antoine). Memoires du Comte de Grammont. *A Londres*, 1781, 2 vol. in-18, portr. v. ant. 3 fr.
Cachet sur le titre.

6959 **HANGART** (Denys). Histoire ecclésiastique nommee Tripartite, divisee en douze Livres contenans les nobles et illustrés faits tant des hommes que des femmes de la primitive Eglise. (par Denys Hangart). *Paris, chez Sébastien Molin*, 1587, in 8. 1/2 rel. (*Déchirure au dernier feuillet. Livre rare.*) 7 fr.

6960 **HARRIS** (J.). Hermes, ou recherches philosophiques sur la grammaire universelle, trad de l'anglais, avec des remarques et des additions par Fr. Thurot. *Paris. imprim. de la Republique*, An IV, in-8, br. 4 fr.
Rare.

6961 **HAVARD** (H.) L'Art dans la Maison. (Grammaire de l'Ameublement). Illustrations de MM. Corroyer, C. David, E. Prignot, Faver, Fichot, Ch. Goutzwiller, Kauffmann, P. Laurent, Mikel, H. Toussaint, E. Bayard, Scott. Lancelot, etc. *Paris, Rouveyre et Blond*, 1884, in-4, nomb. fig. dans le texte et planches hors texte br., couv. (*Brochure fatiguée*). 40 fr.
L'un des 25 exemplaires tirés sur PAPIER du JAPON (n° 23) avec double épreuve des planches avec et avant la lettre.
Publié à 200 francs.

6962 **HÉNAULT** (Président). Œuvres inédites. *Paris, Hubert et Cie*, 1806, in-8, v. rac., dos orne, fil, tr. marb. 3 fr.

6963 **HENRI IV** et le Ministre Daniel Chamier, d'après un journal inedit du voyage de ce dernier a la Cour en 1607, publ. par Ch. Read. *Paris*, 1854, in 8, br. 2 fr.

6964 **HENRIETTE DE WOLMAR** ou la mère jalouse de sa fille, histoire véritable pour servir de suite à la nouvelle Héloïse de J. J. R. *A Genève*, 1768, in-12, velin moderne, titre calligraphié sur le dos. 5 fr.
Bel exemplaire de cet ouvrage curieux et peu commun.

6965 **HERSART DE LA VILLEMARQUÉ**. La Légende celtique et la poesie des Cloîtres en Irlande, en Cambrie et en Bretagne *Paris, Didier*, 1864, in-12, br. 2 fr. 25

6966 **HERVIEUX**. Nouveau traité des serins de Canarie, contenant la maniere de les élever, etc. *A Avignon, chez Joseph Charles Chastanier*, 1711, in-16, figures. v. ant. 5 fr.

6967 **HEYLLI** (G. d'). Lettres inédites adressées par le poete Robbé de Beauveset au dessinateur Aignan Desfriches pendant le proces de Rob. Fr. Damiens (1757), publiees par G. d'Heylly. *Paris*, 1875, in 16, br. n. c ; papier vergé. 4 fr. 50

7968 **HISTOIRE** de Bertholde, contenant ses aventures, sentences, bons mots, reparties ingénieuses, ses tours d'esprits, l'histoire de sa fortune et son testament. *La Haye*, 1750, in-8, vélin, portrait. (*Rare*). 3 fr.

6969 **HISTOIRE** de la mort déplorable de Henry IIII, Roy de France et de Navarre, ensemble un poeme, un panegyrique et un discours funèbre (par P. Mathieu). *Paris*, 1611, in-folio, v., *fortes mouillures*. 3 fr. 50

6970 **HISTOIRE** de Mademoiselle de Salens, par Madame *** (comtesse de Lintot). *La Haye*, 1750, 2 vol. in-12 veau. 4 fr.

6971 **HISTOIRE** des choses les plus remarquables et admirables. advenues en ce royaume de France, es annees dernieres, 1587-88 et 89, réputees être vrais miracles de Dieu. Dédiées a Mme Catherine de Lorraine, duchesse et douairiere de Montpensier. *S. l.*, 1590, pet. in-8, v. marbr. 10 fr.
Attribué à Sollrey de Callignon.

6972 **HISTOIRE** orientale des grans progrés de l'eglise cathol., apost. et rom. en la reduction des anciens chretiens, dits de S. Thomas, de plusieurs autres schismatique et heretiques a l'union de la vraye eglise, par les bons devoirs de don Alexis de Meneses, archevesque de Goa. Composee en langue portugaise par le R. P. F. Ant. Govea et puis mise en espagnole par Fr. Munoz et tournée en français, par F.-J. Bapt. de Glen. *En Anvers, par H. Verdussen*, 1609, 2 parties en 1 vol. pet. in-8, parchemin. 20 fr.

6973 **HISTOIRE** parlementaire du traite de paix du 19 avril 1836, entre la Belgique et la Hollande. *Bruxelles*, 1839, 2 forts vol. gr. in-8, br. 3 fr.
Publié à 30 francs.

6974 **HOEFER** (Ferd.). Histoire de la Botanique, de la minéralogie et de la géologie depuis les temps les plus reculés jusqu'à nos jours. *Paris, Hachette*, 1872. in-12, demi-rel. bas. 3 fr.

6975 — Histoire de la Zoologie depuis les temps les plus reculés jusqu'à nos jours. *Paris, Hachette*, 1873. in-12, demi-rel. bas. 3 fr.

6976 — Histoire des mathematiques depuis leurs origines jusqu'au commencement du XIXe siècle. *Paris, Hachette*, 1874, 1 fort vol. in-18, br. 3 fr.

6977 **HOLBACH**. Ouvrages philosophique du Baron d'Holbach, sous le voile de l'anonyme et sous des noms empruntés. — Réunion de 12 ouvrages publiés de 1769 a 1776. en 7 vol. in-8, mar. r., dos orné, fil., tr. dor. (*Rel. anc.*) 40 fr,
L'Antiquité dévoilée, 3 vol. — Le Christianisme devoilé, 1 vol. — Examen important de Milord Bolingbroke. — Abrégé du code de la nature — Questions de Zapata. — Relation du bannissement des Jésuites. — Le Diner du Comte de Boulainvilliers. — Portrait de l'empereur Julien. — Theologie portative. — Fausseté des miracles, — Traité des trois imposteurs. — Profession de foi des Théistes
Tous ces volumes portent des titres supposés, tels que l'*Illiade*, *Œuvres d'Arnaud*, *Dictionnaire françois*, répétés sur le dos des reliures.

6978 HORATII Flacci Quinti poëmata, scholiis sive annotationibus, instar commentarii, illustrata à Joanne Bond, editio nova. *Aurelianis, Couret de Villeneuve*, 1767, in-12, v. porph., tr. dor. (*Annotations manuscrites*). 3 fr.

6979 HORTULUS animae Ver Seelen garten mit sonderlichem fleik zugericht unnd erneevert zu geiftlichem lust und troft allen liebhabern Chriftlicher andacht. *Gedruckt zu Dilingen duch. Johann Mayer*, 1596, in-8, goth. avec fig. sur bois, v. ant., tr. dor. (*Rel. de l'époque, avec fermoirs*). 18 fr.

Curieuses figures sur bois.

6980 HUGENIUS. Constantini Hugenii, equitis; Zulichemi, Zeelhemi, ect., toparchæ ; principi Auriaco à consiliis. Momenta desultoria, Poëmatum libri XIV. Editio altera, multo priore auctior, procurante Ludovico Hugenio C. F. Crim praefatione Casparis Barlaei *Hagae-Comitum, ex typographia Adriani Vlacq* 1655. *Cum privilégio III. Ord. Holl. ac West-Frisiac,* in-12, (*A la Sphère*), front. gr. et portr. v. marb. 3 fr.

Cette édition contient trois livres d'épigrammes (X à XII) de plus que la précédente. WILLEMS, n° 768.

6981 HUGENIUS (C.). De Terris Cœlestibus carum que ornatu conjecturae. *Hagae Comitum*, 1698, in-4 br., n. r. 4 fr.

6982 IMBERTO (Joan). Institutionum forensium Galliae pene totius, libri IV. *Apud, Seb. Gryphium, Lugduni*, 1552, in-8, v. ant. 3 f. 50

6983 IMITATION de Jésus-Christ, trad. en vers françois par P. C., enrichie de figures de taille-douce sur chaque chapitre. *Imprimé à Rouen et se vend à Paris, chez Ch. de Serey*, 1653. — L'Imitation de Jesus-Christ. Livre troisieme. *Paris, Rob. Ballard*, 1654. Ens. 3 tomes en 2 vol. in-12, front. et fig., mar. rouge, dos ornés, fil., tr. dor. (*Rel. anc.*) 45 fr.

Première édition illustrée de l'Imitation de J.-C., traduite par P. Corneille. A la suite du 3° livre se trouvent les 18 premiers chapitres du IV° livre.

Q.q mouillures, et taches d'encre sur le bord de leur marge au commencement du tome I

6984 INCUNABLE DATÉ de 1481. (G) enealogiæ Deorum gêtiliû ad Ugonem inclytû hierusalê et Cypri Regem secûdum Joannem boccacium a certaldo (libri XV). *Impressum Regii Anno Salutis. M.CCCCLXXXI (1481).* — Joannis Bocchacii de Certaldo, de montibus, silvis, fontibus, lacub⁹, fluminib⁹ stagnis, seu paludib⁹ maris liber icipit fœliciter. *S. l. n. d.* Ensemble 2 parties en 1 vol. in-fol., lettres rondes, vel. blanc. 125 fr.

Editions de la plus grande rareté, tache à la fin du volume, à part cela, très bel exemplaire.

6985 INFINITUS thesaurus est hominibus : quo qui utuntur participes efficiuntur amicitiæ Dei. Sapientiæ. — Psalterium quinque cordarum. (A la fin :) *Venetiis, J. Antonius et fratres de Sabio*, 1521. — Ens. 2 ouvrages en 1 vol. in-8, vel. 6 fr.

6986 JACOBI Mainoldi Galerati Cremonensis de Titulis Philippi Austri Regis Catholici. *Bononiae*, 1573, in-4, blasons, d.-veau. 3 fr. 50

6987 JACQUEMONT (V.). Correspondance, avec sa famille et plusieurs de ses amis, pendant son voyage dans l'Inde (1828-1832). *Paris*, 2 vol. in-12, br. 2 fr. 50

Au lieu de 7 fr.

6988 JARDIN (Le) des roses de la vallée des larmes, traduit du latin par J. Chenu, nouvelle édition. *Paris, J. Gay*, 1862, in-18, papier de Hollande, demi-rel. dos et coins, mar. rouge, tête dor., non rog. 3 fr.

Opuscule tiré à très petit nombre.

6989 JAUBERT (A.). Voyage en Arménie et en Perse, fait dans les années 1805 et 1806. *Paris*, 1821. in-8, bas rac., *figures et cartes.* 3 fr.

Relation intéressante.

6990 JAUGEON. Le jeu du monde, ou l'intelligence des plus curieuses choses qui se trouvent dans tous les estats, les terres et les mers du monde. Ouvrage enrichi des devises des plus grands princes de l'Europe. *Paris, A. Auroy*, 1684, in-12. fig dans le texte, v. ant. 4 fr.

Description détaillée d'un jeu curieux et instructif, que l'auteur promettait comme devant être le plus riche et le plus précieux meuble qui ait jamais paru. On ne pense pas que ce travail ait été exécuté.

Jaugeon, l'auteur de ce livre, fut reçu à l'Académie des Sciences en 1699 et mourut en 1725. C'est à lui qu'on doit d'avoir retrouvé la lecture de l'alphabet étrusque.

6991 JAULNAY (Ch.). L'Enfer burlesque ; le mariage de Belphegor; Epitaphes de M. de Moliere. *A Cologne, chez Jean Le Blanc*, 1677, pet. in-12, front grave, mar. bleu jans., dent. int., tr. dor (*Allô*). 36 fr.

L'auteur anonyme (M. P. Lacroix l'appelle Jaulnay) tenait à l'église ; il était doyen et chantre de Saint-Rieule, à Senlis; ce fut un de ces pamphlétaires de bas étage que les dévots déchaînèrent contre Moliere.

Il y a dans cette pièce satirique 130 vers relatifs à Molière, offrant quelques particularités dont les biographes n'ont pas assez fait usage « BRUNET. *Supp., t. I, col. 443* »:

Le frontispice gravé représente Molière aux Enfers.

6992 JEAN DE PARIS. L'excellent roman nomme Jean de Paris, roy de France, lequel, apres que son pere eut mis le roy d'Espagne en son royaume par la promesse et par ses pompes et subtiltez, epousa la fille du dit roy, d'Espagne, laquelle il mena en France et véquirent en grand honneur a la gloire de France. *Tarascon, P. Taffi*, 1734, pet. in-8, derel. 10 fr.

Très rare. C'est un des premiers livres imprimes à Tarascon.

6993 JOANNE (Ad.). Voyage illustré dans les cinq parties du monde, en 1846, 47, 48, 49. 663 gravures par (ou d'apres les dessins de) MM. Appert, A. Bida, Challamel, Decamps, Eug. Delacroix. Gavarni, K. Girardet, Morel-Fatio, Philippoteaux, H. Vernet, etc., etc *Paris, bureaux de l'Illustration, s. d.*, in-fol. a 3 col., demi-rel. chag. viol. 4 fr

6994 JOINVILLE. Histoire et chronique de très chrestien Roy S. Loys, IX, du nom, et XLIIII, Roy de France. Escritte par feu messire Jan, sire, seigneur de Joinville et seneschal de Champagne, familier et contemporain dudit Roy S. Loys. Et maintenant mise en lumiere par Antoine Pierre de Rieus. *A Poitiers, de l'imprimerie d'Enguilbert de Marnef,* 1561, pet. in-4, maroq, noir, dent. inter., tr. dor (*Quinet*). 80 fr.

Très rare. Bel exemplaire.

6995 JOLIVEAU (Mad. A.). Fables nouvelles en vers, divisées en neuf livres. *Paris*, 1807, 2 vol. pet. in-12, br. 3 fr.

6996 JOVIUS Pauli Jovii novo comensis episcopi nuccrini historiarum sui temporis. *Basilæ*, 1567-1571, 6 vol. in-8, v. f. ant. (*Mouillures*). 15 fr.

6997 JUILLARD DU JARRY. Poesies chrestiennes, heroiques et morales. *Paris*, 1715, in-12, v. m. 3 fr.

6998 JULLIEN (A.). Manuel du Sommelier, ou Instruction pratique sur la maniere de soigner les vins; contenant la théorie de la dégustation, du collage et de la fermentation secondàire des vins, etc., etc. Dedié a M. le Comte Chaptal. *Paris*, 1817, pet. in-8, 1 pl. v. porph., dos orne, fil.   3 fr.

6999 JUSTINIEN. Institutionum sive elementorum. D. Justiniani Sacratissimi principis Libri, quator a Gregorio Haloandro recens castigati. *Parisiis, apud Carolam Guillard,* 1552, in-12, veau ant.   3 fr.

7000 JUSTINIUS. Justini ex Trogi Pompeii historis externis libri XXXXIII, veteris exemplaris beneficio repurgati. *Parisius ex officina Rob. Stephani typographi Regu,* 1543, in-8, v. gr. *(Légéres piq. de vers).*   3 fr.

7001 JUVENALIS PERSIUS. Habes candide lector hasce Juvenalis, et Persii clarissimorū poetarum Satyras, hac editione castigatiores redditas, quibus Juvenalis vita, acia singulas ejusdem præstantissimi Vatis Satyras. Antonii Mancinelli argumenta nuper accessere : A la fin : *Excusum innpensis Bartholomei Trot...* MDXXVI, pet. in 8, titre rouge et noir avec une fleur de lis rouge, v. br. (*Mouillures et rel. fatiguée*).   3 fr.

7002 JUVENALIS (Jun.). Satyrae XVI. A. Persii Satyrae VI, ad vetustiss. scripta exêplaria, emendatae : quorum varias lectiones ad calcem rejecimus. *Lutetiae, ex officina Rob. Stephani,* 1544, in-8, caract. ital., mar. r., fil., tr. dor. *(Rel. anc.).*   8 fr.

7003 KERARDVEN (L.). Guionvac'h. Chronique bretonne. Nouvelle edition avec frontispice et nombreuses illustrations de M. Th. Busnel. — Introduction par René Kerviler. *Nantes, Société des bibliophiles bretons,* 1890, in-4, br. n. rog.; couv. impr., parch.   5 fr.
Exempl. sur papier vélin.

7004 KOLB (Gérard Jacob). Recherches historiques sur les antiquites d'Augst, ancienne colonie romane située pres de Bâle en Suisse. *Rheims,* 1823, in-8, 5 planches, br.   3 fr.

7005 KOLB (Gérard Jacob). Traite clémentaire de numismatique ancienne, grecque et romane. *Paris,* 1825, 2 tomes en un vol. in-8, 1|2 v., *avec VII planches de médailles contenant plus de 150 sujets*   5 fr.

7006 KORCZAK-BRANICKI (X.). Les Nationalites Slaves, lettres au R. P. Gagarin (S.-J.). *Paris, Dentu,* 1879, gr. in-8, br. n. c.   3 fr. 50

7007 KORTE (W.). Leben und Studien Friedr. Aug. Wolf's des philologen. *Essen,* 1833, 2 vol. in-8, demi-rel. veau.   5 fr.

7008 KUNTH (C.-S.). Synopsis plantarum, quas in itinere ad plagiam, æquinoctialem orbis novi collegerunt. A. de Humboldt et Bonpland. *Parisiis,* 1822-25, 4 vol. in-8, br., *au lieu de 40 francs.*   8 fr.
Ouvrage estimé.

7009 LABAUME. Relation circonstanciee de la Campagne de Russie. *Paris,* 1814, in-8, 1|2 v., cartes.   3 fr.

7010 LA BAUME (de). Les Saturnales francoises. *A Paris,* 1736, 2 tomes en un vol. in-12, bas.   4 fr.
On trouve dans cet ouvrage qui n'est pas connu, quatre pièces de théâtre : Le Médisant, les Effets de la Prévention, le Triomphe de l'Amante et l'Inégal, attribuées à M. Th. Croquet.

7011 LA BÉDOYÈRE (Cte H. de). Journal d'un voyage en Savoie et dans le midi de la France en 1804 et 1805, seconde édition augmentée d'un appendice et d'une gravure en taille-douce d'apres Moreau le jeune. *Paris, de l'impr. de Crapelet,* 1849. in-8, pap. vergé de Hollande, br. n. c.   4 fr.

7012 LABORDE (Alex. de). Paris municipe, ou tableau de l'administration de la ville de Paris, depuis les temps les plus reculés jusqu'à nos jours. *Paris, Firmin Didot,* 1833, in-8, tableaux, br.   2 fr.

7013 LA BRUYÈRE (F. de). L'art du vétérinaire mis en pratique, ouvrage fait par tous anciens cultivateurs et bergers, sous la haute direction de F. de La Bruyere. *Paris, Bonvin et Bary,* s. d., gr. in-8, avec planches hors texte en couleurs et de nombr. fig. dans le texte, cart. perc gr., tr. r.   3 fr.

7014 LA BRUYÈRE. Les caracteres de Théophraste, traduits du grec, avec les caractéres ou les mœurs de ce siecle, huitiéme edition revue corrigee et augmentée. *Paris, Est. Michallet,* 1694, 1 tome en 2 vol. in-12, v. ant.   30 fr.
Huitieme édition originale contenant 1119 caractères et, de plus, le discours de réception à l'Académie françoise, précédé d'une longue préface.
Exemplaire interfolié de papier blanc, avec notes manuscrites du temps qui pourraient servir pour une nouvelle édition.

7015 LA BRUYÈRE. Les Caractères de Théophraste, traduits du grec avec les caractéres où les mœurs de ce siecle. *A Paris, chez Estienne Michalet,* 1700, 2 vol. in-12, veau ant.   5 fr.

7016 LA CASE (de). Galatée ou l'art de plaire dans la conversation, trad. de l'italien par M. Duhamel chanoine de l'eglise de Bayeux. *Paris,* 1668. Pet. in-12, veau.   3 fr.
Edition rare.

7017 LA COMBE Tableau de Londres et de ses environs. *Londres,* 1784, in-8. — LONDRES en 1823. *Paris,* 1824. Ensemble 2 ouvrages en un vol. in-8, demi-rel. veau.   5 fr.

7018 LACROIX (P.). Les Diamants, souvenirs d'art, de litterature et de poésie. *Paris, veuve J. Renouard,* 1865 66, 2 vol. gr. in-4, avec planches, br.   10 fr.
Nombreuses figures sur acier.

7019 LACROIX (Paul) Etudes sur les Manuscrits relatits a l'histoire de France et à la litterature française conserves dans les bibliotheques d'Italie. *Paris,* 1839, in-8, br.   3 fr.

7020 LAFARGUE. Œuvres mêlées. *Paris,* 1765. 2 vol. in-12, v. m. *3 figures de Gravelot.*   5 fr.

7021 LAFITEAU (Pierre). Histoire de la Constitution Unigenitus. *Avignon,* 1760, 2 vol. in-12, veau.   4 fr.

7021 bis LA FONTAINE. Fables, illust. par J.-J. Grandville. Nouvelle édition *Paris, H. Fournier ainé,* 1839-1842. 2 vol gr in-8, demi-rel., dos et coins de chagr. noir, fil., non rog. (*Blaise*).   280 fr.
2 frontispices et 240 figures TIRÉS SUR CHINE VOLANT.
Très rare en pareille condition.

7022 LA FONTAINE. Contes et nouvelles en vers de M. de La Fontaine, nouv. édit. revue et augmentee de plusieurs contes du mesme auteur, et d'une dissertation sur la Joconde. *Leyde, J. Sambix le jeune (à la Sphere).* 1669, pet. in-12. mar. rouge, dos orné, fil, dent. int., tr. dor. (*Hardy-Mennil*).   100 fr.
Edition rare, imprimée par Foppens à Bruxelles. Elle contient pour la première fois, un long fragment de la *Coupe enchantée* et *la Dissertation sur Joconde,* par Boileau. Bel exemplaire. Willems, N° 2046.

7023 **LA FONTAINE.** Contes et nouvelles en vers de La Fontaine. *Amsterdam, (Paris, David jeune)*, 1745, 2 vol. pet. in-8, fig., v. gr. ant.   12 fr.

Le frontispice signé Lebas, 1 vignette à mi-page, *La Fontaine écrivant*, gravée par Fessard, d'après Cochin, 2 fleurons sur les titres et 69 vignettes par Cochin, gravés par Chedel, Fessard et Ravenet, quoique non signés.

Au tome I, raccommodage à la page 147 et déchirure à l'angle du bas du titre.

7024 **LA FOSSE.** Guide du Maréchal, ouvrage contenant une connoissane exacte du Cheval et la manière de distinguer et de guerir ses maladies. Ensemble un traité de la ferrure qui lui est convenable, avec des figures en taille douce. *Avignon*, 1803, in-8, demi-rel. veau. Mouillures.   3 fr.

7025 **LAMARTINE** (A. de). Harmonies poétiques et religieuses. Quatrième édition. *Paris, Ch. Gosselin*, 1830, 2 vol in-8, ornes d'une vignette d'Alfred et de Tony Johannot, gravee par Porret sur chaque titre, veau brun, dos orné, dent. et milieux a fr., tr. dor. (*Rel. de l'époque*).   22 fr.

7026 **LA PEYRÈRE** (Isaac). Du rapport des Juifs. S. l., 1643, in-8, v. f., fil., dent int., tr. dor. (*Bradel*).   30 fr.

Bel exemplaire provenant de la bibliothèque de Ch. Nodier, avec son *ex-libris* ; voici ce qu'il en dit : « *Un de ces livres rares, dont l'existence a été quelque fois contestée. L'exemplaire est très beau* ».

7027 **LARCHEY** (Lorédan). Dictionnaire historique d'Argot, 8e édit. des excentricités du langage. — Supplement aux 7e et 8e editions du Dictionnaire historique d'Argot, contenant 2784 mentions nouvelles (additions, eclaircissements et rectifications). *Paris, Dentu*. 1880. — Ens 1 vol. in-12, br. couv.   3 fr. 50

Au lieu de 6 francs.

7028 **LARMES** (Les) de l'Angleterre ou la source des malheurs qui ont affligé ce royaume sous le regne de Jacques 1er et de son fils. *Cologne*, 1692, in-12, velin.   3 fr. 50

7029 **LA ROCHEFOUCAULD.** Maximes et réflexions morales, trad. en grec moderne, par M. Brunet de Presles. *Paris*, 1828, in-8 br. 3 f. 50

Texte français, anglais et grec.

7030 **LA ROCHELLE.** Ludovici XIII Franciæ et Navarræ regis triumphus de Rupella capta.. ab alumnis Claromontani collegii societatis Jesu vario carminum genere celebratus (latine, græce, gallice). *Parisiis, apud Seb. Cramoisy*, 1628, in-4, parchemin, tr. dor.   16 fr.

Recueil de pièces en français, en latins, sur le siège de La Rochelle.

7031 **LASÈGUE** (A.). Musée botanique de M. Benjamin Delessert. Notices sur les collections de plantes et la bibliothèque qui le composent : Documents sur les principaux herbiers d'Europe. Expose de voyages botaniques. *Paris, Masson*, 1845, in-8 de 588 p., broché.   3 fr.

7032 **LA SUZE** (Comtesse de). Recueil de pièces galantes, en prose et en vers, de Mme la comtesse de la Suze, d'une autre dame et de M. Pelisson, augmenté de plusieurs elegies. *Sur la copie ; à Paris, chez Gabriel Quinet*, 1678, 3 parties en 1 vol. in-12, mar. La Vall. clair jans., dent. int (*Trautz-Bauzonnet*).   100 fr.

Bel exemplaire NON ROGNÉ de cette édition recherchée qui se joint à la collection des *Elzevier* provenant de la bibliothèque LA ROCHE LACARELLE.

7033 **LAVAL** (Ant. de). Desseins de professions nobles et publiques, contenans plusieurs traités divers et rares ; avec l'histoire de la Maison de Bourbon.. par Antoine de Laval, geographe du Roy, capitaine de son parc et château les Moulins en Bourbonnois. De nouveau reveu, corrige et augmente des Problemes politiques. Edition seconde. *Paris, Veuve Abel L'Angelier*, 1612, in-4, portr. de Henri IV en pied et une planche de blason, le tout gravé par Th. de Leu, bas. marbr. ant.   28 fr.

Sous ce titre assez equivoque sont réunis quatorze morceaux dont la plus grande partie se rapporte à l'histoire de France et surtout à l'epoque de la ligue. La huitième pièce, sous le titre d'*Histoire de la maison de Bourbon*, contient la vie du connétable de Charles de Bourbon qui mourut devant Rome. Elle est écrite par Gilbert Marillac, secrétaire de ce prince et continué par A. de Laval.

7034 **LAVIGNE** (Hubert). Etat-civil d'artistes français, billets d'enterrement ou de décès depuis 1823 jusqu'à nos jours, réunis et publiés par Hubert Lubert. *Paris*, 1881, in-8, br. n. r., couvert.   6 fr.

Exemplaire sur papier de Hollande.

7035 **LE BEL** (Jehan). (Les vraies chroniques de). Retrouvées et publiées par Le Polain. *Bruxelles*, 1850, in-8, demi-veau fauve, coins, non rog., couv. impr. (*Champs*).   15 fr.

Un des 125 exemplaires numérotés à la presse (no 43).

Avec lettre d'envoi autographe de l'éditeur à M. Van der Beelen.

7036 **LEBER** (C.). Collection des meilleurs dissertations, notices et traités particuliers relatifs a l'histoire de France. *Paris, Dentu*, 1838, 20 vol. in-8, cart. perc. r., non rog.   68 fr.

Bon exemplaire.

7037 **LE BERRÉ** (Le P.). Grammaire de la langue ponguée (parlee au Gabon). *Paris*, 1873, in 12, br.   2 fr. 50

7038 **LEÇON** ‖ aux Ligueurs. ‖ M.D.XCIIII [1594]. S. l., in-8 de 16 pp., cart.   10 fr.

Ce factum est suivi de trois sonnets « A la noblesse françoise », à la fin desquels on lit :

Rien de mortel ne désire mon ame.

LE PL.

Les initiales LE PL. signifient Le Plessis. Le nom de cet auteur, accompagné de la devise :

Rien de mortel ne soupire mon ame.

se trouve à la fin d'un *Himne de la Guerre et de la Paix, au Roy* (Tours, Claude de Montr'œil et Jean Richer), poème dont un exemplaire est conservé à la Bibliothèque nationale. (Y. 4762)

7039 **LEGEAY** (Fortuné) Recherches historiques sur Aubigné et Verneil (Maine). *Paris, Julien Lanier*, 1857, in-12, br., papier vergé. 3 fr.

Peu commun.

7040 **LÉGENDE** de maistre Iean Poisle (la), conseiller en la cour de Parlement de Paris, contenant quelques discours de sa vie, actions et deportements en son estat, et les moyens qu'il a tenus pour s'enrichir. *Imprimé l'an de grace* MDLXXVI (1576), pet. in-8 de 69 pp., mar. rouge jans., dent. int., tr. dor. (*Chambolle-Duru*).   35 fr.

Exemplaire relié sur brochure, nombreux discours.

7041 **LÉGENDE** (La) de Maistre Jean Poisle, conseiller en la cour de Parlement de Paris, contenant quelques discours de sa vie, actions et déportemens en son estat et les moyens qu'il a tenus pour s'enrichir. S. l. *Imprimé l'an*

de grâce, 1576, pet. in-8, mar. r , fil., tr. dor. (Derome). 80 fr.
Exemplaire de Renouard ; reliure signée.

7042 **LEMOYNE** (André). Les Charmeuses, eaux-fortes de L.-G. de Bellee, Feyen-Perrin et Edouard Leconte. *Paris, Firmin-Didot frères et fils, s. d.,* in-8, *pap. de Hollande,* broché, couv. impr. 7 fr.
Epuisé, rare.

7043 **LENGLET DU FRESNOY.** Méthode pour étudier l'histoire... avec un catalogue des principaux historiens et des remarques critiques sur la bonte de leurs ouvrages et sur le choix des meilleures, éditions. *Bruxelles,* 1714. 2 vol. in-12, v. 4 fr.

7044 **LE NOBLE.** Contes et Fables, ouvrage enrichi de figures. *Lyon, Plaignard,* 1697, 2 v. in-12, v. marb. 6 fr.
Ouvrage orné de 74 fig. à mi-page dont quelques-unes sont signées Ertinger, et 1 fig. de Bonnart à la page 119 du tome II.

7045 **LE ROY** (F.). Le Dialogue de consolation entre lame et raison, fait et composé par ung religieux de la reformatiô de lordre de Fonteurault (François Le Roy). *Nouellement imprime a Paris : pour Symô Vostre libraire : demourant en la rue neufue nostre dame a lenseigne sainct Jehan leuâgeliste.* S. l. (1499), in-8 goth. de 160 ff. non chiff., fig. sur bois et marque de Simon Vostre au verso du dernier feuillet, v. br., compart. (*Rel. de l'époque un peu fatiguée*). 60 fr.
Volume de la plus grande rareté.

7046 **LE SAGE.** Le Diable boiteux, seconde edition. *A Paris, chez la veuve Barbin,* 1707, in-12, cart. demi-vélin blanc, coins. 10 fr.
Bel exemplaire lavé et encollé de cette édition aussi rare que la première.

7047 **LE SAGE.** Le Diable boiteux, seconde édition. *Paris, Vve Barbin,* 1707, in-12, front. gravé, demi-rel. (*Q. q. ff. tachés et mouill.*). 4 fr.

7048 **LE SAGE.** Le Diable boiteux. *Amsterdam, chez Pierre Mortier,* 1729, 2 vol. pet. in 12, bas., fig. 4 fr.
Edition assez rare.

7049 **LE SAGE.** Histoire de Gil Blas de Santillane. *Paris,* 1771, 4 vol. in-12, v., figures. 6 fr.

7050 **LE SAGE.** Histoire de Gil Blas de Santillane. Vignettes par Jean Gigoux. *Paris, Paulin,* 1835, gr. in-8, demi-rel. chag. La Vall., dos orné, tr. dor. (*Rel. de l'époque*). 32 fr.
Exemplaire de premier tirage, sur papier fort. Très rare.

7051 **LE SAGE.** Le Théâtre espagnol, ou les meilleures comédies des plus fameux auteurs espagnols, traduites en français. *Paris, Jean Moreau,* 1700, in-12, v. br., dos orne. 10 fr.
Edition originale.

7052 **LE SAGE.** Turcaret, comedie, par Monsieur Le Sage. *A Paris, chez Pierre Ribou,* 1709, in-12 de 8 ff., 166 pp. et 1 f. pour le Privilège, v. br. (*Rel. anc.*). 120 fr.
Bel exemplaire de l'édition originale.

7053 **LESCONVEL** (P. de). Le sire d'Aubigny, nouvelle historique. *A Paris,* 1698, in-12, v. 3 f.
Edition originale.

7054 **LESPINASSE** (Mlle de). Lettres inédites, à Condorcet, A. d'Alembert, A. Guibert, au comte de Crillon, publiées avec des lettres de ses amis, des documents nouveaux, et une étude, par M. Charles Henry. *Paris, Dentu,* 1887, in-8 écu. br., couv. (5 francs). 2 fr. 50

7054 bis **LESTRIF** de fortune et de vertu desquelz est souueraine demonstre le poure et foible estat de fortune contre loppinion commune (par Martin Franc) (en vers et en prose). (A la fin :) *Cy fininist (sic) lestrif de fortune et de vertu fait par maistre Martin le franc... Imprimé à Paris par Michel le Noir... Lan, 1519,* in-4 goth., fig. sur bois, 102 ff. a longues lignes, mar. r., dos orné, fil., dent. int., tr. dor. (*Rel. anc.*). 210 fr.
Ce volume fort rare contient trois grandes figures sur bois, dont une sur le titre, et la grande marque de Michel Lenoir au verso du dernier feuillet. Exemplaire de Méon.

7055 **LESUR** (C.-L.). Des Progres de la Puissance russe, depuis son origine jusqu'au commencement du XIXe siecle. *Paris, Fantin,* 1812, in-8, demi-rel. bas. (*mouillures*). 3 fr.
Volume peu commun.

7056 **LE TABLEAU** de la vie et du gouvernement de Messieurs Richelieu et Mazarin et de M. Colbert, represente en diverses satyres et poesies ingénieuses. *A Cologne, chez Pierre Marteau,* 1693, v. in-12, parchemin. 10 fr.
Très rare. On trouve dans ce volume : *Paris, Ridicule, poème satyrique,*

7057 **LE TOURNEUR.** La jeune fille séduite et le courtisan hermite, traduits de l'anglais par M. Le Tourneur. *Paris, Lejay,* 1769, petit in-8 de 51 pp., cart. toile. 2 fr. 50

7058 **LETTRES DE FITZ OSBORNE,** par William Melmoth. *Paris,* 1820, in-8. maroq. rouge, dos orne. dent., tr dor. 3 fr.
Bel exemplaire.

7059 **LETTRES** de M. Mairan au R. P. Parrenin, missionnaire de la compagnie de Jesus, contenant diverses questions concernant la CHINE. *Paris,* 1759. in-12, v. 2 fr.

7060 **LE VACHER** (G.). Guide médical des Antilles et des Régions intertropicales. *Paris,* 1840, in-8 broche. 4 fr.
Volume rare.

7061 **LIBANIUS.** Basilicus seu Panegyricus Constanti et Constantio impp., graecæ nunc primum e Vaticana bibliotheca prodeunt Fed. Morellus interpr. reg. recensuit. cum alijs, contulit. latine vertit, notis illustranit. *Lutetiae, Fed. Morellum,* 1614. — Libanii. Sophistæ ad Theodosium imp. orationes, pro Antiochenis, ob deiectas impp. imagines, graece nunc primum prodeunt è bibliotheca reg. Fed Morellus recensuit, latine vertit, notis illustranit. *Parisiis, Fed. Morellum,* 1610, 2 tomes en 1 vol. in-8, v. 3 fr. 50

7062 **LIGER** (L.) Académie des Jeux historiques contenant les jeux de l'histoire de France, du Blason, etc., etc. *Paris,* 1717, in-12. 3 fr.

7063 **LISKENNE** (Charles). Crécy, Poitiers, Azincourt, Waterloo, esquisse historique. *Paris,* 1855, in-8 br. 3 fr.

7064 **LISKENNE** (Charles). Résumé de l'histoire des Jésuites. *Paris,* 1825, in-8 br. 3 fr. 50

7065 **LISTONAI** (de). Le Voyageur philosophique dans un pais inconnu aux habitants de la terre. *Amsterdam,* 1761, 2 vol. in-12, veau fauve. (*Rel. anc.*). 7 fr.
Ouvrage assez rare et dont l'auteur, M. de Villeneuve, était directeur des finances de Toscane

7066 **LIVRE** brediah er fe, eit chervige d'er Vretoned a escobty guéned. Quetan blaiad. — Quetan loden. *E. Guened,* 1843, in 12, carl. 2 fr. 50
Extrait des Annales, en langue bretonne.

7067 LLORENTÉ (J. A.). Portrait politique des papes, considérés comme princes temporels et comme chefs de l'Eglise. *Paris*, 1822, 2 vol. in 8, cart.   4 fr.

7068 LOECKHARD (Georges). Histoire secrète des intrigues de la France en diverses cours de l'Europe : où l'on voit que l'accroissement du pouvoir de cette couronne est dû au succes de ces intrigues plutôt qu'a ses propres forces et a l'habileté de ses ministres d'Etat, etc., le tout extrait fidellement de plusieurs mémoires authentiques tant manuscrits qu'imprimés. On y a joint à la tête de l'ouvrage la lettre d'un Wigg a un Tory sur la conjoncture présente. *Londres*, 1713, 3 vol. in-8, veau.   9 fr.
Rare.

7069 LONGCHAMPS (de). Mémoire d'une religieuse, écrits par elle-même. *Paris, L'Esclapart*, 1766, 2 parties en 1 vol. in 12, cart.   3 fr.
Mémoires supposés bien qu'en dise l'auteur dans sa préface

7070 LONGCHAMPS (de). Tableau historique des gens de Lettres ou abrege chronologique et critique de l'histoire de la littérature française considérée dans ses diverses révolutions depuis son origine jusqu'au 18e siecle. *Paris*, 1767-70. 6 vol. in-12, v., (*piq. de vers au tome premier*).   10 fr.

7071 LONGUS. Daphnis et Chloé ou les pastorales de Longus, traduites du grec par J. Amyot, nouvelle édition revue, corrigee et complétée. *Paris, Leclerc*, 1863, in-12, papier vergé, titre gr. avec port. de Amyot en medaillon d'apres St-Aubin, culs-de-lampe et vign. d'apres Wille et Eisen, dem.-rel. dos et coins de mar. vert, dos orne, fil., tête dor., n. rog. (*Allô*).   20 fr.
Bel exemplaire.

7072 LORGERIL (Hipp. de). Une Etincelle. *Paris*, 1836. — Mes Prisons. *Dinan*, 1844. Ensemble un vol. in-8, 1|2 v.   3 fr.

7073 LORRAINE (Card. de). L'Oraison de Monseigneur l'illustrissime et reuerendissime Cardinal de Lorraine, faicte en l'Assemblée de Poyssi, le Roy estant présent, le XVI iour de Septembre M.D.LXI. *A Paris, chez Guil. Morel*, 1561, pet. in-8 de 88 pp., mar bl. jans., dent. int., tr. dor. (*Pougetoux*).   45 fr.

7074 LORRIS (Guill. de). Le Roman de la Rose, nouvellement reveu et corrige oultre les precedentes impressions. *Paris, Galliot Du Pré*, 1529, pet. in-8 de 403 ff. chiff., caracteres ronds, vign. sur bois, mar. vert, tr. dor. (*Rel. anc.*).
Edition rare et la plus recherchée.   100 fr.
Titre doublé ; manque le dernier feuillet contenant la marque de l'imprimeur P. Vidoue. Mouillures.
Vendu 400 francs plus les frais. Vente Caillhava.

7075 LOUVOIS. Mémoires ou Essai pour servir a l'histoire de M. Le Tellier marques de Louvois, (par N. Chamlag). *Amsterdam*, 1740, in-12, v.   3 fr.

7076 LOVENJOUL (Charles de). Les Projets litteraires de Théophile Gautier. *Paris, Quantin*, 1882, in-4, pap. de Holl., cart. dos et coins de perc., non rog., couv.   40 fr.
Tiré à 100 exemplaires numérotés non destinés au commerce (n° 10).
On a ajouté :
1° 4 lettres autographes de l'auteur.
2° Un portrait-charge de Théophile Gautier, d'apres un portrait charge de H. Mailly, vers 1862, épreuve tirée sur papier de Chine volant.
3° L'Ex-libris de Théophile Gautier.

7077 LUSSAN (Mad. de). Histoire et Regne de Charles VI. *Paris*, 1753, 9 vol. in-12, v. m. 2 portraits.   9 fr.

7078 LUCHET (le Mis J. P. S. de). Paris en miniature d'apres les dessins d'un nouvel argus. *S. l.*, 1784, in 8 de 64 p. br. (*piq. de vers*)   2 fr.

7079 LUGUET (H.). Essai d'analyse et de critique sur le texte inédit du Traité de l'Ame de Jean de la Rochelle. *Paris*, 1875, un vol. in-8, br. n. c. (7 fr.)   3 fr.

7080 LYON. Sejours de Charles VIII et Loys XII a Lyon sur le Rosne, publiés par P. M Gonon. *Lyon*, 1841, gr. in-8, demi-rel. cuir de Russie, non rogné, couv. impr.   8 fr.
Exemplaire avec titre et figures en deux états.

7081 MABLY. OEuvres complétes de Mably. *Paris*, 1798, 15 vol. in-8, basane pleine.   15 fr.
Mably est né à Grenoble en 1709, mort en 1786. Edition comprenant les œuvres posthumes.

7082 MACHIAVEL (N.). Histoire de Florence, nouvellement traduite d'italien en françois par le Seigneur de Brinon, gentilhomme de la Chambre du Roy. *A Paris*, 1615, un fort vol. pet. in-8, basane.   3 fr.
Edition rare.

7083 — Tutte le opere, divise in V parti, e di nuovo con somma accuratezza ristampate. *S. l.* 1550, 5 parties en 1 vol. in-4, portr. de Machiavelli sur le titre, demi-rel. bas. gren. (*piqûres de vers*).   10 fr.
Edition fort recherchée en Italie, où on la désigne sous le nom d'*Edizione della Testina*.

7084 MADDEN. Les Pseaumes de David et les Cantiques, d'apres un manuscrit français du XVe siecle, precedés de recherches, etc. *Paris, Tross*, 1872, gr. in-8, portr., cart.   4 fr.

7085 MADRU. Les magnétiseurs jugés par eux-mêmes, nouvelle enquête sur le magnetisme animal. *Paris, Bachelier*, 1858, gr. in-8 br. 3 fr.

7086 MAILLARD (Ol.). Sermones de adventu. *Parisiis, Philippe Pigouchet*, 1514 2 vol. in-8, v. ec. (*pet. piq. de vers à part cela bon exemplaire*).   15 fr.
Edition rare de ces sermons parfois facétieux.

7087 MAILLY (Chev. de). La Promenade du Luxembourg. *Imprimé à Rouen, à Paris, chez Cl. Jombert*, 7743, in-12, vue, v. gr. (*Mouillures*).   4 fr.

7088 MAIMBOURG. Histoire du grand Schisme d'Occident. *Paris*. 1678, in-4, maroq. rouge, dos orne, tr. m. (*Rel. anc.*).   6 fr. 50

7089 MAINTENON. Madame de Maintenon peinte par elle-même. *Paris*, 1810, in-8, cart. Bradel.   3 fr. 50

7090 MALEBRANCHE. Intrigues du Sérail, histoire en deux parties par M. Malebranche. *A la Haye*, 1739, pet. in-12, v.   3 fr.

7091 MALEBRANCHE. Lettres du Pere Malebranche a un de ses amis, dans lesquelles il repond aux reflexions philosophiques et théologiques de M. Arnaud sur le Traité de la Nature et de la Grâce. *A Rotterdam, chez Reinier Leers*, 1686, in 12, v. jasp.   16 fr.

7092 MALHERBE (Fr. de) OEuvres, dernières édition. *Paris, Aug. Courbé*, 1635, in-8, veau. (*Rel. anc.*).   10 fr.
Edition rare.

7093 MALHERBE. Les Œuvres de François Malherbe avec les Observations de M. Ménage et les remarques de M. Chevreau sur les poésies. *Paris, Barbou,* 1723. 3 vol. gr. in-12, v.   9 fr.
Excellente édition.

7094 MANDEVILLE (B. de). La Fable des abeilles, ou les Fripons devenus honnêtes gens. Avec le commentaire, où l'on prouve que les vices des particuliers tendent à l'avantage du public. Traduite de l'anglais sur la sixième édition, (par J. Bertrand). *Londres. (Amsterdam), aux dépens de la compagnie,* 1740, 4 vol. petit in-8, mar. vert olive, dos orné, dent. a petits fers, tr. dor. *(Rel. anc.).*   50 fr.
Bel exemplaire de la bonne édition, provenant de la Bibliothèque de M. DE VILLARCEAUX (18e siècle), avec son ex-libris gravé aux quatre volumes.

7095 MANDEVILLE (B. de). La Fable des abeilles ou les fripons devenus honnêtes gens. Traduit de l'anglais (par J. Bertrand). *Londres,* 1740, 4 vol. in-12, v. granit, *piq. de vers.*   8 fr.
Édition préférée à celle de 1750 qui est une contrefaçon.

7096 MANUEL des dames de Charité ou formules de médicamens faciles a préparer dressees en faveur des personnes charitables qui distribuent des remedes aux pauvres dans les villes et les campagnes. *Paris,* 1755, in-12. v., *figure.*   3 fr.
Le privilège est au nom de Arnault de Nobleville.

7097 MARCO AURELIO. Libro aureo de la vida y cartas. *Anvers, Juan Steelsio,* 1550, in-12, vol. avec attaches.   10 fr.
Déchirures au titre. Edition très rare.

7098 MARÉCHAL (Sylvain). Le Livre de tous les Ages ou le Sibrac moderne. *Liège,* 1781, pet. in-12, front. gravé, broché, n. r.   4 fr.

7099 MARET (H.). Essai sur le panthéisme dans les sociétés modernes. *Paris,* 1841, in-8, demi-v.   4 fr. 50

7099 bis MARGUERITE DE VALOIS. Le Tombeau de Marguerite de Valois, royne de Navarre, faict premierement en disticques latins par les trois sœurs (Anne, Marguerite et Jeanne de Seymour) princesses en Angleterre : depuis traduictz en grec, italié et françois par plusieurs des excellentz Poetes de la Frâce, avecques plusieurs odes, hymnes, cantiques, épitaphes, sur le même subjectt (publié par Nic. Denisot, dit comte d'Alsinois). *Paris, Michel Fezandat et Robert Gran Ion,* 1551, pet. in-8, mar. rouge jans., doublé de mar. bleu, fil., dent., coins ornes de fleurs de lys, mors de mar. r., tr. dor. *(Trautz-Bauzonnet).* 400 fr.
Ce recueil curieux, et dont les exemplaires sont peu communs, contient en tout 104 ff. nou chiff. Sur le titre se voit la marque que nous avons donnée tome IV, col. 1052, et au verso le portrait de Marguerite de Valois, à l'âge de 52 ans, gravé sur bois. Le dernier f. recto présente une inscription latine tumulaire en l'honneur de cette princesse, avec ces mots : *Inscribebat comes Alsinous.*

7100 MARIE-ANTOINETTE. Correspondance inédite, publiée sur les documents originaux, par le Cte Paul Vogt d'Hunolstein, 4e édit. revue et augmentée d'un portrait authentique, gravé par Flameng, d'une préface et de nombr. fac-simile. *Paris, Dentu,* 1868, in-8, br. n. rog.   3 fr. 25
Manque le portrait.

7101 MARIGNY (Jacques Carpentier de). Le Pain benit de M. l'abbé de Marigny (avec la réponse a cette satire). *S. l.,* 1673 in-12 de 23 et

24 pp., v. f., dos orné, fil., dent. int., tr. dor. *(Simier)*   10 fr.
Edition originale de cette satire contre les Marguilliers de Saint-Paul.

7102 MARILLAC (de). Les CL Pseaumes de David et les X cantiques inserés en l'office de l'eglise, traduits en vers françois par M. Michel de Marillac. *Paris, Edme Martin,* 1625, in-8, titre gr. par L. Gautier, mar. vert, fil. a la Du Seuil, tr. dor. *(Rel. anc.)*   60 fr.
EDITION ORIGINALE, très rare. Bel exemplaire.

7103 MARINO L'Adone, poéma del cavalier Marino con gli argomenti del conte Fortuniano Sanvitale et l'allégorie di Don Lorenzo Scoto. *In Venetia, dal Sarzina,* 1626, in 4, titre gravé, velin.   3 fr.

7104 MARMONTEL. Mémoires, nouvelle édition adaptée a l'usage de la jeunesse, avec introduction et eclaircissements historiques, par M. l'abbé J.-A. Foulon. *Paris, Plon freres,* 1850, in-8, br. n. c.   3 fr.

7105 MAROLLES (de). Le Pétrone en vers. Traduction nouvelle, par M. L. D. B (de Marolles, abbé de Beaugerais) *Paris, Barbin,* 1667, in-12, mar. vert, fil., tr. dor. *(Rel. anc.)*   15 fr.

7106 MAROT. Les œuvres de Clément Marot de Cahors, valet de Chambre du Roy. *A la Haye, chez Adrien Moetjens,* 1702. 2 vol. pet. in-12, v. br.   6 fr.
Edition estimée, hauteur 143 m/m.

7107 — Œuvres completes, nouvelle édition ornée d'un portr. et augmentée d'un essai sur la vie et les ouvrages de Cl. Marot, de notes historiques et critiques et d'un glossaire. *Paris, Rapilly,* 1834, 3 vol. in-8, portrait, demi-cart. toile.   6 fr.

7108 MAROTTES à vendre ou Triboulet tabletier dont la giberne, apres avoir clé egarée pendant plusieurs siecles nous est enfin parvenue, munie d'un rare assemblage de hochets, breloques, colifichets et babioles de toutes especes, d'un travail non commun et possedant mille proprietés et vertus non moins utiles et recherchoes que délectables et difficiles a trouver. *Au Parnasse burlesque, ex-officina de la banque du bel esprit, a l'enseygne de la facéciosité, l'an premier de la nouvelle ere* (Londres, Triphock, 1812), in-12, papier velin, veau. f.   10 fr.
Rare et recherché.

7109 MARTIALIS (M. V.) Epigrammatum libri XIV, summa diligentia castigati *Parisiis, apud Simonem Cofineum,* 1539, in-8, vel.   4 fr.

7110 MARTIALIS (M. V.). Epigrammatum libri. *Parisiis,* 1754, 2 vol. in-12, v. ec., fil. tr. dor. *(Rel. anc.).*   2 fr.

7111 MARTIN (L. A.). Lettres à Sophie sur la physique, la chimie et l'histoire naturelle avec des notes par M. Patrin. Nouvelle édition, corrigée et augmentée. *A Paris, chez Lefèvre,* 1822, 2 vol. in-8, figures, demi-rel. v. f. coins, non rognes.   10 fr.
Exemplaire orné de 7 planches coloriées, par Huet, Bessa, etc.

7112 MARTIN (L.-Aimé). Lettres à Sophie sur la physique, la chimie et l'histoire naturelle, avec des notes par M. Patrin. *Paris, Gosselin,* 1825. 4 vol. in-32, fig. de Desenne, dem.-rel. v. bl.   8 fr.
Exemplaire auquel on a ajouté les eaux-fortes tirées sur chine.

7113 MARTIN (N.). Poetes contemporains en Allemagne. *Paris, Poulet-Malassis,* 1860, 1 vol. de 350 pp. — Campagnes d'Italie de 1848 et

1849; par le général Schœnhals, ouvrage traduit sur la 7e édition allemande, par Th. Gautier fils. *Paris, Poulet-Malassis*, 1859, 1 vol. avec carte. Les deux ouvrages réunis en 1 fort vol. in-12, demi-rel. chag.   4 fr.

7114 **MARTIN** et **LARCHER**. Les femmes jugées par les méchantes langues dans tous les temps et dans tous les pays. *Paris*, 1858, in-12 br.   3 fr.

7115 **MARTINEAU** (M.). De la Société Américaine. *Paris, Charpentier*, 1838. 2 tomes en 1 vol. in-8, d.-rel. v. r.   4 fr.
Rare.

7116 **MAUCROIX**, sa vie et ses ouvrages, publiés par Louis Paris, sur les mss. de la Bibliothèque de Reims. Notice. *Paris*, 1854, in-8 br.   3 fr.
Tiré à très petit nombre Envoi d'auteur signé.

7116 bis **MAUPASSANT** (Guy de). L'Épave. *Paris, Imprimé pour la Société des Bibliophiles Contemporains*, 1892, in-4, figures lithographiées par Alex. Lunois (*épreuves sur vieux japon*), br., couv.   125 fr.
EXEMPLAIRE UNIQUE tiré sur grand Whatman colombier.

7117 **MAYNARD** (Dr Félix). Voyages et aventures au Chili. *Paris*, 1858, in-12, br.   3 fr.

7118 **MÈGE** (du). Histoire des institutions religieuses, politiques, judiciaires et littéraires de la ville de Toulouse, par le chevalier Al. Du Mege. *Toulouse, Laurent Chapelle*, 1844, 2 vol. in-8, brochés, figures et plans.   4 fr.

7119 **MELLEMANUS** (Alb.-Fred.). Omnium horarum poëmata, et oratio de matrimonio literati, item Augusti Caesaris Duae orationes ; ad caelibes altera, ex Dione Cassio Nicaeo. *Berlin*, 1591, in-4, portr. ajouté, cart.   10 fr.

7120 **MÉMOIRES** de la minorité de Louis XIV. *A Villefranche*, 1690, in-12, v.   3 fr.

7121 **MÉMOIRE** historique et critique sur les principales circonstances de la vie de Roger de St Lary-de Bellegarde, maréchal de France, par M. Secousse. *A Paris*, 1764, in-12 broché, non rogné.   10 fr.

7122 **MEMOIRES** posthumes, lettres et pieces authentiques touchant la vie et la mort de Ch. Fr. DUC DE RIVIÈRE, gouverneur du duc de Bordeaux. *Paris*, 1829, in-8 br., nombr. fac-simile.   3 fr. 50

7123 **MÉNAGE**. Egidii Menagii poemata ; tertia editio, auctior et emendatior. *Parisiis, apud Aug. Courbé*, 1658, in-8, veau rac., dos orné, fil.   8 fr.
Les poésies françaises sont dans cette édition.

7124 **MÉNAGE**. Poëmata, quinta editio, prioribus longe emendatior. *Parisiis*, 1668, in-8, v.   4 fr.
Les poésies françaises occupent plus de la moitié du volume.

7125 **MÉNAGIANA**, ou les bons mots et remarques critiques, historiques, morales et d'érudition de M. Menage ; 3e édition (publiée par de La Monnoye). *Paris, Delaulne*, 1715, 4 vol. in-12, v. gr.   12 fr.

7126 **MENVIL** (Jacques). Memoires historiques contenant plusieurs événements très importants et qui ne se trouvent point dans les autres historiens. *A Lyon*, 1694, 2 vol. in-12, veau.   5 fr.

7127 **MERCIER**. Œuvres dramatiques de M. Mercier. *Amsterdam (Paris)*, 1776, 2 vol. in-8, cart. Bradel, *figures de Marillier*.   5 fr.

7128 **MERRY BALLADS**. Of the olden Time. Illustrated in Pictures and Rhyme. *London*, F.

Warne and C°, gr. in-8, cart. de l'éditeur, toile verte ill.   4 fr.

7129 **MÉSANGE** (P. de). La vie, les aventures et le voyage de Groënland du Rév. P. Cordelier Pierre de Mesange, avec une relation bien circonstanciée de l'origine, de l'histoire, des mœurs et du Paradis des habitans du pôle arctique. *Amsterdam*, 1720, 2 tomes en un vol. in-12, v.   4 fr.

7130 **MESNARD** (P.). Histoire de l'Académie française, depuis sa fondation jusqu'en 1830. *Paris*, 1857, in-12, demi rel. chag. grena   3 fr.

7131 **METRA**. Correspondance secrète, politique et littéraire, ou Mémoires pour servir à l'histoire des cours, des sociétés et de la littérature en France, depuis la mort de Louis XV. *A Londres, chez John Adamson*, 1787-1790, 18 vol. in-12, demi-rel. mar. r. a long grain, non rog.   250 fr.
Très bel exemplaire de cet ouvrage rare à trouver complet.

7132 **MEURSIUS**. Joannis Meursii. Elegantiæ latini sermonis (absque nota). *S. l. n d.*, 2 tom. en 1 vol. pet. in-12, de 166-238 pp., mar. rouge, fil. à fr., tr dor. (*Rel. anc.*).   60 fr.
Cette édition imprimée en Hollande, vers 1680, est plus belle et plus complète que les précédentes. Brunet, tome 3, col. 1685.

7133 **MEURSIUS** (J.). Elegantiæ latini sermonis. Petri Aretini Pornodidascalus, de astu nefario Horrendisque dolis, quibus impudicæ mulieres Juventuti incantæ insidiantur, Dialogus (absque nota). *S. l. n. d.* (vers 1750), pet. in 8 de 430 pp., mar. rouge jans., dent. int., tr. dor. (*Brany*)   30 fr.
Cette édition, qui, selon *Freytag's Nachr.*, p. 239, aurait été publiée à Hambourg ou à Gœttingue, par Abr. Vandenhoek, a paru vers l'année 1750 Elle renferme toutes les pièces décrites dans l'article précédent, mais rangées dans un autre ordre, et de plus le *Pornodidascalus*, lequel fait aussi partie d'une édition petit in-8 de 430 pp., sans lieu ni date, mais plus ancienne.
Bel exemplaire relié sur brochure.

7134 **MEZIRIAC** (Cl. Gaspar Bachet de). Les Epistres d'Ovide, trad. en vers françois, avec des commentaires fort curieux. *A Bourg-en-Bresse, par Jean Tainturier*, 1626, 1 tome en 2 parties in-8, v. f., dos ornés (*Rel anc.*).   60 fr.
Meziriac, né à Bourg en 1541, mort à Paris en 1638, fut l'une des gloires littéraires de la Bresse et l'un des 40 premiers de l'Académie française (le 17e fauteuil).
Livre de la plus grande rareté et le PREMIER OUVRAGE IMPRIMÉ A BOURG-EN-BRESSE.

7135 **MICHALOWSKI** (F.). Unité et confession des Langues. *Saint-Etienne*, 1857, in-8 br.   3 fr.

7136 **MICROSCOPE** (Le) bibliographique, première et nouvelle édition. *A Amsterdam*, 1771, in-12 de 120 pag. non relié.   3 fr.
Satire contre Pierre Rousseau de Bouillon et sa femme, composée par un nommé Malebranche, qui avait été chassé de Bouillon ainsi que des Pays-Bas où il avait risqué d'être pendu en 1767. (Barbier).

7137 **MILLET** (R.). La France provinciale, vie sociale, mœurs administratives. *Paris, Hachette et C°*, 1888, in-12, br. n. c.   3 fr.

7138 **MILTON'S**. L'Allegro and il penseroso. Illustrated with etchings on steel, by Birk et Foster. *London, W. Kent et C°*, 1859, gr. in-8, portr.-médaillon et fig., cart. bradel, tr dor., feuillets mont. sur onglets.   10 fr.

7139 MIRABEAU (le Cte de). Aux Bataves sur le Stathouderat, notes et pièces justificatives. *S. l.*, 1788, in-8, rel. veau marb.   3 fr. 50
Rare.

7140 MOITOIRET de BLAINVILLE (A.). Nouveaux elements de geometrie pratique, concernant l'arpentage des superficies accessibles et inaccessibles, ensemble la methode de toiser, etc., par le sieur A. Moitoiret de Blainville. *Rouen*, 1700, in-12, v , mouillures.   3 fr.
Livre rare non cité par Frère et autres bibliographes normands.

7141 MOLÉ. Histoire des modes françaises, ou Révolution du costume en France (par Mole). *Amsterdam et Paris*, 1773, in-12, veau marbr.   4 fr.
Peu commun.

7142 MOLIÈRE. Amphitryon, comédie (par J. B. P. de Moliere. *A Paris, chez Jean Ribou*, 1669, in-12 de 84 pag. en tout, cart.   30 fr.
Edition non citée.

7143 MOLIÈRE. Il Convitatio di Pietra, comédia de G. B. P. di Moliéra. *Lipsia*, 1697, in-12 cart., frontisp. grav.   10 fr.
Edition rare et fort recherchée à cause de la « scène du Pauvre » qu'elle contient en entier.

7144 MOLIÈRE. L'Escole des femmes, comedie par J. B. P. Moliere, in-12 de 5 ff. prélim. et 95 pag.   10 fr.
Seconde édition originale, hauteur 141 mil.

7145 MOLIÈRE. Le Malade Imaginaire, comedie meslée de musique et de danses par Monsieur de Moliere. *Paris, D. Thierry et Cl. Barbin*, 1675, in-12 de 150 pag, montees in-8, non rellé.   30 fr.
Même édition que le *Malade Imaginaire* contenu dans le tome VII, de l'edition collective de 1674-75. On a ajouté au bas du faux-titre de la pièce, le bas du titre du tome portant l'Indication du lieu d'Impression le nom, des Libraires et la date et on a fait de la sorte un titre factice pour la pièce.

7146 MOLIÈRE. Sganarelle ou le cocu imaginaire, reimpression textuelle de l'edition originale par les soins de M. Louis Lacour. *Paris*, 1872, in-16, br.   5 fr.

7147 MOMUS FRANÇOIS (Le) ou les aventures divertissantes du duc de Roquelaure, suivant les mémoires que l'auteur a trouves dans le cabinet du marechal d'H .., par le S L. R .. (Leroy). *A Cologne, chez Pierre Marteau*, 1781, in-12, mar bleu, dos orne, fil., tr. dor. (*Duru*).   30 fr.

7148 MONIN (H). Dissertation sur le Roman de Roncevaux. *Paris, imprim. royale*, 1832, in-8, br.   3 fr.

7149 MONIN (H.). Monuments des anciens idiomes gaulois. Textes. Linguistique. *Paris, Besançon*, 1861, in-8, pl., br.   3 fr.

7150 MONMERQUÉ (L.-J.-N.). Les Carrosses à cinq sols, ou les omnibus du XVIIe siècle. *Paris, F.-Didot*, in-12 de 76 pp, fac-simile, br.   2 fr. 25
Edition originale avec la couverture.

7151 MONOD (Henri) Le Choléra (Histoire d'une epidemie — Finistere, 1885-1886). *Paris, Delagrave*, 1892, gr. in-8, pap. de Holl., nombr. cartes color. et tableaux, br. neuf. (30 fr.)   15 fr.

7152 MONSELET (Ch). Fréron ou l'illustre critique, sa vie, ses ecrits, sa correspondance, sa famille, etc. Avec frontispice à l'eau-forte avec portraits par Ed. Morin. *Paris, Pincebourde*, 1864, in 16 carré, pap. vergé, br., couv.   2 fr. 25

7153 MONSTRELET. Chroniques d'Enguerran de Monstrelet (avec les continuations jusq'en 1516, edition revue par Denys Sauvage). *Paris, Guil. Chaudière*, 1572, 3 tomes en 2 vol. in-fol. v. (*Rel. anc.*)   50 fr.
Cette edition est la plus belle que nous ayons de ces chroniques, elle est recherchée.

7154 MONTAIGNE. Les Essais de Michel, seigneur de Montaigne, nouvelle édition exactement purgée des defauts des precedentes, selon le vrai original. *A Amsterdam, chez Ant. Michiels (Bruxelles, impr. Foppens)*, 1659, 3 vol. in-12, front. orn., mar. rouge, dos orné, fil. à la Du Seuil. (*Rel. anc.*).   200 fr.
Willems. N° 1982. Bel exemplaire. Hauteur 151 millim.

7155 MONTCHRESTIEN (Ant. de). Les Tragedies de Ant. de Montchrestien, sieur de Vastenille. Plus une bergerie et un poeme de Susane. A Monseigneur le Prince de Conde. *A Rouen, chez Jean Petit, s. d.*, (1601), pet. in-8, mar. rouge jans., dent. int., tr. dor. (*Chambolle-Duru*).   125 fr.
Bel exemplaire. Très rare. Sur le titre, portrait de l'auteur, et portrait de Henry de Bourbon, prince de Condé, au verso du troisième feuillet.
Les pages 352, 53, 54 sont blanches, comme dans tous les exemplaires connus.

7156 MONTEIL (A.). Traite de materiaux manuscrits de divers genres d'histoire. *Paris*, 1836, 2 vol in-8, br.   4 fr.
Tres curieux à consulter.

7157 MONTESQUIEU. Considerations sur les causes de la grandeur des Romains et de leur decadence. *Amsterdam, J. Desbordes*, 1734, in-12, v. gr.   35 fr.
Edition originale.

7158 MONTESQUIEU. Considérations sur les causes de la grandeur des Romains et de leur decadence *Amsterdam, chez Jacques Desbordes*, 1735, in-12, v. ant.   5 fr.

7159 MONTESQUIEU. De l'Esprit des Lois, ou du rapport que les loix doivent avoir avec la Constitution de chaque gouvernement. *Geneve*, 1749, 2 vol. in-4, v. marb.   5 fr.

7160 MONTESQUIEU. De l'Esprit des Lois. *Paris*, 1820, 4 vol. in-8, br., papier velin   8 fr.

7161 MONTESQUIEU. Esprit des Lois. *Paris, Debure*, 1826, 6 vol. in-32, veau fauve gaufre, tr. dor.   15 fr.

7162 MONTESQUIEU. Il Tempio di Gnido, nuovamente transportato dal francese in italiano. *Parigi, presso Prault*, 1767, in-12, figure par Eisen et titre-frontispice par Moreau, pet. in-12, v. ant. marbr., fil., tr. dor.   6 fr.
Texte et traduction.

7163 MONTESQUIEU. Œuvres de Montesquieu, nouv. edit., revue, corrigee et considerablement augmentee par l'auteur. *Londres, Nourse*, 1767, 3 vol. in-4, portr. et carte, v. porph., fil., tr. dor.   20 fr.
Très joli portrait frontispice dessiné par De Sève, 1766, et gravé par Lattré, et un second en médaillon dessiné par Eisen et grave par Lecoffre.

7163 bis MONTIS (l'abbe de). La Vie de la vénerable sœur de Foix de la Valette d'Epernon, religieuse carmelite, dite en Religion sœur Anne-Marie de Jesus. *Paris, Breton*, 1774, in-12, v. gr ant.   4 fr.
Rare.

7164 MONTLOSIER (de). Essai sur la théorie des volcans d'Auvergne. *Paris, Belin*, an X (1802), in-8 br.   3 fr.

7164 bis MONTMORENCY. La Vie de madame la duchesse de Montmorency, supérieure de la Visitation de Ste-Marie de Moulins (par Charles Cotolendi, avocat). *Paris, Cl. Barbin,* 1684, in-8, portr. de Mme la duchesse de Montmorency, par P. Van-Shuppen, v. br. ant. (*Mouillures*). 10 fr.
Rare.

7165 MONTRÉSOR. Mémoires de Monsieur de Montrésor. Diverses pièces durant le ministère du cardinal de Richelieu. Relation de Monsieur de Fontrailles. Affaires de Messieurs le comte de Soissons, ducs de Guise et de Bouillon, etc. *A Cologne, chez Jean Sambix le jeune,* 1663. Pet. in-12, veau brun. 10 fr.
Première édition, imprimée par Foppens. Hauteur : 135 mill. — Willems, N° 2015, noté.

7166 MOREAU DE JONNÈS (A.). Aventures de guerre au temps de la République et du Consulat. *Paris,* 1858, 2 vol. in 8, br. (*Manque le titre du t. 1er*). 4 fr.
Édition originale sans suppression.

7167 MOREAU DE SAINT-MÉRY. De la Danse, par le conseiller d'état Moreau de Saint-Méry, administrateur general des etats de Parme, Plaisance et Guatala. *Parme, Bodoni,* 1803, in-12, bas. marb. 6 fr.
Rare.

7168 MORIN (Louis). Le Cabaret du Puits-sans-Vin, dessins de l'auteur. *Paris, Delagrave, s. d.,* in-4, nomb. fig. dans le texte, front. et planches hors texte en couleurs, cart. dos et coins de mar. rouge, dos orné, non rog., couv. (*Carayon*). 140 fr.
L'un des 20 exemplaires tirés sur papier de Chine, enrichi de une AQUARELLE ORIGINALE de LOUIS MORIN, l'auteur et l'illustrateur du livre (sur le faux titre).

7169 MORISOT (C.-B.). Claudii Bartholomæi Peruviana. *Divione, Guyot,* 1645, in-4, mar. r. jans., dent. int., tr. dor. (*Chambolle-Duru*). 38 fr.
Roman historique, dans lequel l'auteur raconte, sous des noms péruviens, l'histoire des démêlés du cardinal de Richelieu avec Marie de Médicis et Gaston d'Orleans.

7170 MORLIÈRE (de La). Angola, histoire indienne, ouvrage sans vraisemblance. Nouv. édit. revue et corrigée. *A Agra, avec privilège du Grand Mogol (Paris),* 1751, 2 part. en 1 vol. in-12, vign et fig. par Eisen, v. marb. ant. 20 fr.
Le titre de la 11e partie est doublé, qq. notes à l'encre et qq. feuillets taches.

7171 MORTEMART DE BOISSE (le B^on de). Voyage dans les Landes de Gascogne, et rapport à la société royale et centrale d'agriculture sur la colonie d'Arcachon. *Paris,* 1840, in-8, figure, carte, br. 3 fr.

7172 MOUTRY (de). Lamekis ou les voyages extraordinaires d'un egyptien dans la terre intérieure avec la découverte de l'isle des Sylphides. *Paris,* 1735, in-12, v. 4 fr.

7173 MULLER (Eug.). La Mionnette, 28 compositions de O. Cortazzo, gravés à l'eau-forte, par Abot et Clapès. *Paris, L. Conquet,* 1885, in-12, broch., couverture. 75 fr.
L'un des 150 exempl. sur papier de Hollande (n° 54) avec deux états des gravures, dont le tirage à part.

7174 MUSE FOLASTRE. Le Premier (le Second et le Troisième), livre de la Muse folastre recherchee des plus beaux esprits de ce temps, de noueau reueu, corrige et augmente. *A Rouen, chez Claude Le Villain,* 1615,

3 parties en 1 vol. in-24, mar. rouge jans., dos orné, tr. dor. (*Rel. anc.*). 85 fr.
Petit volume très rare.
Provient des bibliothèques de Méon et de Ch. Nodier.

7175 MURET. M. Antonii Mureti *I. C.* ac Civis Romani Epistolæ. *Parisiis, apud Michaëlem Clopciau,* 1580, pet. in-8, velin. 4 fr.

7176 MURAT (Comtesse de). Contes de Fees. Dediez a Son Altesse Serenissime Madame la Princesse Doüairiere de Conty, par Mad. la Comtesse de M*** (Murat). Les Nouveaux Contes des Fées par Madame de M*** (Murat). *A Paris, au Palais, chez Claude Barbin,* 1698, 2 vol. in-12, mar. rouge jans., dent. int., tr. dor. (*Trautz-Bauzonnet*). 250 fr.
Très rare. Superbe exemplaire.

7177 MUSSET (P. de). Course en voiturin (Italie et Sicile). *Paris, V. Magen,* 1845, 2 vol. in-8, br. 8 fr.
Edition originale, avec la couverture.

7178 MUSSET (Paul de). Le Dernier Abbé, illustre de dix-neuf compositions par Ad. Lalauze, préface par Anatole France. *Paris, A. Ferroud,* 1891, in-8 raisin, demi-rel. dos et coins de mar. vert, dos orné a petits fers, mosaïqué de mar. rouge et citron, fil., tête dor., non rog., couv. (*Canape*). 75 fr.
L'un des 315 exemplaires tirés sur papier vélin d'Arches.

7179 NÉE DE LA ROCHELLE (J. Fr.). Recherches historiques et critiques sur l'établissement de l'art typographique en Espagne et en Portugal ; avec une notice des villes où cet art a été exercé pendant le XVe siecle dans ces deux royaumes. *Paris,* 1830, in-8 de 72 pp., br. 2 fr.

7180 NESTOR. La Chronique de Nestor, traduite en français d'apres l'edition impériale de Petersbourg (Mss. de Kœnigsberg) accompagnée de notes et d'un recueil de pièces inédites, touchant les anciennes relations de la Russie avec la France, par L. Paris. *Paris,* 1834, 2 vol. in-8, front., demi-rel. bas. 4 fr.

7181 NEVIZANIS (Joan. de). Sylva nuptialis, in libros sex distributa, quibus haec praecipua quaestio an sit utile nubere, indeque mananctes plurimae quae in usu quotidiano occurrunt, nec dum tamen examinatae sunt, copiosa breuitate enucleantur *S. l. apud Joan. Lertout,* 1602, in-8, vél. (*Mouillures*). 4 fr. 50

7182 NICHOLSON (William). Almanach de douze Sports, 1898. Etude sur William Nicholson et son Art, par Octave Uzanne. *Paris, Société Française d'Editions d'Art,* 1898, in-4 de 12 lithochromies d'après les bois originaux de William Nicholson, cart. dos et coins de perc., non rog., couv. pap. Japon illustr. 50 fr.
Cette édition de l'Almanach de douze Sports a été tirée à 20 exemplaires (POUR LA SOCIÉTÉ DES XX). Les planches sur papier de Hollande, le texte sur papier de Chine. Très rare.

7183 NOURRISSON (J. F.). Les Pères de l'Eglise Latine, leur vie, leurs écrits, leur temps. *Paris, Hachette et Cie,* 1856, 2 vol. in-12, br., couv. 5 fr.

7184 NOURRISSON. Machiavel. *Paris, Didier,* 1875, in-12, br., couv. 3 fr.

7185 NOUVEAU CHANSONNIER (le) des variétés, ou Choix de couplets chantés à ce Théâtre et tirés des pieces de MM. Dessaugiers, Gentil, Sewrin et autres, etc. *Paris,* 1815, in-18, fig. color., br. 3 fr.

7486 NOUVEAU Théâtre françois ou Recueil des plus nouvelles pièces représentées au Théâtre françois depuis quelques années. *Paris, 1740-48*, 8 vol. in-8, veau porph., fil., tr. r. (Rel. anc). 45 fr.

Bel exemplaire.

Recueil factice de quarante deux pièces de Théâtre, presque toutes en éditions originales. Gressot, Fagan, Rousseau, Le Blanc, Lavoine, Saint-Prix, Voisenon, etc. — Réunion rare.

7487 LE NOUVEAU Théâtre italien, ou recueil general des comedies representees par les comédiens italiens ordinaires du roi. *A Paris, chez Briasson, 1753*, 10 vol. in-12, v. écaille, *musique*. 30 fr.

Toutes les pièces composant ce recueil sont avec titre et pagination separés.

7488 NOUVELLE bibliotheque d'un homme de goût ou Tableau de la litterature ancienne et moderne. *Londres, 1798*. 4 vol. in-8, bas. 6 fr.

7489 NOUVELLES parodies bachiques mêlees de Vaudevilles ou Rondes de Table recueillies et mises en ordre par Christ. Ballard. *Paris, 1700-1714*. 3 vol. in-12, v. (rel. depareillee). 10 fr.

7490 NOVERRE. Lettres sur les arts imitateurs en général et sur la danse en particulier *Paris, 1807*. 2 vol. in-8, rel., *portrait*. 8 fr.

7491 OFFICE (L') de la quinzaine de Pasque latin-francois, a l'usage de Rome et de Paris *Paris, aux dépens des libraires pour les usages du Diocèse, 1739*, in-8, mar. rouge, dos orne, large dent. a petits fers, double et gardes de papr dor. (Rel. anc). 7 fr.

7492 OMNIANA, ou extrait des archives de la societe universelle du Gobe-Mouches. *Paris, 1808*, in-12, *figure*, br. 3 fr.

7493 OMBRE (L') du grand Colbert. Le Louvre et la ville de Paris, dialogue Reflexions sur quelques causes de l'etat present de la Peinture en France. *S. l., 1752* Ens un vol. in-12, v. br. *très beau front. d'Eisen*. 5 fr.

7494 ORDRE (L') tenu et garde en l'Assemblée des trois Estats, representant tout le royaume de France, convoquees en la ville de Tours par le feu roy Charles huytiesme, pour reformer infinis abus qui se commettoyent de jour en jour en cedict royaume .. *On les vend, à Paris, en la boutique de Galliot du Pré, 1558*. — **HARENGUE** faicte au nom de l'Université de Paris et devat le roy Charles sixiesme, et tout le conseil, contenant les remonstrances touchant le gouvernement du roy et du royaume. *A Paris, en la boutique de Gilles Corrozet, 1561*. —**LA PRAGMATIQUE SANCTION**, contenant les décrets du Cocile national de l'Eglise Gallicane assemblée en la ville de Bourges, au règne du roy Charles septiesme. Avec le Concordat d'Icelle. *Paris, Gilles Corrozet, 1561*. Ens. 3 ouvr. en 1 vol. pet. in-8, v. f. ant. 35 fr.

7495 ORI. Apollinis, niliaci de sacres Aegyptiorum notis, Aegyptiace expressis libri duo, iconibus illustrati, et ancti. Nunc primum in latinum et Gallicum sermonem conuersi. *Parisiis, Apud Galeotum à Prato, et Joannem Ruellium: Via Jacobaea, 1574*, pet. in-8, 8 fl. prélim. et 107 ff. chifl. avec grav. sur bois, demi-rel dos et coins chag. noir, tr rouge. *(Qq. mouillures.)* 15 fr.

Curieuses figures sur bois.

7496 ORLEANS. Edict du Roy sur la redugtion de la ville d'Orléans en son obéissance. *Rouen, P. Courant, s. d., (1594)*, pet. in-8 de 23 pp. cart., tête dor. 20 fr.

7497 ORLÉANS (Le Pere d') Histoire des deux Conquérans tartares qui ont subjugué la Chine, par le R. P. d'Orleans. *Paris, 1688*, in-8, v. m 3 fr.

7498 OUDOT (J.). Chansons fin de siècle. Avant-Propos de Alexis Noel, illustrations de Fr. Lunel, J. L. Forain, Capy, G. Roussel. *Paris, Ferreyrol, 1891*, in-12, br. 4 fr.

Édition originale avec la couverture.

7499 OVIDII NASONIS (P). Metamorphoses, argumentis brevioribus ex Luctatio grammatico collectis expositae una cum viuis singularum transformationum iconibus in aes incisis *Antuerpiae ex officina Plantiniana, apud viduam et Joan. Moretum, 1591*, in-16 obl., titre gr. et fig., vel. *(Mouillures.)* 15 fr.

Edition rare et recherchée à cause des figures dont elle est ornée.

7200 OVIDII (Pub). Metamorphoseon libri XV. *Ex officina Plantiniana. 1612*, petit in-24, veau. 2 fr. 50

7201 PALISSOT. OEuvres complettes. *Londres, et Paris, 1779*, 7 vol. petit in-12, v. 3 fr. 50

7202 PALISSOT. OEuvres de M. Palissot. *A Paris, de l'impr. de Monsieur, 1788*. 4 vol. in-8, portr. et fig., gr. v., éc, fil., tr. marb. 9 fr.

1 portrait par Monnet, gravé par Choffart, et 18 figures, dont 8 par Méon, gravées par Thérèse Martinet, et 10 par Monnet, sans nom de graveur.

7203 PANCKOUCKE (Ch.). De l'homme et de la Reproduction des differens individus. *A Paris, 1764*, in-12, v. 2 fr. 25

7204 XIV. PANEGYRICI veteres cum notis et observationibus variorum, partim antea editis, partim nondum editis. *Parisiis, Cl. le Beau, 1643*. 2 vol. in-12, mar. rouge, dos orne, fil. a la Du Seuil, tr. dor. (Rel. anc). 6 fr.

Frontispice et portrait de Henri de Bourbon prince de Condé, grav. par Boulanger. Mouillures.

7205 PARADOXE de la Discorde, que la Discorde est plus a louer qu'a blâmer par J. D. P. E. *A Paris, pour Félix le Mangnier, 1584*, in 8 cart. 10 fr.

7206 PARIS ancien et moderne, ou histoire de ses monuments, divisee et en douze periodes appliquees aux douze arrondissements, et justifiee par les monuments de cette ville célebre, d'apres Dubreul, Sauval, Saint-Victor, Félibien, Piganiol, Delamare, Jaillot, etc., orné de gravures et d'un plan de Paris, enrichi de vingt-huit monuments. *Paris, Le Roi, 1842*, 3 vol. in 4, broches. 12 fr.

7207 PARIS ancien et moderne ou Histoire de ses monuments, divisée en douze periodes appliquées aux douze arrondissements, et justifiée par les monuments de cette ville celebre, d'apres Dubreul, Sauval, St-Victor, Felibien, Piganiol, Delamarre, Jaillot, etc., orne de gravures et d'un plan de Paris enrichi de 28 monuments. *Paris, 1842*, 2 vol in-4, d.-rel. 6 fr.

Manque le titre.

7208 PARIS. La Coutume de Paris mise en vers, avec le texte a côte (par Garnier des Chesnes). *A Paris, 1768*, in-12, v. 3 fr. 50

7209 PARIS. La Coutume de Paris mise en vers, avec le texte à côte par M. J D. (Garnier des Chesnes). *Paris, 1782*, in-12, v. 3 fr. 50

7210 PARIS La Coutume de Paris mise en vers par Garnier des Chesnes. *Paris, 1784*, in-12, veau. 3 fr.

7211 **PARIS**. Création de quatorze cent mille livres de rentes viagères sur l'hôtel de ville de Paris. *Tours, P. Gripon*, 1689 ; in-4, cart. 10 fr.

Les rentes viagères, créées en 1689, qui devaient être acquises suivant les différents âges, avec accroissement de l'intérêt des mourants au profit des survivants, sont le type des combinaisons mises en pratique, de nos jours, par les tontines et les compagnies d'assurances sur la vie.

7212 **PARIS**. Discours véritable de la deffence de Messieurs les habitans de Paris, conduits avec leurs garnisons par Monseigneur le Duc de Nemours, contre le Roy de Navarre, qui vouloit loger son armée aux faulx bourgs St-Martin, pour battre la ville où fut blesse à mort le sieur de la Noue. *A Paris, pour Humbert Velu*, 1590, in 8 de 15 pp., cart. (*Cachet sur le titre*). 40 fr.

7213 **PARIS**. Mémoire sur la construction de la coupole projetée pour couronner la nouvelle église Sainte Geneviève a Paris, par M. Patte. Paris, 1770, in-4, plans, bas. 4 fr.

7214 **PARIS**. Les Mœurs de Paris par M. de (La Peyre) *Amsterdam*, 1748, in-12, v. (*Rare*). 10 fr.

Dans le même volume : Apologie des dames appuyée sur l'histoire. Paris, 1748.

7215 **PARIS**. Moyens de rendre parfaitement propres les rues, quais, places, cul-de-sacs de Paris, par Tournon. *Paris*, 1789, br. in-8 de 78 pag., *planche*. 5 fr.

7216 **PARIS** La Pariséide ou Paris dans les Gaules (par Godard d'Aucourt). *Paris*, 1772, 2 vol. in-8, 2 figures de Ponce grav. par Lempereur. 6 fr.

7217 **PARIS**. Recueil des chartes, créations et confirmations des colonels, capitaines, majors, officiers, arbalétriers, archers, arquebusiers et fusiliers de la ville de Paris, par M Hay, colonel des dits gardes. Paris, 1770, un vol. in-4, 2 portraits et 44 planches, v. br. 45 fr.

7218 **PASCAL**. Notice sur la Paroisse de Saint-Nicolas des Champs a Paris. *Paris*, 1841, in-8, br. 2 fr.

7219 **PASCAL**. Pensées de Pascal. *Paris, Desprez*, 1678. Discours sur les pensées de Pascal où l'on essaie de faire voir quel était son dessein. *Paris*, 1672. (*Édit. orig.*). Ensemble un vol. in-12, v. m. *Rare*. 6 fr.

7220 **PASQUIER** (Est.). Les Lettres d'Estienne Pasquier, conseiller et advocat général du roy en la Chambre des Comptes de Paris. *Paris, Abel L'Angelier*, 1586, in-4, portr. gr. par Thomas de Leu, v. f. ant. 15 fr.

Première édition de ces lettres, elle est divisée en dix livres.

7221 **PASQUILLUS** | Marranus exul. Lectori Salutem. | Vidisti sæpiuscule lector labores nostros | quib. hactenus cotra corruptos nostri | æui mores sudauimus. Nunc eo | gnosce, quid | in nouos illos | Theologistas adulato | res, aussi fuimus. | Quidque | Marforio nostro auspice | obtinuerimus a Pontifice Ro :| versa pagella quæ sunt | ostendet. | Lege, et pro- | babis. *Absque nota* [*Basilæ?*, 1520], pet in-8 de 10 ff., cart. 20 fr.

Le Pasquil, daté d'Anvers le 29 juin 1520, est suivi de la réponse de Marforio (Romae, ex monte Aventino, xxviij Julii, anno 1520) et de trois autres pièces. Ces diverses satires se rapportent à la promotion de trente cardinaux, faite par le pape Léon X en 1517.

C'est probablement une traduction de cette pièce qui fut plusieurs fois imprimée en allemand sous le titre suivant : *Pascuillus, Ain warhaffli-*

ges Buchlin erklerend was List die Römer brauchen mit Creiren viler Cardinal, auff dasz sy alle Bistumb Deutscher Land under sich bringen (Weller, *Repertorium*, n° 1411-1415).

7222 **PASSERAT**. L'A-Diew | a Phoebus | et aus Muses, | Auec vne Ode à Bacchus, | par | I P T. [Jean Passerat, Troyen.] Εὐν ᾽ελπίδι. *A Paris* | *Par Benoist Preuost, rue Frementel, a l'enseigne* | *de l'Estoille d'or, prez le Cloz Bruneau*, 1559. In-4 de 15 ff. chiffres et 1 f. blanc, mar. rouge, jans., dent. int., tr. dor. (*Trautz-Bauzonnet.*) 85 fr.

Très bel exemplaire d'une pièce d'une rareté excessive.

7223 **PATOIS**. La Bernarda buyandiri tragi. Comedia. *Paris*, 1840, broch. in-8. 3 fr.

Tiré à 60 exempl.

7224 **PATOIS**. Bouno-Gorjo et Gulo-Fresco ou Lou Gourmon Motat, poeme patois d'A. Brugié. *Paris, Techener*, 1841, broch in-8. 3 fr.

Ouvrage imprimé à 60 exemplaires.

7225 **PATOIS**. Recueil de Pouésies prouvençales de M. F. T. G (Toussaint Gros) de Marsillo. *A Marseille*, 1734, un vol. in-8, v 6 fr.

Edition originale.

7226 **PECQUET**. Mémoires secrets pour servir à l'histoire de Perse (de France). *Amsterdam*. 1749, pet in 12 broché, n. r. 3 fr.

Rare en pareille condition, notre exemplaire contient la clef des noms.

7227 **PEIGNOT** (G.). Amusemens philologiques ou variétes en tous genres. *Dijon*, 1824, un vol. in-8, demi-rel. veau fauve, n. r. 6 fr.

Exemplaire de *E. H. Langlois (de Rouen)* avec sa signature sur le titre.

7228 **PEIGNOT** (G.). Dictionnaire raisonné de Bibliologie. *Paris*, An X-1802, 2 vol. in-8, demi-rel. bas. 4 fr.

7229 **PEIGNOT** (G.). Les Manuscrits de Gabriel Peigno (Lettre au directeur du Bulletin du Bouquiniste), par P.-L. Jacob, bibliophile. *Paris, Aubry*, 1870, broch. in-8, pap vergé 2 fr. 25

7230 **PEIGNOT** (G.). Recherches sur les ouvrages de Voltaire. *Paris*, 1817, in-8, br 2 fr. 25

7231 **PEIGNOT** (G.). Recherches sur les ouvrages de Voltaire. *Paris, chez les marchands de nouveautés*, 1817. in-8 de 70 pp., br. n. rog. 2 fr 25

7232 **PELLISSON**. Relation contenant l'histoire de l'Académie françoise. *Paris, Courbe*, 1853, in-8, veau brun. 3 fr.

Edition originale, rare et recherchée.

7233 **PERRAULT** (Charles). Dialogue de l'amour et de l'amitie (par Charles Perrault). *Paris*, 1660, pet. in-12, demi-rel. 3 fr.

7234 **PERRAULT** (Charles). De l'origine des fontaines. *A Paris*, 1674, in-12, v. m. (*Première édition*). 4 fr.

7235 **PERROTUS** (N). In hoc volumine habentur hæc. Cornucopie (Nicolai Perotti), sive linguæ latinæ commentarii .: Index copiosissimus dictionum omnium quæ in hisce sypontini libellus .. Cornelii Vitelli annotationes M. Terentii Varronis de lingua latina libri tres, quartus, quintus, sextus... (A la fin :) *Venetiis, in ædibus Aldi et Andreæ soceri, MDXIII* (1513), in-fol. a 2 col., peau de truie estampée, fermoirs de cuivre (*Rel. de l'époque.*) 25 fr.

Bel exemplaire de cette bonne édition, la première imprimée en septembre 1513, grand de marges (315 mill.) et d'une conservation parfaite,

7236 **PERSIUS** (Auli) flacci satirarum liber. Isaacus Casaubonus recensuit. et commentario libro illustravit, ad virum amplissimum D. Achillem Harlaeum senatus principem. *Parisiis, Drouart*, 1605, in-8, velin. (*Rel. anc.*) 3 fr.

7237 **PERSIUS.** The satyrs of Persius. Translated in to english by Thomas Sheridan. *London, A. Millar*, 1739, in-12, v. granit, dos orné, fil. 3 fr.
    Texte latin et traduction anglaise en regard, avec notes.

7238 **PERSOON.** Synopsis plantarum seu Enchiridum Botanicum. *Paris*, 1805, 2 forts vol. in-12. 5 fr.

7239 **PESCHEL** (O.). Volkerkunde. *Leipsig*, 1875, in-8, br. 4 fr.

7240 **PETAVII** (D.). aurelianensis. Rationarium temporem in partes duas. *Parisiis*, 1636, un fort vol. in-8, vélin. 3 fr.

7241 **PETIT-PIERRE** (Le) ou Aventures de Rodolphe de Westerbourg. *Paris, Leprieur* 1793, 4 vol. pet in-12, brochés, non coupes 4 fr.
    4 figures non signées.

7242 **PETITE REVUE** (la) du 14 novembre 1863 au 10 fevrier 1866. *Paris, Pincebourde*, 1863-66, 9 vol. pet. in-8, demi rel. chag. v. 10 fr.

7243 **PETRARCA** (il) con nuove spositioni. *In Lyone appresso Gulielmo Ronillio*, 1564. Tavola di tutte le rime de i sonetti e cansoni del Petrarca ridotte co i versi interi sotto le lettere vocali. *Lyone*, 1564, 2 parties en un fort vol. petit in-12, parch. 5 fr.
    Rare.

7244 **PHAEDRI.** Fabulae, L. Annaci Seneeae, ac Publii Syri Sententiae. *Aureliae, Couret de Villeneuve*, 1773, in-24, texte encadre, mar. r., dos orne, fil., tr. dor. (*Rel. anc.*). 7 fr.
    Les 3 derniers feuillets tachés et une partie du texte est brouillée.

7245 **PHILIASTRE** (Evonyme) Tresor des remedes secretz. Livre physic, medical, alchymic et dispensatif de toutes substantiales liqueurs et appareil de vins de diverses saveurs, necessaire a toutes les gens, principalement a Médecins, Chirurgiens et Apothicaires. *Lyon, veuve B. Arnoullet*, 1557, in-8, lig., v. ant. (*Rel. fatiguée*). 20 fr.
    Mouillures, raccom. aux ff. 417 à 440, fin du volume, une partie du texte des pages 435 à 440 a été refait à la main.

7246 **PHILIPON** (Ch.) et L. **HUART.** Parodie du Juif Errant, complainte constitutionnelle en dix parties, 300 vignettes par Cham (de Noé). *Paris. Aubert et Cie, s. d.* (1845), in-12, br. (*Taches d'humidité*) 25 fr.
    Premier tirage, avec la couverture.

7247 **PHILIPPI** Finella, de metroposcopia, seu methoposcopia naturali. *Antuerpiae*, 1648, 3 tomes en 2 vol pet in-8, nombr. fig. sur bois, v. marb. 5 fr.

7248 **PICART** (L. B.). Le Gil Blas de la Révolution. *Paris*, 1824. 5 vol. in 12, demi-rel. 8 fr.
    Curieux.

7249 **PICHON.** Collections de feu M. le baron Jerome Pichon. — Objets de Curiosite et d'Ameublement; Tapisseries; Tableaux, etc. *Paris Mannheim Père et Fils*, 1897. — Catalogue de la collection de Dessins et Estampes de l'Ecole Française du XVIIIe siècle. *Paris, Danlos*, 1897. Ens. 1 vol. in-8, demi-rel. dos et coins de mar. fauve jans., tête dor., non rog., couv. (*Pagnant*). 3 fr.

7250 **PIDAL** (Marquis de). Philippe II. Antonio Perez et le royaume d'Aragon. *Paris, Baudry*, 1867, 2 vol gr. in-8, br. (16 fr.) 6 fr.

7251 **PIÈCES** curieuses en 1 vol. in-8, d.-rel. 4 fr.
    Les Parisiens traités comme ils le méritent. *Paris*, 1803.
    Causes secrètes du Mouvement de l'Europe en 1815.
    Le Moniteur supprimé ou le Double Moniteur du 20 janvier 1814. — Concordance des Calandriers grégorien et républicain — Rapsodies du jour.

7252 **PIÈCES** les plus curieuses qui ont été faites pendant le regne du Connestable de Luynes. Quatrieme édition augmentée des pieces les plus rares de ce temps. *S. l.*, 1632, in-8, 1|2 v. 5 fr.

7253 **PIÈCES** memorables du proces esmeu l'an 1606, entre le pape Paul V et les Seigneurs de Venise. *A. Saint-Vincent, par Paul Marceau*, 1610, in-8, bas. 5 fr.
    Volume rare. D'après *Deschamps*, Saint-Vincent serait un nom supposé et l'ouvrage aurait été imprime à *Venise* de même que le texte latin.

7254 **PIERRE** (V.). Histoire de la République de 1848. *Paris, Plon*, 1878, 2 vol. in-8, br. (16 fr.) 6 fr.

7255 **PIGOREAU.** Petite Bibliographie, biographico Romancière ou dictionnaire des Romanciers tant anciens que modernes. *Paris*, 1821, 2 vol. in-8, d.-rel bas. 5 fr.
    Rare

7256 **PILES** (Roger de). Conversations sur la connaissance de la peinture et sur le jugement qu'on doit faire des tableaux. Ou, par occasion, il est parlé de la vie de RUBENS, et de quelques uns de ses plus beaux ouvrages. *A Paris, chez Nicolas Langlois*, 1677, in-12, frontisp. grave, veau. 3 fr.

7257 **PINDARE.** Ode di Pindaro antichissimo poeta e principe de greci lirici. *Pisa*, 1631, 1 vol. in-4, rel., *frontisp. gravé*. 4 fr.

7258 **PIRON** (Aime), Dijonnais L'Evaireman de lai peste, poeme bourguignon sur les moyens de se preserver des maladies contagieuses. Avec une introduction et des notes philologiques par M. B. Dr M. *Chatillon-sur Seine, Charles Cornillac et Dijon, Victor Lagier*, 1832, in-8, br. n. r. (50 pp.) 2 fr.

7259 **PIRON** Gustave. Tragédie. *Paris, aux dépens de l'Auteur*, 1733, in-8, velin. 3 fr. 50
    Edition originale.

7260 **PLATINAC** (B) Opus de Vitus ac Gestis Summorum Pontificum ad Sextum IIII Pont. Max. deductum. *S. L.* (*Elzevir*), 1645, pet. in-12, vélin. 3 fr.
    Willems n° 1639

7261 **PLINE** (C.). Plinii Caecili secundi Novocomensis, Epistolarum libri X ejusdem Panegyricus Traiano dictus. cum Commentariis Joannis Mariae Catanaei... Adiuncti sunt alii, ad relios Caesares, Panegyrici, ad fidem vetusti exemplaris emendati. *Excudebat Paulus Stephanus, Anno* 1601, in 4, bas. f., ornem. a fr. 3 fr.

7262 **PLINE.** Histoire naturelle, traduction nouvelle par Ajasson de Grandsagne, annotee par MM. Beudant, Brongniart, Cuvier, Daunou et autres, etc. *Paris, Panckoucke*, 1829-1833, 20 vol. in-8, avec texte en regard, demi-veau fauve. 35 fr.

7264 **PLUTARQUE.** OEuvres, traduites du grec, et accompagnées de notes, par D. Ricard (Hommes illustres). *Paris, J. L. J. Brière*, 1827, gr. in-8 a 2 col., cart non rog 10 fr.
    Edition imprimée en caracteres microscopiques.

7263 **POË** (E.) Les Poèmes d'Edgar Poë, traduction de Stephane Mallarmé, avec portrait et fleuron par Edouard Manet. Deuxieme édition *Bruxelles, E. Deman*, 1897, in-4, br., couv. illust. 15 fr.

Tiré à 550 exemplaires numérotés (n° 91). L'un des 525 sur papier de Hollande, signature autographe de l'éditeur sur le faux-titre.

7265 **(PŒLLNITZ)** (le baron Charles de). La Saxe galante. *Amsterdam*, 1734. — Anecdotes de l'abdication du roy de Sardaigne, Victor Amédee II, par le marquis de F*** en forme de lettres écrites au comte de G***, à Londres (par le marquis de Trivie, dit Vicardel de Fleury) *Genève*, 1734. Ens. deux ouvrages en 1 vol. in-12, cart. 3 fr.

Le second ouvrage est rare.

7266 **POGE.** Les Facéties de Poge, Florentin, traduction française de Guillaume Tardif, avec une préface et des tables par Anatole de Montaiglon. *Paris, L. Willem*, 1878, pet. in-8, pap. vergé, br. 6 fr.

7267 **POLITIQUE** (La) des Coquettes. Histoire véritable dediee a Mlle de Scudéry. *Paris, Jean Ribou*, 1660, pet. in-12, 6 ff. limin., 38 pp. et 1 f. pour le privilege. (*Rare*). 5 fr.

7268 **POMPADOUR** (Mme de). Lettres de Madame la marquise de Pompadour depuis 1753 jusqu'a 1762 inclusivement *Londres*, 1772, in-8. br. n. rog. 3 fr. 50

7269 **PONSARD** (F.). Ce qui plait aux femmes, piece en trois actes. *Paris, M. Lévy frères*, 1860, in 12, cart. perc. n. rog., couv. 2 fr. 50

Edition originale.

7270 **POPE.** Histoire de Martinus Scriblerus, de ses ouvrages et de ses découvertes. *Londres*, 1755, in-12, br. n. r. 2 fr 25

7271 **PORTA** (Jo.-Bapt.). Della fisonomia di tutto il corpo humano Libri quattro néqualiß tratta diquanto intorno aquesta materia n'hanno i greci, latini e gli arabi scritto. Hora brevemente in tavole sinottiche ridotta et ordinata da Francesco Stelluti. *Roma per Vitale Mascardi*. 1637, in-4, titre gr., vélin. 3 fr.

7272 **POUGENS** (C. M. de). Jocko, precédé d'une notice par Anatole France. *Paris, Charavey frères*, 1881, in-32, orne d'une eau-forte dess et gr. par F. Regamey, de têtes de pages et culs-de lampe, demi-rel. mar. bl. a long grain, tête dor., non rog. 20 fr.

Exemplaire tiré sur papier vélin teinté. Envoi autographe sur la garde :

A mon cher et excellent confrère, l'humble éditeur de cette bagatelle. ANATOLE FRANCE.

7273 **POVRTRAITS DIVERS.** A *Lyon, par Jean de Tournes*, 1557, pet. in 8, fig. sur bois, mar. orange, dent. sur les plats, dos orne, tr. dor. (*Lebrun*). 300 fr.

Recueil complet et précieux de ces 63 charmantes figures sur bois y compris le titre, gravées sur les dessins du *Petit-Bernard* et publiées par Jean de Tournes. Petit livre de la plus extrême rareté ; l'exemplaire de Firmin-Didot ne contenait que 59 planches.

Ce recueil se compose de bois de différentes sortes, admirablement gravés, que l'éditeur, vraisemblablement, se trouvait n'avoir pu utiliser dans les publications pour lesquelles ils avaient été commandés au *Petit-Bernard*. Le tirage est sans aucun texte ; l'encadrement du titre est emprunté à la *Métamorphose figurée*. Très bel exemplaire.

7274 **PRAGMATICA** sanctio, cum glossis egregii, eminentisque scientiae viri, Domini Cosmae Guimier Parisini, in supremo Parisiensi senatu inquestarum praesidis.... secunda editio quoad additiones. *Parisiis, apud Galeotum à Prato*, 1555, in-8, bas. ant. 4 fr.

7275 **PRÉVOST** (Abbé). Histoire de Manon Lescaut et du chevalier des Grieux. *Paris, A. Leclère*, 1860, 2 vol. in-12, pap. vergé, demirel. dos et coins de mar. bl., dos ornés, fil., tête dor., non rog. (*Hardy*). 60 fr.

Exemplaire auquel on a ajouté la suite des 8 figures charmantes par Lefèvre, gravées par Coiny. — La suite des 6 eaux-fortes par Hédouin. Ensemble 14 pièces.

7276 **PUFENDORF** (Baron de) Histoire de Suede avant et depuis la fondation de la Monarchie. *Amsterdam*, 1743, 2 vol. in-12, portrait, veau fauve. (*Rel. anc.*). 5 fr.

7277 **PUFENDORF** et **BRUZEN DE LA MARTINIÈRE**. Introduction a l'histoire generale et politique de l'Univers ou l'on voit l'Origine, les Révolutions, l'Etat present et les interets des souverains. *Amsterdam*, 1743, 9 vol. in-12, veau fauve. (*Rel. anc.*). 20 fr.

7278 **QUATREMÈRE DE QUINCY.** Essai sur la nature, le but et les moyens de l'imitation dans les Beaux-Arts. *Paris, Treuttel et Würtz* (impr. J. Didot l'ainé), 1823, in-8, veau rose, dos orné, fil. dor., dent. et milieux a fr., tr. dor. (*Rel. de l'époque*). 15 fr.

7279 **QUESNEL.** Prieres chrétiennes en forme de meditations sur tous les mysteres de N.-S. de la Sainte Vierge (par le P. Quesnel). *Paris*, 1752, 2 vol in-12, mar bleu, dos orne, fil. double de moire rose, tr. dor. (*Derome*). 150 fr.

Exemplaire recouvert d'une excellente reliure aux armes de TALLEYRAND DE PÉRIGORD, PRINCE DE CHALAIS.

7280 **QUINTUS CURTIUS.** *Londini, Brindley*, 1746, 2 vol. in-18, v. ant. 3 fr.

Edition parfaitement imprimée.

7281 **RACINE.** Bajazet, tragedie, par M. Racine. *Et se vend pour l'Autheur, a Paris, chez Pierre Le Monnier*, 1672, in-12, mar. rouge jans., dent. int., tr. dor. (*Trautz-Bauzonnet*). 150 fr.

Edition originale.

Très bel exemplaire provenant de la Bibliothèque de M. le COMTE DE FRESNES, avec son ex-libris.

Vendu 235 fr. et les frais en plus.

7282 **RACINE.** Mithridate, tragédie, par M. Racine. *A Paris, chez Claude Barbin*, 1673, in-12, mar. rouge jans., dent. int., tr. dor. (*Trautz-Bauzonnet*). 150 fr.

Edition originale.

Très bel exemplaire provenant de la Bibliothèque de M. le COMTE DE FRESNES, avec son ex-libris.

Vendu 250 francs et les frais en plus.

7283 **RACINE.** Phedre et Hyppolyte, tragédie. *Paris*, 1677, in 12, derel 30 fr.

Edition originale, avec un faux-titre seulement. telle qu'elle a paru à la fin du 2e volume du *Racine* de 1676. Piqûre dans la marge du bas. Il y manque la gravure.

7284 **RAISSON** (H. N.) & **ROMIEU** (A.). Code de la conversation, manuel complet du langage elégant et poli. *Paris, J.-P. Roret*, 1829, in-18, fig., br. 2 fr. 25

7285 **RAMSAY.** Les voyages de Cyrus, avec un discours sur la mythologie. *A Paris, chez G. F. Quillau, fils*, 1728, in-12, veau gr. fil. 4 fr.

Exemplaire aux armes de *de May*.

7286 **RANNE** (J.-A.). Mythologie der Griechen. *Leipzig*, 1805, in-8, rel. veau. 2 fr. 50

7287 **RAPIN** (René). Eclagæ com dissertatione de Carmine pastorali. *Parisiis*, 1659, in-4, vélin. (*Edit. orig.*) 4 fr.

7288 **RASSEMBLEMENTS** (Les). Badauderies parisiennes. *Paris, H. Floury*, 1896. in-8 carro, demi-rel. dos et coins de mar. vert dos orne à petit fers, fil., non-rog. 400 fr.

RECUEIL MANUSCRIT de tous les écrivains ayant collaboré à cet ouvrage sur la badauderies parisienne.

On y trouve : Un titre de l'ouvrage, des épreuves corrigées de la préface d'Octave Uzanne. — Un prospectus corrigé sur épreuve. — Des lettres de l'illustrateur François Courboin, l'illustrateur du Livre. — Les reçus signés des sommes données aux auteurs des chapitres successifs, enfin les Manuscrits de ces chapitres, AUTOGRAPHIES de Tristan Bernard, Romain Coolus, Pierre Weber, Thadée Natanson, Ernest La Jeunesse, Victor Barrucand, Eugène Week, Paul Adam, Lucien Muhlfed, Jules Renard, Léon Blum, Alfred Athys, Edmond Pilon, Félix Fénelon, etc., etc.

Il est inutile d'insister sur l'intérêt considérable de ce recueil d'autographes qui contient tous les noms de la Génération nouvelle des jeunes littérateurs qui se sont fait un nom en ces dernières années.

7289 **RATEAU** (Paul) et **J. PINET**. Histoire et geographie du departement de l'Eure, aperçu geologique et minéralogique, commerce, industrie, etc. *Evreux*, 1870. 1 vol. in-12, 1|2.

7290 **RAUWOLFF**. Beschreibung der Reyss Leonhardi Rauwolffen, soin die Morgenlander, furnemlich Syriam, Judaeam, Arabiam, Mesopotamiam, Babyloniam, Assyriam, Armenian, etc. *Gedruckt zu Laugingen durch Leonhart Reinmichel*, 1582. 3 part. en 1 vol. in-4. vel. (*Mouillures et annotations manuscrites*). 12 fr.

Relation intéressante et rare. Vendu 31 francs en 1856. (*Brunet*).

7291 **RECHERCHES** sur la nature du feu de l'enfer et du lieu ou il est situé par M. Swinden. *Amsterdam*, 1745, 1 vol. in-12, cart. n. r., figures. 4 fr.

7292 **RECORDS** of the Past being english translations of the Assyrian and Egyptian monuments. *London*, (1873-75), 3 vol. pet. in-8. 9 fr.

7293 **RÉCRÉATION** (La) des honnêtes gens ou opusculees en vers par M. de La M***. *Amsterdam, et se trouve à Paris, chez Fertil*, 1770, in-8, cart. 3 fr.

7294 **RECUEIL** de chansons choisies. *Paris, Simon Bénard*, 1698, 2 vol. in-12, v. ant. gran. 8 fr.

Attribué au marquis de Coulanges, le proche parent et le plus ancien ami de madame de Sévigné.

7295 **RECUEIL** de trois ouvrages en un vol. in-12, v. m. 3 fr 50

L'homme vrai. Amsterdam, 1761. — L'ami des filles. Paris, 1761. — L'ami des femmes. Hambourg, 1759.

7296 **RECUEIL** de pamphlets et de pièces historiques. — Réunion de 6 pièces en 1 vol. pet. in-8, mar. r., dos orne, fil, dent. int., tr. dor. (*Duru*). 55 fr.

Le Lourdaut vagabond, rencontré par l'Esprit de la Cour, à la monstre qui se faisoit au Pré aux Clers près de Paris. *Paris*, 1614, 16 pp. — Le Citoyen françois ou Courrier des bonnes nouvelles de la Cour. *Paris, Du Breuil*, 1614, 8 pp. — Le Serviteur fidelle — L'Homme d'Estat. Dialogue. *S. l.* 1614, 36 pp. — Le Colonel de la Milice de Paris. Un Dieu, une Foy; un Roy, une Loy. *Paris*, 1614, 8 pp. — Le Bon François. *S. l.* 1614, 14 pp. — Lettre de Monsieur de Bouillon à Mosieur le Prince, sur *l'affaire de Poitiers. S. l.* 1614, 8 pp.

Opuscules rares et curieux.

7297 **RECUEIL** ; 3 pieces en un vol. pet. in-8, veau jasp., fil. 20 fr.

Origine de la maladie de la France, avec les remèdes propres à la guarison d'icelle, auec une exortation à l'entretenement de la guerre. *Paris, Jacques Varangues, s. d.*, 12 pp. — La complainte de la France sur, les demerites de Jean-Louis de Nogaret, de la Valette duc d'Espernon presentee au Roy. *S. l.*, 1588 ; 8 pp. — Coppie de la requeste, presentee au Turc par l'agent de la Royne d'Angleterre, le 9 de novembre 1587 ; *Verdun, pour Jacques Eldreton*, 1587 ; 16 pp.

7298 **RÉVOLUTION FRANÇAISE.** Recueil de 19 pieces, sur les *Cultes*, etc. en 1 vol. in-8, demi-rel bas. 8 fr.

Rapports, Opinions, Discours de : Lonqueue, Cl. Basire, J. L. de Laplanche, J. Juhen, Ph. Drulhe, Boissy-d'Anglas, Lequinio, Portalis, P. C. L. Baudin (des Ardennes), et autres, etc.

7299 **RÉVOLUTION FRANÇAISE.** Recueil de 21 pieces, en 1 vol. in-8, demi-rel. bas. 5 fr.

Lettre à M. le Comte de *** sur l'obéissance que les Militaires doivent aux commandements du Prince. — Suivie d'un extrait de remontrances sur les bornes de cette obéissance vis-à-vis les Citoyens, 1787. — Le coup manque, ou le retour de Troyes, 1787. — Fragment d'une correspondance par de Mirabeau, mai 1788. — La Cour Plenière, héroi-tragi-comédie, en trois actes et en prose ; jouée le 14 juillet 1788, par l'abbé de Vermond. *Paris*, 1788. — Avis au public sur une édition chatree de la Cour Pleniere. — Apologie de la Cour Plénière par l'Abbé Vehn. — Lettre de M. Blanchard, magister du village de Moivieux à Mgr G. Le Franc de Pompignan, archevêque de Vienne. — Lettre pastorale de l'Archevêque de Vienne aux curés de son diocèse. — Lettre écrite par le Châtelain de... à Mgr l'Archevêque de Vienne, etc., etc.

7300 **RÉVOLUTION FRANÇAISE.** Recueil de 23 pieces sur le remplacement des Fonctionnaires, etc. en 1 vol in-8, demi rel. bas. 5 fr.

Rapports, Opinions, Discours de : P. C. F. Daunou, P. C. L. Baudin (des Ardennes), de Comberousse, J. G. Lacuée, N. C. Golzart, A. Villetard, Pastoret, Fr. Faulcon, Audouin, Izoard (des H.-Alpes), Dupont (de Nemours), Brival, Laplace, et autres, etc.

7301 **RÉVOLUTION FRANÇAISE.** Recueil de 42 pieces, sur le *Divorce*, les *Avoués*, la Contrainte par corps, la *Revision des jugements*, etc, en 1 vol. in-8, demi-rel bas. 5 fr.

Rapports, Opinions, Discours de : Portalis, Desmazieres, Pison-Dugalland, Regnier, Mallarmé, Oudot, Dujardin, Riou, Maleville, J. P. Peneau, Lindet, J.-B. Harmand (de la Meuse), Rossée, Bontoux, Cholet, et autres, etc.

7302 **RÉVOLUTION FRANÇAISE.** Recueil de 55 pièces, sur les Assemblées electorales, la formation des Commissions, la garde du Corps législatif, etc, en 1 vol. in-8, demi rel. bas. 5 fr.

Rapports, Opinions, Discours de : P. J. Audouin, Jourdan (de la Hte-Vienne) Porte, L. A. Himbert, Chassiron, Rossée, Marbot (de la Corrèze), P. C. Laussat (des Basses-Pyrénées) et autres, etc.

7303 **RÉVOLUTION FRANÇAISE** Recueil de 57 pièces sur les Emigres naufragés et Renouvellement des Juges, etc. en 1 vol. in-8, demi-rel. bas. 5 fr.

Rapports, Opinions, Discours de : Jourdan (des

Bouches-du-Rhône), Portalis, Martinel, Dujardin, Chappuis, Marbot (de la Corrèze), P. C. L. Baudin (des Ardennes), P. C. Laussat (des Basses-Pyrénees), G. Derumarc (de Seine-Inf¹ᵉ), F. Mersan (du Loiret), Boulay (de la Meurthe), Renault (de l'Orne), J. P. Boullée (du Morbihan).

7304 RÉVOLUTION FRANÇAISE. 173 pièces. An XII, en 1 vol. in-8, demi-rel. bas.   12 fr.

Rapports, Opinions de : Favard, Jaubert (de la Gironde), Mouricault, Chabot (de l'Allier), Gillet (de Seine-et-Oise), Gary, Faure, Goupil-Prefeln (de l'Orne), Hon. Duveyrier, Carrion-Nisas, Siméon, Bouteville, Grenier, Tarrible, Albisson, Jard-Panvillier, Challan, Perin, L. E. Sédillez, Carret (du Rhône), Perrée, Huguet (de la Seine), Lahary (de la Gironde), Pictet, Costé, Gillet-Lajaqueminière, Sahuc, Jubé, Guinard. Defermon, P. Ch. Chassiron (de la Charente Inf¹ᵉ), Treilhard, Marcorelle, Curée, Fréville, Perrin (de la Moselle) Chabaud-Latour, Carnot, Labrouste (de la Gironde), Fabre (de l'Aude), et autres, etc,, etc.

7305 RICHARD-DESAIX (Ulric). La Relique de Molière du cabinet du Baron Vivant-Denon. Portrait du Baron Vivant-Denon, dessiné et gravé à l'eau-forte, par lui-même. *Paris, Vignères*, 1880, gr. in-8 de 43 pp , pap. de Holl., demi-rel. dos et coins de mar bl., dos orné, tête dor., non rog. (*Dupré*).   6 fr.

Exemplaire contenant le portrait de Vivant-Denon en 4 états, en *noir* sur papier de Hollande et sur chine ; en *bistre* et en *sanguine* sur chine volant.

— Envoi autographe signé de l'auteur à M. le Comte L. Clement de Ris, avec chiffre de ce dernier sur le dos de la reliure.

7306 ROCCHA (Fr. Ang.). De sacra summi Pontificis communione, sacrosanctam Missam solemniter celebrantis commentarius. *Romæ, Facciottus*, 1610, frontisp. gr. — De particula ex pretioso et vivifico ligno sacratissimæ Crucis Salvatoris Jesu Christi desumpta commentarius. *Romæ, Facciottus*, 1609, *fig. sur bois.* — Ens. 2 ouvr. en 1 vol. in-4, vel.   10 fr.

Le second ouvrage est fort rare.

7307 RODENBACH (G.). L'Hiver mondain, illustre de deux croquis de Jan Van Beers. *Bruxelles, Kistemaeckers*, s. d , in-12, couv. impr., br.   5 fr.

Exemplaire sur papier du Japon. Rare.

7308 RONSARD. Les Œuvres de P. de Ronsard, gentilhomme Vendomois, prince des poëtes françois. Revuës et augmentées. *A Paris, chez Mathurin Henault, et Samuel Thibout et Rolin Baragne*, 1629-1630, 11 tomes en 5 vol. pet. in-12, portr., mar. rouge, fil à fr., dent. int., tr. dor. (*Duru*).   100 fr.

Bel exemplaire provenant de la Bibliothèque de Maxime Du Camp, avec son *ex-libris*

Au moment ou parut cette édition, Ronsard n'était déjà plus guère le *prince des poetes françois* que sur le titre de ses œuvres ; une autre célébrité poétique d'un meilleur aloi venait de s'élever, et, par une coïncidence aussi singulière que remarquable, la même année a vu paraître et la dernière édition des œuvres de notre poète, et la première de celles de Malherbe.

7309 RONSARD. Responce de P. Ronsard, gentilhomme vandosmois, aux injures et calomnies de je ne sçay quels prédicans et ministres de Geneve, sur son discours et continuation des misères de ce temps. *Paris, Gabriel Buon*, 1563, in-4 de 26 ff., demi-rel. v. f.   60 fr.

Edition originale.

7310 ROUSSEAU (J.-J.). Les Confessions, nouvelle édition illustrée de quatre-vingt-seize compositions, par Maurice Leloir, gravées à l'eau-forte par les premiers artistes. Préface de Jules Claretie. *Paris, H. Launette et Cie*, 1889, 2 vol. en 12 fasc. in-4, pap. vél., titre r. et n., en feuilles, dans des cartons.   90 fr.

Publié à 150 fr.

7311 RUE (La). Paris pittoresque et populaire. Rédacteur en chef Jules Vallès ; directeur, Daniel Levy (de l'origine 1ᵉʳ juin 1867 au 11 janvier 1868). *Paris, 1867-1868,* 33 numeros en 1 vol. in-fol., avec illustrations, par Pepin, Cattelain, André Gill, G. Martin et autres, etc., cart. dos et coins de perc.   30 fr.

On a ajouté : La Rue. Nouvelle série. Rédacteur en chef Jacques Vingtras (29 novembre-21 décembre 1879), 4 numéros — Journal de Sainte-Pélagie. Rédacteur en chef Jules Vallès (décembre 1868-janvier 1869). 2 numéros. — Le Cri du Peuple, fondé par Jules Vallès (16-18 février 1885), 2 numeros.

Collection bien complète de toutes les revues de Jules Vallès qui ont toutes un caractère de violence politique et une vigueur d'esprit littéraire qui les feront toujours rechercher par les lettrés qui aiment à philosopher sur les idées et attitudes des hommes d'hier.

7312 SAND (G.). La Marquise. Edition illustrée de 1 portrait et 9 vignettes dessinés par Baugnies et gravés par Courboin. *Paris, Calmann-Lévy*, 1888, pet. in-8, br., couv.   40 fr.

L'un des 225 exemplaires tirés sur papier vélin du Marais, avec les vignettes dans le texte. Rare.

7313 SARAH BERNHARDT (Sur), 3 vol. in-12, cart. dos de toile verte, tête jasp , non rog., couv.   7 fr. 50

Marie Colombier : Les Mémoires de Sarah Barnum, avec une preface par P. Bonnetain. *Paris, s. d.* — Marie Colombier : Voyages de Sarah Bernhardt en Amérique, préface par A. Houssaye, appréciations par H. Foulquier et J.-J. Weiss, caricatures américaines. *Paris, s. d.* — La Vie de Marie Pigeonnier, par Un de Ses***, préface de J. Michepin. *Paris*, 1884.

7314 SCHWOB (Marcel). La Porte des rêves. Illustrations de Georges de Feure. *Paris, pour les Bibliophiles Indépendants, chez H. Floury*, 1899, in-4 couronne, tiré sur Japon, illustré de 16 planches hors texte gravées sur bois, de 32 encadrements variés, de 15 culs-de-lampe et d'un triple frontispice gravé en taille-douce en 2 tons repérés et colorié à l'aquarelle à la main, br., couv. illust.   125 fr.

7315 SILVESTRE (A.). Au Pays des Souvenirs. — Mes Maîtres et mes Maîtresses. *Paris, Frinzine*, 1887, in-12, br., couv. illust.   2 fr. 25

Edition originale, avec la couverture.

7316 SOLIS (A. de). Histoire de la conqueste du Mexique, ou de la nouvelle Espagne, par Fernand Cortez, traduit de l'espagnol de Dom Antoine de Solis. *A Paris, par la compagnie des libraires*, 1730. 2 vol. in-12, figures, veau.   6 fr.

7317 STENDHAL (Henri Beyle). Lettres intimes. *Paris, C. Lévy*, 1892, in-12, br.   3 fr.

Edition originale, avec la couverture.

7318 STUART. Histoire entière et véritable du procez de Charles Stuart, roi d'Angleterre. *A Londres*, 1650, in 12, v. ant.   3 fr.

7319 TRIUMPHUS novem seculorum imperii romanogermanici Carolo Magno, augustissimo romanorum imperatori germaniae, hips hung, bohemiae Regi, etc., etc... a R. P. Antonio Bœmer è societatte Jesu, anno saeculari MDCC. decantatus, nunc autem anno jubilaeo M.

DCCXXV. quadrante seculi auctus et recusus a Joanne Andrea Pfeffel, sacr. caes. majest. Chalcographo aulico. *Augustae-Vindelicorum, typis Joannis Jacobi Lotteri, s. d.*, (1725), in-fol., planches, demi-rel. v. f.   10 fr.

Ouvrage orné de 1 frontispice et 10 planches par Pétrus Schubart.

Frontispice remonté et mouillures.

7320 UZANNE (O.). Le Dilettantisme littéraire et la curiosité. L'art et l'idée. Revue contemporaine illustrée. Publiée par Octave Uzanne. *Paris*, 1892, 2 vol. gr. in-8, front., fig. dans le texte et planches hors texte, en noir et en couleurs, demi-rel. mar. rouge, tête dor., non rog. couv. (*Noulhac*).   80 fr.

L'un des 15 exemplaires tirés sur papier de Chine, contenant tous les tirages à part des exemplaires de luxe (les pages 81 à 160 du tome premier sont sur papier teinté).

7321 UZANNE (O.) Voyage autour de sa chambre. Illustrations de Henri Caruchet, gravées à l'eau-forte par Frédéric Massé, relevées d'aquarelles à la main. *Imprimé à Paris, pour les Bibliophiles indépendants, H. Floury*, 1896, in-4, mar. violet, dos orné d'une branche de lis en mosaïque, semis de fleurs de myosotis et branches de fleurs dorées et mosaïquées de mar. de diverses couleurs sur le premier plat, semis de fleurs de marguerites en mosaïque de mar. blanc et citron encadrées d'hirondelles dor. et fleurs de myosotis en mosaïque de mar. bleu clair, couvrant entièrement le second plat, doublé et gardes en étoffe de soie avec fleurs, large bordure avec ornem. en mosaïque de mar. de diverses couleurs, mors de mar. violet, doubles gardes, tr. dor. sur brochure, couv. étui (*Ruban*).   1150 fr.

Edition tirée à 210 exemplaires (n° 48).

EXEMPLAIRE UNIQUE contenant : 1° 6 lettres autographes de Henri Caruchet, l'illustrateur du livre ; 2° La couverture, en 3 états ; 3° Le tirage à part en couleurs des encadrements du texte ; 4° Le tirage à part, en noir avec remarques des encadrements du texte ; 5° LES CROQUIS EN AQUARELLES ORIGINALES DE TOUS LES DESSINS D'ENCADREMENTS PAR CARUCHET, dont plusieurs ont été modifiés.

7322 UZANNE (O.). Les Zigzags d'un Curieux. Causeries sur l'art des livres et la littérature d'art. *Paris, Quantin*, 1888, in-12, pap. de Holl., front. à l'eau-forte par F. Buhot, br., couv. 6 fr.

7323 VEUILLOT (L.). Le droit du Seigneur au Moyen-Age. *Paris, Vivès*, 1854, in-12, demi-rel. chag. bl., dos orné, tête jasp., non rog. 3 fr.

Edition originale.

7324 VIELÉ-GRIFFIN (Francis). Joies, poèmes (1888-89). *Paris, Tresse et Stock*, 1889, pet. in-8. — Diptyque. *Paris, Mars*, 1891, in-12 carré. — Παλατ (poèmes). *Paris, Edition du « Mercure de France »*, 1894, in-16. — Ens. 3 vol. br. 7 fr.

Editions originales, avec les couvertures.

Envoi autographe signé de l'auteur aux deux derniers ouvrages sur le titre et la garde, noms coupés au haut de la marge.

7325 VILLON. Les Œuvres de François Villon (avec les remarques de Eusèbe de Laurière, et une lettre à M. de *** par le P. du Gerceau). *Paris, Coustelier*, 1723, pet. in-8, v. f., dos orné, fers à fr. sur les plats, tr. marb.   4 fr.

Reliure dite à la Cathédrale. — Ecornures à l'angle du haut des 10 premiers ff.

7326 VOLTAIRE. Lettres et poésies inédites adressées à la Reine de Prusse, à la princesse Ulrique, à la Margrave de Barieuth. Publiées d'après les originaux de la Bibliothèque royale de Stockholm, par V. Advielle. *Paris, Jouaust*, 1872, in-16, pap. vergé, br., couv.   2 fr. 25

BALADES DANS PARIS. Au Moulin de la Galette. — A l'Hôtel Drouot. — Sur les Quais. — Au Luxembourg. Notes inédites par MM. E. R. Paul Eudel, B.-H. Gausseron et Adolphe Retté. *Paris, imprimé pour les « Bibliophiles Contemporains » Académie des beaux-livres*, 1894, pet. in-4. Illustrations de A. Bertrand, texte avec cadres lithographiques polychromes, composés et mis sur pierre par Alexandre Lunois, br., couv. impr. en couleurs.   250 fr.

Tiré à 180 exemplaires, avec deux états des planches : en *noir* et *coloriées*.

BELLEAU (Rémy). Les Œuvres poétiques de Remy Belleau. Rédigées en deux tomes. Reveues et corrigées en ceste dernière impression. *A Lyon, pour Th. Soubron*, 1592, 2 tomes en 1 vol. in-12, mar. r., fil., tr. dor.   57 fr.

Edition très rare. Portrait par Gaucher, ajouté.

BELON (J.), *du Mans.* Les Observations de plusieurs singularitez et choses mémorables, trouvées en Grèce, Asie, Judée, Egypte, Arabie, et autres pays estranges, redigées en trois livres, par Pierre Belon, du Mans. Reveuz de nouveau et augmentez de figures. *Paris, Hierosme de Marnef et Vve Guillaume Cavellat*, 1588, in-4, fig., mar. vert, fil., dos orné, tr. dor. (*Rel. anc.*).   80 fr.

Bel exemplaire.

Quatrième édition de ce livre, la seule contenant les deux grandes cartes de l'isle de Lemnos et du mont Sinaï.

BLESSEBOIS (Corneille). Le Lion d'Angélie, histoire amoureuse et tragique, par Pierre-Corneille Blessebois. — Le Temple de Marsias (en vers), par Pierre-Corneille Blessebois. *A Cologne, chés Simon l'Africain*, 1676, 2 part. en 1 vol. pet. in-12, front. gravé, rel. pleine en maroq. rouge du Levant, à nerfs, fil. à froid, tr. dor. (*Duru*).   100 fr.

Petit roman fort rare et très recherché imprimé par les Elzeviers. — La dédicace qu'on trouve en tête du volume est adressée à *Monsieur Elzevier, capitaine ordinaire de mer, pour le service de la République de Hollande, montant aujourd'hui un vaisseau de soixante et dix pièces appelé le Chêne.* Dans une pièce de vers qui suit, les premières lettres de chaque vers forment un anagramme les mots : *Le capitaine Daniel Elzevir.* — Bel exemplaire grand de marges (130 mill.). — Léger raccommodage dans la marge du haut du frontispice gravé.

RASSEMBLEMENTS (Les). Badauderies parisiennes. *Paris, H. Floury*, 1896, in-8 carré, demi-rel. dos et coins de mar. vert, dos orné à petit fers, fil., non rog.   400 fr.

RECUEIL MANUSCRIT de tous les écrivains ayant collaboré à cet ouvrage sur la badauderie parisienne. On y trouve : Un titre de l'ouvrage, des épreuves corrigées de la préface d'Octave Uzanne. — Un prospectus corrigé sur épreuve. — Des lettres de l'illustrateur François Courboin, l'illustrateur du Livre. — Les reçus signés des sommes données aux auteurs des chapitres successifs, enfin les Manuscrits de ces chapitres. AUTOGRAPHES de Tristan Bernard, Romain Coolus, Pierre Weber, Thadée Natanson, Ernest

La Jeunesse, Victor Barrucand, Eugène Weck, Paul Adam, Lucien Muhlfeld, Jules Renard, Léon Blum, Alfred Athys, Edmond Pilon, Félix Fénéon, etc., etc.

Il est inutile d'insister sur l'intérêt considérable de ce recueil d'autographes qui contient tous les noms de la Génération nouvelle des jeunes littérateurs qui se sont fait un nom en ces dernières années.

RONSARD. Les Œuvres de P. de Ronsard, gentilhomme Vendomois, prince des poëtes françois. Revues et augmentées. *A Paris, chez Mathurin Hénault et Samuel Tibout et Rolin Baragne*, 1623-1630, 11 tomes en 5 vol. pet. in-12, port., mar. rouge, fil. à fr., dent. int., tr. dor. (*Duru*). 400 fr.

  Bel exemplaire provenant de la Bibliothèque de Maxime Du Camp, avec son *ex-libris*.

  Au moment où parut cette édition, Ronsard n'était déjà plus guère le *prince des poëtes françois* sur le titre de ses œuvres ; une autre célébrité poétique d'un meilleur aloi venait de s'élever, et, par une coïncidence aussi singulière que remarquable, la même année a vu paraître et la dernière édition des œuvres de notre poète, et la première de celles de Malherbe.

QUESNEL. Prières chrétiennes en forme de méditations sur tous les mystères de N.-S. de la Sainte Vierge (par le P. Quesnel). *Paris*, 1732, 2 vol. in-12, mar. bleu, dos orné, fil., doublé de moire rose, tr. dor. (*Derome*). 450 fr.

  Exemplaire recouvert d'une excellente reliure aux armes de Talleyrand de Périgord, prince de Cha...

BUTTET, *Savoysien* (Cl. de). Epithalame, ou Nosses de très illustre et magnanime Prince Emanuel Philibert Duc de Sauoye, et de très vertueuse Princesse Marguerite de France, Duchesse de Berry, Seur vnique du Roy. Par Marc Claude de Buttet Sauoisien. *A Paris, De l'imprimerie de Robert Estienne*, M. D. LIX [1559]. Auec Priuilege. In-4 de 44 ff. non chiffrés, caract. ital., mar. rouge jans., dent. int., tr. dor. (*Trautz-Bauzonnet*). 430 fr.

  Voy. Catal. Rothschild, tome I, nº 708.

  Vendu 205 fr. mar. de Capé. Vente W. Martin.

CHEFS-D'ŒUVRE ANTIQUES. *Paris, Quantin*, 1878-1885, 10 vol. in-32, en têtes et encadrements en plusieurs tons, rel. cuir de Russie, dos orné, comp. de fil. à fr., milieux et coins dor., dent. int., tr. dor. 150 fr.

  Apulée : L'amour et Psyché. — Musée : Hérodiate et Léandre. — A. Tatius : Leucippe et Clitophon. — Lucien : Dialogue des Courtisanes. — Virgile : Les Bucoliques. — Poésies de Anacréon et de Sapho. — Apollonius de Rhodes : Jason et Médée. — Horace : Odes et Epodes. — Théocrite : Les Idylles. — Properce : Les Elégies.

DU BELLAY. Les Œuvres françoises de Joachim Du Bellay, gentil-homme Angevin, reveues et de nouveau augmentées de plusieurs poésies non encore auparavant imprimées. *A Lyon, par Antoine de Harsy*, 1575, in-8, mar. rouge jans., dent. intér., tr. dor. (*Hardy*). 85 fr.

  Edition rare.

GONCOURT (Ed. de). La fille Elisa. Compositions et eaux-fortes originales de Georges Jeanniot. *Paris, E. Testard*, 1895, in-8, raisin, mar. grenat, doublé et gardes étoffe, large bordure avec ornem. de 8 fil., mors de mar. grenat, doubles gardes, tr. dor. sur brochure, couv. (*Marius Michel*). 450 fr.

  DE LA COLLECTION DES DIX.

  L'un des 40 exemplaires tirés sur papier vélin à la cuve, avec une triple suite des eaux-fortes, et le tirage à part hors texte sur papier de Chine volant des vignettes.

  On a ajouté une *eau-forte refusée*, pour le chapitre XIX.

GRISEL (J.). Les Premières Œuvres poétiques de Jehan Grisel, Rouennois, au très chrestien Roy de France et de Navarre, Henry IIII. *Rouen, Raph. du Petit-Val*, 1599, in-12, mar. bleu, dos orné, milieux à feuillages, dent. int., tr. dor. (*Trautz-Bauzonnet*). 125 fr.

  Bel exemplaire de ce poète normand.

LESTRIF de fortune et de vertu desquelz est souverainement demonstré le poure et foible estat de fortune contre l'opinion commune (par Martin Franc) (en vers et en prose). (A la fin.) Cy fininst (sic) lestrif de fortune et de vertu fait par maistre Martin le franc... Imprimé a Paris par Michel le Noir... L'an, 1519, in-4 goth., fig. sur bois, 102 ff. à longues lignes, mar. r., dos orné, fil., dent. int., tr. dor., (*Rel. anc.*). 210 fr.

  Ce volume fort rare contient trois grandes figures sur bois, dont une sur le titre, et la grande marque de Michel Lenoir au verso du dernier feuillet. Exemplaire de Méon.

MAUPASSANT (Guy de). L'Épave. *Paris, Imprimé pour la Société des Bibliophiles Contemporains*, 1892, in-4, figures lithographiées par Alex. Lunois (*épreuves sur vieux japon*), br., couv. 125 fr.

  EXEMPLAIRE UNIQUE tiré sur grand Whatman colombier.

METRA. Correspondance secrète, politique et littéraire, ou Mémoires pour servir à l'histoire des cours, des sociétés et de la littérature en France, depuis la mort de Louis XV. *A Londres, chez John Adamson*, 1787-1790, 18 vol. in-12, demi-rel. mar. r. à long grain, non rog. 250 fr.

  Très bel exemplaire de cet ouvrage rare à trouver complet.

LA FONTAINE. Fables, illust. par J.-J. Grandville. Nouvelle édition. *Paris, H. Fournier ainé*, 1839-1842, 2 vol. gr. in-8, demi-rel. dos et coins de chagr. noir, fil., non rog. (*Blaise*). 280 fr.

  2 frontispices et 240 figures TIRÉS SUR CHINE VOLANT.

  Très rare en pareille condition.

LA FONTAINE. Contes et nouvelles en vers de M. de La Fontaine, nouv. édit. revue et augmentée de plusieurs contes du mesme auteur, et d'une dissertation sur la Joconde. *Leyde, Sambix le jeune (à la Sphère)*, 1669, pet. in-12, mar. rouge, dos orné, fil., dent. int., tr. dor. (*Hardy-Mennil*). 100 fr.

  Edition rare, imprimée par Foppens à Bruxelles. Elle contient pour la première fois, un long fragment de la *Coupe enchantée* et la *Dissertation sur Joconde*, par Boileau. Bel exemplaire. Willems Nº 2046.

L'INTERMÉDIAIRE

DES

Bibliophiles — Libraires — Amateurs

CATALOGUE DE BONS LIVRES ANCIENS ET MODERNES

Rares, Curieux ou Singuliers en tous genres

EN VENTE AUX PRIX MARQUÉS

ADMINISTRATION	A. DUREL	L'Abonnement donne droit
Rue de l'Ancienne-Comédie		à l'Envoi de tous nos Cata-
et Passage du Commerce	**Proprietaire-Gérant**	logues de Ventes Publiques
PARIS		

ABONNEMENTS	TARIF DES ANNONCES	
PARIS — PROVINCE — ÉTRANGER	La page entière	**50** fr.
3 francs par An	La demi-page	**30** fr.

PARIS

A. DUREL, Libraire

21, rue de l'Ancienne-Comédie, 21

9 et 11, passage du Commerce, 9 et 11

1899

THÉÂTRE CONTEMPORAIN

en éditions originales

Volumes in-12 et in-8, brochés, avec couvertures imprimées

7327 **AUGIER** La Contagion 1866, in-8

7328 — Le Fils de Giboyer 1863, in-8 cart. Bradel, non rog., couv.

7329 — La jeunesse 1858, in-12

7330 — Lions et Renards 1870, in-8

7331 — Madame Caverlet 1876, in-8

7332 — Maître Guérin 1865, in-8

7333 **AUGIER** (E.) et J. **SANDEAU** Pierre de Touche, 1854, in-12

7334 **BARRIERE** (Théodore) Malheur aux vaincus, 1866, in-8

7335 **BUSNACH** (W.) et O. **GASTINEAU** L'Assommoir 1881, in-12

7336 **COPPEE** (Fr.) Le Trésor, 1879, in-12 (pap. de Chine)

7337 **COTTINET** (Edm.) Vercingétorix 1880, in-8

7338 **DAUDET** (A.) La Lutte pour la vie 1890, in-18

7339 — Le Sacrifice, 1869, in-12

7340 **DELAIR** (Paul) Garin 1880, in-8

7341 **DINAUX** ps. [MM. Beudin et Goubaux] Richard Darlington, précédé de la Maison du Docteur, prologue 1832, in-8

7342 **DOUCET** (Camille) La Considération, 1860, in-12

7343 **DUGUÉ** (Ferdinand) Théroigne 1887, in-8

7344 **DUMANOIR** et Th. **BARRIERE** Les Toilettes tapageuses 1856, in-12

7345 **DUMAS** (Alex.) La Conscience, 1854, in-12 cart. Bradel, non rog. couv.

7346 — L'Honneur est satisfait 1858, in-12

7347 — Madame de Chamblay 1869, in-12, cart. Bradel, non rog. couv.

7348 — Napoléon Bonaparte ou trente ans de l'Histoire de France 1831, in-8

7349 — L'Orestie 1856, in-12, cart. Bradel, non rog. couv. (*Envoi autog. sign. de l'auteur*)

7350 **DUMAS** fils (Alex.) Denise 1885, in-8

7351 — L'Étrangère 1877, in-8

7352 — La Femme de Claude 1873, in-8, cart. Bradel, non rog. couv.

7353 — Le Fils Naturel 1858, in-12

7354 — Francillon, 1887, in-8

7355 — Un Père Prodigue 1859, in-12

7356 — La Princesse de Bagdad 1881, in-8

7357 — La Princesse Georges 1872, in-8

7358 **FEUILLET** (O.) La Belle au bois dormant 1865, in-12

7359 — Le Cas de Conscience 1867, in-12

7360 — Dalila 1857, in-12

7361 — Rédemption 1860, in-12

7362 — Un Roman parisien 1883, in-12 (sur pap. de Holl.)

7363 — Le Sphinx 1874, in-8

7364 **GILL** (A.) et J. **RICHEPIN** L'Étoile 1873, in-12

7365 **GIRARDIN** (Mme Em. de) L'École des journalistes 1838, in-8 (couv. pap.)

7366 **GIRARDIN** (Émile de) Les deux Sœurs 1865, in-8

7367 — Le Supplice d'une femme 1865, in-8

7368 — Les trois Amants 1873, in-8

7369 **GONDINET** (Edmond) Christiane, in-8

7370 **HUGO** (V.) Torquemada 1882, in-8

7371 **LACROIX** (J.) La Jeunesse de Louis XI 1858, in-12

7372 — Le Testament de César 1849, in-8

7373 **MAQUET** (A.) et J. **LACROIX** Valeria 1851, in-12

7374 **MEILHAC** (H.) et L. **HALÉVY** Grande-Duchesse de Gérolstein 1867, in-12

7375 **MEURICE** (P.) La Vie nouvelle, in-8

7376 **MUSSET** (Alf. de) Bettine 1851, in-12

7377 — Fantasio 1866, in-12

7378 — Louison, comédie en deux actes, en vers 1849, in-12

7379 **PAILLERON** (Éd.) Cabotins, in-8

7380 — Les faux Ménages 1869, in-8

7381 — Hélène 1872, in-8

7382 — La Souris 1888, in-8

7383 — Discours prononcé le jour de sa réception de l'Académie Française 17 janvier 1884

7384 **PONSARD** (F.) La Bourse 1856, in-8

7385 — Galilée 1867, in-8

7386 **SAND** (G.) L'Autre 1870, in-8

7387 — Claudie 1851, in-12

7388 — Flaminio 1854, in-12

7389 — Françoise 1856, in-12

7390 — Marguerite de Sainte-Gemme 1859, in-12

7391 — Le Marquis de Villemer 1864, in-8

7392 — Molière 1851, in-12 (*couv. papier*)

7393 — Le Pavé 1862, in-12 (*1er plat de la couverture seulement*)

7394 — La Petite Fadette 1869, in-12

7395 — Le Pressoir 1853, in-12

7396 **SAINT-REMY** (de) Sur la grande Route 1861, in-12

7397 — La Manie des Proverbes 1862, in-12

7398 **SARDOU** (V.) Daniel Rochat 1880

7399 — Les Ganaches 1863, in-12 (*mouill.*)

7400 — Maison neuve 1867, in-12

7401 — Séraphine 1869, in-8

7402 **SARDOU** (V.) et Ph. **GILLE** Les ... Saint-Gervais 1875, in-12

7403 **SARDOU** (V.) et Em. de **NAJAC** Divorçons 1885, in-8

7404 **SCRIBE** La Passion secrète 1834, in-8

7405 **SOULARY** (Jos.). Un Grand Homme qu'on attend. 1879, in-12. 1 fr.

7406. **VACQUERIE** (A.). Le Fils. 1866, in-8, (sur pap. de Holl.). 1 fr. 25

7407. — Formosa. 1883, in-8. 1 fr. 25

7408. — Tragaldabas. 1875, in-8. 1 fr. 25

7409. **ABBÉCOURT**. Traité des Eaux minérales d'Abbécourt (près Poissy) par M. Gouttard. *Paris*, 1718, in-12, v. m. 10 fr.

> Volume peu commun Aux mois d'avril et mai 1718 le roi fit rétablir la fontaine d'eaux minérales d'Abbécourt à la sollicitation de M. Fagon, le célèbre médecin, et pendant une partie du 18° siècle, ces eaux eurent un grand succès.

7410 **ABRA DE RACONIS** (Ch. Fr. d'). Responce à l'epistre des quatre ministres de Charenton. Ensemble à deux autres escrits de P. D. M., l'un de la puissance de la puissance de Dieu et de sa volonté, l'autre de sa juste providence. *Paris, J. Cottereau*, 1617, in-8, v. marb. 10 fr.

7411 **ABRANTÈS** (Duc d'). Essai sur la Régence de 1870, d'après les documents authentiques. *Paris, Guérard*, 1879, in-8, br., n. c. 3 f.

7412 **ACADÉMIE** universelle des jeux avec des instructions faciles pour aprendre à les bien jouer. *A Amsterdam*, 1758, in-12, v. 3 fr.

7413 **ADAM** (Mme Edmond) (Juliette Lamber). Récits d'une paysanne, illustrations de G Fraipont. *Paris, J. Lemohnyer*, 1885, gr. in-8 br., couv. 27 fr.

> L'un des 100 exemplaires tirés sur papier du Japon (n° 44) avec le tirage à part, en bistre de toutes les vignettes.
>
> Publié à 60 francs.

7414 **ADICIONES** al memorial de la vida christiana, que compuso el R. P. Fray Luys de Granada de la orden de Sancto Domingo: en las quales se contienen dos tratados, uno de la perfeccion del amor de Dios, y otre de algunos principales mysterios de la vida de nuestro Salvator Compuestos por el dicho padre con licencia y approbacion. *Salamanca, Mathias Gast*, 1574, pet. in 8, v. rac., dos orné, fil., tr. dor. (*Mouillures*). 20 fr.

> Volume rare

7415 **ADVERTISSEMENT** fait au Roy, de la part du Roy de Navarre, et de monsieur le prince de Condé, touchant la dernière déclaration de la guerre, 1587. *Imprimé à la Rochelle, par Jean Portoft*, in-8 de 7 pp., demi-rel vél. blanc. 15 fr.

7416 **ADVIS** sur le fait de la mutuelle union, reciproque, devoir et entretenement des états politics (*sic*). *S. l.*, 1583, in-4, cart. vélin (*Rare*). 3 fr.

7417 **ÆMILIUS** (Paulus). Historici clarissimi, de rebus gestis Francorum, libi X Arnoldi Ferroni. Burdigalensis, regii consiliarii, de rebus gestis Gallorum libri IX ad historiam Pauli Aemylii additi. Chronicon I. Tilii de regibus Francorum, A Pharamundo usque ad Henricum II. *Parisiis, apud Vascosanum*, 1555, in-8 de 448 pp., v. f. ant., tr. dor. 4 fr.

7418 **ÆSCULAPII | et Vraniae medicum | simul et astronomicum ex colloquio coningium, | harmoniam microcosmi cum macrocosmo, | siue humani corporis cum cœlo. paucis figurans, et perspicuè, deinonstrans, | Antonio Mizaldo Monsluciano | autore. | *Lugduni, | Apud Ioan. Tornæsium*, 1550, in-4, demi-rel. mar. r. jans, tête peign. 10 fr.

7419 **AKERLIO**. Eloge des perruques. *Paris, an VII*, in-12, br. 3 fr.

7420 **AIGRE-PRE**. dit l'Ébouilli (Victor Grandin, d'Elbeuf). Herchelée de la Friquassée crotestyllonée remise en casserole par le maitre Coq des Bateaux de la Calc St-Eloi. *A De polayer à l'Entrepôt des Cidres et Poirés, chez Poullier la Moque, proche l'Eglise Magdelaine. Rouen*, 1868, plaq pet. in-4, pap. vergé, br. 2 f.

> Facétie tirée à petit nombre et relative à un passage d'un petit volume en vers dont il n'existe, à ce qu'il paralt, qu'un seul exemplaire de l'édition originale, acquis, il a quelques années, à un prix fort élevé par la Bibliothèque de la ville de Rouen. (*Quérard . Supercheries, t. I. col 220.*)

7421 **AJALBERT** (Jean). Sur les talus, poème avec un dessin de Paul Signac. *Paris, L. Vanier*, 1887, in-8, br. 3 fr.

> Edition originale, avec la couverture. — L'un des 50 exemplaires tirés sur papier Seychall-Mill (n° 14) avec Envoi autographe signé de l'auteur.

7422 **AJALBERT** (J.). P'tit. *Paris, Librairie illustrée*, s. d., in-16, br. couv. (*Edit. orig.*) 2 fr. 25

7423 **ALCIATUS** (Andreæ). Alciati in digestorum seu Pandectarum, librum XII... *Lugduni, Vincetius*, 1538. — Andreæ Alciati juris consulti mediolanensis, juris libri tres... *Lugduni, Vincentii*, 1538. Ensemble 1 vol. in-8, v. ant. (*Rel. fatiguée et mouillures*). 3 fr. 50

7424 **ALGAROTTI**. Œuvres du comte Algarotti *Berlin*, 1772, 7 vol. in-12, veau. 7 fr.

> Contenant : le Congrès de Cithère. — Les lettres sur la Peinture, etc, etc.

7425 **ALMANACH** des Prisons, ou anecdotes sur le régime intérieur de la Conciergerie, du Luxembourg, etc. (par Coissin). *Paris, Michel, an III*. — Tableau des Prisons de Paris. sous le règne de Robespierre (par Coissin). *Paris, Michel, an III*, 3 vol. in-18, vélin blanc, têtes dor., non rog. 15 fr.

> 2 frontispices différents aux deux premiers volumes. Rare.

7426 **ALMAZAN** (duc d'). La Guerre d'Italie, campagne de 1859 *Paris, Plon et Cⁱᵉ*, 1882, in-8, avec cartes, br., n. c. 3 fr. 50

7427 **AMIRANDA** rerum admirabilium Encomia, sive disserta et amœna Pallas dissereus scria sub ludicra specie. *Noviomagi Bat. Smetius*, 1676, in-12, fig., mar. citr. (*Rel. anc.*) 10 fr.

> Recueil curieux, avec les 8 planches qui manquent souvent.

7428 **AMMIANUS**. Ammiani Marcellini rerum gestarû libri XVIII, à decimoquarto ad trigesimum primum, nam XIII priores desiderantur. Quanto vero castigatior hic scriptur nunc prodeat, ex Hieronymi Frobenii epistola. quam hac de causa addidimus, cognosces... *Parisiis, Rob Stephani*, 1544, in-8, v. f. ant. (*Titre raccommodé*). 3 fr.

7429 **AMYRAUT** (Moyse). Du Règne de mille ans, ou de la prospérité de l'Eglise. *Saumur, Desbordes*, 1654. — Response au livre de M. Amiraut, du règne de mil ans, ou de la prospérité de l'Eglise, par Pierre de Launay. *Charenton, L. Vendosme*, 1655. Ensemble 2 part. en 1 vol. in-8, vél. 16 fr.

7430 **ANCENY** (Chⁱᵉʳ d.). Opuscules, ou Anecdotes en vers, recueillies et publiées par M. d'**** (d'Arblay). *Metz, chez la veuve Antoine et fils, à Paris, chez les marchands de nouveautés*, 1787, in-18, demi-rel bas. f. 12 fr.

> Très rare. Epitres voluptueuses dans le goût de Ber-

tin ; un petit poeme sur *les Doigts* : doigt mouillé, doigt mordu, doigt de cour, etc. Le chevalier d'Anceny est, comme on ne l'ignore pas, un des personnages du roman des *Liaisons dangereuses* ; M. d'A**** le rappelle dans l'avertissement.

7431 ANCILLON (Ch). L'irrévocabilité de l'édit de Nantes, prouvée par les principes du droit et de la politique, par C. A. (Charles Ancillon), docteur en droit et juge de la nation... *Amsterdam, H. Desbordes,* 1688, in-12, v. marb.
10 fr.

7432 AN DES SEPT DAMES (L') avec annotations et remarques par C. Ruelens et Aug. Scheler. *Bruxelles, A. Mertens et fils,* 1867, pet. in-12, br. couv. (10 fr.)
5 fr.
Tiré à 114 exemplaires numérotés.

7433 ANDRÉ (le Père) Œuvres philosophiques avec une introduction sur sa vie et ses ouvrages tirée de sa correspondance inédite par V. Cousin. *Paris,* 1843, in-12, br. (*Rare*). 2 fr. 25

7434 ANECDOTES de Suède ou histoire secrette des changements arrivés dans ce Royaume sous le règne de Charles XI. *A Stockholm,* 1716, in-12, 1/2 v. f.
3 fr.

7435 ANECDOTES du ministère du comte duc d'Olivarès. *Paris,* 1722, in-12, v. m. 3 fr.

7436 ANECDOTES ou mémoires secrets sur la constitution unigenitus. *Utrecht,* 1730-1733 3 vol. in-12, v. m.
6 fr.

7437 ANECDOTES secrètes pour servir à l'histoire galante de la Cour de Pékin (de France). *A Pékin, Paris,* 1746, 2 parties en 1 vol. in-12, v.
4 fr.

7438 ANGILBERT. Histoire des premières expéditions de Charlemagne, pendant sa jeunesse et avant son règne ; composée pour l'instruction de Louis le Debonnaire, mis au jour et dédié au roi de Prusse par M*** (Jos. Dufresne de Francheville). *Amsterdam,* 1742, in-8, v. f. ant.
4 fr.
Rare.

7439 ANQUETIL. L'Esprit de la ligue ou histoire politique des troubles de France pendant les XVIe et XVIIe siècle. *Paris,* 1818. 4 vol. in-8, br. n. coupés.
5 fr.

7440 ANTIQUARUM statuarum urbis Romæ, quæ in publicis privatisque locis visuntur. Icones. *Romae, ex typis Laur. Vaccarii,* M.D.LXXXIIII (1584), in-4, br.
4 fr.
Recueil composé d'une suite de 30 planches (y compris le frontispice gravé) numérotées au crayon.

7441 ANVILLE (d'). Proposition d'une mesure de la terre, dont il résulte une diminution considérable dans sa circonférence sur les Parallèles. *Paris,* 1735, in-12, carte, v. f., dos orné, fil., tr. dor.
5 fr

7442 APOLOGIE des dames appuyée sur l'histoire par M. de***. *A Paris, chez Didot,* 1748, un vol. en 12 v. m.
3 fr.
Cet ouvrage est de Mme Galien de Chateau Thierry.

7443 APULEE. L'Asne d'Or, ou les Métamorphoses de Luce Apulée, illustré de commentaires apposez au bout de chasque livre, qui facilitent l'intention de l'Auteur. *Paris, Ab. Langelier,* 1602, in-12, demi-rel. chag. n.
6 fr.
La dédicace de Monsieur Jean de Rouen est signée de Montbyard.

7444 ARCHIVES DU SCANDALE (Les). Recueil d'aventures galantes, escroqueries célèbres, procès scandaleux, viols, enlèvements, bigamies, etc. etc, par M. R***. *Paris, Plancher,* 1819, in-8, br.
3 fr.

7445 ARGENS (d') Lettres juives, ou correspondance philosophique, historique et critique, entre un juif voyageur en différents états de l'Europe, et ses correspondants en divers endroits (par le marquis J.-B. de Boyer d'Argens). *La Haye, P. Paupie,* 1766, 8 vol. in-12, v. marb.
8 fr.

7446 ARGENSON. Notes de René d'Argenson lieutenant général de police, intéressantes pour l'histoire des mœurs et de la police de Paris à la fin du règne de Louis XIV. *Paris, F. Henry,* 1866, in-16, br.
3 fr. 50

7447 ARPE (P. Fr.). Theatrum fati sive notitia scriptorum de Providentia Fortuna et Fato. *Roderodami,* 1712. Vol. in-8, v.
3 fr.

7448 ASSELINE (A.). Victor Hugo, intime. Mémoires, Correspondances, Documents inédits. *Paris, Marpon et Flammarion,* 1885, in-12, br.
2 fr. 50
Edition originale, avec la couverture. — Exemplaire tiré sur papier du Japon.

7449 ATTAIGNANT (L'abbé de l'). Pièces dérobées à un ami. *Amsterdam,* 1750. 2 vol. in-12, v. m.
5 fr.

7450 AUDOUARD (Mme O.). Silhouettes Parisiennes. Illustrées de portraits. *Paris, Marpon et Flammarion,* 1883, in-12, br. couv. 2 fr. 50
Exemplaire tiré sur papier de Hollande.

7451 AUMALE (Duc d'). La Journée de Rocroy (19 mai 1643). *Paris, Champion,* 1890, in-12, pap. vergé de Holl., br., couv. 3 fr.

7452 BACHEVILLE. Voyage des frères Bacheville Capitaines de l'Ex-garde, en Europe et en Asie après leur condamnation par la Cour prévôtale du Rhône en 1816. *Paris,* 1822, in-8, 1/2 rel.
3 fr.

7453 BALZAC (H. de). La Maison du Chat-qui-pelote. Préface de Francisque Sarcey. Quarante compositions de Louis Dunki, gravées sur bois par Maurice Baud *Paris, L. Conquet.* — L. Carteret et Cie, Successeurs, 1899, in-8, cavalier, br., couv. illust.
135 fr.
Tirage unique à 2oo exemplaires sur papier vélin du Marais à la forme.
Publié à 150 francs Epuisé.

7454 BALZAC (H. de). La Peau de Chagrin. SUITE de 75 vignettes gravées en taille-douce d'après les dessins de Gavarni, Baron, Janet, Lange, etc, pour illustrer la Peau de Chagrin de H. de Balzac, pub. par Delloye et Lecou, 1838, gr. in 8, en feuilles.
90 fr.
L'un des rares exemplaires du tirage à part.

7455 BANVILLE (Th. de). Esquisses Parisiennes, scènes de la vie. *Paris, Poulet-Malassis,* 1859, in-12, br.
3 fr.
Edition originale avec la couverture.

7456 BARBERINI (Maphei) nunc Urbani PP. VIII Poemata. *Romæ, in ædibus Collegii Romani Societ. Jesu,* 1631, in-4, vél. dor., tr. dor. (Reliure molle).
18 fr.
Bel exemplaire de la première édition, imprimée avec grand luxe en rouge et noir, et ornée d'un frontispice, d'un beau portrait d'Urbain VIII et d'une grande planche emblématique, le tout gravé en taille douce, par Claude Mellan.

7457 BARCLAY (Robert) Apologie de la véritable théologie chrétienne ainsi qu'elle est soutenue et prêchée par le peuple appelé par mépris : Les Trembleurs. *Londres,* 1702, in-8, bas. (*Rare*).
10 fr.

7458 BARON. Les Enlèvemens, comédie (par Baron). *A Paris, chez Th. Guillain,* 1686, in-12 v.
3 fr.
Edition originale.

7459 **BARTHÉLEMY** et **MÉRY**. Napoléon en Egypte, poème en huit chants. *Paris, A. Dupont,* 1828, in-8, br. 2 fr. 50
Edition originale, avec la couverture.

7460 **BARTHOLINI** (Thomæ) De Cruce Christi. Hypomnemata IV., *Amstelodami, sumptibus Andreæ Frisii,* 1670, pet. in-12, v. m., dos orné. 3 fr.

7461 **BARTHOLINI** (Thomæ) de Luce Hominum et Brutorum libri III. *Hafniae Matthiae Godicchenii impensis Petri Hauboldi,* 1669, in-8, parch. ant. 5 fr.

7462 **BASNAGE** (Jacques). Histoire de l'Eglise depuis Jésus-Christ jusqu'à présent, divisée en quatre parties. *Rotterdam,* 1699, 2 vol. in-fol. v. gr. 20 fr.
Ouvrage estimé pour son impartialité. La quatrième partie contient l'*Histoire des Albigeois et de la succession de l'Eglise jusqu'à présent.*

7463 **BASTIDE** (J.-Fr. de). Le Repentir des Amans. *Amsterdam,* 1766, in-12, demi-rel. chag. r. 3 fr. 25

7464 **BAUDOIN** (J.) Les Saintes Métamorphoses, ou les Changements miraculeux de quelques grands saints, tirez de leurs vies. *Paris, imprim. des nouveaux caractères de P. Moreau,* 1644, in-4, front. gr. en 12 fig. de Cl. Mellan, v. marb. 25 fr.
Coté 250 francs, catalogue Fontaine 1877.

7465 **BAYERUS** (Th). Historia Osrhoena et Edessena ex numis illustrata. *Petropoli,* 1734. 1 vol. in-4, fig., v. (*Bel exempl., rare*). 10 fr.

7466 **BAZIN** (A.). Notes historiques sur la vie de Molière. *Paris, Téchener,* 1851, in-12, br. 2 fr.

7467 **BEAUMARCHAIS**. L'autre Tartuffe, ou la mère coupable, drame en cinq actes, en prose. *Paris, Rondonneau,* 1797, in-8, cart. d'amateur. 3 fr.

7468 **BEAUMARCHAIS**. Théâtre, accompagné d'une notice, par F. de Marescot. Illustrations de M. Adrien Marie. *Paris, Librairie illustrée,* s. d., in-4, br. couv. (*Taches de rousseur*). 3 fr.

7469 **BEFFARA** (L. Fr.). L'Esprit de Molière, ou choix de Maximes, pensées... tirés de ses ouvrages ; avec un abrégé de sa vie, un catalogue de ses pièces, etc. *Londres et Paris, Lacombe,* 1777, 2 vol. in-12, v. marb. 7 fr.

7470 **BELLAY** (Joach. du) Œuvres choisies avec une introduct. et des notes par L. Séché, une notice bio-bibliographique, par C. Ballu, et des sonnets, hommages des principaux poètes contemporains. Frontispice de Ludovic Alleaume, dessins à la plume de Carabœuf. Le Petit Lyré, mis en musique par J. Bordier. *Paris, Édition du Monument,* 1894, in-4, br, couv. 3 fr. 50

7471 **BELLEGUISE** (A.). Traité de la Noblesse suivant les préjugez rendus par les Commissaires députez pour la vérification des titres de Noblesse en Province... *S. L.,* 1669, pet. in-12, v. gr. 10 fr.
Rare.

7472 **BELLEMARE** (A.) Grammaire arabe, idiome d'Alger. *Paris,* 1858, in-8, 1|2 chag. 3 fr.

7473 **BELLES FEMMES** (les) de Paris et de la Province (Deuxième série). *Paris,* 1840, in-8, portr., demi-rel. chag. r., dos orné. (*Rel. de l'époque*). 6 fr.
Ce volume, dont le texte a été rédigé par MM. Méry, A. Soumet, J. Janin, A. Houssaye, E. Deschamps, etc. etc., est orné de 14 portraits de femmes célèbres, lithographiés et tirés sur Chine. *Rare.*

7474 **BELLEVAL** (de). Notice sur Montpellier. *Montpellier,* 1826, in-8, br. 3 fr.

7475 **BENOIT** (E.). Histoire de l'Edit de Nantes contenant les choses les plus remarquables qui se sont passées en France après sa publication à l'occasion de la diversité des Religions. (Tomes 1 et 2) *à Delf,* 1693. 2 vol. in-4 vélin. 20 fr.

7476 **BENOIST** (René) La Sainte Bible, contenant le Vieil et Nouveau Testamêt, latin-françois, chacune version correspondante à l'autre, verset à verset Avec annotations nécessaires... par M. René Benoist, angevin. *Paris, Nicolas Chesneau,* 1568. 3 vol. in-4, bas. ant. 20 fr.
Traduction rare et fort recherchée de la Bible.

7477 **BERGIER**. Les éléments primitifs des langues. *Besançon,* 1837, un vol. in-8, br. 3 fr.

7478 **BERLEUX** (J.). La Fin de Murat, en trois tableaux. D'après Alexandre Dumas. *Paris, Ollendorff,* 1890, in-12, portr., br., couv. 2 fr. 25
Tiré à 400 exemplaires sur papier de Hollande.

7479 **BERNARD**. L'explication de l'Edit de Nantes. avec de nouvelles observations, et les Nouveaux Edits, Déclarations et Arrests donnez jusqu'à présent, touchant la Religion Réformée par M. Soulier, Prestre. *Paris, Ant. Dezallier,* 1683, in-8, v. br. 5 fr.

7480 **BERTRAND**. (L.). La Chasse et les Chasseurs avec une préface par J. Janin. *Paris, Dentu,* 1862, in-12, br. couv. 4 fr.
Rare.

7481 **BESIAN ARROY**. Questions décidées sur la justice des armes des Roys de France, sur les alliances avec les hérétiques ou infidelles, et sur la conduite des gens de guerre, par Bésian Arroy, théologal de l'Eglise de Lion. *Paris,* 1634, in-8, vél. 10 fr.
Bel exemplaire.

7482 **BEUGNOT** Mémoires du comte Beugnot ancien ministre (1783-1815), publiés par le comte Albert Beugnot, son petit-fils. *Paris, Dentu,* 1866, 2 vol in-8, demi-rel. chagr. grenat. 12 fr.
Rare.

7483 **BÉVY**. Histoire des inaugurations des Rois, Empereurs et autres Souverains de l'univers, depuis leur origine jusqu'à présent... par M*** (dom. Ch.-Jos. Bévy). *Paris, Moutard,* 1776, in-8, v marb. ant. (*Q.q. feuillets et pl. tachés.*) 4 fr.
14 figures comprenant 80 costumes, dessinées par Michel Rieg, grav. par Ingouf et Trière.

7484 **BÈZE** (Th. de). Annotationes majores in Novum Du Nostri Jesu Christi testamentum in duas distinctae partes. quarum prior explicationem in quatuor evangelistas, (etc.). *S. L.,* 1594, gros in-8, perc. 15 fr.

7485 — Athanasii dialogi V. de sancta Trinitate. Basilii libri IIII adversus impium Eunomium Anastasii et Cyrilli compendiaria orthodoxæ fidei explicatio. Ex interpretatione Theodori Bezæ, etc. *S. L., excudebat H. Stephanus,* 1570, in-8 de 8 ff. prél., 431 et 27 pp. vélin. 10 fr.
ÉDITION ORIGINALE.

7486 **BIBLE GALLERY** (The). Portraits of women mentioned in Scripture, engraved by the most eminent artists, from drawings by C. Stahl. *London, D. Bogue.* 1847, gr. in-8 pl. (18), mar. r, dos orné, fil, dent., tr. dor. 20 fr.

7487 **BIGNON** (H.). Traité sommaire de l'Election des Papes. Par H. B. P. (Hierosme Bignon Parisien). Plus le plan du Conclaue et une liste des Cardinaux qui s'y sont trouuez. De l'Election du pape Léon XI, et de son décès. Qua-

triesme edition, becoup plus ample que les pre-
cédentes. Plus a esté adioustée l'Election de N.
S. P. le Pape Paul V. *A Paris, par David le
Clerc*, 1605, in-8 de 2 ff. chiff. et 1 f blanc,
velin ant.   16 fr.
    Pièce rare.

7488 **BIZOT**. Histoire métallique de la République de Hollande. *Paris, Dan. Hortemels*, 1687,
in-fol., front. gr. et figures, vél. ant.   6 fr.

7489 **BLAINVILLE**. Nouveau traité d'arithmétique, mis dans sa perfection, contenant
une ample explication de ses principes, tant en
nombre qu'en fractions (etc.), avec plusieurs
tarifs pour l'aunage des toiles et des draps
(etc.), la manière de faire toutes sortes de cal-
culs pour les rentes (etc.), le tout que l'on peut
apprendre de soi-même (etc.). *Rouen*, 1728,
in-12, perc.   4 fr

7490 **BLÉMONT** (Em.). Les filles Sainte-Marie, ronde Dessins de F. Régamey, paroles de
Emile Blémont, musique de Alma Rouch.
Paris, Quantin, s d. Album in-4 sur japon,
cart. toile, ff. mont. sur onglets (*Cart. de l'éditeur*).   3 fr.
    Tiré à 300 exemplaires numérotés et paraphes
    Exemplaire (n° 138) avec envoi autographe signé
    d'Em. Blémont.

7491 **BOCKH** (A.). Ueber die vierjahrigen son-
nenkreise der alten vorzuglich den Eudoxis-
chen. *Berlin*, 1863, in-8, 1|2 v.   3 fr.

7492 **BOERNE** (William). Les Grelots de Momus, contes rimés. *Paris, Ladrech*, 1876, in-16,
br., n. c.   2 fr.

7493 **BOÈS** (Karl). Les Opales (poésies). Prologue musical, par Vincent d'Indy. *Paris, Librairie de l'Art indépendant*, 1893, pet. in-8
carré, br.   3 fr
    Edition originale, avec la couverture. — Envoi auto-
    graphe signé de l'auteur.

7494 **BOILEAU**. Œuvres de Boileau Despréaux,
avec des éclaircissemens historiques donnés
par lui-même, et rédigés par M. Brossette,
augmentées de plusieurs pièces, tant de l'auteur, qu'ayant rapport à ses ouvrages ; avec des
remarques et des dissertations critiques, par
M. de Saint-Marc ; nouv. édit. augmentée de
plusieurs remarques et de pièces relatives aux
ouvrages de l'auteur, enrichie de figures gravées d'après les dessins du fameux Picart le
Romain. *Amsterdam, Changuion*, 1772, 5 vol.
in-8, fig , demi-rel. dos et coins de v. f ant.
                                             6 fr.

7495 **BOILEAU**. Satires du sieur D***, seconde
édition. *Paris*, 1667, pet. in-12, 1|2 v. ant. 15 fr.
    Seconde édition originale, plus rare encore que la
    première. — A la suite se trouve reliée la huitième sa-
    tire sous le titre: *Satires du sieur D*. Paris, 1668. Exem-
    plaire un peu court de marges. Vendu 151 fr. Cat. Ro-
    chebilière.

7496 — Satires du sieur D... (Despréaux). *Paris*,
1669. — II° épistre au Roi du sieur D***. *Paris*,
1672. Ensemble un vol, in-12, v. br.   20 fr.
    Quatrième édition originale Première édition en petit
    format des deux épitres au Roi. Rare.

7497 **BOIS** (Maurice). Guerre Franco-Allemande
de 1870-71. Sur la Loire. Batailles et combats.
(Avec cinq cartes). *Paris, Dentu*, 1888, in 8, br.
                                             3 fr.

7498 **BOISGUILBERT** (Le Pesant de). Marie
Stuart, reyne d'Escosse. Nouvelle historique.
Paris, Cl Barbin, 1675, 3 vol in-12, v. gr. 6 fr.
    Le Pesant de Boisguilbert naquit à Rouen ; il mourut
    dans la même ville en 1714.

7499 **BOISJOURDAIN** (de) Mélanges historiques, satiriques et anecdotiques. Contenant

des détails ignorés ou peu connus sur les événements et les personnes marquantes de la
fin du règne de Louis XIV, des premières années de celui de Louis XV et de la Régence.
Paris, Chevre et Chanson, 1807, 3 vol. in-8,
cart., non rog.   27 fr.
    Rare.

7500 **BOISSIER DE SAUVAGES**. Mémoire
sur les vers à soie. *Nismes*, 1763, 2 vol. in-8,
veau.   6 fr.
    On a relié à la suite : De la culture des mûriers, par
    le même. *Nismes*, 1763.

7501 **BOITEL DE GAUBERTIN**. Histoire
mémorable de ce qui s'est passé tant en France que aux pays étrangers de l'an 1610 à 1619.
(par P. Boitel, Sr de Gaubertin). *Rouen*, 1619,
2 part. en 1 vol. pet. in-8, v. marb. fil. 6 fr.

7502 **BONNARDOT** (A.). Perruque et Noblesse. Fatalité en trois parties (par A. Bonnardot). *Paris, De Guiraudet et Ch. Jouaust*,
1837, in-8 br.   3 fr.
    Edition originale, avec la couverture.

7503 **BONNECHOSE** (Emile de). Histoire de
France, considérablement augmentée, et continuée pour la première fois, jusqu'à la Révolution de 1848. *Paris, F. Didot et Cie*, 1864,
2 vol. in-8, br.   4 fr.

7504 **BORDE**. Parapilla et autres œuvres libres et galantes de M. B*** (Borde). Edition
considérablement augmentée et faite sur les
manuscrits de l'auteur. *Florence*. (*Paris, Cazin*), 1784, v. f., dos orné, 3 fil., tr. dor. (*Rel.
anc.*)   3 fr.
    Un joli frontispice dans le goût du Marillier repré-
    sentant un jardinier portant un panier de fleurs, etc.

7505 **BOUFFLERS**. Œuvres du chevalier de
Boufflers. *La Haye, Detune*, 1781, in-12, mar.
r., dos orné, fil., tr. dor. (*Rel anc.*)   6 fr.

7506 **BOULAINVILLIERS** (de). Histoire
de l'ancien gouvernement de France. *La Haye*,
1727, 2 vol. in-12, v.   4 fr.

7507 **BOULLÉE** (A.). Histoire complète des
Etats-Généraux et autres Assemblées repré-
sentatives de la France, depuis 1302 jusqu'en
1626. *Paris, Langlois et Leclercq*, 1845, 2 vol.
in-8, br.   6 fr.
    Peu commun.

7508 **BOULLENOIS** (F. de). Conseils aux
nouveaux éducateurs de vers à soie ; résumé
des méthodes et des pratiques à suivre pour
planter des mûriers, élever les vers à soie et
filer les cocons. *Paris*, 1832, un vol. in-8, br.,
planches gravées.   3 fr. 50

7509 **BOUREAU-DESLANDES** (A.-F.).
Réflexions sur les grands hommes qui sont
morts en plaisantant ; nouvelle édition, augmentée d'Epitaphes et autres pièces curieuses qui n'ont point encore paru. *Amsterdam,
aux dépens de la Compagnie*, 1758, pet. in-12,
mar. citr., dos orné, fil., tr dor. (*Rel anc.*)
                                             10 fr.

7510 **BOUVIER DU MOLART** (Bar.). Des
causes du malaise qui se fait sentir dans la
société en France, des agitations qui la trou-
blent et des moyens d'y remédier. *Paris*, 1834,
in-8, rel. pl., tr. dor.   5 fr.

7511 **BOYER D'AGEN**. Monsieur le Rédacteur ! *Paris, V. Havard*, 1888, in-12, br.
                                             2 fr. 50
    Edition originale, avec la couverture. Exemplaire
    tiré sur papier de Hollande.

7512 **BOYLE** (Rob.). Tractatus inquibus continentur : Suspiciónes de Latentibus quibusque
qualitatibus aeris. — Animadversiones in D

Hobbesit problemata de Vacuo. — Dissertatio de Causa attractionis per suctionem. *Londini*, 1676, pet. in-12, v.-f. ant. **5 fr.**

7513 BRANDT (Gérard) Histoire abrégée de la Reformation des Pais Bas, traduite du Hollandois de Gerard Brandt, contenant les principaux événements, depuis le VIIIe siècle, jusqu'à la Confession de Foi des Remontrans. *La Haye, P. Gosse,* 1726, 3 vol in-12, v. f. **7 fr. 50**

7514 BRILLAT-SAVARIN. Physiologie du Goût, ou Méditations de Gastronomie transcendante ; ouvrage théorique, historique et à l'ordre du jour. Deuxième édition *Paris, Sautelet et Cie,* 1828, 2 vol. in-8, br., couv. **3 fr.**

7515 BRIO (Carolus). Les Blessés de la vie. *Paris, Frinzine et Cie,* 1885, in-12, br. **2 fr. 50**
Edition originale, avec la couverture. — Exemplaire tiré sur papier de Hollande.

7516 BRUN (Jean). La Véritable Religion des Hollandois, contre le libelle diffamatoire de Stoupe, qui a pour titre la Religion des Hollandois ; cy est joint le Conseil d'extorsion ou la Volerie des François exercée en la ville de Nimègue, par le Commissaire Methelet & ses supôts (sic). *A Amsterdam, chez A. Wolfgank,* 1765, pet. in-12, maroq. brun, tr. dor. **25 fr.**
Willems, n° 1889. = Haut 132 millim.

7517 BRUTUM fulmen papæ Sixti V, aduersus Henricum Sereniss Regem Nauarræ et illustrissimum Henricum Borbonium, Principem Condæum. Unacum protestatione multiplicis nullitatis. *Genevæ,* s. d., in-8, parch. ant. **12 fr.**

7518 BULLET. Dissertations sur la mythologie françoise, et sur plusieurs points curieux de l'histoire des Francs. *Paris, Moutard,* 1771, in-12, v. marb. **4 fr.**

7519 BURTY (Ph.). Paul Huet. Notice biographique et critique, suivie du Catalogue de ses œuvres exposées en partie dans les Salons de l'Union Artistique. *Paris,* 1869, in-8, eau-forte. br. **2 fr 50**

7520 CAILLO. Notes sur le Croisic. *Nantes,* 1842, un vol. in-8, br **3 fr.**

7521 CALLIACHII (Nic.). de ludis scenicis mimorum, et pantomimorum syntagma, édidit Marc.-Ant. Maderus. *Patauii,* 1713, in-4. portr. gravé, cart. **3 fr.**

7522 CAMPARDON (Emile). Les Comédiens du Roi de la Troupe française pendant les deux derniers siècles Documents inédits recueillis aux Archives nationales. *Paris,* 1879, in-8, br., n. r., couvert. **5 fr.**
Exemplaire sur papier de Hollande.

7523 CAMPARDON (E.). Documents inédits sur J.-B. Poquelin Molière. *Paris, Plon,* 1871, in-16 br. **2 fr.**
Envoi autographe de l'auteur.

7524 CANZONI e anacreontiche di Vincenzio Sgrilli accademico a patista. *Lucerna,* 1760, in-8, 1\|2 rel. **3 fr.**

7525 CAPELLANO (Claudio). Mare rabbinicum infidum seu quæstio rabbinico-talmudica, num talmudistæ alitæd aliquando referant sacrum contextum quam nunc se habeat in nostris exemplaribus Hebraicis et nunc sit fidendum Rabbinis. *Parisiis,* 1667, pet, in-12, v. **2 fr.**

7526 CAPPEL Le Pivot de la Foy et Religion, ou Preuve de la divinité contre les athées et prophanes, par L. Cappel. *Saumur, Jean Lesnier,* 1643, in-12 de 8 ff. prél. et 307 pp. demi-rel. v. f. **14 fr.**
Fortes mouillures.

7527 CARO (Annibal). La Chanson de la Figue ou la Figuéide de Molza, commentée par A. Caro (XVIe siècle), trad. en français, pour la première fois, texte italien en regard. *Paris, Liseux,* 1886, in 8 écu, pap. de Holl., br. n. c., couv. **20 fr.**
Publié à 40 francs.
Edition unique tirée à 300 exemplaires numérotés (n° 119).

7528 CARON (P.-S.). Le Plat de Carnaval ou les beignets apprêtés par Guillaume Bonne-pâte, pour remettre en appétit ceux qui l'ont perdu (par P. Sim.-Caron). *A Bonne-Huile, chez Feu-Clair, rue de la Poële, à la Pomme de Reinette, l'an dix-huit cent d'œufs* (1802), in-8, vign. en-têtes, br., couv. papier. **9 fr.**
Réimpression tirée à petit nombre.
Exemplaire sur papier de Chine.

7529 CASE (S. de la). Le Galatée. première ment composé par J. de la Case et depuis mis en François, latin; Allemand et Espagnol; traicté très utile et très nécessaire pour bien dresser la jeunesse, (etc.). *A Montbéliard, par Jacques Follet,* 1645, pet. in-12, parc. **15 fr.**
Edition très rare.

7530 CAUSEI DE LA CHAUSSE (Mich.-Aug). Le grand cabinet romain, ou recueil d'antiquités romaines que l'on trouve à Rome, avec les explications de Michel-Ange de La Chausse (traduit en François, avec des remarques, par dom Joachim Roche, bénédictin de St-Vannes). *Amsterdam, Fr. L'Honoré,* 1706, in fol. front. gr. et figures, v. f. ant. **6 fr.**

7531 CHARAVAY (Et.). A. de Vigny et Charles Baudelaire, candidats de l'Académie Française, étude par Etienne Charavay. *Paris, Charavay frères,* 1789, in-12, pap. de Holl., portr. de Baudelaire, br., couv. **2 fr. 25**

7532 CHARBONNIER (J.). Organisation électorale et représentative de tous les pays civilisés. *Paris, Guillaumin et Cie,* 1874, in-8, br., n. c. **3 fr. 50**

7533 CHARITON. Les Amours de Chereas et Callirhoé, trad. du grec de Chariton, avec des remorques, par P.-H. Larcher. *Paris, impr. de Guillaume,* An V-1797, 2 vol. in-12, v. porph. **5 fr.**

7534 CHARPENTIER (L.). Causes de la décadence du gout sur le théâtre, où l'on traite des droits, des talens et des fautes des auteur, des devoirs des comédiens, etc. *Amsterdam et Paris, Dufour,* 1768, 2 part. en 1 vol. in-12, v. marb. **3 fr.**

7535 CHARPENTIER (J. P.). Les Ecrivains Latins de l'Empire. *Paris, Hachette et Cie,* 1859, in-12, br., couv. (*Equisé, rare*) **3 fr.**

7536 CHANSONNIER HUGUENOT (le) du XVIe siècle. *Paris, Tross,* 1870, 2 vol. pet. in 12, pap. vergé teinté, demi rel. chag. gren., tête dor., non rog. **8 fr.**

7537 CHANSONNIER HUGUENOT (le), du XVIe siècle. (Recueilli par Henri Bordier.) *Paris, Tross,* 1870, 2 vol. pet. in-8 carré, demi-rel. v. f , tête dor., non rog. (*Galette*). **10 fr.**
A la fin du second volume se trouve: Complaincte et Cantiques de l'Eglise fidèle, 1551. *Paris, Sandoz,* 1873.

7538 CHARRON (Jacques de). Histoire universelle de toutes Nations et spécialement des Gaulois ou François commençant dès la création du monde consécutivement de temps en temps et de génération en génération, iusques en l'an de nostre salut, 1621. dédié au roy de France et de Navarre, par J. de Charron, sr de Monceaulx. *Paris, Th. Blaise,* 1621, 1 fort vol., titre gr. par L. Gaultier, v. ant. **15 fr.**
Rare.

7539 **CHARRON** (P.). Les Trois Véritez contre les athées, idolâtres, Juifs, Mahométans, hérétiques, Schismatiques, par Benoist Vaillant. *A-Bruxelles*, 1595, un vol. in-8, v.   4 fr.
Édition fort rare.

7540 **CHARRON** (P.). De la Sagesse, trois livres, nouvelle édition publiée avec notes par M. Amaury Duval. *Paris*, 1824, 3 vol. in-8, br.   7 fr

7541 **CHATEAUBRIAND.** Les Martyrs ou le Triomphe de la Religion Chrétienne par F. A. de Chateaubriand. *Paris, Le Normand*, 1809, 2 vol. in-8, bas.   6 fr.
Édition originale.

7542 **CHAUSSARD.** Héliogabale, ou Esquisse morale de la dissolution romaine sous les empereurs (par Chaussard). *Paris, Dentu*. An X (1802), in-8, frontispice, maroq. br. jans., dent. int., tr. dor. (*Chambolle-Duru*).   24 fr.
Bel exemplaire d'un ouvrage rare.

7543 **CHEMINS DE FER** dans Paris et dans les grandes villes par Arsène Ollivier. *Paris*, 1868, br. in-8.   1 fr. 50

7544 **CHÉNIER** (J. de). Dénonciation des inquisitions de la pensée. *Paris*, 1789, in-8, pap., vélin, br.   4 fr.

7545 **CHERBULIEZ** (V.). Olivier Maugant. *Paris, Hachette et Cie*, 1885, in-12, br.   3 fr.
Ed. orig. avec la couverture.

7546 **CHOISEUL-DAILLECOURT** (Cte de). Epigrammes. Quatrains. Poésies satiriques. *Paris, Lainé et J. Havard*, 1866-67, 2 parties in-12, br. c.   2 fr. 50
Exemplaire tiré sur papier de Chine.

7547 **CHOISY** (abbé de). Histoire de l'Eglise depuis Jésus-Christ jusqu'en 1715. *Paris*, 1727, 11 vol. in-12, veau.   10 fr.

7548 **CHRONIQUE** de Mathieu d'Escouchy, nouv. édit. revue sur les manuscrits et publiée avec notes par Me du Fresne de Beaucourt. *Paris, Renouard*, 1863, 2 vol. gr. in-8, br. 12 fr.

7549 **CHONOLOGUE SEPTENAIRE** de l'histoire de la paix entre les Roys de France et d'Espagne, contenant les choses plus mémorables advenues en France et en Espagne, Allemagne, Italie, Angleterre, Ecosse, etc., avec le succès de plusieurs navigations faictes aux Indes orientales, occidentales et septentrionales, depuis le commencement de l'an 1598 jusques à la fin de l'an 1604. *A Paris, chez Jean Richer*, 1611, un fort vol. in-8, vélin.   8 fr.

7550 **CICERO.** Historia por Consules, descripta et in annos LXIII distincta par Franc. Fab. Marcoduranum. *Coloniae*, 1564, in-12 v., (*Rel. du 16e siècle*).   3 fr.

7551 **CLARKSON** (Th.). Le Cri des Africains contre les Européens leurs oppresseurs, ou coup d'œil sur le commerce homicide, appelé Traite des Noirs. *Paris, Cellot*, 1822, in-8, pl., d.-rel. dos et coins de mar. bl., tête dor., n. r.   3 fr.

7552 **CLAUDE.** Mémoires de M. Claude, Chef de la police de sûreté sous le second Empire. *Paris, J. Rouff*. 1881-83, 10 vol. in-12, br. Au lieu de 35 fr.   10 fr.

7553 **CLAUDIANI** (Cl.). poetæ celeberrimi opera. Quorum catalogum, post eius uitam ex Petro Crinito ac Volaterrano, pagina ab hac sexta reperies. *Apud Séb. Gryphium Lugdini*, 1535, in-8, v. br. (*Rel. fatiguée*).   3 fr.

7554 **CLAVEAU** (A.) (Quidam). Pile ou Face. *Paris, V. Havard*, 1889, in-12, br.   2 fr. 50
Édition originale, avec la couverture. — Exemplaire tiré sur papier de Hollande.

7555 **CLÉMENT** (Ch.). Michel-Ange, Léonard de Vinci, Raphaël, avec une étude sur l'art en Italie avant le XVIe siècle et des catalogues raisonnés, historiques et bibliographiques. *Paris, Hetzel*, 1867, in-18, br.   3 fr.

7556 **CLOTILDE de VALLON-CHALYS** (Mary-Eléonore). Poésies, publiées par Ch. Vanderbourg. *Paris*, an IX-1803, in-8, demi-rel. v. f.   3 fr.

7557 **COCCHI.** Régime de Pythagore *La Haye*, 1762, in-8, n. c., veau marb.   3 fr.

7558 **CODE DE LOUIS XV**, ou le Recueil des principaux Reglemens et Ordonnances du Roi, tant sur la Justice, Police et Finances, qui sur la Juridiction Ecclésiastique. Troisième édition, augmentée d'une table générale et analytique des matières, et de différentes pièces intéressantes ; où l'on a joint Le Traité des Légitimes, suivant le Droit Romain. *Grenoble, A. Giroud*, 1765, 2 vol. in-12, v. éc., dos orné, fil., tr. dor. (*Rel. anc.*)   5 fr.
Ouvrage dédié à M. Vidaud de La Tour, Chevalier, Comte de La Batie, Baron d'Anthon, Seigneur de Bivier et de la Maison-forte de Montbives.

7559 **COLLÉ** (Charles). Correspondance inédite de Collé faisant suite à son journal, accompagnée de fragments également inédits, de ses œuvres posthumes, publié par Honoré Bonhomme. *Paris*, 1864, 1 vol. in-8 br., portrait et fac-simile.   3 fr. 50
Publié à 8 francs.

7560 **COLLÉ** (Charles). Journal et Mémoires, sur les hommes de lettres, les ouvrages dramatiques et les événements les plus mémorables du règne de Louis XV (1748-1772). Nouvelle édition augmentée de fragments inédits, recueillis dans le mss. de la Bibliothèque du Louvre avec une introduction et des notes par Honoré Bonhomme. *Paris, Didot frères*, 1868, 3 vol. in-8, br. neufs.   8 fr.
Au lieu de 18 fr.

7561 **COLLETET.** Cyminde, ou les deux victimes, tragi-comédie (en vers), par Colletet. *Paris, A. Courbé*, 1642, pet. in-4, vél.   28 fr.
Bel exemplaire dans sa première reliure. — Il y a deux cartons pour les ff. 73-74 et 79-80, c'est-à-dire que ces feuillets se trouvent en double, et présentent des différences de texte.

7562 **COLOMESII** (Pauli). Opuscula *Ultraiecti, apud Petrum Elzevirium*, 1669, pet. in-12, v. marb. antiq.   18 fr.
Volume imprimé par Daniel Elzevier, et le seul dont Pierre Elzevier ait confié l'exécution à son parent d'Amsterdam. Willems, n° 1600.

7563 **COMBÉS** (de). Œuvres spirituelles de Madame de Combes (née à Riom en 1728). *Paris*, 1758, 2 vol. in-12 v.   5 fr.

7564 **COMBES** (François). La Princesse des Ursins. Essai sur sa vie et son caractère politique d'après de nombreux documents inédits. *Paris, Didier*, 1858, in-8 br.   4 fr.

7565 **COMÉDIE** du pape malade et tirant à la fin... Traduite du vulgaire Arabic en bon Romman, et intelligible, par Thrasibulé Rhenée (attribué à Théod. de Bèze). 1561. Réimprimé à Genève par les soins de G. Revilliod, chez I.-F. Fick, 1859, in-16, pap. teinté, cart.   2 fr. 50

7566 **CONCILE DE TRENTE.** Tridétini Concilii acta, quorum catalogus in sequentibus habetur paginis accessit iam recens quinta sessio facta XIII. Januerii, 1547. *Antverpiæ*, *excudebat Martinus Nutius*, 1547, in-8, veau fauve. 10 fr.

> Dans le même volume : Quinta sessio post apertum concilium facta die XIII. Januarii 1547. *Lugduni, excudebat Godefridus et Marcellus Beringi fratres.*

7567 LA CONDUITE DE MELITON en la correction fraternelle qu'il excerce à l'endroit des Religieux, par V. de Saint-Romain. *S. l.*, 1644, 1 vol. in-8, parch. 7 fr. 50

7568 CONSTITUTIONUM Sanctissimorum patrum summorunque P F. R. Pii IIII et Pii V. Liber unus. FLABIOBRIGAE (?) *apud Mathiam paludanum*, 1583, in-4, vélin, piq. de vers dans la marge 7 fr.

7569 COPPÉE (F.). Lettre d'un Mobile Breton. *Paris, Lemerre,* 1870, plaq. in-12 br. 3 fr.

> Edition originale, avec la couverture. — Exemplaire tiré sur papier de Hollande.

7570 COQUELIN (C.) Un poète du foyer. Eugène Manuel. — L'Arnolphe de Molière. *Paris, Ollendorff,* 1881-1882. Ens. 2 vol. in-16, br., couv. 4 fr.

> Exemplaires tirés sur papier de Chine.

7571 CORNELII NEPOTIS Vitae excellentium Imperatorum, cum integris Notis. Jani Gebhardi, etc.... *Lugduni Batav.,* 1834, in-8, vélin de Holl. 3 fr.

7572 CORTAMBERT (R.). Peuples et Voyageurs contemporains. *Paris, J. Gay,* 1864, in-12, br., n. c. 3 fr.

7573 COTON (Le P.). Response apologétique à l'Anti-Coton et à ceux de sa suite, etc. (par le P. Coton). *Caen, A. Cavelier,* 1611, pet. in-8, vél. 5 fr.

7574 COUSIN (Jules). Notice sur un Plan de Paris du XVIe siècle, nouvellement découvert à Bâle. *Paris,* 1875, broch gr. in-8, pap. de Holl., n. c. 2 fr. 50

7575 CRAPELET (G. A.). Des Brevets d'Imprimeur, des Certificats de capacité, et de la nécessité actuelle de donner à l'imprimerie les règlemens promis par les lois ; suivi du Tableau général des Imprimeries de toute la France, en 1704, 1739, 1810, 1830 et 1840. *Paris, Imprimerie Crapelet,* 1840, in-8, br., couv. 3 fr.

7576 CRÉTIN (Guillaume). Poésies. *Paris. Coustelier,* 1723, in-12, cart. sur brochure. 8 fr.

> Bel exemplaire à l'état de neuf.

7577 CREUZÉ DE LESSER (A.). Les Romances du Cid. Odéïde, imitée de l'espagnol, par A. Creuzé de Lesser. 3e édit, augmentée d'Héloïse, et des Prisons de 1794, poèmes du même genre. *Paris, Delaunay,* 1836, in-8, br., couv. 3 fr.

7578 CREVIER. Histoire de l'Université de Paris, depuis son origine jusqu'en l'an 1600. *Paris,* 1761, 7 vol. in-12, v. m. 15 fr.

7579 CRIMES (Les) de la philosophie ou tableau succinct des effets qu'elle a opérés dans les sciences et dans le régime des associations politiques. *Paris,* 1804, in-8, demi-v. 3 fr.

7580 CRITIQUE de la Critique de la Recherche de la vérité, où l'on découvre le chemin qui conduit aux connaissances solides (par dom Robert des Gabets. *Paris,* 1675, in-12. veau. (Edit. orig.) 3 fr. 50

7581 DALLAWAY (J.). Constantinople ancienne et moderne, et description des côtes et isles de l'Archipel et de la Troade, trad. de l'anglais par A. Morellet. *Paris, An VII,* 2 vol. in-8, v. f. 5 fr.

7582 DAMPT (Georges). Mademoiselle Valérie, préface de Jules Lemaître. *Paris, Lemerre,* 1887, in-12 tiré in-8, br, couv 3 fr.

> Exemplaire tiré sur papier de Chine.

7582 bis Le même ouvrage br., couv. 2 fr. 25

> Exemplaire tiré sur papier de Hollande.

7583 DAUDEL. Méthode d'équitation et de dressage basée sur la mécanique animale..., suivie du dressage des chevaux de remonte. *Paris, Leneveu,* 1857, in-8, avec planches, br. 2 fr. 50

7584 DAUDET (Alphonse). Tartarin de Tarascon. *Paris, Flammarion,* 1887, 1 vol. in-12 br., couvert. illustrée. 2 fr.

> Illustré par J. Girardet, Montégut, de Myrbach, Picard, Rossi. Gravure de Guillaume.
> De la collection Guillaume.

7585 DAUDET (E.). Le Ministère de M. de Martignac, sa vie politique et les dernières années de la Restauration, d'après des documents dits. *Paris, Dentu,* 1875, in-8, br. n. c., couv. 3 fr.

> Edition originale, avec envoi autographe de l'auteur à M. H. de Pène.

7586 DELAVIGNE (Casimir). Louis XI, tragédie en cinq actes et en vers. *Paris, Barba,* 1832. — Louis-Bronze et le Saint Simonien, parodie de Louis XI, en trois actes et en vers burlesques, par E. Vander-Burch et F. Langlé. *Paris, Barba,* 1832. Ens. 2 vol. in-8, br. 5 fr.

> Editions originales, avec les couvertures.

7587 DELAVIGNE (Casimir). Marino Faliero. Représenté pour la première fois... le 30 mai 1829. *Paris, Ladvocat et Barba,* 1829, in 8, br 2 fr.

> Edition originale avec la couverture.

7588 DELAVIGNE (Casimir). La Princesse Aurélie, comédie en cinq actes et en vers. *Paris, Ladvocat et Barba,* 1828, in-8, br. 2 fr.

> Edition originale, avec la couverture.

7589 DELAVIGNE (Théâtre de Casimir), 3 vol. in-8, br. 6 fr.

> Les Comédiens, comédie en cinq actes et en vers. *Paris, Barba et Ladvocat,* 1820 (couverture papier). — La Princesse Aurélie, comédie en cinq actes et en vers. *Paris, Ladvocat et Barba,* 1828. — Marino Faliero. *Paris, Ladvocat et Barba* 1829.
> Editioms originales, avec les couvertures.

7590 DELAVIGNE (Théâtre de Casimir). 3 vol. in-8, cart. bradel, non rog. 9 fr.

> L'Ecole des Vieillards, comédie en cinq actes et en vers. *Paris, Barba et Ladvocat,* 1823. — Marino Faliero. *Paris, Ladvocat et Barba,* 1829. — Louis XI, tragédie en cinq actes et en vers. *Paris, Barba,* 1832.
> Editions originales, avec les couvertures.

7591 DELBENE (Barth.). Civitas veri, sive morum, sive poeticam virtitum et felicitatis ex libris X. Aristotelis ad Nicomachum descriptionem, Præfatio Theodori Marcilii. *Parisiis, apud Ambr. et Hier. Drouart,* 1609, in-fol., fig, vél. 6 fr.

> Livre recherché pour le frontispice gravé et les 33 planches de Thomas de Leu, dont il est décoré.
> Piqûres de vers dans la marge du bas.
> Estimé de 30 à 40 fr. d'après « BRUNET. Suppl. au Manuel du Libraire. »

7592 DELVAU (A.). Lettres de Junius (A. Delvau). *Paris, Dentu,* 1862, in-12 br., couv. 3 fr.

> Edition originale, avec la couverture.

7593 DEPPING (G.-B.). Histoire de la Normandie sous le règne de Guillaume-le-Conquérant et de ses successeurs, depuis la conquête de l'Angleterre, jusqu'à la réunion de la Normandie au royaume de France. *Rouen, Ed. Frères,* 1835, 2 vol. in-8, demi-rel. v. br., tr. marb. 6 fr.

7594 DEPPING. Notice sur deux anciens cartulaires manuscrits de la bibliothèque du Roi. *Paris*, 1831, br. in-8, cart. Bradel.   2 fr. 50

7595 DESCARTES (René). Les Passions de l'âme. *Sur l'imprimé à Paris, à Rouen,* 1651, in-8 vélin.   3 fr.

7596 DESCRIPTION des beautés de Gênes et de ses environs, ornée de différentes vues, de tailles-douce et de la carte topographique de la ville. *Gênes,* 1781, in-8, bas.   3 fr.

7597 DESCRIPTION historique des curiosités de l'église de Paris, par C. P. G (C. P. Gueffier). *Paris,* 1763, in-12, avec 6 planches, v. m. 4 fr.

« Cet ouvrage, imprimé sous les lettres initiales du libraire Gueffier, a été composé par l'abbé de Montjoye, chanoine de Notre-Dame. » Barbier.

7598 DESFONTAINES Histoire des arbres et arbrisseaux qui peuvent être cultivés en pleine terre sur le sol de la France. *Paris,* 1809, 2 vol. in-8, bas rac. fil.   6 fr.

7599 DESHOULIERES. Les Poésies de Mme Des Houlières. *Amsterdam, Weslein,* 1694. 1 vol pet. in-8 vélin   5 fr.

7600 DESHOULIÈRES. Poésies de Madame et Mademoiselle Deshoulières, augm. de pièces qui n'ont point encore paru. *Biusselle,* 1708, 2 vol. pet. in 8, bas.   6 fr.

7601 DESHOULIÈRES. Poésies de Madame et de Mademoiselle Deshoulières augmentées de plusieurs ouvrages qui n'ont point encore paru. *Paris,* 1707-1711, 2 tomes en un vol. in-8 v.   5 fr.

7602 DÉSORMERY (Mme Eveline). Poésies, recueillies et publiées par N. Delangle. *Paris, Delangle frères,* 1828, in-18, br., couv. *(Rare).*   2 fr. 25

7603 DESPORTES. Psaumes de David, mis en vers françois par Philippe Desportes. *A Rouen, Raphael du Petit-Val,* 1611, in-12, vél. blanc.   10 fr.

7604 DESTRUCTION (La) de la ligue ou la réduction de Paris, pièce nationale en quatre actes. *Amsterdam,* 1782, in-8, v.   3 fr.

7605 DEVAUX (J.). Le Medecin de soi-meme ou l'art de conserver la santé par l'instinct. *A Leyde,* 1682, pet. in-12, v.   10 fr.

Volume rare se joignant à la collection des Elzeviers.

7606 DICTIONNAIRE des Annoblissements. Extrait de la Chambre des Comptes depuis 1349 jusqu'en 1660. Par M. François Godet de Soridé, maître des Comptes au mois de May 1672. in-4, demi-rel.   16 fr.

Manuscrit de 418 pages d'une jolie écriture du moderne.

7607 DICTIONNAIRE latino-gallicum. *Parisiis apud Carolum Stephanum* 1561, in-folio veau.   10 fr.

7608 DIDEROT (D.) Les deux amis de Bourbonne. *Paris, Brière,* 1822, in-8 de 23 pp., br.   3 fr.

Edition originale, avec la couverture.

7609 DISCOURS au vray, et en abrégé de ce qui est dernieremêt aduenu a Vassi, y passant Monseigneur le duc de Guise. *A Paris, par Guillaume Morel,* 1562, in-8 de 14 ff. non chiff., cart. dos de vél. bl. *(Lemardeley).* 20 fr.

Très bel exemplaire à toutes marges.

Cette relation est extraite d'une lettre du duc de Guise, dans laquelle il raconte cet événement à son avantage. Il prétend avoir été attaqué en passant à Vassy, et que le massacre qu'il nomme *l'Inconvenient advenu à Vassy* n'a été occasionné que par la nécessité d'une légitime défense.

7610 DISCOURS et rapport véritable de la Conférence tenue entre les Deputez de la part de M le duc de Mayenne, Lieutenant Général de l'Estat et Couronne de France, Princes, Prelats et Etats Généraux assemblez à Paris : Avec les Deputez de MM. les Princes, Prélats, Seigneurs et autres Catholique estants du party du Roi de Navarre. *Paris, F. Morel,* 1593, in-8, cart.   12 fr.

7611 DOLET (Le second Enfer d'Etienne, suivi de sa traduction des deux Dialogues Platoniciens : L'Axiochus et l'Hipparchus, notice bio-bibliographique, par un Bibliophile. *Paris, Académie des bibliophiles,* 1868, pet in-8, pap. vergé, br. n. c.   5 fr.

Tiré à 237 exemplaires. Rare.

7612 DONATEURS (Les) du Musée historique de la ville de Paris. *Paris, Imp. Impériale,* 1868, br. in-4.   1 fr. 25

7613 DU BOIS (L.). Histoire civile, religieuse et littéraire de l'abbaye de la Trappe (par L. du Bois). *Paris,* 1824, port. — Histoire des Quakers par Clarkson, *Genève,* 1820. Ensemble 2 ouvrages en un vol. in-8, 1/2 v.   3 fr.

7614 DUBOIS de BEAUVAIS. Histoire des quatre Gordiens prouvée et illustrée par les médailles. *A Paris,* 1695, in-12 v   2 fr. 50

7615 DU BOIS-MELLY (Ch). Le Récit de Nicolas Muss, serviteur de M l'Amiral Episode de la Saint-Barthélemy, avec notes historiques et gloses. *Genève, H. Georg,* 1878, in-12, pap. vél teinté, br.   3 fr. 50

7616 DUBRAVII (J.). Historia Boiemica. *Basileae,* 1575, un vol in-folio bas.   5 fr.

7617 DU CAMP (Maxime). Souvenirs littéraires. *Paris, Hachette et Cie,* 1882-83, 2 vol., in-8, br. *(Edit. orig. avec les couv.)*   7 fr.

Les pages 473 à fin du t 2 sont coupées à la marge du bord.

7618 DUCHESNE Le Grand miroir du monde, (en vers françois, par Joseph Duchesne, sieur de La Violette, conseiller et médecin ordinaire du roy. *Lyon,* 1593, pet. in-8, bas.   16 fr.

Cette édition est augmentée d'un livre entier et de commentaires et annotations par S. G. S. (Simon Goulard Senlisien).

7619 DUGUÉ (Ferdinand). Horizons de la poésie. *Paris, Eug. Renduel,* 1836, in-8. br.   3 fr.

Edition originale, avec la couverture.

7620 DUMESNIL (J.). Histoire des plus célèbres amateurs italiens et de leurs relations avec les Artistes. *Paris, Renouard,* 1853, in-8, br.   3 fr.

7621 DU PLEIX (Scip). La Curiosité naturelle rédigée en questions, selon l'ordre alphabétique. *Rouen,* 1625, in-12, vél. *(Mouillures)* 6 fr.

Curieux volume.

7622 DU VALLIO (J.-B.). Augustarum imagines aeriis formis expressae vitae quoque earundem breuiter ennarratae signorum etiam quae in posteriori parte immismatum, efficta sunt ratio explicata Ab Ænea Vico Parmense. *Lutetiae Parisiorum, anno* 1619, in-4, titre gr. et nomb. fig., parch.   7 fr.

7623 DU VERDIER (Ant.). Les diverses leçons, suivant celles de Pierre Messie, contenans plusieurs histoires, discours, faicts mémorables, augmentées par l'autheur en ceste cinquiesme edition de trois discours trouvez apres le decez de l'autheur en ses papiers, du dueil, de l'honneur et de la noblesse, avec deux tables. *A Tournon, Cl. Michel,* 1616, in-8, v. f. ant. *(Mouillures).*   3 fr.

7624 **EDICT** du Roy sur la pacification des Troubles de son Royaume. *Paris*, 1568, in-8, dérelié.   5 fr.

7625 **EDICT** du Roy sur la réunion de ses subjetcts à l'Eglise catholique, apostolique et romaine. *Paris, Federic Morel*, 1585 ; 15 pp.   5 fr.

7626 **EDICT** et Declaration faicte par le Roy Charles IX de ce nom sur la pacification des troubles de ce royaume : le XIX iour de Mars mil cinq cens soixante-deux. *A Paris, par Robert Estienne. Impr. du Roy*, 1563, pet. in-8, 20 pages non chiff.. dérel.   5 fr.

7627 **EDITIONS PERRIN**, de Lyon, 3 vol. pet. in-8, br.. couv.   7 fr. 50
> J'aime les Morts, par A. de Gravillon *Paris, Librairie nouvelle*, 1861. — Eug Rostand . Ebauches *Lyon, Scheuring*, 1865. — Les Filles de Minuit, par Valery Vernier. *Lyon, Scheuring*, 1869

7628 **ÉLÉMENTS** généraux de police, traduits de l'allemand de Justi (par Eidous). *Paris*, 1769, in-12, v. m.   3 fr.

7629 **ELOGIA** S. R. E Cardinalium pietate doctrina legationibus ac rebus pro ecclesia gestis illustrium a Pontificatu Alexandri III, ab Benedictum XIII, apposita eorum imaginibus quæ in pinacotheca Philippi Cardinalis de Montibus spectantur. *Romae Typis Antonii de Rubeis apud Pantheon*, 1751, in-fol., texte encadré d'ornements, et culs-de-lampe gravés, vélin ant.   6 fr.

7630 **ÉPHÉMÉRIDES** historiques de la ville de Douai. 1828, in-12 br.   2 fr.

7631 **ESCOBAR.** De Ratiociniis administratorum et computationibus, variis aliis *Goudae*, 1662, un vol. in-12, rel.   3 fr.

7632 **EUTROPE** Eutropii breviarium historiae Romanae, accedunt Selectae lectiones de lucidando auctori apposite. *Parisiis, J. Barbou*, 1754, in-12, v., figure.   3 fr.

7633 **EYMERI** (N.). Directorum inquisitorum.... accessit haeresum, rerum et verborum multiplex et copiosissimus index. *Venetiis*, 1595, un vol. in-folio bas.   12 fr.

7634 **FABRE** (F.). Le Chevrier. *Paris, Charpentier*, 1879, in-12, br. couv.   5 fr.
> L'un des 35 ex. tirés sur pap. de Hollande

7635 **FABRE** (F.). Le Chevrier. *Paris. Hachette et Cie*, 1867, in-8 écu, pap. vélin, titre r. et n., br.   5 fr.
> Edition originale, avec la couverture.

7636 **FABRE** (Ferd.) Scènes de la vie cléricale. Julien Savignac. *Paris, Hachette et Cie*, 1863, in-12, br.   5 fr.
> Edition originale, avec couverture.

7637 **FABRICY** (le R. P. Gabriel). Recherches sur l'époque de l'équitation et de l'usage des Chars équestres chez les Anciens ; où l'on montre l'Incertitude des premiers temps historiques des Peuples relativement à cette date. *Marseille, J. Mossy*, 1764, 2 vol. in-8, front. gr, br., non rognés.   6 fr.

7638 **FEBVRE** (Frédéric). Journal d'un Comédien (1850-1894) ; avec une préface de M. J. Claretie. Illustrations de Julian-Damazy. *Paris, Ollendorff*, 1896, 2 vol. in-8, portr, br couv. Au lieu de 10 fr.   3 fr. 50

7639 **FERRAND** (Edm.). Soupirs amoureux et poétiques. *Epernay, Bonnedame et Fils*, 1896, pet in-8, d.-rel. chag. r., tête dor. éb (*Edit. orig.*)   2 fr. 25

7640 **FERRARI** (J). Histoire de la raison d'Etat. *Paris, M. Lévy, frères*, 1860, in-8, br n. c.   3 fr.

7641 **FERTIAULT** (Fr. et Julie). Le Poéme des larmes. *Paris, Curmer*, 1860, in-12, br. couv.   3 fr.

7642 **FEUILLADE** (Pierre). Projet de Réunion de tous les cültes ou le Christianisme rendu à son institution primitive. Paris, 1815. 2 vol. in 8, br.   6 fr.

7643 **FEUILLET** (O.). Chamillac, comédie en cinq actes. *Paris, Calmann Lévy*, 1888, gr in-8, br , couv.   20 fr.
> Ed orig. avec la couverture, tirée seulement à 30 ex. tous sur pap. de Hollande, pour les membres de la Société des Amis des Livres de Lyon.
> Ex. n° 26.

7644 **FEUILLET** (Octave). Honneur d artiste. *Paris, Calmann Lévy*, 1890, in-12, br   3 fr.
> Ed. orig. avec la couverture.

7645 **FEUILLET** de **CONCHES** (F.). Léopold Robert, sa vie, ses œuvres et sa correspondance. *Paris*, 1854, in-12, br. (*Mouillures*).   2 fr. 50

7646 **FEUILLET** de **CONCHES** (F.). Louis XVI, Marie-Antoinette et Madame Elisabeth, lettres et documents inédits, 6 vol. — Correspondance de Madame Elisabeth de France, sœur de Louis XVI, publ. par F. Feuillet de Conches, sur les originaux autographes. 1 vol. *Paris. Plon*, 1864-1873, 7 vol. gr. in-8, portraits et fac-similes, br., couv.   26 fr.
> Publié à 56 francs.

7647 **FEYDEAU** (E.) La comtesse de Chalis ou les mœurs du jour (1867). *Paris, Michel Lévy*, 1868, in-18, br. couv.   3 fr.
> Edition originale.

7648 **FICORONII** (Fr) Dissertatio de Larvis scenicis et figuris comicis antiquorum Romanorum. *Romæ*, 1754, in-4, pl. demi rel. v. fauve.   10 fr.
> Curieuses figures.

7649 **FLACIUS ILLYRICUS.** Confutatio catechismi laruati Sydonis Episcopi, S l, 1549, pet in-8, car ital 20 ff (dont le dernier blanc), non rel.   5 fr.
> Pièce rare. Mouillures.

7650 **FLEURICHAMP** (J.) (**CHAMPFLEURY**). Queue-d'oseille. Souvenirs de Jeunesse. Dessins par Amable de La Foulhouze. *Paris, Lemerre*, 1878 pet in 4 de 37 pp., br., couv.   2 fr. 25
> Envoi autogr. signé de l'auteur, sur le titre.

7651 **FORÊTS** 6 vol. in-16, cart.   12 fr.
> L'Aménagement des Forêts, par Alf. Puton, *Paris, Rothschild*, s d — Elements de Sylviculture, par A. Bouquet de la Grye, avec 70 vign. sur bois. *Paris, Rothschild*, 1870. — Les Ravageurs des Forêts, par H. de la Blanchère, avec 110 grav sur bois. *Paris, Rothschild*, 1876 — Guide du Forestier. La Surveillance des Forêts, par A. Bouquet de la Grye, avec 70 grav. *Paris, Rothschild*, 1878 — Le Reboisement par les Essences résineuses, mise en valeur des sols pauvres, par A. Fillon. — Code de la Législation Forestière, par A. Puton. *Paris, Rothschild*, 1883. — Code pratique de Reboisement à l'usage des particuliers, par Th Rousseau. *Carcassonne*, 1885 (broché).

7652 **FOURNIER** (Ed.). Enigmes des Rues de Paris. *Paris, Dentu*, 1860, pet. in-12, pap vél. fort, br. (*Edition originale*).   2 fr. 50

7653 **FRANKLIN** (A.). Les Anciens Plans de Paris, notices historiques et typographiques. *Paris, L. Willem*, 1878-1880, 2 vol. in-4, fig. sur bois, br., couv. au lieu de 30 fr.   6 fr.
> L'un des 320 exemplaires tirés sur papier de Hollande (n° 281).

7654 FRANKLIN (Alf.). Préface du Catalogue de la Bibliothèque Mazarine. Rédigé en 1751, par le Bibliothécaire P. Desmarais, publiee, traduite en français et annotée par Alfred Franklin. *Paris, Miard*, 1867, in-16, pap. de Holl.; br.
Tiré à 306 exemplaires.

7655 FRANKLIN (A.). Recherches sur la Bibliothèque publique de l'Eglise Notre-Dame de Paris au XIIIe siècle, d'après des documents inédits. *Paris, Aubry*, 1863, pet. in-8, demi-rel. dos et coins de chag. r., dos orné, tête dor., non rog., couv. 3 fr.

7656 FRARY (Raoul). Mes Tiroirs. *Paris, V. Havard*, 1886, in-12, br. 2 fr. 50
Edition originale, avec la couverture. — Exemplaire tiré sur papier de Hollande.

7657 FRÉMY (Ed.). Essai sur les Diplomates du temps de la Ligue, d'après des documents nouveaux et inédits. *Paris, Dentu*, 1873, in-12, br., couv. 2 fr. 50
Exemplaire tiré sur papier vergé de Hollande, avec envoi autog. sig. de l'auteur.

7658 GAGNIÈRE (J.). Les Principes de physique (mis en vers français), par Joachim Gagnière, docteur en médecine. *A Avignon, chez Louis Chambeau*, 1773, in-8, mar. br. janséniste, dent. int., tr. dor. (*Gruel*). 12 fr.

7659 GAMBA (Bartolommeo). Alcuni ritratti di donne illustri delle provincie veneziane da B. Gamba. *Venezia*, 1826, in-8, cart. avec 12 portraits gravés au trait. 3 fr.

7660 GAMOND (de). L'Epave, suivi de la Victorieuse. Avec un dessin de R. Mège du Mahmont, gravé par Farlet. *Paris, Charpentier et Fasquelle*, 1894, in-12, br., couv. 2 fr. 25
L'un des 10 exemplaires tirés sur papier de Hollande (n° 3).

7691 GARNIER. Régime ou traité des Rivières et Cours d'eau de toute espèce. Salines et manufactures insalubres. *Paris*, 1825, 2 vol. in-8, dem.-v. 4 fr.

7662 GARRICK (David). Œuvres de David Garrick, écuyer. *Paris*, 1784, 2 vol. in-8, v., portrait. 5 fr.

7663 GATREY. Le Philosophe par amour, ou lettres de deux amans passionnés et vertueux. *Paris, Cailleau*, 1766, 2 parties en 1 vol in-12, cart. 7 fr.
Ouvrage attribué à tort à Lombard et à Restif de la Bretonne.

7664 GAUDIN (P.). Essai sur Eugène Fromentin. Conférence faite le 9 décembre 1876 dans la grande salle de la Bourse de la Rochelle. *La Rochelle, Siret*, 1877, pet. in-8, de 59 pag., pap. de Holl., br. 2 fr. 25

7665 GAUTIER (Judith). Le Lion de la Victoire. *Paris, Frinzine*, 1887, in-12, br. n. c. 4 fr.
Edition originale, avec la couverture. — Exemplaire tiré sur papier de Hollande (n° 3).

7666 GAUTIER (L.). Les Epopées Françaises. Etude sur les origines et l'histoire de la littérature nationale (Tomes III et IV). 2e édit., entièrement refondue. *Paris, Palmé*, 1880-82, 2 vol. in-8, br. 5 fr.

7667 GAUTIER (Théo). Fusains et Eaux-fortes. *Paris, Charpentier*, 1880, in-12, br., couv. 5 fr.

7668 GAUTIER (Théo). Quand on voyage. *Paris, Lévy frères*, 1865, in-12, br. 8 fr.
Edition originale, avec la couverture.

7669 GAUTIER (Théo). Tableaux à la plume. *Paris, Charpentier*, 1880, in-12, br., couv. 5 fr

7670 GAUVILLE (Journal du Baron de), député de l'ordre de la Noblesse aux Etats-Généraux, depuis le 4 mars 1789 jusqu'au 1er juillet 1790, pub. pour la prem fois, d'après le mss. autographe. *Paris, Gay*, 1864, pet. in-8, pap de Holl., br., couv. 2 fr.
Tiré à 300 exemplaires.

7671 GAY (J.) Saisie de livres prohibés, faite aux Couvents des Jacobins et des Cordeliers, à Lyon, en 1694 Nouvelle édition, augmentée d'un répertoire bibliographique, par Jean Gay *Turin*, 1876, pet. in-8 de 88 pp., titre r et n., br., couv. 1 fr.
Tiré à 300 exemplaires numérotés. L'un des 250 sur papier vélin de fil à la forme

7672 GAY (Mme Sophie) Histoire de Marie-Louise d'Orléans. *Paris, Dumont*, 1842, 2 vol. in-8, br., couv. 5 fr.
Edition originale, avec les couvertures.

7673 GENTILLET (*Dauphinois*) Discours sur les moyens de bien gouverner et maintenir en bonne paix un royaume ou autre principauté, divisez en trois parties, assavoir du Conseil de la Religion et de la Police que doit tenir un prince. *S. l.*, 1576, un fort vol in-16, vélin. 10 fr.

7674 GEORGII Henrici Gœtzi D. superint. Lubec Kipophiloc seu de eruditis hoitorum cultoribus bon selehrten Bartnern *Lubecæ et Lipsiæ*, 1726, plaq. pet. in-4 cart. 3 fr.

7675 GERANDO (de). Histoire de la philosophie moderne à partir de la renaissance des lettres jusqu'à la fin du 18e siècle. *Paris*, 1847, 4 vol in-8 br. 8 fr.

7676 GERVINUS (G.-G.). Histoire du dix-neuvième siècle, depuis les traités de Vienne, traduit de l'allemand, par J.-F. Minssen (seule édition autorisée par l'auteur). *Paris, A. Lacroix et Cie*, 1864-1874, 22 vol. in-8, br 30 fr.
Publié à 115 francs

7677 GIBERT. Prospectus raisonné, ou aperçu d'un nouveau système des temps, qui concilie la chronologie des trois textes de l'écriture sainte, et, par suite, celle-ci avec celle des traditions profanes ; autrement la Chronologie de l'écriture sainte, démontrée, tant astronomiquement que géométriquement... *Paris*, 1811, in-4, cart. n. rog. 5 fr.

7678 GILL. Le Salon pour rire, par Gill 1864. *Paris, Richard*, gr in-8 de 8 pp. illustrées, br., couv. illust. 2 fr. 50

7679 GIRARDET. Nouveau système sur la mythologie. *A Dijon*, 1788, un vol in-4, v. fauve, tr. dor. (rel ancienne). 8 fr.

7680 GLOUVET (J de) (Quesnay de Beaurepaire). La Fille adoptive. *Paris, V.-Havard*, 1888, in-12 br. 3 fr.
Edition originale, avec la couverture. — Exemplaire tiré sur papier de Hollande.

7681 GRAFFIGNY (Mme de). Lettres d'une Péruvienne. *Genève (Cazin)*, 1777, in-18, v. éc., dos orné, fil., tr. dor. (*Rel anc.*)
Portrait-frontispice en médaillon de Mme de Graffigny, gravé par de Launay, d'après Garand.

7682 GRAMMATICA SYRA duobus libri methodice explicata a Gasparo Wasero *Leidae*, 1619, in-4, br., n. r., racc. au titre. 3 fr. 50

7683 GRAMMATYKA Jesyka Polskiego. *Paris*, 1848, in-12 br. 2 fr.

7684 GRANDVILLE. Les Métamorphoses du jour. *Paris Aubert et Cie*, s. d., in-4 obl., cart. (*Cart. de l'éditeur*) 12 fr.
Suite de 49 planches en noir des illustrations de Grandville. (Qq. planches sont détachées et déchirées dans la marge du fond).

7685 GRAVURES. Recueil de 18 gravures, dont 15 de Marillier, et 3 de Gravelot. Plus 1 frontispice avec le portrait de Beroalde de Verville en médaillon, par Martinet, pour le Moyen de parvenir, édition de 1757. — Ens. 19 pièces en un vol. pet. in 8, cart. Bradel, pl. mont. sur onglets. 3 fr.

7686 GRÉGOIRE de TOURS. Histoire des Francs. Livre I-VI. Texte du manuscrit de Corbie. Bibliothèque nationale, ms. lat. 17.655, avec un fac-simile, publié par Henri Omont. *Paris, Picard,* 1886, in-8 br. 2 fr. 50

7687 GROTIUS (Hug). Epistolae ad Gallos. Secunda editio, priore auctior et emendatior *Lugd. Batav*, ex officina *Elzeviriorum,* 1650, in-12, vélin. 3 fr.

 Réimpression soignée et correcte d'un recueil que les Elzévier avaient publié très fautivement en 1648. — Willems, n° 682.

7688 GUDIN (P -Phil.). Contes, précédés de recherches sur l'origine des contes ; pour servir à l'histoire de la poésie et des ouvrages d'imagination. *Paris,* 1806, 3 vol. in-8 demi rel. bas. 7 fr.

7689 GUÉPIN et **BONANCY**. Nantes au 19e siècle. *Nantes,* 1835, un fort vol. in-12 br., carte, planche. 3 fr.

7690 GUÉRIN-GINISTY. La Fange, préface de Léon Chapron. *Paris, Rouveyre et Blond,* 1882, in-12, br. n. c. 2 fr. 50

 Edition originale, avec la couverture. — L'un des 50 exemplaires tirés sur papier vergé.

7691 GUERNON-RANVILLE (Journal d'un ministre, œuvre posthume du Cte de), publié par M Julien Travers. *Caen, Le Blanc-Hardel,* 1873, in-8 br. 3 fr.

7692 GUIGNES (de). Remarques philologiques sur les voyages en Chine, de M. de Guignes, par Sinologus Berolinensis. *Berlin,* 1809, in-8, br. 2 fr. 25

7693 GUILLON de MONTLÉON Raoul ou Rodolphe devenu roi de France, dissertation historique. *Paris,* 1827, in-8, br. cart Bradel. 2 fr. 25

7694 GUIZOT (F.). Histoire de la Civilisation en France ; depuis la chute de l'Empire romain. *Paris,* 1840, 4 vol. gr. in-8, br. 8 fr.

7695 GUY MIÈGE. La Relation des trois ambassades de Mgr. le comte de Carlisle, de la part du sérénissime et très puissant prince Charles II roy de la Grande Bretagne, vers leurs sérénissimes majestes Alexey Michailovitz czar et grand duc de Moscovie, Charles roy de Suède, et Frédéric III roy de Danemarc et de Norvège, commencées en l'an 1663, et finies sur la fin de l'an 1664. *A Amsterdam, chez Jean Blaeu,* 1669, pet. in-12, 10 ff. limin., 434 pp., v. br. (*Mouillures et nom à l'encre sur le titre*). 10 fr.

 Edition originale du texte français. Willems. N° 1829.

7696 HALLER (G.). Vertu, par Gustave Haller (Mad. Fould.) *Paris,* 1886, in-8, br. 5 fr.

 Ex. sur papier de Chine, tiré à quelques ex. et non mis dans le commerce.

7697 HALMITON. Le Bélier, conte. *A Paris,* 1730, un vol. in-12, bas. 15 fr.

 Ed. originale.

7698 HARENGUE (la) des ambassadeurs du Roy de France Charles IX prononcée, en latin au Concile general de Trente, 1562. Avec la response de l'assemblée dudict Concile. Traduicte par Charles Choquart, advocat en la court de parlement. *Paris, Nicolas Chesneau,* 1562, 16 ff. 5 fr.

7699 HEIDEGGERUS. Historia Sacra patriarcharum exercitationes selectae. *Tiguri,* 1729, un vol. in-4, vélin. 4 fr.

7700 HELVÉTIUS. De l'homme, de ses facultés intellectuelles et de son éducation. *Londres,* 1773, 2 vol. in-8, d.-bas 4 fr.

7701 HÉMARD de DANJOUAN. Le chien pêcheur ou le Barbet des Cordeliers d'Estampes, poème héroi-comique publ. par Paul Pinson. *Paris,* 1876, in-8, pap. de Holl. (6 pp.) 3 fr. 50

 Tiré à 125 ex. Epuisé.

7702 HENNINGSEN (C. T.). Mémoires sur Zumalacarregui et sur les premières campagnes de Navarre, traduit de l'anglais. *Paris,* 1836, 2 vol. in-8, portr., d.-rel v. bl. 4 fr.

7703 HENRIQUEZ. Abrégé chronologique de l'histoire de Lorraine, depuis Clovis jusqu'à François III. *Paris, Moutard,* 1775, 2 vol. in-8, d.-rel. bas. 7 fr.

7704 HERSENT. Le Mars François, ou la guerre de France, en laq. sont examinées les raisons de la justice prétendue des armées et des alliances du Roi de France, par Alex. Patricius Armacanus (Corn. Jansenius), et trad. par C. H. D. P. D. E. T. B (Ch. Hersent) *S. l.,* 1637, pet. in-8, vélin. 8 fr.

 Volume rare.

7705 HIPPEAU (C.). Histoire de la philosophie ancienne et moderne. *Paris,* 1833, 1 vol. in-8, dem.-veau. 3 fr.

 De la Bibliothèque de M. Guizot.

7706 HIRT (A.). Die Geschichte der Sildenden Künste bei den alten. *Berlin,* 1833, in-8, d-v. 3 fr.

7707 HOLMES (O.-V.). La Dernière Feuille, poème (trad. du texte américain par B.-H. Gausseron) Illustrations par G. Wharton Edwards, et F. Hopkinson-Smith. *Paris. Quantin,* 1887, in-4, avec de nomb. illustrations dans le texte et 22 planches hors texte en phototypie, demi-rel. vél. bl., pl. toile, fers spéciaux, tête dor., non rog., texte et pl mont. sur onglets. (*Rel. de l'éditeur*). Au lieu de 25 fr. 5 fr.

7708 HOYM (Comte d'). Catalogus librorum Bibliothecæ illustrissimi, viri Caroli Henrici Comitis de Hoym... digestus et descriptus a Gabrielle Martin. *Parisiis, G. et Cl. Martin,* 1738, in-8, v. f., dos orné, fil., tr. rouges. (*Rel. de l'époque*). 20 fr.

 Catalogue très rare.

7709 HUERNE DE LA MOTHE (F.-C.). Margot des Pelotons, ouvrage moral, illustré de 2 compositions à l'héliogravure, par Am. Lynen. *Bruxelles, (sur l'édition de Genève, 1775), Kistemaeckers,* 1883, in-12, pap. vergé teinté, br., couv. 5 fr.

7710 HUGO (V.). Les Chansons des rues et des bois. *Paris, A. Lacroix et Cie,* 1866, in-8 raisin, br. Au lieu de 7 fr. 50, 2 fr. 25

 Edition originale, avec la couverture.

7711 HUGO (V). Les Chants du crépuscule. *Paris, Renduel et Delloye,* 1839, in-8, br. 5 fr.

7712 HUGO (V.). Histoire d'un Crime. Déposition d'un témoin. *Paris, C Lévy,* 1877-78, 2 vol. in-8 raisin, br., couv. Au lieu de 15 fr. 4 fr.

7713 HUGO (V.). La Légende des siècles (Tome cinquième et dernier). *Paris, C. Lévy,* 1883, in-8 raisin, br. Au lieu de 7 fr. 50, 2 fr 50

 Edition originale avec la couverture.

7714 HUGO (V.). Le Pape. *Paris, C. Lévy,* 1878, in-8 raisin, br. Au lieu de 4 fr. 1 fr. 25

 Edition originale, avec la couverture.

7715 HUGO (V.). Les Quatre Vents de l'esprit. *Paris, Hetzel-Quantin*, 1881, 2 vol. in-8 raisin, br., couv. Au lieu de 15 fr.   4 fr.

7716 HUGO (Madame V.). Victor Hugo raconté par un témoin de sa vie. *Paris, A. Lacroix et Cie*, 1863, 2 vol. in-8, raisin, br. Au lieu de 15 fr.   , 3 fr.
Edition originale, avec les couvertures.

7717 HUGO (V.), Théâtre en Liberté. *Paris, Hetzel-Quantin*, 1886, in-8, raisin, br. Au lieu de 7 fr. 50   2 fr. 25
Edition originale, avec la couverture.

7718 HUGO (V.). Torquemada, drame. *Paris, C. Lévy*, 1882, in-8 raisin, br. Au lieu de 6 fr.   1 fr. 25
Edition originale, avec la couverture.

7719 HUGO (V.). William Shakespeare. *Paris, A. Lacroix et Cie*, 1864, in-8 raisin, br. Au lieu de 7 fr. 50.   2 fr. 25
Edition originale, avec la couverture.

7720 HUGUES DE L'ESTRE. De l'estre perpetuel de l'Empire François par l'Æternité de cest Estat. Discours en deux remonstrances faictes aux ouuertures en l'an 91, aprés la sainct Martin, et 92, après Pasques, de la Chambre de Iustice et Parlement n'agueres seant à Chaalons. Par M. Hugues de L'Estre, conseiller du Roy, y exerceant lors la charge de son Aduocat general. *A Paris, chez Iamet Mettayer et Pierre L'huillier*, 1595, de 1 f., 30 et 63 pp., vél. bl. (*Pouillet*).   10 fr.

7721 HUMBOLDT (de). Lettre à M. Abel Remusat sur la nature des formes grammaticales en général et sur le genre de langue chinoise en particulier. *Paris*, 1827, in-8, br.   3 fr.

7722 IARCHE (Docteur). Esquisses et études historiques sur la Réforme et son époque. Traduit de l'allemand par le Comte de Villermont. *Bruxelles, H. Goemaere*, 1854, in-8, br.   6 fr.

7723 IL PRIMO libro della eneida di vergilio. Ridotto da giouanni Andrea del l'Anguillara in ottava rima. Al Magnanimo cardinal di Trento. *In Vinegia appresso Dominico Farri*, 1565, in-8, veau fauve.   3 fr. 50

7724 IMITATIONE (de) Christi. Libri quatuor cum indice, praxi, et vita Thomæ à Kempis. *Parisiis, Méquignon*, 1823, in-32, bas. gauf., tr. dor., titre gravé.   3 fr.

7725 INDEX librorum prohibitorum Innocentii XI. *Rome*, 1681, in-12 vélin.   3 fr.

7726 INDEX librorum prohibitorum sanctissimi domini nostri Gregorii Maximi jussu editio. *Romae*, 1844, in-8, dem.-rel. parch., figures.   2 fr. 50

7727 L'INNOCENCE opprimée par la Calomnie, ou l'histoire de la Congregation des filles de l'Enfance de N. S. Jésus-Christ et de quelle manière on a surpris la Religion du Roy pour porter sa Majesté à la détruire par un arrest du Conseil. Violences et inhumanitez exercées contre ces filles, etc. *A Toulouse*, 1688, un vol. in-12, v. Très rare.   4 fr.

7728 ISIDORE (le R. P. F.). Le Missionnaire controversiste, ou Cours entier de controverses, dans lequel tous les points de la foy catholique, apostolique et romaine combattus par les Calvinistes, sont pleinement prouvez par l'écriture sainte, les Conciles, etc., et par les Ministres de la religion prétendue réformée. Composée par le R. P. F. Isidore de Niort. *Poitiers, Fleuriau*, 1686, in-8, vél. 25 fr.
Très rare.

7729 JACOBI Philippi Thomasini Patavini illustrivm virorum elogia iconibus exornata, illustriss. et revendiss. D. D. J. Baptistae Agucchiae. *Patavii*, 1630, in-4 front. et nombreux portraits grav. sur cuivre, bas.   8 fr.

7730 JAILLY (H. de). Encore deux années ou 1832 et 1833. Episodes. *Paris (Moulins, impr. de Desroziers)*, 1834, un vol. in-8, br. (*Exemplaire en grand papier de Hollande*).   10 fr.

7731 JANIN (J). Contes et Nouvelles littéraires. Histoire de la poésie et de la littérature chez tous les peuples. *Paris, A. Delahays*, s. d., 3 vol. in-12, br. n. c., couv.   6 fr.

7732 JANIN (J,). Œuvres de jeunesse. *Paris, Jouaust*, 1881-1883, 4 vol. in-12, br. couv. 6 fr.
Petits Romans, 1 vol — Petits Mélanges, 1 vol. — Petits Contes, 1 vol. — Petite Critique, 1 vol.

7733 LETTRE à un amateur, avec des éclaircissements historiques sur un cabinet, et les auteurs des tableaux qui le composent (par Jannick). *Dresde, Georges Conrad Walther*, 1755, in-12, frontispice, v marb.   4 fr.
Ouvrage entremélé de digressions sur la vie de plusieurs peintres modernes. Joli frontispice.

7734 JAUME ST-HILAIRE. Exposition des familles naturelles de la germination des plantes. *Paris*. 1805, 2 tomes en 4 vol. in-8, dem.-rel. chag. rouge. *112 planches*.   10 fr.
Ouvrage estimé et rare.

7735 JUNIUS (Hadr.). Nomenclator omnium rerum propria nomina variis linguis explicata indicans. *Parisiis*, 1567, pet. in-8, 1/2 v. (Rare).   8 fr.

7736 JURISPRUDENTIA restitua sive index chronologicus in totius juris justinianae corpus. *Amstelœdami*, 1727, in-8 vélin.   4 fr.

7737 JUSLENII (Dan.). Fennici lexici tentamen, dei auxilio, prolixo labore, longo tempore, multorum consiliis linguæ fennicæ honori... *Stockholm*, 1745, in-4, v. ant.   6 fr.
Rare.

7738 KERALIO (de). Histoire d'Elisabeth, Reine d'Angleterre. *Paris*, 1786, 5 vol. in-8, veau écaille, portrait.   7 fr. 50

7739 KERVILER (René). Essai d'une Bibliographie raisonnée de l'Académie Française. *Paris*, 1877, in-8 de 106 pp., br.   2 fr.

7740 KOCK (Paul de). La femme, le mari et l'Amant, comédie-vaudeville. *Paris*, 1830, in-8, br. (Edit. orig.).   2 fr. 25

7741 KREYSIG (G.-C.). Bibliotheca Scriptorum Venaticorum, continens Auctores, qui de venatione, sylvis, aucupio, piscatura, et aliis eo spectantibus commentati sunt, congessit George Christoph Kreysig. *Allenburgi, E. Richterum*, 1750, pet. in-8, cart.   5 fr.
Première bibliographie italienne raisonnée des ouvrages et des traductions des Traités sur la chasse.

7742 LABITTE (Alph.). En Plein Ciel. *Paris, Frinzine et Cie*, 1886, in-12, br.   4 fr.
Edition originale, avec la couverture. — Exemplaire tiré sur papier de Hollande.

7743 LA BRUNE (Jean de). La Vie de Charles V, duc de Lorraine et de Bar, et Généralissime des troupes impériales. *Amsterdam*, 1691, in-12, port., v. gr.   3 fr.

7744 LA BRUYÈRE. Les Caractères de La Bruyère et ceux de Théophraste, avec des additions et des notes par J. Schweighaeuser. *Paris, Stéréotype d'Herhan*, 1802, 3 tomes en 1 vol. in-12, pap. vélin, mar. rouge, dos orné, fil., tr. dor. (*Rel. de l'époque*).   8 fr.

7745 **LA BRUYÈRE** Dialogues posthumes du sieur de La Bruyère, sur le quiétisme. *A Paris, chez Charles Osmont*, 1699, in-12, dem.-v. 6 fr.
Édition originale.

7746 **LABYRINTHE DE LA LIGUE** (le) et les moyens de s'en retirer M. D. L. XXX, in-8, vélin. 20 fr.

7747 **LA CHAPELLE** (de). Les Carosses d'Orléans, comédie. *Paris*, 1681, in-12, dérel. (Edition originale). 3 fr.

7748 **LA CHAUSSÉE** (Nivelle de). Maximien, Tragédie. *Paris*, 1738, in-12, dérelié. (Ed. orig.). 3 fr.

7749 **LACRETELLE** (Ch.). Histoire de France, pendant le XVIIIᵉ siècle. *Paris*, 1810-12, 6 vol. in-8, bas. rac. 6 fr.

7750 **LACRETELLE** (Ch.). Histoire de France depuis la Restauration. *Paris*, 1829 30, 4 vol. in-8, br. (28 fr.) 12 fr.

7751 **LACROIX** (P). Mélanges bibliographiques, par P. L. Jacob (bibliophile). *Paris, Librairie des bibliophiles*, 1871, in-12, pap. vergé, br. Au lieu de 10 fr. 3 fr.
Tiré à 310 exemplaires numérotés.

7752 **LACTANCE FIRMIAN.** Des divines institutions contre les gentils et idolâtres, trad. de latin en françois, par René Famé. *Lyon. Jan de Tournes*, 1555, in-16, v. ant. 8 fr.

7753 **LACTANCE FIRMIAN.** Des divines Institutions contre les Gentils et idolâtres. Traduit de latin en françois, par René Famé. *Lion, Jean de Tournes*, 1555, in-16, v. gris, dos orné, fil. 7 fr.
Notes marginales manuscrites. Quelques mouillures. Raccommodage au titre.

7754 **LADEVÈZE** (Comte de) Histoire de France. Les règnes Mérovingiens et l'empire d'Occident, sous Charlemagne. *Paris*, 1859, 1 vol. in-8 br. 3 fr.

7755 **LADREY** (C.). L'Art de faire le Vin. 2ᵉ édit. *Paris, F. Savy*, 1865, in-12 br (Qq. feuillets tachés). 2 fr. 25
Envoi autographe signé de l'auteur.

7756 **LA FONTAINE.** Contes et Nouvelles en vers, par M. de La Fontaine. Nouvelle édition, corrigée, augmentée, et enrichie de figures *Amsterdam, aux Dépens de la Compagnie*, 1762 3 vol. in-12, figg., demi-rel. dos et coins de mar. rouge à gros grain, dos orné, fil., tête dor., non rognés. 38 fr.

7757 **LA FONTAINE.** Fables choisies, mises en vers *Paris*, 1747. 2 tomes en un vol. pet. in-12 v., front. gr. et vignettes. 2 fr. 50

7758 **LA FONTAINE.** Fables, nouvelle édition, revue et accompagnée de notes, par C. A. Walckenaer. *Paris, Nepveu et De Bure*, 1826: 2 vol. in-4, portr. et figures de Moreau tirés sur chine, br. (Taches de rousseur). 4 fr. 50

7759 **LA FONTAINE.** Fables. Suite complète de 8 figures in 8, dessinées et gravées par Pierre Nicolas Ransonnette. 30 fr.
Très rare.
Epreuves uniques d'eaux-fortes provenant de la collection Ransonnette.

7760 **LA FONTAINE.** Œuvres postumes (publiées par Mme Ulrich). *Lyon. Cl Bachelu*, 1696, in-12, v. gr. 6 fr.
Edition originale.

7761 **LA FONTAINE.** Les Œuvres postumes (sic) de Monsieur de La Fontaine (publiées par Madame Ulrich). *Paris, G. de Luyne*, 1696 un vol. in-12, v m. 8 fr.
Edition originale.

7762 **LA FONT DE SAINT-YENNE.** L'Ombre du grand Colbert, le Louvre et la ville de Paris, dialogue. S. l., 1752, in-12, front. gravé, v. marb. 3 fr. 50

7763 **LA HARPE.** Lycée ou Cours de Littérature ancienne et moderne. *Paris*, 1818. 16 vol. in-8, bas. rac. 12 fr.

7764 **LA LEU** (de). Propositions mathématiques de Monsieur de La Leu, démontrées par J Pujos. *A Paris*, 1638, in-folio broché, fig 6 fr.

7765 **LAMARTINE** (A. de). Chant du Sacre, ou la Veille des Armes. *Paris, Baudouin frères et U. Canel*, 1825, in-8, br. 3 fr.
Edition originale, avec la couverture

7766 **LAMARTINE** (A. de). Chant du Sacre. *Paris*, in-8 cart., non rog., couvert. 5 fr.
Edition originale.

7767 **LAMBERT** (C.). Traité sur l'hygiène et la Médecine des Bains Russes et Orientaux. *Paris*, 1841, in-8 br. 3 fr.

7768 **LAMOTTE** (de). Les Machabées, tragédie. *Paris*, 1722, in-8, 1/2 chag. non rogné (Edit. originale). 3 fr. 50

7769 **LANGLE** (Marquis de) Voyage en Espagne. *Neuchâtel*, 1784. 2 tomes en un vol in-12 v. 3 fr.

7770 **LA PEYRÈRE.** Præadamitæ, sive exercitatio super versibus duodecimo, decimotertio et decimoquarto, capitis quinti Epistolae D. Pauli ad Romanos, quibus inducuntur primi homines ante Adamum conditi. *Anno Salutis (Amsterdam, D. Elzevier)*, 1655, pet. in-12, carte, vélin. 5 fr. 50

7771 **LA ROCHE du MAINE** (J. P. L. de) Essai sur la secte des illuminés (Par Jean-Pierre-Louis de La Roche du Maine, marquis de Luchet). *Paris*, 1789, in-8, br. 3 fr. 50
Cet ouvrage a été plusieurs fois attribué à l'abbé Baruel. (Barbier).

7772 **LA SALLE** (A. de). L'Hôtel des Haricots. Maison d'arrêt de la Garde nationale de Paris, 70 dessins par Edmond Morin. Cinquième édition. *Paris, Dentu, s d.*, pet. in-8, br., couv. illust. 3 fr.

7773 **LEBEAU.** Nouveau Code des prises ou Recueil des Edits, déclarations, lettres patentes, arrêts, ordonnances, règlemens et décisions sur la Bourse et l'administration des prises depuis l'an 1400 jusqu'au moi de mai 1789. *Paris, an IX*, 4 vol. in-8, bas. rac. 6 fr.

7774 **LE BRUN DE CHARMETTES.** Etudes françaises de littérature et de morale. *Paris*, 1822. 2 vol. in-8, bas. rac. 5 fr.

7775 **LÉGENDE DORÉE**, ou sommaire de l'Histoire des frères mendians de l'ordre de S François, comprenant briefvement et véritablement l'origine, le progrez, la doctrine et les combats d'iceux: tant contre l'Eglise Gallicane principalement, que contre les Papes et entr'eux mesmes depuis quatre cens ans (Par Nic. Vignier le fils). *Amsterdam*, 1734, in-12, br., non rogné. 3 fr.
Rare broché.

7776 **LEGRAND.** Œuvres de Le Grand, comédien du roi. *à Paris, par la Cie des libraires associés*, 1770, 4 vol. in-12, veau. 10 fr.

7777 **LELARGE DE LIGNAC** (Abbé J.-A.). Lettres à un Américain sur l'histoire naturelle de M. de Buffon et le traité des animaux de M. de Condillac (par M. de Lignac). *Hambourg*, 1751-1756. 9 parties en 3 vol. in-12, rel. veau fauve, fil. 6 fr.

7778 LEMOINE (A.). L'aliéné devant la philosophie, la morale et la société. *Paris, Didier,* 1862, in-8, br. n. c.   3 fr.

7779 LEMONTEY (P. E.). Raison, folie, petit cours de morale mis à la portée des vieux enfants; suivi des Observateurs de la femme. Troisième édition, augmentée de quelques dissertations à peu près philosophiques et de quatre contes inédits: la Nourriture d'un prince, ou le danger des coutumes étrangères; le Pêcheur du Danube; le Jardinier de Samos, ou le père du Sénat; l'Enfant de l'Europe, ou le dîner des libéraux à *Paris* en 1814. *A Paris, chez Deterville,* 1816, 2 vol. in-8, demi-rel. bas.   6 fr.

7780 LEMONTEY. Récit exact de ce qui s'est passé à la séance de la Société des observateurs de la femme le mardi 2 novembre 1802. *Paris,* 1803, in-16, broché.   4 fr.

7781 LE NORMANT. Introduction à un mémoire sur la propagation de l'alphabet phénicien. *Paris,* 1866, br. in-8   2 fr.

7782 LENORMANT (Ch.). François Gérard, peintre d'histoire. Essai de biographie et de critique. *Paris, Impr. René et Cie,* 1847, in-8, pap. vergé, cart demi-toile, non rog. (*les deux derniers feuillets de la Table ont été refaits à la main*).   4 fr.

7783 LENZ (Dʳ Oskar). Timbouctou, voyage au Maroc, au Sahara et au Soudan, trad de l'allemand par Pierre Lehautcourt et contenant 27 gravures et une carte. *Paris, Hachette et Cie,* 1886-87, 2 vol. in-8 raisin, br. Au lieu de 15 fr.   6 fr.

7784 LEPAGE (H.). Le Palais ducal de Nancy. *Nancy,* 1852, in-8, br., pl.   3 fr

7785 LEPELLETIER (Jean). Fragmenta regalia, ou caractère véritable de la reine Elisabeth et de ses favoris. *Londres,* 1743, in-12 broché, non rogné.   3 fr.

7786 LE ROUX de LINCY. Hugues Aubriot prévôt de Paris sous Charles V. *Paris,* 1862, broch. gr. in-8 de 41 pp.   2 fr.

7787 LERY (Jean de). Histoire memorable de la ville de Sancerre. Contenant les entreprinses, siège, approches, batteries, assaus et autres efforts des assiegeans, les resistances, faits magnanimes, la famine extreme et delivrance notable des assiegez, le nombre des coups de canons par journees distinguees, le catalogue des morts et blessez a la guerre, le tout fidelement recueilli sur le lieu, par Jean de Lery. *S. l.,* 1574, in-8. non rel (*Déchirure à quelques ff. légères piq. de vers et mouillures*).   22 fr.

Pièce rare.

7788 LE SAGE. Recueil des pièces mises au Théâtre François, par M. Le Sage. *Paris, J. Barois,* 1739, 2 vol. in-12, v. marb. ant   10 fr.

Première édition collective.

7789 LESCARBOT (Marc). Les Muses de la Nouvelle-France. A Monseigneur le Chancellier. *Paris, Jean Millot,* 1612, pet. in-8 br.   2 fr. 50

Réimpression imprimée par D. Jouaust, pour la librairie Tross.

7790 LESCURE (de). La vraie Marie-Antoinette. Etude historique, politique et morale, suivie du Recueil réuni pour la première fois de toutes les lettres de la Reine connues jusqu'à ce jour dont plusieurs inédites, et de divers documents. *Paris,* 1863, in-8 br.   3 fr

7791 LETTRES de l'Inconnue. *Paris, Lemerre,* 1874, in-8 de VIII et de 84 pp., br, couv. 2 fr.

7792 LETTRES de Monseigneur le Prince de Condé à la Roine mere du Roy, auec aduertissemens depuis donnez par ledict seigneur Prince à leurs maiestez des choses qui concernent l'honneur de Dieu, le seruice du Roy, et la paix et repos de ce Royaume. *S. l.,* 1565, 45 pp.   20 fr.

7793 LETTRES patentes de la régence, gouuernement & administration du Royaume, pour la royne mere du Roy, attendant la venüe du Roy tres-chrestien, Henri troisiesme de ce nom, Roy de France & de Poloigne. *Imprimé nouuellement, suiuant la copie imprimée à Paris,* 1574, 7 ff. non chiff. et un ff. blanc. 5 fr.

« Donné au Chasteau du Boys de Vincennes, le xxx iour de may » par Charles IX mourant.

7794 LEULIETTE. Discours qui a eu la mention honorable sur cette question proposée par l'Institut national : Quelle a été l'influence de la Réformation de Luther, sur les lumières et la situation politique des différents Etats de l'Europe. *Paris, Gide,* 1804, in-8, demi-rel. veau fauve.   3 fr.

7795 LE VAVASSEUR (G.). La Vie de Pierre Corneille. *Paris,* 1847, in-12 br. *Portrait à l'eau forte.*   3 fr.

7796 LEVESQUE. Histoire critique de la République romaine. *Paris,* 1807, 3 vol. in-8, 1/2-v.   10 fr.

7797 LÉVI (Eliphas). Le Livre des Splendeurs, contenant le Soleil Judaïque, la Gloire chrétienne et l'Etoile flamboyante. Etudes sur les Origines de la Kabbale, avec des recherches sur les Mystères de la Franc-Maçonnerie, suivies de la profession de foi et des éléments de Kabbale. *Paris,* 1894, in-8, br.   3 fr.

7798 LONLAY (Mⁱˢ Eug. de) Anacréon, sa vie et ses œuvres. (Edition Princeps). *Paris, librairie des bibliophiles, s. d.,* in-12, pap. vél, front. gr. sur bois, lettres ornées, br. n. c., couv. 2 fr.

Tiré à 150 exemplaires.

7799 LORENZ (J. M.). Summa historiae gallofrancicae civilis et Sacrae. *Argentorari,* 1790, 3 vol. in-8 cart.   7 fr.

Peu commun.

7800 LYON. Declaration des consuls, manans et habitans de la ville de Lyon sur l'occasion de la prise des armes par eux faicte, le vingt-quatriesme feurier 1589. *Paris,* 1589; 24 pages.   10 fr.

Protestation de fidélité à la Ligue, signée en « l'hostel commun de la ville de Lyon. »

7801 MACHIAVELLI (Nic.). Libro de ‖ l'Arte ‖ della Guer- ‖ ra di Nicolo Machia ‖ uegli cittadino ‖ et segreta- ‖ rio fioren- ‖ tino. ‖ *In Venetia,* 1540, in-8, figg. — Historie ‖ di Nicolo Ma- ‖ chiauegli.. *In Vinegia, nelle case de Pietro di Nicolinida Sabbio,* 1539, in-8. Ens. 2 tomes en 1 vol., vél. ant.   5 fr.

7802 MADELAINE (St. de). Théories complètes du Chant. *Paris,* 1864, in-12 br.   3 fr.

7803 MAGINIÉ. L'illustre Paisan ou memoires et avantures de Daniel Maginié natif du village de Chézales, au canton de Berne, etc. *Lausanne,* 1754, in-12 v.   3 fr.

7804 MAINTENON (Mme de). Manuel d'Education pour les filles. Manuscrit autographe de Mme de Maintenon et de Mlle d'Aumale, publié par J. Travers. *Caen,* 1872, in-12, pap. vergé. br.   2 fr. 25

7805 MAIZEROY (René). La dernière Croisade, mœurs parisiennes. *Paris, V.-Havard,* 1883, in-12, br.   2 fr. 50

Edition originale, avec la couverture. — Exemplaire tiré sur papier de Hollande.

7806 **MALHERBE.** Poésies, suivies d'un choix de ses lettres. *Paris*, 1831, in-8, 1/2 rel. chag 3 fr.

7807 **MALHERBE.** Seneque: Des Bienfaits; de la Trad. de M. François de Malherbe. *Paris*, 1642, pet. in-12, bas. fauve. 3 fr.

7808 **MALLEFILLE** (F.). Glenarvon ou les Puritains de Londres, drame en cinq actes. *Paris, Barba*, 1835, in-8, br. *(Hommage de l'Auteur signé).* 3 fr.
Edition originale.

7809 **MALOT** (H.). Anie. *Paris, Charpentier, s. d.* (1891), in-12, br. 2 fr. 50
Edit. originale, avec la couverture. L'un des 25 ex. tirés sur pap. de Hollande.

7810 **MALOT** (H.). Le Sang Bleu. *Paris, Charpentier, s. d.* (1885), in-12, br. n. c. 2 fr. 50
Edit. originale, avec la couverture. L'un des 35 ex. tirés sur papier de Hollande (n°4).
Déchirure aux 2 derniers ff.

7811 **MANUEL IMPÉRIAL** ou Répertoire historique. *Paris*, 1804, un vol. in-16, d.-bas. taches. *Très joli portrait de Napoléon Ier* 2 fr.

7812 **MAROT.** Poème inédit de Jehan Marot, publié d'après un manuscrit de la Bibliothèque impériale, avec une Introduction et des Notes, par C. Guiffrey. *Paris, Ve J. Renouard*, 1860, in-8, figure, br., couv. 2 fr.

7813 **MARTENS** (G. F. de). Précis du droit des gens moderne de l'Europe, fondé sur les traités et l'usage pour servir d'introduction à un cours politique et diplomatique. *Paris, J. P. Aillaud*, 1831, 2 vol in-8, d.-rel veau. 4 fr.

7814 **MARSHALL** (John). Vie de George Washington général en chef des Armées Américaines durant la guerre de l'Indépendance et président des Etats-Unis d'Amérique. *Paris*, 1807, 5 vol. in-8,1|2 v Portrait 10 fr.

7815 **MASSAN** (F.). Napoléon et les femmes. L'Amour. *Paris, Ollendorff*, 1894, in-8, br. couv. Au lieu de 7 fr. 50. 3 fr. 50

7816 **MASSIER** (A.). De la philosophie de Turgot. *Paris*, 1862, un vol. in-8, br. n. c. 4 fr. 50

7817 **MASSON** (F.). Napoléon et sa famille. Tome I (1769-1802). *Paris, Ollendorff*, 1897, in-8, br. couv. Au lieu de 7 fr. 50 3 fr. 50

7818 **MAUPASSANT.** (G. de). Bel Ami. *Paris, Ve Havard*, 1885, in-12, br. 20 fr.
Edit. originale, avec la couverture.

7819 **MAUREPAS.** Mémoires du Comte de Maurepas, ministre de la Marine, etc. (rédigés par Sallé, et publiés par J.-L. Soulavie) Troisième édition Avec 11 Caricatures du temps gravées en taille-douce. *Paris, Buisson*, 1792 4 vol. in-8, fig. cart perc. non r. (Pierson) 10 fr.
Mouillures et piqûres de vers sur la marge du bord aux pages 185 à 235 du tome IV.

7820 **MAYNARD** (François). Les œuvres de Maynard avec une préface par Marin Le Roy de Gomberville. *Paris, Aug. Courbé*, 1646, in-4, v. ant. (Rel. anc. fatiguée) 15 fr.
Mouillures et 2 ff. raccommodés.
Exemplaire en grand papier

7821 **MÉLANDRI** et A. **WILLETTE.** Les Sœurs Hédouin, avec 35 lithographies hors texte. *Paris, Dentu*, 1892, in-12, br. 4 fr.
Edit. originale, avec la couverture.

7822 **MELCHIORIS CANI** (R. D.). Ordinis praedicatorum, episcopi canariensis et primatiae cathedrae in Academia Salmenticensi olim praefecti, opera, quorum elenchum vide pagina sequente, cum duplici indice, altero, rerum ao

sententiarum altero, locorum sacrae scripturae in hisce passin expositorum. *Coloniae et veneunt Parisiis.* 1678, in-8 v. 3 fr.

7823 **MÉMOIRE** adressé par une réunion de propriétaires, architectes et constructeurs de la ville de Paris à MM. les membres de la commission d'enquête. *Paris*, 1829, in-8 br. 2 fr. 25
Curieux.

7824 **MÉMOIRES** de l'estat de France sous Charles IXe. S. l., 1578, 2 forts vol. in-8 vélin. (Tomes I et II). 12 fr.

7825 **MÉMOIRES** de Madame C., née et élevée dans la religion prétendue réformée, contenant les motifs de sa conversion à la religion catholique *Paris*, 1755, un vol. in-12 v. 3 fr.

7826 **MÉMOIRES** de Rigolboche. *Paris*, 1860, in-32 broché, couv. 2 fr.

7827 **MÉMOIRES** d'un honnête homme (par l'abbé Prévost). *Amsterdam (Paris)*, 1745, in-12, veau (Edit. orig.). 3 fr.

7828 **MÉMOIRES** inédits sur la vie et les ouvrages des membres de l'Académie royale de peinture et de sculpture, publiés d'après les manuscrits conservés à l'école des Beaux-Arts, par MM. Dussieux, Soulié, de Chennevières, P. Mantz, A. de Montaiglon. *Paris*, 1854, 2 vol. in-8 br. 10 fr.

7829 **MÉMOIRES** (Nouveaux) des missions de la Compagnie de Jésus dans le Levant (Grèce). — Lettre à M. le marquis de Torcy sur le nouvel établissement de la mission des Pères Jésuites dans la Kimée. *Paris*, 1715, in-12, carte. v. gr. 3 fr. 50

7830 **MÉMOIRE** sur l'œuvre historique de la ville de Paris, (par le baron Poisson). *Paris, Impr. impériale*, 1867, broch. in-4 1 fr. 50

7831 **MÉMORIAL** dado por Juan Chumacero y Carillo, y D. Fr. Domingo Pimentel, obispo de Cordova, à la santidad del Papa Urbano VIII, sobre los excessos que se cometen en Roma contra los naturales de estos reynos de España. S. l, 1633, in 4, vél. 7 fr.
Rare
Dans le même volume : Concordato entre la coite de Roma y la de Espana *Madrid, A. Marin*, 1738, 35 pp.

7832 **MÉMORIAL** de chronologie généalogique et historique (par M. d'Estrées). *Paris*, 1752, 2 parties en un vol. pet. in-12. 3 fr.

7833 **MERLE** (J.-Toussaint). L'Espion anglais, ou correspondance entre deux milords sur les mœurs publiques et privées des Français *Paris, Colin*, 1809, 2 vol. in-8, demi-rel. v. bl. (Mouillures). 5 fr.

7834 **MERSAN** (de). Manuel du Chasseur et des Gardes-Chasse. *Paris*, 1821, in-18, demi-rel. dos et coins de mar. La Vall foncé, fil., tr. r. 3 fr.

7835 **MEURSIUS** (J.). Joannis Meursii elegantiae latini Sermonis. S. l. n. d., 2 tomes en 1 vol. pet. in 12 de VI-217 et 306 pp., demi-rel. bas. ant. 10 fr.

7836 **MEYER** (Paul). Introduction de la Chanson de la Croisade, contre les Albigeois. *Paris, Renouard*, 1879, in-8 br. 2 fr. 25

7837 **MICHELET.** Précis de l'Histoire moderne, 4e édit, revue et augmentée. *Paris, Hachette*, 1833, in-8, demi-rel. bas. 3 fr.
Rare.

7838 **MIEL** (F. M.). Histoire du sacre de Charles X, dans ses rapports avec les beaux arts. *Paris*, 1825, in-8, dem.-v., orné de quatre planches gravées. 4 fr.

7839 **MIGNET**. Nouveaux éloges historiques. *Paris, 1877*, un vol. in 8 br. (7 fr. 50). 2 fr 50

7840 **MILLAUD** (Alb.). La Comédie du Jour sous la République Athénienne. Illustrations par Caran d'Ache. *Paris Plon et Cie, s. d.*, in-4, br., couv. illust. (*Brochure fatiguée*). Au lieu de 20 fr. 3 fr 50

7841 **MILLAUD** (Albert) Fantaisies de jeunesse, avec deux eaux-fortes de H. de Hem (de Montaut). *Paris, 1866*, in 8. 3 fr.
Edition originale.

7842 **MILLERET** (J). La France depuis 1830, aperçu sur sa situation politique, militaire, coloniale et financière. *Paris, 1838*, un vol. in-8 br. 3 fr.

7843 **MILLEVOYE** (Charles). Les Plaisirs du poète suivis du Passage du Mont Saint-Bernard et de poésies fugitives. *Paris, an X*, un vol. in-12, rel., front. gravé, mouillures. 3 fr.

7844 **MILLS** (Ch.). Histoire du mahométisme, contenant la vie et les traits du prophète arabe, etc. *Paris, 1825*, 1 vol. in-8, br. 3 fr.

7845 **MIROIR** des Salons. Seconde édition augmentée d'une SEMAINE A PARIS, par Me de Saint-Surin. *Paris 1834*, un vol. in-8 br. 3 fr.

7846 **MOLÉ** (G.-F. Roger). Histoire des Modes françaises, ou Révolutions du Costume en France, depuis l'établissement de la Monarchie jusqu'à nos jours Contenant tout ce qui concerne la tête des Français, avec des recherches sur l'usage des Chevelures artificielles chez les Anciens (par Guill. François Roger Molé, avocat). *Amsterdam et Paris, chez Costard, 1773*, in-12, br., non rogné. 3 fr.

7847 **MOLIÈRE** Œuvres de Molière avec des Remarques grammaticales des avertissements et des observations sur chaque pièce par Mr Bret. *Paris, 1804*, 6 vol. in 8. bas. marbrée, *portrait et figures de Moreau le jeune* 12 fr.
Bonnes épreuves.

7848 **MONARCHIE** (la) des solipses, traduite de l'original latin de Melchior Inchofer, jésuite, avec des remarques. *Amsterdam, 1721*, 1 vol. in-12, veau. 3 fr. 50
Rare.

7849 **MONSELET** (Ch.). A la famille Royale. — Marie et Ferdinand, poème *Bordeaux, Lawalle, 1843*, in-8 de 24 pp, br. 2 fr 25
Edition originale avec la couverture.

7850 **MONSELET** (Ch.). La Lorgnette littéraire. Dictionnaire des grands et des petits auteurs de mon temps. *Paris, Poulet-Malassis et De Broise, 1857*, in-16 carré, demi-rel. ch. r., tête dor., non rog. 3 fr. 50
Edition originale. — Rare.

7851 **MONSELET** (Ch.). Poésies complètes Avec un frontispice-portrait par L. Chevalier, gravé à l'eau-forte par Lalauze. *Paris, Dentu, 1880*, in-12. br, couv. 2 fr. 50
Exemplaire tiré sur papier vergé teinté.

7852 **MONTAIGNE** (Recueil de 8 pièces sur), vol. et plaq in-8, br. 11 fr.
Notice bibliographique sur Montaigne, par J. F. Payen. *Paris. 1837.* — Premier Supplément à la Notice bibliographique sur Montaigne, par J F. Payen. *Paris, 1837.* — Deuxième Supplement à la Notice bibliographique, par J. F Payen. *Note sur l'édition in-folio des Essais, publiée en 1595. Paris, L'Angelier. Avril 1860.* — Notice bio-bibliographique sur la Boëtie l'ami de Montaigne, etc., par J. F. Payen. Analysée par G. Brunet. *Paris, 1843.* — Documents inédits sur Montaigne, par le Dr J. F. Payen (Ephémélides, lettres, et autres pièces autographes et inédites de M. Montaigne et de sa fille

Eléonore) *Paris, 1855.* — Recherches sur Montaigne, documents inédits, par le Dr J. F. Payen (Examen de la vie publique de Montaigne, par M. Grün. — Lettres et Remonstrances nouvelles. — Bourgeoisie romaine. — Maison d'habitation et tombeau à Bordeaux. — Vues, Plans, cachet, fac simile. — Raimond Sebon *Paris, 1856.* — Recherches sur l'auteur des épitaphes de Montaigne, lettres à M. le Dr J.-F. Payen, par Reinhold Dezeimeris *Bordeaux, 1861.* — Recherches sur Michel Montaigne Correspondance relative à sa mort. *Paris, 1862.*

7853 **MONTESQUIEU.** Le Temple de Gnide, suivi de Cephise et l'Amour, avec figures gravées par Noël Le Mire, reproduites par Gillot et imprimées par Motteroz Texte original, avec préface par le Bibliophile Jacob. *Paris, L. Villem, 1879-1880.* gr. in-8, pap vél., br., couv 3 fr.
Tiré à 440 exemplaires numérotés (n° 426).

7854 **MONTFLEURY** (de). Diverses poésies, ou Recueil d'Odes, épigrammes et autres pièces. *A Caen, chez J. Jac. Godes, 1718* 1 vol in-8, mar. r (*Rel. anc.*) 10 fr.
Très rare.

7855 **MONUMENTA** vetustatis Kempiana ex vetustis scriptoribus illustrata, eosque viscissim illustrantia *London, 1720.* — Johannis Kempii Cimelii pars altera, quæ nummos continet cui præsigitur de Asse et Partibus ejus Commentarius. *Londini, 1819.* 2 parties en 1 vol. in-8, demi-veau, non rog. avec planches. 4 fr.

7856 **MOORE** (Thomas). Les Amours des Anges, poème, trad. en vers français, par Eug. Aroux. *Paris, Mesnier, 1830*, in-8, br. 4 fr.
Exemplaire sur papier de couleur.

7857 **MOSHEMIUS** (Jo. Laur.). Institutiones historiæ christians antiquiris. *Helmstadii, 1737*, 2 vol pet. in-8, v. 6 fr.

7858 **MOUTON** (Eug.) (Mérinos). Fantaisies avec un précepte d'Horace, dessiné et gravé à l'eau-forte par l'auteur. *Paris, Charpentier, 1883*, in-12, br., couv. 2 fr. 50
L'un des 50 exemplaires tirés sur papier de Hollande. (N° 40)

7859 **MUNEZ de CASTRO.** Libro historico politico, solo Madrid es corte, y el cortesano en Madrid. *Madrid, Rico de Miranda, 1675*, in-4, dérel. 5 fr.
Ouvrage intéressant. On trouve aux pp. 293-300 des traités sur la cosmographie, la musique, etc.

7860 **MUNEZ de CASTRO.** Libro historico politico, solo Madrid es corte, y el cortesano en Madrid. *Madrid, Rico de Miranda, 1675*, in-4. 7 fr.
Ouvrage intéressant. On trouve aux pp. 293-300 des traités sur la cosmographie, la musique, etc.

7861 **MUSEUM** Meadianum sive Catalogus nummorum, veretis aevi monumentorum, ac gemmarum Richardus Mead. *Londini, s. d.*, in-8, veau. 3 fr.
Avec les prix d'adjudication.

7862 **MUSSET** (Alf. de). Premières poésies (1829-1835). Nouvelle édition. *Paris, Charpentier, 1865*, in-12, br., couv. 2 fr. 50

7863 **NADAR.** Les Dicts et Faicts du Chier Cyre Gambette le Hutin en sa court. Exposés par mon sieur Nadar, abstracteur de quinte essence. *Paris, chés l'auctheur, 1881-1882*, in-12, pap. vergé, vign. dans le texte, br., couv. 2 fr.

7864 **NAIN JAUNE** (Le), ou Journal des arts, des sciences et de la littérature, par Cauchois-Lemaire, Etienne, Merle, Jouy (15 janvier au 5 avril 1815). *Paris*, 1815, 17° Nos en 1 vol. in-8) avec 4 grandes planches en caricatures dont 3 coloriées, br., rog.   5 fr.

7865 **NAPOLÉON III.** Œuvres-Mélanges. *Paris, Plon,* 1862, in-12, br.   2 fr.

7866 **NATURAL** History of enthusiasm. *London, Holdsworth and Ball*, 1831. in-8, cart. non rog.   3 fr.

7867 **NAUDÉ** (J.). Epistolaæ. *Genevæ*, 1667, in-12, v.   3 fr.

7868 **NEEDHAM**. Nouvelles observations microscopiques ; avec des découvertes intéressantes sur la composition et la décomposition des corps organisés. *Paris*, 1750, in-12, figures, v. m.   3 fr.

7869 **NEMSGER**. Histoire de la ville et du pays de Gorze, depuis les temps les plus reculés jusqu'à nos jours. *Metz*, 1853, 1 vol. in-8, br., orné de gravures, sceaux et monnaies.   4 fr. 50

7870 **NICOLARDOT** (L.). Confession de Sainte-Beuve. *Paris, Rouveyre et Blond*, 1882, in-12, br., couv.   3 fr.

Edit. orig. avec la couverture.

L'un des 50 exemplaires tirés sur papier vergé.

7871 **NIGRONI** (Jul.) Gennensis de Caliga Veterum, Dissertatio subseciva... Editio ultima. *Lugduni Batavorum, apud Th. Haak*, 1711, in-8, demi-rel. v. f., tête éb., non rog.   3 fr.

7872 **NODIER** (Charles). Nouveaux Souvenirs et Portraits. *Paris, Magen et Comon*, 1841, in-8, br.   3 fr. 50

Edit. orig. avec la couverture.

7873 **NOEL** (François). Traduction complète des poésies de Gallus et de la veillée des fêtes de Vénus. *Imprim. de Crapelet, Paris, Remont*, 1806, 2 vol. in-8, fig. de Girodet, et carte, v. br., tr. dor.   10 fr.

7874 **NOUVEAU** Dictionnaire universel usuel et complet de Géographie moderne. *Paris*, s. d. (1850) 4 vol. gr. in-8, d. v.   6 fr.

7875 **LE NOUVEAU PATHELIN.** *S. l.* 1748, un vol. pet. in-8, cart. Titre gravé.   5 fr.

7876 **LE NOUVEAU THÉATRE** françois Recueil factice d'environ 85 pièces avec titre et pagination séparés. *La Haye*, 1735 à 1745. 6 vol. pet. in-12, 1/2 veau fauve, fig.   18 fr.

7877 **NOUVELLES** lettres de la Reine de Navarre adressées au Roi François 1er son frère, publiées par F. Gonin. *Paris, Renouard* 1842, un vol. in-8, br.   3 fr. 50

Griffonnages sur le titre et à la fin du volume.

Publié à 9 francs. Epuisé

7878 **NOVUM** Jesu-Christi testamentum. *Parisiis, Barbou*, 1767, in-12, figure de Gravelot gravée par De Longueil et carte du plan de Jérusalem du temps de N. Seign. Jésus-Christ, veau, fil., tr. dor.   4 fr. 50

7879 **L'OFFRANDE** par la Société des gens de lettres aux Alsaciens et aux Lorrains. *Paris*, 1873, un beau vol. in-8, br., eau-forte.   3 fr. 50

7880 **OHNET** (G.) L'Ame de Pierre. Illustrations de E. Bayard. *Paris, Ollendorff*, 1890, in-12, br.   3 fr.

Edition originale, avec la couverture. — Exemplaire tiré sur papier Whatman.

7881 **OHNET** (G.). Les Dames de Croix-Mort. *Paris, Ollendorff*, 1886, in-12, br.   2 fr. 50

Edition originale, avec la couverture. — Exemplaire tiré sur papier de Hollande.

7882 **OHNET** (G.). Lise Fleuron. *Paris, Ollendorff*, 1884, in-12, portr. de l'auteur à l'eau-forte par Descaves, br.   2 fr. 50

Edition originale, avec la couverture. — Exemplaire tiré sur papier de Hollande.

7883 **OHNET** (G.). Les Vieilles Rancunes, illustré de 80 dessins par Simonaire. *Paris, Ollendorff*, gr. in-8 br. (Cachet sur le faux-titre). (10 fr.)   1 fr.

7884 **OLIER**. Traité des Saints Ordres. *Paris*, 1831, 1 vol in-8, br.   3 fr. 50

7885 **O'NEDDY** (Ph.) (Théophile Dondey). Poésies posthumes. *Paris, Charpentier*, 1877, in-12, br., couv.   2 fr. 50

L'un des 75 exemplaires tirés sur papier de Hollande (n° 22).

7886 **ORACLES** de Dieu, sur la décision des Controverses de Religion, qui sont entre l'Eglise Reformée et la Romaine, reduit en forme de lieux communs et indice des passages de la S. Ecriture. *A Nismes, par Jean Vaguenar*, 1618, pet. in-12, vél.   10 fr.

7887 **ORLOFF** (Cte). Voyage dans une partie de la France, ou lettres descriptives et historiques adressées à Mme la comtesse Sophie de Strogonoff. *Paris*, 1824, 3 vol. in-8, v. br. 8 fr.

Orleans. — Le Poitou. — Bordeaux. — Le Béarn. Lourdes. — Toulouse. — Cahors — Brives. — Chateauroux. — Fontainébleau

7888 **ORPHÉE**, tragédie en musique. *Paris*, 1690, in-4, cart., front. gravé (Rare).   5 fr.

7889 **ORPHELIN NORMAND** (L') ou les petites causes et les grands effets *Paris*, 1768, 2 parties en un vol. in-12 bradel toile pleine, frontispices gravés de De Sève.   5 fr.

7890 **OUVAROFF**. Etudes de philologie et de critique. *Paris, Didot*, 1845, in-8, br.   2 fr.

7891 **OVIDE**. Les Métamorphoses d'Ovide, traduites en prose françoise (par Nic. Renouard), et de nouveau soigneusement reueues, corrigées en infinis endroits, et enrichies de figures à chacune Fable. Avec XV Discours contenans l'explication morale et historique. De plus, outre le Jugement de Pâris, augmentées de la métamorphose des Abeilles, etc *A Paris, chez la veufue l'Angelier*, 1619. Ens. 1 vol. in-fol., fig., v. f. ant.   10 fr.

Edition recherchée pour les figures de Matheus, J. Briot, etc., dont elle est ornée.

Dechirure au titre.

7892 **PALATIUS** (Joanne). Aquila inter lilia, sub qua Francorum Caesarum a Carolo Magno usque ad Conradum Imperatorum Occidentis X. Elogiis, Hieroglyphicis, Numismatibus, Insignibus, Symbolis, Fasta exarantur. Opus omnibus absolutum numeris. ut hodiernis veteres locupletati annales cuiuslibet Herois, cuius facinora inclusum thema exornant, vitam, effigiem, hieroglyphicum, symbola exhibeant. Auctore Ioanne Palatio. *Venetus, Io: Iacobum Herz*, 1661. in-fol., fig., v. gr. ant. 10 f.

Volume orné de 80 figures Quelques piqûres de vers et mouillures

7893 **PALATIUS** (Joanne). Aquila Saxonica, sub qua Imperatores Saxones, ab Henricum Sanctum Occidentis Imperatorem XV. Elogiis, Hieroglyphicis, Numismatibus, Insignibus, Symbolis, Imaginibus Antiquis. Ad vinum exhibentur exculpti, et longa historiarum seri exarati Ut nihil relictum fit, quod prisci, vel hodierni habeant annales ; sed diplomata, leges, indulta, genealogiae, donationes, privilegia offeruntur congesta. Accedit cuique Caesarum tractatus Sacrolegalis, et Historicopoliticus, Historicis, Concionatoribus, I. Consul-

tis, atque expolitas eruditionis studiosis pèrutilis, et necessarius. Auctore Ioanne Palatio. *Venetiis Io : Iacobum Herz*, 1673. in-fol. fig., v. gr. ant. 10 fr.
> Volume orné de 71 figures. ⚓ Quelques piqûres de vers et mouillures.

7894 **PARIS**. Almanach de la Garde nationale de Paris pour l'année 1817. *Paris*, 1817, in-18 broché. 2 fr.

7895 **PARIS**. Almanach de la Samaritaine avec ses prédictions pour l'année 1787. *Paris*, 1787, in-18 broché, non rogné. 3 fr.

7896 **PARIS**. Les Anciens Plans de Paris, notices historiques et topographiques, par Alf. Franklin. *Paris, Willem*, 1878-1880. 2 vol. in-4, fig., br., couv. 5 fr.
> Tiré à 354 exemplaires numérotés (n° 281). L'un des 320 sur papier de Hollande.

7897 **PARIS**. Le Courrier burlesque de la guerre de Paris, envoyé à Monseigneur le prince de Condé, pour divertir son Altesse durant sa prison. Ensemble tout ce qui s'est passé jusqu'au retour de leurs Majestez. *Paris*, 1650, gr. in 8. 32 p. 5 fr.

7898 **PARIS**. Dictionnaire historique et descriptif des Monumens religieux, civils et militaires de la Ville de Paris, par M. de Roquefort. *Paris*, 1826, un vol in 8, d.-chag., non rogné. 7 fr.

7899 **PARIS**. Edict du Roy, par lequel est défendu à toutes gens de guerre et aultres personnes de la suitte dudit seigneur... de loger ès maisons Presbyterales des Curés du diocèse de Paris... *Paris, Nicolas Roffet*, 1564 ; in-8, 8 ff. non chiff. 6 fr.

7900 **HISTOIRE DE PARIS**, racontée à la jeunesse par Destigny de Caen. *Paris*, 1845. 2 vol. in-12 br., fig. 4 fr.

7901 **PARIS**. Dulaure. Histoire physique, civile et morale de Paris depuis les premiers temps historiques jusqu'à nos jours. *Paris*, 1824, 10 volumes en 22 parties in-8 broch.; figures. 10 fr.

7902 **PARIS** en miniature d'après les dessins d'un nouvel Argus (le Marquis de Luchet). *Paris*, 1784, in-12, d.-rel. 3 fr.

7903 **PARIS** et les Parisiens en 1835, publié par Mme Trollope. *Paris, Fournier*, 1836, 2 vol. in-8, cart. Bradel, non rog. 4 fr.

7904 **PARIS**. Plan de Paris, avec détails historiques de ses agrandissements et embellissements, depuis J.-César jusqu'à ce jour, ce plan gravé et réduit géométr d'après MM. Verniquet et Lagrive, etc., etc., accompagné du plan de St-Denis, du canal de l'Ourcq, de la scie mécanique, et d'un plan du premier pont construit à Paris, (etc.). *Paris*, 1819, in-4 cart. 3 fr.

7905 **PARIS**. Relevé général des objets d'art commandés depuis 1816 jusqu'en 1830 par l'administration de la ville de Paris et indication des lieux où ils sont placés. *Paris*, 1833, in-8 br. 2 fr. 50

7906 **PARIS**. Service municipal de la ville de Paris. Cartes statistiques des Egouts et de la distribution des Eaux de l'Ourcq, sous les ordres et par les soins de M. Emmery, gravées en 1839, 2 feuilles gr. in-fol. collées sur toile, étui, 8 fr.

7907 **PARIS**. Tableau des Boulangers de Paris pour l'exercice de l'an 1823, précédé des Arrêtés ordonnances, etc. concernant la boulangerie de Paris. *Paris*, 1823, in-12, mar. r., tr. dor. (*Rel. anc. fatiguée*). 2 fr. 50

7908 **PARIS**, tableau moral et philosophique, par Fournier-Verneuil. *Paris*, 1826, in 8, demirel v., non rog. (*Qq. feuillets tachés*). 5 fr.
> Cet ouvrage a été condamné et est devenu assez rare. Notre exemplaire contient une clef des noms, ce qui le rend particulièrement intéressant.

7909 **PARIS**. Tableau moral et philosophique par M. Fournier-Verneuil. *Paris*, 1826, un vol. in-8, demi-bas. 5 fr.
> Exemplaire auquel on a joint la clef des noms. Très curieux à consulter. Le volume a été condamné et l'édition détruite.

7910 **PARIS**. La Ville de Paris et le Corps législatif par Aug Cochin. *Paris*, 1869, broch. in-8. 2 fr.

7911 **PASCAL**. Les provinciales ou lettres escrittes à un provincial de ses amis et aux RR. PP. Jésuites, sur la morale et la politique de ces pères, par L. de Montalte, trad en latin par G. Wendrock, en espagnol par G. Cordero, de Burgos; et en italien par Cosimo Brunetti. *Cologne*, 1684, in-8, rel. veau. 6 fr.

7912 **PATIN**, Lettres choisies de feu M. Guy Patin, docteur en Médecine, dans lesquelles sont contenues plusieurs particularitez historiques sur la vie et la mort des sçavants de ce siècle. Sur leurs écrits et sur beaucoup d'autres choses curieuses depuis l'an 1645 jusques en 1672. *A Rotterdam*, 1689, in-12, veau. 3 fr.
> Première édition rare de ces lettres qui ont été très souvent réimprimées au 18° siècle.

7913 **PATIN** (Ch.). Relations historiques et curieuses de Voyages, en Allemagne, Angleterre, Hollande, Bohême, Suisse, etc. *A Lyon, chez Cl. Muguet*, 1674, pet. in-12, fig. et pl. v., dos orn., tr. p. (*Rel. anc.*) 3 fr.

7914 **PATRON** et **PERGASSE**. La Boucherie à Rouen. *Rouen*, 1851 4 broch. in-8. 2 fr.

7915 **PECQUET**. Mémoires secrets pour servir à l'histoire de Perse (la cour de France). *Amsterdam*, 1745, in-12, vélin. 4 fr.

7916 **PEIGNOT** (Gab.) Recherches historiques et littéraires sur les Danses des Morts et sur l'origine des Cartes à jouer. Ouvrage orné de cinq lithographies et de vignettes. *Dijon, Lagier*, 1826, in-8, demi-rel. bas. f. (*Mouillures*) 3 fr. 50

7917 **PEQUÉGNOT**, 12 eaux-fortes, par Péquégnot. *Paris, imprim. Delatre*, in-4 obl. de 12 pl., demi-rel. chag. 6 fr.
> Epreuves avant la lettre.

7918 **DE PERFIDIA** romani pontificis epistola ad Carolum Caesarem, Authore Germano Eleutherostomo. *S. l. n. d.* (*vers 1560*), pet. in-8, cart. 15 fr.
> Plaquette rarissime en vers latins.
> Eleutherus est le pseudonyme de *Séb. Franck de Mulhouse*.

7919 **PEROCHE** (J.). Manuel des distilleries ou Guide complet pour la surveillance de ces établissements, comprenant : la fabrication, la législation, etc., etc. *Paris*, 1868, in-8, br. (6 fr.) 3 fr.

7920 **PETIT-NEVEU** (le) de Boccace, ou contes nouveaux en vers. Nouvelle édition, revue, corrigée et augmentée de deux volumes. par M. Pl. D. (Pluchon-Destouches). *Amsterdam (Montargis)*, 1789 3 tomes en 1 vol. in-8, demi-rel. v. f., dos orné, non rog. 6 fr.
> Exemplaire imprimé sur papier rose.

7921 **PHEBUS** (G.). Livre de Prières, par Gaston Phébus. Comte de Foix (1385). Publié par L. de La Brière. *Paris, Kolb*, 1893, in-32, br., couv. 3 fr.

7922 PHILADELPHE (Eusèbe). Le Réveille-matin des François, et de leurs voisins, composé par Eusèbe Philadelphie, cosmopolite, en forme de Dialogues. *A Edimbourg (Genève)* de l'imprimerie de Jacques James, 1574. 2 part. en 1 vol. pet. in-8 de 19 ff. prélimin. 159 et 192 pp. vélin. *(Mouillures et 1 feuillet refait à la main dans la seconde partie).* 4 fr.

7923 PICARD. Œuvres de L. B. Picard. *A Paris.* 1821, 10 vol. — Théâtre républicain et inédit de L. B. Picard. *Paris,* 1832, 1 vol Ensemble 11 tomes en 6 vol. in-8, 1|2 veau f. 25 fr.

7924 PICARD (L.-B). Théâtre républicain posthume et inédit de *L.-B.* Picard de l'Académie française, publié par Ch. Lemesle. *Paris, Mme Charles-Béchet,* 1832, in-8, br. n. c. 4 fr.
Rare.

7925 PICHON. De l'état de la France sous la domination de Napoléon Bonaparte. *Paris, Dentu,* 1814, in-8, demi-veau. 4 fr.
Première édition, très rare.

7926 PICHOT (A.). Le Roi d'Arles, épisode des grandes chroniques arlésiennes. *Paris,* 1848, 1 vol. in 12, demi-rel. 3 fr.

7927 PIÈCES historiques de l'année 1620. 18 pièces dans un carton in-8, v. m. 10 fr.
Le jeu de l'Esbahy des censeurs estonnez. — La Poupée démasquée, adressée au Roy, l'an 1620. — L'Enfer estonné à l'arrivée des trois Géryons. — Les Monopoliers ennemys de la France. — Déclarat. du Roy par laq. les princes, ducs et seigneurs y dénommez sont déclarez criminels de leze-majesté, si dans un mois après la publication des présentes ils ne posent les armes et reviennent trouver sadicte Majesté en personne. — Arrest du Conseil d'Estat du Roy portant reiglement général entre les prevost des marchands et les juges des sièges présidiaux. — Le guidon françois, ensemble Radamante armée de vengeance. — Le favory du Roy. — Lettre de M. le Nonce du Pape à la Reyne Mére du Roy. — Les Pseaumes des Courtisans, dédiés aux braves esprits qui entendent les jais de la Cour. — L'adoration du veau d'or aux bons François. Etc., etc.

7928 PIÈCES du mémorable procez esmen M.DC.VI. entre le Papes Paul V et les seigneurs de Venise touchant l'excommunication du pape, publiée, contriceux vénitiens. *A Saint Vincent, par Paul Marceau,* 1603, un vol. in-8, parch. 11 fr.

7929 POESIES. 8 vol. in-12, brochés. 6 fr.
Souvenirs d un Berger Champenois par Rose Dollet. *Troyes,* 1815. — Les deux Ecoles ou Essais satyriques, quelq. illustres modernes par Massey de Tyrone, 1829 — Les Chants de Tyrté, par F. Didot, 1826. Odes nationales par F. Brun de Vioux, 1815. — L'Heure du Berger par Foulin, 1887. — La Mort du Tasse par Leleux. Lille, 1812. — Le Voyage du poète par Saint-Victor, 1866. — Discours en vers par Heisssant. 1795.

7930 POGGI FLORENTINI. Facetiarum libellus unicus notulis imitatores indicantibus et nonnulis sive Latinis, sive Gallicis imitationibus illustratus, simul ad fidem optimarum editionum emendatus. *Londini,* 1798, 2 vol. in-16, demi-rel. dos et coins de mar. La Vall., tête dor., non rog. 6 fr.

7931 POMPONIUS MELA. Pomponii Melae de Situ Orbis, libri III ad veterum exemplarium fidem castigati. *Lugduni Batav., Luchtmanniana,* 1743, pet. in-12, front. gr., v. marb 3 fr.

7932 PONTAUMONT (de). Documents pour servir à l'histoire des ville et château de Cherbourg. *Cherbourg,* 1867, br. in-8. 1 fr. 50

7933 PONTAUMONT (de). Tableau historique des Gaules. *Cherbourg,* 1852, in-12, br. 2 fr.

7934 PONS, de la CHATAIGNERAIE. Dissertation critique sur la Charte d'Alaon. *Paris,* 1841, in-8, br. 2 fr.

7935 PONT DE VESLES. Le Complaisant, comédie en cinq actes. *Paris,* 1734, in-12, br. n. r. 3 fr.
Edition originale.

7936 PONTGIBAUD (Cte de), Normandises ou le Décaméron normand. *Caen, Le Blanc-Hardel,* 1884, pet. in-4, pap. de Holl., titre r. et n., texte encadré de fil. r, br., couv. 3 fr.

7937 POTHIER. Coutumes des duché, bailliage et prévôté d'Orléans. *Paris,* 1772, in-4. rel. veau. 3 fr.

7938 PRADON. Pirame et Thisbé, tragédie. *Paris,* 1674, in-12, br. rog. (Edit. orig.) 3 fr.

7939 PRADON. La Troade, tragédie par M. Pradon. *Paris, Ribou,* 1679, in-12 br., rog. (Edit. orig.). 3 fr.

7940 PRADT (de). Histoire de l'ambassade, dans le grand duché de Varsovie en 1812. *Paris,* 1817, in-8. 3 fr.

7941 PRÉDICTIONS dés choses plus mémorables qui sont à advenir depuis l'an 1564 jusqu'à l'an mil six cens et sept, prise tant des eclipses et grosses ephemerides de Cyprian Leouitie, que des prédictions de Samuel Syderocrate. *S. l.,* 1565, 71 pag 20 fr.

7942 PRISONS and Reformatories at home and Abroad being the transactions of the international penitentiary congress held in London, July 3-13, 1872. *London,* 1872. un vol. gr. in-8 br. 4 fr.

7943 PROTESTATION de Monseigneur filz et frere du Roy. Duc d'Alençon. *Imprimé nouuellement,* 1575, in-8, de 7 ff, cart. Bradel. 20 fr.
Pièce protestante Rare.

7944 PROUDHON. Correspondance de P.-J. Proudhon. *Paris,* 1875, 14 vol. in-8 br., état de neuf. Au lieu de 70 fr. 14 fr.

7945 PUISIEUX (Madame de). Les Caractères. *Londres,* 1750, un vol. in-12, v. m. *(Edition originale).* 3 fr.

7946 PSALTERIUM juxta exemplar Alexandrinum, editio nova graecé et latiné. *Oxoniae,* 1678, in-12, v. gr. *(1 feuillet raccom.).* 3 fr.

7947 PURBACCHIUS. Theoricae novae planetarum Georgii Purbacchii Germani ab Erasmo Reinholdo Saluel densi pluribus figuris auctae, et illustratae scholiis, quibus studiosi praeparentur, ac imutentur ad lectionem ipsius Ptolemaci. *Parisiis, C. Périer,* 1553, in-8, fig. vél. *(Q.q. piq. de vers et mouillures).* 3 fr. 50

7948 PYAT (Félix). Les deux serruriers, drame en cinq actes. *Paris, Tresse,* 1841, in-8. br., couv. papier. *(Edition originale).* 3 fr.

7949 QUENIN (D' D. J.). Statistique du canton d'Orgon, département des Bouches-du-Rhône. *Arles, Garcin,* 1838, in-8, avec tableaux, br. 3 fr.

7950 QUILLET (Cl.) Callipaedia ; seu de pulchrae prolis habendae ratione, poema didacticon, cum uno et altero eiusdem Authoris carmine. *Parisiis, Th. Joly,* 1656, in-8, vélin. 3 fr.

7951 RABELAIS RÉFORMÉ (Le) par les ministres et nommément par Pierre du Moulin, ministre de Charanton, pour response aux bouffonneries insérées en son livre de la vocation des pasteurs (par le Père Garasse). *Bruxelles, Ch. Girard,* 1619, in-8, vél. 9 fr.
EDITION ORIGINALE.

7951 *bis* — Le même ouvrage. *Bruselle*, 1620, in-8, vél   9 fr.

7952 **RACINE**. Œuvres de Racine. Nouvelle édition, revue, corrigée et augmentée. *A Amsterdam, chez Henri Schelte*, 1709, 2 vol pet. in-12, frontispice et figures, veau ant.   10 fr.

7953 **RACINE** Œuvres de Racine, de l'Académie francoise, nouvelle édition plus correcte et plus ample que les précédentes; avec de très belles figures en taille-douce. *Amsterdam et Leipzig, chez Arkslée et Merkus*, 1763, 3 vol. in-12, dem.-mar. br., dos orné, rel. sur brochure.   13 fr

> 1 portrait par Yver, 1 frontispice et 12 figures par L. F. D. B. (Louis Fabrice Du Bourg), gravés par Tanjé; 3 fleurons sur les titres dont un signe par Punt, qui sert pour les 2e et 3e volumes. Bel exemplaire, entièrement non rogné.

7954 **RACINE**. Lettres de Racine et mémoires sur sa vie. *A Lausanne et à Genève*, 1747, 2 vol in-12, bas.   6 fr.

7955 **RACINE** *le fils*. Poeme sur la Grâce. *A Paris*, 1722, in-8, veau. (*Rel. anc.*)   10 fr.

> Edition originale très rare.

7956 **RACINE** *le fils*. La Religion, poème. *A Paris, chez J. B Coignard*, 1742, in-8, v. m. (*Edition originale*)   3 fr.

7957 **RAILLERIE** universelle dédiée aux curieux de ce temps, en vers burlesques, précédée d'un avertissement par Ch. V. S *Lille, Leleu*, 1857, in-12, br., pap de Hollande. 2 fr

> Réimpression tirée à 162 exemplaires

7958 **RAPPORTS** sur les progrès des Etudes relatives à l'Egypte et à l'Orient *Paris, Impr. imp.*, 1867, gr. in-8, br. (épuisé).   2 fr. 50

7959 **RAPPORTS** sur les progrès des Etudes Classiques et du moyen-âge, philologie celtique, numismatique. *Paris*, 1868, gr. in-8 br. 3 fr.

7960 **RAULIN** (Victor). Carte géognostique du plateau tertiaire parisien. (1843), carte in-12, collée sur toile.   4 fr.

7961 **RECHERCHES** sur l'origine du despotisme oriental (par Boulanger). *S. l.*, 1777, un vol. in-12, veau.   3 fr.

7962 **RECREATIONS** historiques, critiques, morales et d'érudition, avec l'Histoire des fous en titre d'office. *A La Haye*, 1768, 2 vol. in-12, brochés.   5 fr.

7963 **RECUEIL** alphabétique de prognostics dangereux et mortels sur les différentes maladies de l'homme ; à l'usage de MM. les Recteurs et autres ayant charge d'âmes, dans l'administration des Sacrements. *Paris*, 1730, pet. in-12 v   3 fr.

> Curieux.

7964 **RECUEIL** de brochures en un vol. in-8, 1/2 bas   3 fr. 50

> Lettres d'Artwell. 1830 — Chant du Sacre ou la veille des Armes par A de Lamartine. 1825 Edit. orig. — L'Avènement et le règne de Charles X par Max. Gressier. Metz, 1825. — Deux mois de la Vie politique de M' de Polignac et des siens par A. Bret, 1830. — Esquisses poétiques par A. Antoine. Metz, 1830. — Etc, etc.

7965 **RECUEIL** de pièces concernant la compétence de l'Amirauté de France, avec une préface historique, une table chronologique et une générale des matières. *A Paris*, 1759, in-12, v. m.   3 fr.

7966 **RECUEIL** des pièces d'histoire et de littérature. *Paris*, 1738, 4 tomes en 2 vol. in-12 v. 4 fr.

> Par l'Abbé Granet et le Père Desmolet.

7967 **RECUEIL** des plaisants devis récités par les supposts du seigneur de la Coquille. *Lyon, L. Perrin*, 1857, 8 part en 1 vol. pet. in-8, pap. vergé teinté, br., couv.   5 fr.

> Jolie réimpression faite par les soins de M. J.-B. Monfalcon.

7968 **REDERN** (Comte de) Considérations sur la Nature de l'homme en soi-même et dans ses rapports avec l'ordre social. *Paris*, 1835, 2 vol. in-8, d.-rel. veau br.   6 fr.

> Ex. de M. Guizot.

7969 **RÉFLEXIONS** sur ce que l'on appelle Bonheur et Malheur en matière de Loteries, et sur le bon usage qu'on en peut faire. *Amsterdam, chez Georges Gallet*, 1696, très pet. in-8, br.   5 fr.

> Frontispice non signé. Ex. absolument neuf.

7970 **RÉFUTATION** des principales erreurs des quiétistes contenues dans les livres censurez par l'ordonnance de l'Archevêque de Paris. *Paris*, 1695, in-12, v.   3 fr.

7971 **RÉGLEMENT** du Musée de Paris institué par Me Court de Gebelin. *S. l.* 1785, br. in-8   3 fr.

7972 **REGNARD**. Les Œuvres de M. Regnard. *Imprimé à Rouen, et se vend à Paris, chez la Veuve de Pierre Ribou*, 1731, 5 vol. in-12, cart. sur brochure.   25 fr.

> Rare en pareille condition.

7973 **REGNARD**. Œuvres de Regnard, avec des avertissements et des Remarques sur chaque pièce par M. G. (Garnier). *Paris, Imprimerie de Monsieur*, 1789, 4 vol. in-8, veau, portrait et 7 fig. par Moreau le Jeune.   10 fr.

> Belle épreuves. Reliure fatiguée.

7974 **REGNIER**. Les Œuvres de M. Regnier, contenant ses satyres et autres pièces de poèsies. *Amsterdam*, 1710, 1 vol. in-8, veau. 3 fr.

7975 **REGNIER**. Œuvres de Regnier à *Londres*, 1750, 2 vol. in-12, vignettes d'Eisen, gr. par Sornique, veau.   6 fr.

7976 **REGNIER**. Les Satyres et autres œuvres de sieur Regnier, augmentez de diverses pièces cy-deuant non imprimées. *Paris, Guillaume de Luyne*, 1661, in-16, v. ant.   8 fr.

> Edition rare.

7977 **REIFFENBERG** (De). Archives philologiques. *Paris*, 1827, 2 vol. in-8, cart n. r. 8 fr

7978 **REIMS**. Description historique de la ville de Reims par Gérard Jacob K... *Reims. s d*, in 8, br.   2 fr. 25

7979 **RELATION** de l'Inquisition de Goa. *A Leyde*, 1687, pet. in-12, v. br.   5 fr.

7980 **RELATION** du Voyage mystérieux de l'isle de la Vertu à Oronte. *Mons (Paris)*, 1711, in-12, br. r.   5 fr.

7981 **RELATION** d'un voyage du pôle arctique au pôle antarctique par le centre du monde. *A Paris, chez N. Pissot*, 1723, in-12, fig., v. br.   6 fr.

> Avec la description de ce périlleux passage et des choses merveilleuses et étonnantes qu'on a découvertes sous le pôle antarctique.

7982 **REMARQUES** historiques et anecdotes sur la Bastille. *S. l.*, 1774, un vol. pet. in-8, cart., n. r.   3 fr. 58

7983 **RÉMUSAT** (Ch. de). Essais de philosophie. *Paris, Ladrange*, 1842, 2 vol. in-8, br 4 f.

7984 **RÉPONSE** à la lettre de M.M. des Missions étrangères au pape sur les cérémonies chinoises. *S. L.*, 1700, in-12 br.   3 fr.

7985 RÉPONSE à l'histoire des Oracles de M de Fontenelle par le P. Baltus, jésuite) *Strasbourg,* 1709, 2 vol in-8 v.   4 fr.

7986 RETZ. Mémoires de Monsieur le Cardinal de Retz. *Amsterdam,* 1717, 4 tômes en 5 vol. in-12, veau   6 fr.

Édition très estimée.

7987 REVUE chronologique de l'histoire de France, depuis la première convocation des notables, jusqu'au départ des troupes étrangères, 1787-1818 (par l'abbé G-H Roques de Montgaillard). A *Paris et à Londres,* 1820, in-8 v. de 834 pag.   4 fr.

7988 REYBAUD (L). Le coton; son régime, ses problèmes, son influence en Europe. *Paris,* 1863, in-8 br. (7 fr. 50)   3 fr. 50

7989 REYNARDI (Johannes). Sermones quadragesimales.. *Lyon, Symon Vincent,* 1515, pet. in-8 gothique, parchemin.   5 fr.

7990 RICCOBONI (Madame). Lettres de Mistriss Fanni Butlerd à Milord Charles-Alfred, comte d'Erford. — Lettres de Mylady Juliette Catesby à Mylady Henriette Campley. — Amélie, roman de M° Fiedling, trad de l'anglois, 3 parties en 2 vol. — Histoire de Miss Jenny, 4 parties en 2 vol., figures. — Histoire de M. le marquis de Cressy. — Recueil de pièces détachées. — Lettres d'Adélaïde de Dammartin, comtesse de Sancerre, à M. le comte de Nancé, son ami. — Nouveau théâtre Anglois, 2 vol. - Lettres d'Elisabeth-Sophie de Vallière à Louise-Hortense de Canteleu, son amie, 2 vol. — Lettres de mylord Rivers à sir Charles Cardigan, entremêlées d'une partie de ses correspondances à Londres pendant son séjour en France *Amsterdam et Paris, chez Humblot,* 1772-77. Ensemble 10 ouvrages en 12 vol. in-12, figures, veau, fil., tr. marbr.   16 fr.

7991 RICCOBONI. Réflexions historiques et critiques sur les différens théâtres de l'Europe, par Louis Riccoboni. A *Paris,* 1738, in-8, bas.   4 fr.

7992 RICHARD (Jean). Sentimens d'Erasme de Roterdam, conformes à ceux de l'Eglise catholique sur tous les points controversez. A *Cologne (Hollande),* 1688, un vol. in-8, portrait, veau brun.   4 fr.

7993 RICHER (Abbé Claude), *né à Auxerre.* La Gnomonique universelle, ou la science de tracer les cadrans solaires sur toutes sortes de surfaces tant stables que mobiles. *Paris, Jombert,* 1701, in-8, veau.   3 fr.

7994 RICHTER-ALBUM. Eine Auswahl von Holzschnitten nach Zeichnungen von Ludwig Richter. *Leipzig,* 1865, 2 vol. pet. in 4 de 307 planches avec légendes, cart. toile, non rog. (*Cart. de l'éditeur*).   6 fr.

7995 RIGAUD (Autres Œuvres poétiques du sieur David), accompagnées d'une notice et de notes, par N. J. Brun-Durand. *Paris, Aubry,* 1870, pet. in-8, pap. de Holl. br., couv. pap.   3 fr.

7996 RIGAULT (N.). Auctores finium, secundorum. *Parisiis,* 1614, in-4, parch. mouillures.   4 fr.

7997 RIME di diversi nobili Huomini et eccellenti poeti nella lingua thoscana, libro secondo. *In Vinegia, Gabr Giolita,* 1547, in-8, vél. (*Coupure au titre et ff. raccomm.*)   3 fr.

7998 RIVAUDEAU. Les œuvres poétiques d'André de Rivaudeau, gentilhomme du Bas-Poitou. (seizième siècle); nouvelle édition publiée et annotée par M. Mourain de Sourdeval. *Paris, Aubry,* 1859, pet. in-8. br.   3 fr.

Tiré à 300 exemplaires, jolie édition ornée de fleurons et de lettres dans le goût du XVIe siècle.

7999 RIVIÉRE DU FRENY: La Réconciliation normande, comédie en vers, en cinq actes. *Paris,* 1719. — Le Dedit, comédie en vers en un acte, par le même. *Paris.* 1709. Ensemble un vol. in-12, veau fauve   20 fr.

Editions originales. Dans le même volume : La fausse suivante, comédie (par Marivaux). — Les enfants trouvés ou le Sultan poli par l'Amour, parodie de Zaïre, 1732. — Venise sauvée, tragédie, (par de la Place). Paris, 1750. Très beau frontispice dessiné par Boucher, gravé par Le Bas. (Non cité dans Cohen.)

8000 ROBERT (Ch.). Etat actuel de la numismatique de Toul. Gr. in 8 br., planche.   2 fr. 25

8001 ROCHAMBEAU (Ach. de). Voyage à la Sainte-Larme de Vendome. Etude historique et critique sur cet antique Pèlerinage. *Vendome,* 1874. in-8 de 103 pp., fig. br   2 fr.

8002 ROCHEFORT (H). La Lanterne. *Paris,* 1868. *Paris. V.-Hàvard,* 1886, in-12, portr. de l'auteur gr. à l'eau-forte par Ad. Lalauze, br., couv.   2 fr. 50

Exemplaire tiré sur papier de Hollande

8003 ROGER (Abrah.). L'Histoire des Bramines, où l'on voit les mœurs, la religion, le commerce, et la manière de vivre de ces Peuples, et des autres Pais circonvoisins. *Imprimé à Amsterdam, et se vend à Paris, chez Est. Loyson,* 1672, in-4, front. gr. et fig. en taille-douce, veau gr. ant.   10 fr.

Ouvrage composé en hollandais par Abraham Roger, ministre protestant, et traduit en français par par Thomas La Grue, docteur en medecine.

8004 ROGER (A.). La Porte ouverte pour parvenir à la connoissance du paganisme caché, ou la Vraye Représentation de la vie des mœurs... des bramines... par Abraham Royer, traduit en françois par Thomas La Grue. *Amsterdam, Jean Schipper,* 1670, in-4, v. ant. gran.   15 fr.

Exemplaire aux armes du DUC DE RICHELIEU.

8005 ROGER (Abrah.). Le Théatre de l'idolatrie, ou la porte ouverte, pour parvenir à la cognoissance du Paganisme caché, et la vraye représentation de la religion et du service divin des Bramines, qui demeurent sur les Costes de Chormandel, et aux Pays circonvoisins... Avec des remarques des noms et des choses les plus importantes. Traduite en françois par Thomas La Grue. *Amsterdam, J. Schipper,* 1670, in-4, front. gr. et fig. en taille-douce, veau gr. ant.   8 fr.

8006 ROLLIN. Opuscules de feu M. Rolin. *Paris,* 1771. 2 vol. in 12, veau fauve.   3 fr.

8007 RONDELET (A.). Du Spiritualisme en économie politique. *Paris, Didier,* 1859, in-8, br.   3 fr.

8008 ROSA (Salvator). Satire di Salvator Rosa dedicate a Settano. *In Amsterdam, presso sevo Prothomasil.v, s. d.* (1664), in-12, BROCHÉ NON ROGNÉ.   10 fr.

Edition originale très rare en pareille condition.

8009 ROSEL-BEAUMONT (de). Œuvres mêlées, contenant diverses pièces en prose et en vers et un grand nombre de contes. *Amsterdam,* 1750, un vol. in-12, v. fauve, fil.   3 fr.

8010 ROSELLE (de). Lettres du marquis de Roselle. *Londres,* 1765, 2 parties en 1 vol. in-12, veau.   2 fr.

8011 ROSNY (J.-H.). Les Xipéhuz, *Paris, Savine,* 1888, in-8 de 84 pp., br.   2 fr. 50

8012 ROUSSEAU (A.). Nouvelles Maximes ou Réflexions morales. A *Paris, chez Pierre le Petit.* 1679, in-12, v. br. (*Rare*)   5 fr.

Volume rare provenant de la collection Rochebilière.

8013 ROUSSEAU (J. B.). Œuvres choisies. *Paris*, 1823, un vol. in-8, 1/2 veau, n. r., portrait.   3 fr. 50

8014 ROUSSEAU (J.-J.). Dialogues. *Londres*, (*Cazin*), 1782, 2 vol. in-18, veau porph., dos orné, 3 fil., tr. dor. (*Rel. anc.*)   2 fr. 25

8015 ROUSSEAU (J. J.). Emile ou de l'éducation, par J.-J. Rousseau, citoyen de Genève. *Londres*, (*Bruxelles*), 1774, 2 vol. in-4, fig., veau porph., dos orné, 3 fil., tr. dor. (*Rel. anc.*) 5 fr.
9 figures par Moreau, gravées par Choffard, de Launay, Lemire et Simonet. (Qq. mouillures.)

8016 ROUSSEAU (J.-J.). Pièces diverses. *Londres*, (*Cazin*), 1782, 4 vol. in-18, veau marb., dos orné, 3 fil., tr. dor. (*Rel. anc.*)   4 fr.

8017 ROUSSEAU (J. J.). Œuvres. *Amsterdam*, 1771. 11 vol. in-8, v. m., figures d'après Eisen, Gravelot, etc. Musique gravée.   22 fr. 50

8018 ROUSSEAU (J.-J.). Collection complète des Œuvres de Jean-Jacques Rousseau. *Genève*, 1782. 29 vol. in-8, v.   15 fr.

8019 ROUSSELIN (Alex.). Correspondance originale des Emigrés, ou les Emigrés peints par eux-mêmes... On y a joint des lettres curieuses, et des papiers saisis en Savoie sur les Emigrés. *Paris*, 1793, 2 part. en 1 vol. in-8 front. gr., demi-rel. bas. (*Qq. mouillures*). 5 fr.

8020 ROY. Œuvres diverses de M. Roy. *Paris*, 1827, 2 tomes en un vol. in-8 bas.   4 fr.

8021 RUFZ (Dʳ E.). Enquête sur le serpent de la Martinique (Vipère fer de lance, Bothrops lancéolé, etc.). *Paris, Germer, Baillière*, 1859, in-8, pl., demi-rel. bas.   4 fr.

8022 RUSSIE Tableau général de la Russie moderne et solution politique de cet Empire au commencement du 19ᵉ siècle. *Paris*, 1802, 2 vol. in-8 1/2 v   3 fr.

8023 St-AUGUSTIN. De Civitate Dei libri XXII. *Parisiis*, 1651, in-folio v.   3 fr.

8024 St-EVREMOND. Conversation du Mᵃˡ d'Hoquincourt avec le père Canaye, publiée par Louis Lacour. *Paris*, (*Jouaust*), 1865, pet. in-12, pap. de Hollande.   2 fr.

8025 St-FOIX. Essais historiques sur Paris. *Paris*, 1767, 5 vol. in-12, demi-rel.   5 fr.

8026 St-JUIRS. Cherchez l'Amour, roman parisien. *Paris, V. Havard*, 1881, in-12, br. 2 fr. 50
Edition originale, avec la couverture. Exemplaire sur papier de Hollande.

8027 St-PIERRE (abbé de). Discours sur la Polisynodie, où l'on démontre que la Polisynodie, ou pluralité des conseils est la forme de Ministère la plus avantageuse pour un Roi, et pour son royaume. *Amsterdam*, 1719, in-12, v. marb.   4 fr. 50
Dans le même volume: Lettres philosophiques sur la formation des Sels et des Crystaux, et sur la génération et le mechanisme organique des plantes et des animaux, etc., par M. Bourguet. *Amsterdam*, 1729, in-12. — L'usage des Astrolabes, tant universels que particuliers, etc., par le sieur Bion, ingénieur. *Paris*, 1702, in-12.

8028 Ste BIBLE, traduite d'après les textes sacrés, avec la Vulgate, par M. Eugène Genoude. *Paris, Méquignon fils ainé*, 1821-1824, 23 vol. in-8, dont un de table, cart. toile.   23 fr.

8029 Ste-CROIX (de). L'Ezour-Vedam, ou ancien commentaire du Vedam, contenant l'exposition des opinions religieuses et philosophiques des Indiens. *Yverdon, De Felice*, 1778, 2 vol. in-12, demi-rel. bas.   4 fr.

8030 Ste-MARTHE (Scévole de). Consiliarii regis, et aerarii apud pictones antigraphei Poëtica paraphrasis in sacra Catica. Syluarum lib. II. — Epigrammatum lib. I. — Carminum diversi generis lib. I. *Lutetiae, F. Morelli*, 1574, in-8 vél. (*Feuillets tachés*).   6 fr.
Dans le même volume: Olympia Pindari latino Carmine reddita, per Nic. Sudorium. *Lutetiae, F. Morelli*, 1576, in-8.

8031 SAINTINE (X.-B.). Antoine. *Paris, A. Dupont*, 1839, in-8, cart. perc.   4 fr.
Edition originale.

8032 SALLUSTE. Caii Sallustii Crispi quæ extant. *Londini*, 1713, in-12, vélin.   3 fr.

8033 SALLUSTIUS CRISPUS (C.), Cum veterum Historicum fragmentis. *Lugd. Batav.*, ex officina Elzeviriana, 1634, pet. in-12, titre gr., vél. (*Piq. de vers et mouillures*).   3 fr.
Willems. Nᵒ 412.

8034 SALMON. Conférences sur les devoirs des hommes. *Paris*, 1869, un vol. in-8 br. (9 fr.)   4 fr. 50
Epuisé.

8035 SALMON (l'abbé F.-R.). La Sainte Bible, Ancien et Nouveau Testament (récit et commentaire), par l'abbé F. R. Salmon. Ouvrage illustré de 240 gravures par Schnorr. *Paris, Firmin-Didot et Cie*, 1878, in-4 br., couv. Au lieu de 20 fr,   5 fr.

8036 SANCHEZ (R. P. Thomas). De Sancto matrimonii sacramento, disputationum. *Venetiis apud Nic. Pezzana*, 1726, 3 tomes en 2 vol. in-fol., parch.   10 fr.
Bonne édition d'un ouvrage célèbre.

8037 SANCTII (Fr.). Comment. in And. Alciati Emblemata, nunc denuo multis in locis accuraté recognita, et quamplurimis figuris illustrata. *Lugduni*, 1573, in-8, nombr. fig. sur bois, dérel.   4 fr.

8038 SANCTISS. D. N. Sixti Papæ V, declaratio contra Henricum Borbonium Regem Navarræ et Henricum item Borbonium, prætensum Principem Condensem. hæreticos eorumque posteros et successores : ac liberatio subditorum, ab omni fidelitatis et obsequii debito. *Romæ, apud hæredes Ant. Bladii*, 1585, in-8. — Brutum Fulmen Papæ Sixti V, adversus Henricum.... una cum protestatione multiplicis nullitatis.... *Genevæ*, 1604, ens. 1 vol. in-8.   12 fr.
Bulle de Sixte V contre Henri III, après le meurtre des Guise, et réponse violente de François Hotman, célèbre jurisconsulte du temps.

8039 SAND (G.). Autour de la table. *Paris, Dentu*, s. d., in-12 br.   3 fr.
Edition originale, avec la couverture.

8040 SAND (G.). Dernières pages. *Paris, C. Lévy*, 1877, in-12 br.   3 fr.
Edition originale, avec la couverture.

8041 SAND (G.). Laura, voyages et impressions. *Paris, M. Lévy frères*, 1865, in-12 br. 3 fr.
Edition originale, avec la couverture.

8042 SAND (G.). Questions d'art et de littérature. *Paris, C. Lévy*, 1878, in-12 br. 3 fr.
Edition originale, avec la couverture.

8043 SAND (G.). Questions politiques et sociales. *Paris, C. Lévy*, 1879, in-12, br. 3 fr.
Edition originale, avec la couverture.

8044 SAND (G.). Tamaris. *Paris, M. Lévy frères*, 1862, in-12 br.   3 fr. 50
Edition originale, avec la couverture. Quelques taches.

8045 SANFORDO (H.). De Descensv domini nostri Jesv Christi ad inferos libri quatuor.

Opera vero et studio Roberti Parkeri, ad umbilicum perducti, ac jam tandem in Lucem aditi... *Amstelrodami, Ægidii Thorpii,* 1611, in-4, demi-rel. vél. **10 fr.**

Volume rare.

8046 SANTOS (Francisco de los). Descripcion del real monasterio de S. Lorenzo del Escorial fabrica del rey Filipo segundo; coronada por el rey Filipo quarto, con la magestuosa obra del Panthéon, y translacion de los cuerpos reales... *Madrid, Villa Diego,* 1681, pet. in-fol. non relié. **4 fr.**

8047 SAÜL et DAVID. Tragédie en 5 actes. *Londres,* 1761, in-12, cart. **5 fr.**

Rare.

8048 SAUVENIÈRE (A. de). Sylvaine de Vitray, roman d'une jeune fille pauvre. *Paris, Frinzine et Cie,* 1885, in-12, br. **2 fr. 25**

Edition originale, avec la couverture. — L'un des 12 exemplaires tirés sur papier de Hollande (nº 5).

8049 SAVOIE. Relation de ce qui s'est passé depuis quelque temps en Italie pour le faict de Pignerol. *S. l.,* 1631, in-8 de 78 pp. **10 fr.**

8050 SAYEE. An Elementary Grammar With full Syllabary and Progressive reading book of the assyrian Language in the Cuneiform Type. *London,* (1875), in-4, cart. **12 fr.**

8051 SCHILLER. Histoire du soulagement des Pays-Bas, sous Philippe II. roi d'Espagne, traduit de l'Allemand de Schiller, par M. le Mis de Chateaugiron. *Paris, A. Sautelet,* 1827. 2 vol. in-8 br. **5 fr.**

8052 SCHLEGEL (de). Philosophie de la vie. *Paris,* 1838, 2 vol. in-8 1|2 v. **5 fr.**

8053 SCHOEBEL (C.) Analogies constitutives de langue allemande, avec le grec et le latin, expliquées par le sanscrit. *Paris, Imprimerie Royale,* 1845, un vol. gr. in-8 br. **3 fr.**

8054 SCHOLL (A.). La Farce politique. *Paris, V.-Havard,* 1887, in-12, br. **2 fr. 50**

Edition originale, avec la couverture. — Exemplaire tiré sur papier de Hollande.

8055 SCHOONHOVIUS. Emblemata Florentii Schoonhovii I. C. Goudani, partim moralia, partim etiam civilia. Cum latiori eorundem ejusdem auctoris interpretatione. Accedunt et alia quaedam poëmatia in alys poëmatum suorum libris non contenta. *Lugduni, Batavorum, ex officina Elzeviriana,* 1626, in-4, titre gr., portr. de l'auteur, et fig., vélin. (*Rel. anc.*) **8 fr.**

Willems, nº 261. Raccommodage à la page 195-96.

8056 SCHWARZ (Conrad). Commentarii eritici et philologici linguæ græcæ novi fœderis divini. *Lipsiae,* 1736, in-8 1|2 v. **4 fr.**

8057 SCHWENGER (Guill.). Mémoires sur les aveugles, sur la vue et la vision; suivis de la description d'un télégraphe très simple, avec gravures. *A Paris,* 1800, in-8, frontisp et gravures, demi-rel. bas. **4 fr.**

8058 SCIOPPIUS (G.). Grammatica philosophica. *Amstelodami, apud Jod. Pluymer bibliopolam,* 1659, un vol. in-8, vélin. **5 fr.**

8059 SCRIVERIUS (Petr.). Collectanea veterum tragicorum. Livii Andronici, Q. Ennii, Cn. Naevii aliorumque fragmenta; quibus accedunt castigationes et notae Ger. Jo. Vossii. *Lugd. Batav., J. Maire,* 1620, 2 tomes en 1 vol. in-8, vélin. **4 fr.**

8060 SCULPTURA Historico-Tchnica: or the history and art of engraving. *London,* 1770, petit in-8, veau, *figures.* **4 fr.**

8061 SECRETA MONITA ou advis secrets de la Société de Jésus. *A Paderborne,* 1761, in-12, v. m. **3 fr.**

Dans le même volume : Relation de l'affaire de Mgr l'évesque de Luçon avec les Jésuites au sujet de leur séminaire, 1758. — Le franc et véritable discours au Roi sur le rétablissement des jésuites, 1762, et autres pièces.

8062 SENTENTIAE et exempla, ex probatissimis quibusque scriptoribus collecta et per locos communes digesta per Andream Eborensem Lusitanum. *Parisiis, apud Nicolaum Nivellium,* 1590, pet. in-8, v. ant. **5 fr.**

8063 SERGENT (E.). Traité pratique et complet de tous les mesurages, métrages, jaugeages de tous les corps. *Paris,* 1864, 2 vol. gr. in-8 br. (sans l'atlas). **4 fr.**

8064 SERRE (Jean de). Inventaire général de l'Histoire de France commençant à Pharamond et finissant à Louys XIII. *A Paris, par Cl. Morlot,* 1624, 7 vol. in-32, v. marb. **25 fr.**

8065 SERVAN. *Avocat général au Parlement de Grenoble.* Œuvres complètes, nouvelle édition augmentée de plusieurs pièces inédites par X. de Portets. *Paris,* 1825, 5 tomes en 3 vol. in-8, d. v. vert. **5 fr.**

8066 SEURRE (Jules). La dernière république ou Paris et le département de Saône-et-Loire pendant la Révolution de 1848. *Paris et Chalon-sur-Saône,* 1860, un vol. in-8 br. **3 fr.**

8067 SFORZA D'ODDI. I Morti vioi, comedia. *In Perugia,* 1576, pet. in-8, dem.-v. **3 fr.**

8068 SIGONIO (Car.). De Antiquo jure civium Romanorum lib. II. — De Antiquo jure italiae libri III. — Orationes Car. Sigonii. *Parisiis,* 1573. 3 ouvrages en un vol. pet. in-8 veau. **5 fr.**

8069 SILHON (de) Le Ministre d'Estat, avec le véritable usage de la politique moderne. *Amsterdam, Michiels, (Bruxelles, Foppens),* 1661. 2 vol pet. in-12, mar r., dos ornés, fil., tr. dor. (*Rel. anc*) **20 fr.**

Willems nº 1994.

Cette édition se joint à la collection elzévirienne, elle est la plus complète et la plus recherchée.

8070 SIMON (J.). Le Devoir. *Paris, Hachette et Cie,* 1854, in-8, demi-rel. toile, non rog. (*Q q. taches et annotations au crayon*). **3 fr.**

Edition originale.

8071 SIMON (Jules). Souviens-toi du 2 Décembre. *Paris, V.-Havard,* 1889, in 12, br. **2 fr. 50**

Edit. originale, avec la couverture. Ex. tiré sur pap. de Hollande.

8072 SIMON et SEGAULD. Conférence de l'Ordonnance de Louis XIV sur le fait des Eaux et forêts .. contenant les Loix forestières de France. *Paris,* 1752, 2 vol. in-4, v. **6 fr.**

8073 SINETY. L'Agriculteur du Midi ou Traité d'Agriculture propre aux départements méridionaux. *Marseille,* 1803, 2 in-12, vol. bas. **3 fr.**

8074 SLEIDAN (Jean). Histoire des 4 empires souverains, assavoir de Babylone, de Perse, de Grèce et de Rome. *A Genève, Jean Crespin,* 1550, in-8, veau ant. **20 fr.**

8075 SOCRATIS et Socraticorum Pythagoreorum quæ ferunter epistolæ Ed. Conradus Orellius. *Lepsiae,* 1815, in-8, d.-chag. **3 fr.**

8076 SOISSONS. Procès-verbal des Séances de l'Assemblée Provinciale du Soissonnois, tenue à Soissons en 1787. *Soissons, Waroquier,* 1788, in-4, carte et tableaux, d.-rel. bas. **10 fr.**

8077 **SOMAIZE** (de). Le Grand Dictionnaire des Prétieuses. *Paris*, 1660, 2 tomes en un vol. in-8, v.   22 fr.

8078 **SOMMAIRE** Discours des Causes de tous les troubles de ce royaume, procedentes des impostures et conjurations des hérétiques et des rebelles. Ensemble le fidelle et loyal devoir des Catholiques envers le Roy. *Paris, P. l'Huillier*, 1573, in-8 de 38 ff. chiff., d.-rel. vél.   6 fr.

8079 **SOUVERAINS DU MONDE** (Les). Ouvrage qui fait connoistre la genealogie de leurs maisons, l'etendue et le gouvernement de leurs etats, leur religion, leurs revenus, leur force, leurs titres, leur armoiries, l'origine historique des villes ou des quartiers qui les composent et le lieu de leur résidence avec un catalogue des auteurs qui en ont le mieux écrit. *A Paris*, 1718, 4 vol. in-12, veau, blasons.   14 fr.

8080 **LES SPECTACLES** de Paris, où calendrier, historique et chronologique des théâtres — vingt-huitième partie par l'année 1779, in-16, v.   3 fr.

8081 **LES SPECTACLES** de Paris, pour l'année 1787. *Paris, Veuve Duchesne*, pet. in-12, br rog.   2 fr 50

8082 **SPECTROLOGIA**, h. c. discursus ut plurimum philosophicus de spectris brevibus et succentis Thesibus... auctore Joh. Decker. *Hamburgi*, 1690, pet. in-12, rel.   4 fr.

8083 **SPIEGEL** (Fr.). Liber de Officiis sacerdotum buddhicorum palice et latine primus edidit atque adnotationes adjecit. *Bonn*, 1841, br. in-8.   2 fr.

8084 **SPONTONE** (C.). L'Heroe overo L'attioni de re dell'Ungheria, con gl'arbori descendenze loro dall anno 378. Il natale di Christo in sino a tutto il 1601. *In Balogna*, 1620, in-fol., tableau généalogique, fig., cart.   3 fr.

8085 **STAEL**. Œuvres inédites de madame de Staël, publiées par son fils. *Paris*, 1821. 3 vol. in-8, br.   7 fr. 50

8086 **STETTLERIUS** (D. Mich). Les Annales de Basle (en allemand). *Berne* 1626. 2 tomes en 1 vol. in-folio vélin. (*Bon exemplaire*). 8 fr.

8087 **STRUTT** (Joseph). Angleterre ancienne ou tableau des mœurs, usages, armes, habillemens des anciens habitans de l'Angleterre, c. à. d. des anciens Bretons, Danois, Normands. *Paris*, 1789. 2 tomes en 1 vol. in-4 br. v. r, nomb. planches. (piqûres de vers). 12 fr.

8088 **SUISSE**. De Helvetiorum republica, Pagis, fœderatis, etc. *Parisiis*, 1577, 1 vol. in-8, vélin, fig. sur bois.   10 fr

8089 **SULLY**. Mémoires de Maximilien de Béthune, duc de Sully, mis en ordre avec des remarques par M. L. D. L. D L. (l'abbé de l'Ecluse des Loges). *Londres* (Paris), 1778, 10 vol. in-12, portr. v. marb.   8 fr.

8090 **SYNESIUS**, lyrenaei, episcopi epistolæ, graecio cum antiquis codd. mss. accuraté collatis, cum interpretatione latina viri eruditissimi et notis, (gr. et lat.). *Parisiis, Orry*, 1605, in-8, vélin.   3 fr.

8091 **TABAC**. Dissertatio satyrica physico-medico-moralis de Pica Nasi sive Tabaci sternutatorii moderno abusu, et noxa authore J. H. Cohausen. *Amstelodami*, 1716. 1 vol. in-12, vélin, frontisp. gr.   6 fr.

8092 **TABOUROT** (Est.). Les Touches du seigneur des Accords, quatriesme (et cinquiesme)

livre. *Paris, Jean Richer*, 1588, 2 part. en 1 vol. pet. in-12, br.   3 fr.

    Réimpression faite à 106 exemplaires, à Bruxelles, chez Mertens et Fils, 1863.

8093 **TASSO** (B.). Le Lettere di M. Bernardo Tasso. *In Venetia*, 1585, pet. in-8, vélin. 3 fr. 50

8094 **TAULÈS** (de). L'homme au masque de fer. Mémoire historique où l'on refute les différentes opinions relatives à ce personnage mystérieux et où l'on démontre que ce prisonnier fut une victime des Jésuites. *Paris*, 1825. 1 vol. in-8, br.   3 fr.

8095 **TAXIL** (Léo). La Prostitution contemporaine. Etude d'une question sociale. *Paris, s d*, in-8, avec illustrations hors texte par Hopé, br., couv.   3 fr.

    Rare

8096 **TAXIL** (Léo). Y a-t-il des Femmes dans la Franc-Maçonnerie ? Edition illustrée. *Paris, Noirot, s. d.*, in-8, br., couv. illust. 3 fr.

8097 **TEMPLE**. Les Œuvres mêlées de Monsieur le Chevalier Temple. *Utrecht*, 1693, 2 vol. pet. in-12, veau.   3 fr. 50

    On trouve dans ces volumes un *Essai du Moxa contre* la Goutte.

8098 **TÉRENCE**. Terentius, in quem triplex edita est P. Antesignani Rapistagnensis Commentario. *Lugduni, Math. Bonhomme*, 1560, in-4 de 532 pp., bas. f., fers à fr.   3 fr.

8099 **TERNAUX** (Henri) Les Communeros, chronique castillane du XVIᵉ siècle, d'après l'histoire inédite de Pédro de Alcocer. *Paris*, 1834, in-8, br.   3 fr.

8100 **TERRAI** (l'abbé). Mémoires de l'abbé Terrai contrôleur général des finances ; avec une relation de l'emeute arrivée à Paris en 1775 et suivis de quatorze lettres d'un actionnaire de la compagnie des Indes. *Londres*, 1776, in-12, v. m.   3 fr.

8101 **TESSEREAU** (Abraham) Histoire chronologique de la grande Chancellerie de France, contenant son origine, l'estat de ses Officiers, un recueil exact de leurs noms depuis le commencement de la Monarchie jusques à présent, leurs fonctions, privilèges, prérogatives, droits et règlemens, etc. Le tout tiré des Chartes, Edits, Déclarations, Arrests, Règlemens, Registres et autres Actes authentiques. Revuë et augmentée de plusieurs pièces. *Paris, P. Emery*, 1710, 2 vol. in-fol., v. gr. ant. (*Taches d'humidité*),   20 fr.

8102 **TESTAMENT** histori-morali-politique de Monsieur R... *A la Courtille*, 1760, un vol. in-12, 1/2 rel.   2 fr. 25

8103 **TESTAMENTUM** Vetus Testamentum graecum ex versione septuaginta interpretum, juxta exemplar Vaticanum Romanae editum, accuratissimé et ad amussim recusum. *Londini, Rogerus Daniel*, 1653, gr. in-8 à 2 col., plein chag. br.   3 fr. 50

8104 **THEATRE** (Le) des passions et de la fortune, ou les aventures surprenantes de Rosalmidor et de Théoglaphire. *Paris*, 1731, un vol in-12, veau.   3 fr.

8105 **THÉOLOGIE** (La) morale des Jésuites et nouveaux Casuistes, représentée par leur pratique et leurs livres (par Ferraut). *Cologne*, 1699. 3 vol. in-12, veau fauve. (Rare). 10 fr.

8106 **THESAURUS** (Emm). Inscriptiones quotquot reperiri poterunt, opera olim et diligentia Emmanuelis Philiberti Panealbii. *Coloniae Brandenburgicae*, 1681, in 4, parch.   3 fr.

8108 **THÉVENEAU de MORANDE.** La Gazette noire, par un homme qui n'est pas blanc; ou Œuvres posthumes du Gazetier cuirassé. *Imprimé à cent lieues de la Bastille*, in-8. 9 fr

8109 **THÉVENOT** (de). Méridionales, poésies intimes. *Arles*, 1885, in-8 br. 1 fr 50

8110 **THIBAULT.** La Vie de Pedrille del Campo, Roman comique dans le goust espagnol, enrichi de fig. en taille douce. *Paris, Pigoul*, 1718, in-12 veau. (Édit. orig.) 3 fr

8111 **THIERS** (J.-B.). Histoire des Perruques, où l'on fait voir leur origine, leur usage, leur forme, l'abus et l'irrégularité de celles des Ecclésiastiques. *Avignon, L. Chambeau*, 1779, in-12 cart. non rogné. 2 fr 50

8112 **THIERS.** Histoire de la Révolution française. *Paris*, 1877, 10 vol. in-8, portrait et fig. demi-veau. 15 fr

8113 **THOMAS.** Œuvres complètes de Thomas de l'Académie française. *Paris*, 1802, 5 tomes en 4 vol. in-8, veau marb., dos orné. 4 fr

8114 **THOMAS.** Œuvres complètes de M. Thomas de l'Académie française, précédées d'une notice sur sa vie et ses ouvrages, de l'auteur par M. Saint-Surin. *Paris*, 1825, 6 vol. in-8, portrait, demi-rel. veau, non rognés. 6 fr.
Bon exemplaire.

8115 **THUNBERG** (C. P.). Voyages au Japon par le Cap de Bonne-Espérance, les îles de la Sonde, etc. Trad. par L. Langlès et revus quant à la partie d'histoire naturelle, par J.-B. Lamarck. Avec planches. *Paris, An V*, 1796, 4 vol. in-8, port. br. 7 fr 50

8116 **TINCHANT.** Doctrine nouvelle sur la reproduction de l'homme, suivie de tableaux des variétés de l'espèce humaine. *Paris*, 1822, in-8 demi-rel. [illegible] fr
Rare.

8117 **TIPHAIGNE.** [illegible] Histoire économique de [illegible] France, par M. Tiphaigne. *Paris*, 1760, in-8. [illegible]
Rare.

8118 **TISSOT.** Mémoires historiques et militaires sur Carnot, rédigés d'après ses manuscrits, sa correspondance inédite et ses écrits. *Paris*, 1824, un vol. in-8 cart. 2 fr

8119 **TISSOT.** Précis ou Histoire abrégée des guerres de la Révolution française. *Paris*, 1821-[illegible], vol. in-8, d.-v. 5 fr

8120 **TITELMANN.** Elucidatio in omnes epistolas apostolicas, quatuordecim Paulinas et Canonicas septem, una cum textu ad marginem adjecto et ita commode distributo ut quaque textus particula suae elucidationi e adversa respondeat juxta veterem et vulgatam editionis, additis argumentis, etc. et epitomibus, vice [illegible] possit totam Epistolarum [illegible], per eumdem F. Titelmanum Hassellensem [etc.]. *Antverpiae*, 1528, pet. in-8. [illegible] fr

8121 **TOUDOUZE** (G.). Le Pompon vert. *Paris, V. Havard*, 1887, in-12 br. 2 fr 50
[illegible]

8123 **TRACTATUS** de matrimonio qui in Seminario Sancti Irenei et [illegible]. un vol. in-12 broché. [illegible]

8124 **TRAGEDIE** sacra e morale di Farini Gioachino Annutini cioè la Matilde, il Cid, la Elisabetta, il Tommaso Moro, dedicate illustris. Signora la Signora Di Caton e Si... vicin Colonna. *In Roma*, 1727, in-8. [illegible]

8125 **TRANCHAU** (L.-H.). Le Collège et le Lycée d'Orléans (1762-1892). Notes, Souvenirs, Documents. Avec plans, gues et vignettes d'Hans Hertnison. 1893, 1 fort vol. in-8, papier br. 8 fr

8126 **TROYES** (Jean de). Histoire de Loÿs XI Roy de France, et des choses mémorables advenues de son règne, depuis l'an 1460 jusqu'à 1483. Autrement dicte la Chronique Scandaleuse. Escrite par un Greffier de l'Hostel de Ville de Paris (Jean de Troyes). *S. l. Imprimé sur le vray Original*, 1620, in-4, veau. 15 fr

8127 **TURSELLINI** (H.). Historiarum ab origine mundi usque ad annum a Christo nato [illegible]. epitome. Libri decem. *Ultrajecti*, 1713, un vol. in-12, vél., front. grav. [illegible]

8128 **TYPUS** Mundi in quo ejus Calamitates et pericula nec non divini humanique Amoris Antipathia emblematice proponuntur a R. C. S. I. A. *Antverpiae, apud Viduam Joan. Cnobbari*, 1652, pet. in-12, titre gr. et fig. de Mallery, gr. par J. Cnobbaert. dérel. (déchirure au deux prem. ff. et dans le bas de la marge). [illegible]

8129 **ULBACH** (L.). L'Homme au Gardenia. *Paris, C. Lévy*, 1884, 2 vol. in-12, br. n. c. 4 fr
Édition originale, avec les couvertures. — L'un des exemplaires tirés sur papier de Hollande (n° 8).

8130 **VALLEMONT** (de). Les Éléments de l'histoire ou ce qu'il faut savoir de Chronologie, de blason, etc. *Paris*, 1702, 3 vol. in-12, v., figures. 4 fr

8131 **VAN DER MUELEN** Dissertatio de Origine et Imperis Romani. *Ultrajecti*, 1737, in-12, port. et fig., 12 v. 3 fr

8132 **VÉRITABLE** (La) politique à l'usage des Émigrés français. *Cologne*, 1794, in-12, basane tachée. 2 fr 50
Très rare.

8133 **VEROLA** (Paul). Les Orages (poésies). Illustrations de J. Villeclère. *Paris, Comptoir d'édition*, 1889, in-8, br. 3 fr
Édition originale avec la couverture. — Signature autographe de l'auteur sur le faux-titre.

8134 **VERON** (Francisco). Regula fidei catholicæ. *Parisiis*, 1774, in-8, maroq. vert, fil., tr. dor. 3 fr

8135 **VERTON** (de). Des satyres personnelles, traité historique et critique de celles qui portent le titre d'Anti-. *A Paris*, 1689, 2 vol. in-12, v. m. 6 fr

8136 **VIATOR** christianus recta ac regia in Caelum via tendens ductu Thomæ de Kempis. Tomus I. De Imitation Christi et le tome 2 De vera sapienta nova cura recensuit et notis illustravit J. M. Horstius. *Parisiis*, 1804, 2 vol. pet. in-12, v. f. 4 fr

8137 **VIE** (La) de Guzman d'Alfarache. *A Paris*, 1733, 3 vol. in-12, v., front. grav., fig. 6 fr

... *Paris*, 1788, 2 tomes en 1 vol. in-... Lettres. jol. portrait. 3 fr. 50

8139 **VIEL DE SAINT-MAUR**. Lettres sur l'architecture des anciens et celle des modernes. *Paris*, 1787, un vol. in-8, 1/2 v. 3 fr.

8140 **VIEUX GAULOIS** (Le) à Messieurs les princes. *Paris*, 1614, in-8 de 24 pages. (Pièce rare) 3 fr.

8141 **VIGNET** (P.) L'Erreur de Claire. *Paris, Charpentier*, 1885, in-12 br. 2 fr 50
Edition originale, avec la couverture. — Exemplaire tiré sur papier de Hollande.

8142 **VIGNEUL - MARVILLE**. Mélanges d'histoire et de littérature. *A Paris*, 1713, 3 vol. in-12, bas. 12 fr.

8143 **VILLENAVE** (G. T.) Vie d'Ovide, contenant des notions historiques et littéraires sur le siècle d'Auguste. *Paris*, 1809, in-8, 1/2 v., fig. de Moreau le jeune. 6 fr.

8144 **VINCENTII** (Sancti). Librinensis commonitorum adverses heress. — Stephanus Balluzius tutelensis ad fidem veterum codicum Mss. emendavit notisque illustravit. *Augustae Vindelicorum*, 1757, in-12, v. 3 fr.

8145 **VIRGILE**. Publii Virgilii Maronis Opera. *Parisiis, Barbou*, 1754, 3 vol. in-12, veau écaille, fil., tr. dor. (*Rel. anc.*) 15 fr.

8146 **VITON DE ST-ALLAIS** (Nic.) Tablettes chronologiques généalogiques et historiques des maisons souveraines de l'Europe. *Paris*, 1812, petit in-12, br. 3 fr. 50

8147 **VOCABULARIUM** utriusque juris, emendatius et auctius quam unquam antea opera Alexandr. Scot. J. C. *Lugduni, apud Horatium Cardon*, 1601, pet. in-8, vél. 3 fr.

8148 **VOLTAIRE**. La Henriade, poème, suivi de quelques autres poèmes de Voltaire. *De l'imprimerie de la Société littéraire-typographique (Kehl)*, 1789, gr. in-4, pap. vel., fig., cart., non rog. 5 fr.
10 figures par Moreau, gravées par Dambrun, de Launay, Duclos, Guttenberg, Helman, Lingée, Patas, Romanet, Simonet et Trière, un portrait de Henri IV par Porbus, gravé par Tardieu, et un portrait ajouté de Voltaire, gravé par Langlois, d'après La Tour.

8149 **VOLTAIRE**. La Pucelle d'Orléans, poème héroï-comique en dix-huit chants. Nouv. édit. sans faute et sans lacune. Augmentée d'une Epître du Père Grisbourdon à M. de Voltaire, et d'un jugement sur le poème de la Pucelle à M**, avec une épigramme sur le même poème. *Londres*, 1780, in-18, mar. rouge, dos orné, 3 fil., tr. dor. (*Rel. anc.*) 3 fr. 50
Portrait de Jeanne d'Arc, avec son supplice, dans la tablette au-dessous du portrait.

8150 **VOLTAIRE**. La Pucelle, poème, suivi des contes et satires de Voltaire. *Paris, De l'Imprimerie de la société littéraire-typographique (Kehl)*, 1789, gr. in-4, fig., demi-rel. veau r., dos orné, tr. marb. 12 fr.
Portrait de Jeanne d'Arc, dess. et gr. par Gaucher.

8151 **VOSSII** (Gerardi Joann.) De theologia gentili, et physiologia christiana, sive de origine ac progressu su idolatriae, ad veterum gesta ac rerum naturam reductae, deque naturae mirandis, quibus homo adducitur ad Deum, liber I et II. *Amsterdami*, 1641, pet. in-4, v.

8152 **VOYER** (A. du) La Tyrannomanie jesuitique, dédiée à Mgr le baillif d'Yverdon. *Villefranche, par Guillaume Bontemps*, 16.., in-12, veau brun. 15 fr.

8153 **WAAGEN** (G. F.) Manuel de l'histoire de la peinture. — Ecoles Allemande, Flamande et Hollandaise, trad. par MM. Hymans et J. Petit. *Bruxelles et Paris*, 1863, 3 vol. in-8, br. 6 fr.

8154 **WADDINGTON-KASTUS** (C.) De Petri Rami vita scriptis, philosophia. *Parisiis, apud Joubert*, 1848, in-8, br. 3 fr. 50

8155 **WALDOR** (Mme Mélanie) Poésies du cœur. *Paris, L. Janet*, 1835, in-8, cart. en moire verte, tr. dor. 3 fr.
Edition originale. Envoi d'auteur signé à Gavarni.

8156 **WALISZEWSKI** (K.) Pierre le Grand — l'Education — l'Homme — l'Œuvre, d'après des documents nouveaux. Avec un portrait en héliogravure. *Paris, Plon et Cie*, 1897, in-8 br. couv. 3 fr. 50

8157 **WITSII** (Hermanni). Ægyptiaca et decapsilon, sive, de ægyptiacorum sacrorum cum Hebraicis collatione libri tres; et de decem tribulus israelis liber singularis; accessit de tribe de légione fulminatrice christianorum sub imperatore Marco Aurelio Antonino. *Basileae*, 1739, un vol. in-4, rel. 3 fr.

8158 **WOLFF** (Alb.) La Gloriole. *Paris, V. Havard*, 1888, in-12, br. 2 fr 50
Edition originale, avec la couverture. — Exemplaire tiré sur papier du Hollande.

8159 **WOLFF** (Alb.) Voyages à travers le monde. *Paris, V. Havard*, 1884, in-12, br. 2 fr. 50
Edition originale, avec la couverture — Exemplaire tiré sur papier de Hollande.

8160 **WORTLEY - MONTAGUE** (Marie) Lettres de Milady Marie Wortley Montague écrites pendant ses voyages en Europe, en Asie et en Amérique. *A Rotterdam chez Henri Beman*, 1764, 2 tomes en 1 vol. in-12, veau. 4 fr.
Edition originale de la traduction.

8161 **ZELLER** (J.) Ulrich de Hutten, sa vie, ses œuvres, son Epoque. *Paris*, 1849, un vol. in-8, dem.-toile (Rare). 8 fr.

8162 **ZENO** (A.) Poetic drammatiche di Apostolo Zeno gia pœta e istorico di Carlo VI imperadore e Ora della S. R. majesta di Maria Teresa Regina. *Venezia*, 1744, 10 vol. in-8, veau. 15 fr.

☞ **Prière de communiquer ce Catalogue aux personnes qu'il pourrait intéresser.**

Bibliophiles — Libraires — Amateurs

CATALOGUE DE BONS LIVRES ANCIENS ET MODERNES

Rares, Curieux ou singuliers en tous genres

PARIS

A. DUREL, Libraire

8163 **ABBADIE** (Jacq.) [...] de Marie Stuart, décédée à Kensington le 27 décembre 169[.] *Amsterdam*, 1695, in-8 dérelié. (Rare) 5 fr.

8164 **ABELLY** (Louis) L'idée d'un véritable Prestre de l'église de Jésus-Christ, et d'un fidèle directeur des ames. Exprimée en la vie de M. Reffier, prestre, directeur des Religieuses du Monastère de St-Thomas. *Paris, Flor. Lambert*, s. d. (1658), in-12 v. gran. (Rare) 6 fr.

8165 **AIGUES-MORTES** Histoire d'Aigues-Mortes par Em. di Pietro. *Paris, Dumoulin*, 1849, in-8 br. 3 fr. 50

8166 **AIX-EN-ALLEMAGNE** Histoire véritable et mémorable de la grande Cruauté et Tyrannie faicte et exercée par un Colonel signalé de l'armée de Gallas, lequel a tué, pillé et violé plusieurs paysans et paysannes, qui a esté emporté et mangé visiblement par les Diables, et à la vue de beaucoup de personnes du pays d'Allemagne. *Jouxte la Copie imprimée à Aix en Allemagne*, 1637, in-8, pap. de Holl. br. 2 fr. 50
   Réimpression à quelques exemplaires faicte à *Lyon, chez Louis Perrin*, 1875. Rare.

8167 **ALAIN** (René) L'Epreuve réciproque, comédie. *A Paris, chez Jacques Le Fèbure*, 1711, in-12 de 44 p., cart. 3 fr.
   Cette pièce a été attribuée à Le Sage, dont les prénoms étaient *Alain-René*.

8168 **ALAUZET** (I.) Commentaire des Lois sur les Sociétés Civiles et Commerciales. *Paris, Marchal, Billard et Cie*, 1870, 2 vol. in-8 br. Au lieu de 15 fr. 4 fr.

8169 **ALBUM** des Pavillons, Guidons, Flammes de toutes les puissances maritimes, avec texte par M. A. Le Gras. *Paris*, 1858. Chromolith. par Aug. Bry. gr. in-8, demi-rel. perc. bl., pl. mont. sur onglets. 8 fr.

8170 **ALCORANUS** Franciscanorum id est Blasphemiarum et Nugarum Lerna, de stigmatisato idolo quod Franciscum vocant, etc. *Diventriae*, 1651, pet. in-12, mar. vert fil. (anc. rel. avec chiffre couronné) 16 fr.
   Critique violente du Livre des conformités. La préface est de Martin Luther. — Bel exemplaire en reliure ancienne.

8171 **ALLIX** (Pierre) Réflexions sur les cinq livres de Moyse pour établir la vérité de la Religion chrétienne. *Londres*, 1707, in-8 v. (Rare) 10 fr.
   Pierre Allix naquit à Alençon en 1641, il mourut à Londres en 1717.

8172 **ALLIX** (Pierre) Réflexions sur les Livres de l'Ecriture Sainte pour établir la vérité de la Religion chrétienne. *Amsterdam*, 1689, 2 tomes en un vol. in-8 v. 10 fr.

8173 **ALVARI** (Emmanuelis) De institutione grammatica libri tres juxta editionem venetam anni 1575. *Parisiis, Le Clere et Soc.*, 1865, in-4, demi-rel. chag. n. 6 fr.

8174 **ALVIN** (A.) Saint François de Sales, apôtre de la liberté religieuse et de la raison. Thèse présentée à la Faculté des Lettres de Montpellier, par Alexandre Alvin. *Strasbourg, Hutter*, 1870, in-8 br. 2 fr. 25

8175 **AMEILHON** Eclaircissemens sur l'inscription grecque du monument trouvé à Rosette, contenant un décret des prestres de l'Egypte en l'honneur de Ptolémée Epiphane, le cinquième des rois Ptolémées. *Paris, Baudouin*, an XI-1803, planche gravée [...] et l'inscription en hieroglyphes du monument [...] contenant une partie des [...] (Bibliographie) en l'honneur de Ptolémée Epiphane. *Dresde*, 1811, planche gravée, ensemble 2 vol. in-4 br., non rogné. [...] fr.

8176 **AMOURS** de [...] par le sieur de La Chapelle. *Lyon*, 1680, 4 tomes en un vol. in-12, velin. [...] fr.

8177 **AMPERE** Histoire littéraire de la France avant le XIIe siècle, par J. J. Ampère. *Paris, Hachette*, 1839, 3 vol. in-8 brochés. 7 fr.

8178 **AMPERE** Promenades en Amérique. Etats-Unis — Cuba-Mexique, par J. J. Ampère. *Paris, Lévy frères*, 1860, 2 vol. in-8 brochés. 7 fr.

8179 **ANDUZE** Histoire prodigieuse et punition de Dieu espouventable, naguères arrivée auprès de la ville d'Anduse, au palais de Coysdan, à un homme de la Religion prétendue qui vouloit travailler et faire le villet, serviteur, le jour de la Fest' Dieu dernierement passée. *A Paris, Abr. Saugrain*, 1608, in-8 pap. de Holl. br. 2 fr. 50
   Réimpression faite à *Lyon, chez Louis Perrin*, en 1873. Rare.

8180 **ANGERS** Discours véritable de divers prodiges arrivez en la ville d'Angers, comme tremblement de terre, signes très-horribles, vents en l'air, tempeste impetueuse, et de la furieuse fontaine qu'on appelle la Fontaine Godeline. *Paris, Jouxte la Copie imprimée à Tours*, 1609, in-8, pap. de Holl. br. 2 fr. 50
   Réimpression à quelques exemplaires faite à *Lyon, chez Louis Perrin*, en 1874. Rare.

8181 **ANGLEMONT** (Ed. d') Eumenides, par Edouard d'Anglemont. *Paris, Philippe*, 1840, in-8 br.
   Envoi autographe de l'auteur.

8182 **ANGOULEME** L'Espouvantable et prodigieuse vision des Fantosmes au nombre de douze mille advenus au pays d'Angoulmois et veuz par les habitans en grande admiration. *Paris*, 1608, br. ch. in-8 pap. de Holl. 2 fr. 50
   Réimpression à quelques exemplaires faite à Lyon, chez L. Perrin, en 1875. Rare.

8183 **ANNEE-SAINTE** des religieuses de la Visitation Sainte Marie. *Annecy et Lyon*, 1867-1871, 12 vol. gr. in-8 br. [...] fr.

8184 **ANVILLE** (d') Analyse géographique de l'Italie. *Paris*, 1744, cartes, demi-rel. bas. [...] fr.
   Peu commun.

8185 **APOCALYPSE** (L') de Mellon, ou révélation des mystères cénobitiques par Mellon. *A Saint-Leger, chez Noel et Jacques Chartier*, 1868, pet. in-12, front. gr. mar. bleu, dos orné, fil. tr. dor. 10 fr.
   Ce petit livre, dont Voltaire a tiré la partie pour son *Dictionnaire philosophique*, mais qu'il attribue à Camus, l'évêque de Belley [...] de Claude Pithoys de Sedan, religieux minime, converti au protestantisme à Villers. [...]

8186 **APULEE** Œuvres complètes, traduites en français par [...] Bétolaud. [...] vol. in-12 br. [...]
   Envoi autographe de [...] Bétolaud.

8187 **ARC** (le chevalier d') Les Loisirs, conte philosophique. *Amsterdam*, 1754, 2 vol. in-12. *Exemplaire sur grand pap.* (Rare)

8188 **ARIOSTE** L'Orlando furioso di Lodovico Ariosto, illustrato da A. Buttura [...]

presso *Lefèvre*, 1821, 8 vol. in-32, portr., veau f., tr. dor.   13 fr.
Bel exemplaire.

8189 **ARISTÉNÈT** (Les Epitres amoureuses d') tournées de grec en français, par Cyre Foucault, sieur de la Coudrière, avec l'image du vray Amant, discours tiré du Platon. Réimprimé sur la 1re édit. (Poictiers, 1597). Notice par A. P.-Malassis. *Paris, Liseux,* 1876, in-16, pap. vergé, br., couv.   2 fr.
Publié à 4 francs.

8190 **AROUX** (E). La Comédie du Dante. (Enfer, Purgatoire, Paradis), trad. en vers selon la lettre et commentée selon l'esprit, suivie de la Clef du langage symbolique des fidèles d'amour. *Paris,* 1854, 2 vol. in-8, demi-chag., pl. toile.   6 fr.

8191 **ARTICLES et PROPOSITIONS,** les quelles le Roy a voulu estre délibérées par les Princes et officiers de la Couronne et autres Seigneurs les quels se sont trouvés à l'assemblée faicte à ST-GERMAIN-EN-LAYE au mois de Novembre 1583. S. l, 1584, pet. in-8. v.   15 fr.

8192 **AUBÉRY.** L'histoire du Cardinal Mazarin. *Amsterdam,* 1718, 3 tomes en un vol. in-8, vélin.   3 fr. 50

8193 **AUGIER** (E.). Le fils de Giboyer, comédie en cinq actes en prose. *Paris, Michel Lévy frères,* 1863, in-8, br.   3 fr.
Edition originale.

8194 — Paul Forestier, comédie en quatre actes, en vers. *Paris, Michel Lévy frères,* 1868, in-8, cart. perc. gren., n. rog., couv. (*Pierson*). 7 fr.
Edition originale.

8195 **AUTEUIL.** Blanche, infante de Castille, mère de St-Louis. Reine et Régente de France. *A Paris,* 1644, in-4. front. gravé et portrait, v. m.   20 fr.
Armoiries sur les plats.

8196 **AUTUN.** Les grandes et effroiables merveilles veues le premier jour du mois de juin près la ville d'Authun ville fort ancienne en la duché de Bourgogne de la Caverne nommée aux Fées, et la déclaration de la dite Caverne, tant des Fées, Seraines, Géans et autres esprits, le tout veu, par le Seigneur Don Nicolle de Gaulthières, gentilhomme espagnol, et les témoignages de deux paysans lesquels luy firent ouverture de la dite caverne, trad. d'espagnol en français par le seigneur de Ravières, Angoumois. *Suyvant la copie imprimée à Rouen, chez Richard l'Allemand,* 1582, in-8, pap. de Holl., br.   4 fr.
Réimpression à quelques exemplaires faite à *Lyon, chez Louis Perrin,* 1875. — Rare.

8197 **BACHELIER.** Recueil de Cantates, contenant toutes celles qui se chantent dans les concerts. *A la Haye,* 1728, in-12, v. m.   4 fr.
Peu commun.

8198 **BALMÈS** (J.). Le Protestantisme comparé au Catholicisme, dans ses rapports avec la civilisation européenne. 5e édit., revue et corrigée avec soin, et augmentée d'une introduction, par A de Blanche-Baffin. *Paris, Vaton,* 1857, 3 vol. in-8, br. (*Manque le portrait*). 7 fr.

8199 **BARTHÉLEMY** (Ed. de). La Galerie des Portraits de S. A. R. Mademoiselle, recueil des portraits et éloges en vers et en prose des seigneurs et dames les plus illustres de la France, la plupart composés par eux-mêmes ; nouv. édit. avec des notes. *Paris, Didier,* 1860, in-8, br.   3 fr.

8200 **BARTHÉLEMY** (J. J). Carite et Poly-

dore. *Londres, Dulau et Cie,* 1799, in-18, v. marb.   2 fr.
Edition rare imprimée sur papier vélin.

8201 **BASNAGE** (J.). Histoire de l'Eglise depuis Jésus-Christ jusqu'à présent, divisée en quatre parties. La première contient l'histoire du Gouvernement de l'Eglise dans ses diocèses d'Alexandrie, d'Afrique, des Gaules, de Constantinople et de Rome. La seconde, l'histoire de ses principaux dogmes, du Canon des Ecritures, des traditions. des huit conciles œcuméniques, de la justification, de la grâce et de l'Eucharistie. La troisième, celle de l'adoration du Sacrement, du culte des anges, de la vierge, des saints, de leurs reliques et de leurs images, depuis Jésus-Christ jusqu'à la naissance des Albigeois. La quatrième, l'histoire des Albigeois et de la succession de l'Eglise, jusqu'à present. *Rotterdam, R. Leers,* 1699, 2 vol. in-fol. vélin.   25 fr.

8202 **BASSELIN** (Olivier). Vaux-de-Vire suivis d'un choix d'anciens Vaux-de-Vire, de Bacchanales et de Chansons, Poésies normandes, soit inédites, soit devenues excessivement rares, publ. avec des dissertations, des notes et des variantes, par Louis Du Bois *Caen, Poisson,* 1821, in-8, demi-rel. v. f.; dos orné.   5 fr.
Bonne édition, rare. Voir NODIER, MÉLANGES, p. 249.

8203 **BAUDRAIS.** Essais historiques sur l'origine et les progrès de l'art dramatique en France. *Paris, Belin,* 1784, 3 vol. in-18, br. 6 fr.
Ouvrage estimé et recherché. Peu commun en pareille condition.

8204 **BAUDRILLART.** Dictionnaire des chasses, contenant l'histoire de la chasse chez les différentes nations, la description des animaux qui font l'objet de la grande et petite chasse, etc., etc. *Paris, A. Bertrand,* 1834, in-4, à 2 col., demi-chag. vert. (*Racc. au faux-titre*).   4 fr.

8205 **BAUNARD** (l'abbé) Histoire de Madame Barat, fondatrice de la Société du Sacré-Cœur de Jésus. *Paris, Poussielgue frères,* 1876, 2 vol. in-8, portr., br.   5 fr.

8206 **BEFFROY DE REIGNY** La Constitution de la lune, rêve politique et moral par le cousin Jacques. *Paris,* 1793, in-12, dem.-rel. 3 f.
Curieuse satyre.

8207 **BELOT** (Ad.). La femme de feu. *Paris, Dentu,* 1872, in-12, br.   3 fr. 50
Edition originale avec la couverture.

8208 **BENIGNE** (A.). Femmes et maîtresses. Illustrations de Kauffmann. *Paris, Marpon et Flammarion,* s. d., in-12, br. n. c., couvert. illust.   4 fr.
Edition originale.
L'un des 50 exemplaires tirés sur papier de hollande. Publié à 10 fr., épuisé.

8209 **BENOIT** (Mlle). La Casa Giojosa. Victorin de Feltro. *Paris, Didier,* 1877, in-8, br. n. c. (5 fr.)   3 fr.

8210 **BENSERADE.** Poésies, publiées par O. Uzanne. *Paris, Librairie des bibliophiles,* 1875, in-12, port. et front. gr. à l'eau-forte par Ad. Lalauze, br. couv.   6 fr.
Exemplaire tiré sur papier de Hollande, publié à 10 francs et épuisé

8211 **BÉRANGER** (P.-J. de). Chansons (1815-1834) contenant les dix Chansons publiées en 1847. — Œuvres posthumes. Dernières Chansons (1834 à 1851). — Ma biographie, avec un appendice et un grand nombre de notes de Béranger sur ses anciennes chansons. *Paris, Perrotin,* 1863-1858, 2 vol. in-32, portr., cart. Bradel, tête dor., éb., couv.   4 fr. 50

8212 BÉRANGER (P.-J. de). Correspondance, recueillie par Paul Boiteau. *Paris, Perrotin,* 1860, 4 vol. gr. in-8. br n c. 8 fr.

8213 BERGERAC. L'heureuse conversion de deux Ministres appellez M. Pieree Cellette cy devant ministre de Bergerac en Périgord et M. Gilles Rigot, ministre de Clerac en Agenois, lesquels se sont rendus à la foy catholique, apostolique, romaine, quictans les erreurs de la Prétendue Reformée, ayans vescu es abus d'icelle 22 ans Avec la confession de foy qu'ils en ont faicte et abjuration de l'hérésie calvinienne en l'église du Périgord, le 16 de may 1611. *A Paris, Ant. Vitray, 1611,* in-8, pap. de Holl , br. 2 fr. 50

Réimpression à quelques exemplaires faite à *Lyon,* chez *Perrin,* 1874 Rare.

8214 BERRYAT SAINT PRIX (né à Grenoble en 1769).

1° Observations sur les traductions des lois romaines. *Grenoble,* 1807, gr. in-8 de 92 pp., br. 2 fr. 50

2° Recherches sur les divers modes de publication des lois, depuis les Romains jusqu'à nos jours. *Paris,* 1838, broch. in-8. 1 fr. 50

3° Observations sur les Citations des auteurs profanes et surtout d'Homère dans les lois Romaines. *Paris,* 1839, broch. in 8. 1 fr. 50

4° Mémoire sur la durée et la suspension de la prescription. *Paris,* 1841. broch. in-8. 1 fr. 50

8215 BÉVY (d m Ch. Joseph). Histoire des inaugurations des rois, empereurs et autres souverains de l'univers, depuis leur origine jusqu'à présent, suivie d'un précis de l'état des Arts et des Sciences sous chaque règne..., depuis Pépin jusqu'à Louis XVI *Paris, Moutard,* 1776, in-8, pl., demi-rel. bas. gren. (*Mouillures*). 4 fr

8216 BÈZE (Th. de). Epistolarum Theologicarum Th. Bezæ, Liber unus. *Genevae,* 1575, un vol. in-8. 20 fr.

8217 BÈZE (Th. de) Poematiun, editio secunda, ab eo recognita, item ex Georgio Buchanano aliisque variis insignibus poetis excerpta carmina, præsertimq, epigrammata. *S. l.,* 1569, pet. in-8, 1/2 v. 15 fr

8218 BÈZE (Th. de). Poemata. Psalmi Davidici XXX ; sylvæ, elegiæ ; epigrammata. . *S. l. n. d.,* (*Paris, chez P. Estienne, vers 1576*), in-8, vél 15 fr.

Bel exemplaire de cette édition qui contient la tragédie du *Sacrifice d'Abraham*, du même auteur.

8219 BÈZE (Th. de). Psalmorum sacrorum libri quinque, vario carminum genere latine expressi, et argumentis, atque paraphrasi illustrati. *Genevæ,* 1581, pet. in-8, parchemin. 15 fr.

8220 BÈZE (Th. de) Questions et responses chrestiennes : comprenant sommairement la résolution non seulement de tous les articles de nostre créance, mais aussi des plus hauts poincts de la vraye religion. Par Théodore de Besze. *S l , chez Jean Crespin,* 1572, 8 ff. prél. et 167 pp. — Seconde partie des Questions et Responses chrestiennes en laquelle est amplement traité des sacremeuts... *S. l., chez Eustace Vignon,* 1584, 8 ff. prél. et 192 pp. — Ens. 2 parties en 1 vol. pet. in-8, vélin. 20 fr.

Nombreuses notes manuscrites.

8221 BÈZE (Th. de). Tractatio de Polygamia in qua et Ochini apostatæ pro polygamæ et Monta nistarum ac aliorum adversus respectas nuptias argumenta refutantur : addito veterum Canonum et quarundam Civilium legum ad norman verbi divini examine. *Genevæ,* 1610. — Tractatio de Répudiis et divortiis *Genevæ,* 1610. — Ensemble 2 ouvrages en un vol in-8, parch. 20 fr.

8222 LA BIBLE qui est toute la saincte Ecriture du vieil et nouveau testament, autrement l'ancienne et nouvelle alliance, le tout reveu et conféré sur les textes hébreux et grecs par les pasteurs et docteurs de l'Eglise de Genève. Item les Psaumes et Cantiques avec des prières ecclésiastiques. *A La Rochelle, de l'Imprimerie de Haultin,* 1616, 2 tomes en un vol. in-8, 1/2 bas. *Mouillures et piq. de vers.* 16 fr.

8223 BIBLIA Sacra Vulgatæ Editionis Sixti V. Pont. Max. Jussu recognita et Clementis VIII auctoritate edita. *Tornaci Desclée, Lefebvre et Soc.,* 1881, gr in-8 à 2 col., texte encadré de fil. r., vign. en-têtes. plein chag mar. noir, ornem. à fr. sur le dos et les plats, tr. dor. 5 fr.

8224 BIBLIOTHÈQUE de peinture, de sculpture et de gravure, par Ch.-Th. de Murr. *Francfort et Leipzig,* 1770, 2 tomes en 1 vol., in-12, bas. 3 fr.

8225 BLAVIGNAC. Etudes sur Genève depuis l'antiquité jusqu'à nos jours. *Genève, chez tous les libraires,* 1872, in-12 br. 2 fr.

8226 BLESER (le Chanoine de). Rome et ses Monuments. Guide du voyageur catholique, dans la capitale du monde chrétien. 2e édit., revue, corrigée et considérablement augmentée, enrichie de 15 plans nouveaux. 66 plans annotés, gravés hors texte *Louvain, Fonteyn,* 1870, demi-rel. dos et coins de vél. bl., dos orné, tr. r. 3 fr.

8227 BLOCK (Maurice). Dictionnaire de l'Administration française. Deuxième édition, entièrement refondue augmentée et mise à jour. *Paris, Berger-Levrault et Cie,* 1877, 1 vol en 11 fasc , gr. in-8 à 2 col., br. 11 fr.

Déchirure sur la marge du bord aux 5 dern. ff. du fasc 10.

8228 BOHL (Joan). Code de Commerce du Royaume d'Italie, traduit, commenté et comparé aux principaux Codes étrangers et au Droit romain, par M. Joan Bohl. *Paris, Pedone-Lauriel,* 1884, 1 fort vol. gr. in-8, br. (*Rare*). 4 fr.

Déchirures aux 24 prem. ff. aux angles du haut.

8229 BOILEAU. Œuvres diverses du sieur D. avec le traité du Sublime ou du Merveilleux dans le discours. *Paris, chez Denys Thierry,* 1682, in-12, front., v. ant. 4 fr. 50

Dans cette édition, paraissent pour la première fois les chants V et VI du Lutrin, Le Remerciement à l'Academie, cinq épistres nouvelles, etc.

8230 BOILEAU Satires du sieur D*** (Despréaux). *Sur l'Imprimé à Paris,* 1667-68, 3 parties en un vol. in-12, bas. 5 fr.

Contrefaçon exécutée à Lyon.

8231 BOIS-ROBERT. Palène, tragi-comédie de M de Bois-Robert, abbé de Chastillon, dédié à M de Cinq-Mars par le sieur de Bonair. *Paris,* 1640, in-4, cart. 20 fr.

Edition originale

8232 BONNAFFÉ (Edm.). Etudes sur la vie privée de la Renaissance. *Paris, May,* 1898, pet. in-8, pap. vél., titre r. et n., br , couv. 3 fr. 50

8233 BONNARD (de). Poésies diverses, avec une notice bio-bibliographique par H. Martin-Dairvault. *Paris, Quantin,* 1884, in-8, portrait, br. couv. impr. (10 fr.) 4 fr.

8234 BONNECHOSE (Emile de). Les quatre Conquêtes de l'Angleterre, son histoire et ses institutions sous les Romains, les Anglo-Saxons, les Danois et les Normands, depuis Jules César jusqu'à la mort de Guillaume-le-

Conquérant. *Paris, Didier*, 1852, 2 vol. in-8, br. *(Hommage de l'auteur sur le faux-titre du t. I.)* 4 fr. 50

8235 **BONNETAIN** (P.). L'Impasse. *Paris, Lemerre*, 1898, in-12, br. 3 fr. 50

Edition originale, avec la couverture. — Exemplaire tiré sur papier vélin fort.

8236 **BORDELON.** Nouvelles diversitez, (par Bordelon). *A Paris, chez U. Coustellier*, 1695, in-12, v. 3 fr.

Abbés gros et gras. — Accouchement prodigieux. — Bons mots. — Chacun doit parler de son métier. — Eaux de Bourbon. — Etc.

8337 **BOSSUET.** Conférence avec M. Claude, sur la matière de l'Eglise. *Paris*, 1682, in-12, veau. 5 fr.

Edition originale.

8238 **BOSSUET.** DISCOURS SUR L'HISTOIRE UNIVERSELLE, par M. J. B. Bossuet. Troisième édition, reveue par l'auteur. *A Paris, chez Michel David*, 1703, pet in-8, v. 10 fr.

Dernière édition publiée du vivant de l'auteur. Elle est rare.

8239 **BOSSUET.** Exposition de la doctrine de l'Eglise Catholique sur les matières de Controverse. *Paris*, 1686, in-12, bas. 3 fr.

Douzième édition et la dernière parue du vivant de l'auteur.

8240 **BOSSUET.** Traité de la Communion sous les deux espéces. *A Paris, chez Sébastien Mabre-Cramoisy*, 1682, in-12, veau ant. 4 fr.

Edition originale.

8241 **BOUCHAUD** (Pierre de). Pierre de Nolhac et ses travaux, essai de contribution aux publications de la Société d'études italiennes. *Paris, E. Bouillon*, 1896, gr. in-8. br., couv. 4 fr.

Envoi autographe signé de l'auteur à E. de Goncourt.

8242 **BOUCHER** (Jean). Sermons de la simulée conversion et nullité de la prétendue absolution de Henri de Bourbon, prononcez à Paris, en l'église Sainct Merry, du premier jour d'aoust jusqu'au neuf du dict mois 1594. *Jouxte la copie à Paris*, 1594, un vol. in-8, vélin. 18 fr.

Très rare. C'est d'un bout à l'autre une invective des plus virulentes contre Henri IV. L'auteur, Jean Boucher, ligueur fanatique, fut poursuivi et se réfugia dans les Flandres.

8243 **BOUCQUÉAU** (J. B.). Lettre à Sa Sainteté Pie VII à Paris, servant de suite au livre intitulé : Application du chapitre sept du prophète Daniel à la Révolution françoise, ou Motif nouveau de crédibilité, fourni par la Révolution françoise sur la divinité de l'Ecriture Sainte. *A Bruxelles, chez M. Lemaire*, 1804, in-12, maroqr, dos orné, fil., tr. dor. (*Rel. anc.*). 15 fr.

Très rare.

8244 **BOURDIGNÉ** (Charles). La légende de Maistre Pierre Faifeu, mise en vers par Charles Bourdigné. *Paris, Coustelier*, 1723, in 12, demi-chagr. bleu, dos orn., non rogné. 10 fr.

De la collection Coustellier, rare en pareille condition.

8245 **BOUREAU-DESLANDES** (And.-Fr.) Réflexions sur les grands hommes qui sont morts en plaisantant; nouv. édition augmentée d'épitaphes et autres pièces curieuses. *Amsterdam, Wesleing*, 1732, in-12, front. gr., v. marb. 2 fr. 50

Arétin devient bigot sur la fin de sa vie. — Testament ridicule de Bacon. — Réponse de Patru à Bossuet à son lit de mort. — E. Dolet conserve sa belle humeur après avoir été condamné à mort. — Ronsard fait des vers pour une maîtresse en expirant, etc.

8246 **BOURELLY** (J.). Le Maréchal de Fabert

(1599-1662). Etude historique d'après ses lettres et des pièces inédites, tirées de la Bibliothèque et des Archives nationales, etc. *Paris, Didier et Cie*, 1880-81, 2 vol. in-8, portr. br. 5 fr.

8247 **BROHN** (Th). Religio Medici cum annotationibus (par Thomas Brohn). *Argentorati, Io. Friderici Spoor et Reinh Waechtler*, 1677, in-12, titre gr., mar. r., dos orné, fil., dent. int., tr. dor. (*Rel. anc.*). 8 fr.

8248 **BRUN** (J.). La véritable religion des Hollandois, avec une Apologie pour la religion des Estats généraux des Provinces Unies, contre le libelle diffamatoire de Stoupe, qui a pour titre, la religion des Hollandois... Cy est joint le Conseil d'extorsion, ou la Volerie des François, exercée en la ville de Nimegue par le commissaire Methelet et ses supôts. *Amsterdam, A. Wolfgank*, 1675, pet. in-12, v. gr. 15 fr.

8249 **BROWNING** (W. S). A history of the huguenots. *London, Whittaker*, 1840, in-8, demi-rel. veau. 6 fr.

8250 **BRUNET.** Manuel du libraire et de l'amateur de livres. Supplément contenant un complément du Dictionnaire bibliographique de M. J.-Ch. Brunet, par MM. P. Deschamps et G. Brunet (Tome 1er A-M). *Paris, F. Didot et Cie*, 1878, gr. in-8 à 2 col., demi-rel. dos et coins de mar. r., tête dor., non rog. 10 fr.

Exemplaire sur grand papier.

8251 **BRUZEAU** (Paul). La Conférence du diable avec Luther contre le saint sacrifice de la Messe. *Paris*, 1673, in-12, v. (*Rare*). 7 fr.

8252 **BULLET.** Dissertations sur différens sujets de l'histoire de France. *A Besançon et se trouvent à Paris, chez Guerrin et Delatour*, 1759, in-8, v. f., dos orné, fil., dent. int., tr. dor. (*Simier*). 10 fr.

Bel exemplaire.

Sur les fleurs de Lys. Sur la main de Justice. Sur le nom des François. Etc.

8253 **BULLINGER.** Doctrinæ evangelicæ et papisticæ antithesis et compendium... Henrico Bullingero authore Quibus accessit declaratio de prœstantissimis Christi & Antichristi moribus. *S L.*, 1560, pet. in-8 de 45 pp., portrait, cuir de Russie, tr. dor. 20 fr.

8254 **CABINET de VÉNERIE** (Le). Petite bibliothèque du chasseur, pub. par E. Jullien et Paul Lacroix. *Paris, Librairie des bibliophiles*, 1881-82, in-16, pap. de Holl, br., couv.

I — La Chasse du Loup, par Jean de Clamorgan (XVIe siècle). Publié à 6 fr. 2 fr. 50

II — Le Bon Varlet de Chiens. Publié à 7 fr. 50 3 fr.

III — Le Livre de l'art de faulconnerie et des chiens de chasse, par Guill. Tardif (1492). 2 vol. Pub à 16 fr. 6 fr.

8255 **CAHIER** (le P. Ch) Nouveaux Mélanges d'Archéologie, d'histoire et de littérature sur le moyen-âge, par les auteurs de la monographie des Vitraux de Bourges (Ch Cahier et feu Arth. Martin) publié par le P. Ch Cahier (Curiosités mystérieuses). *Paris, Firmin-Didot et Cie*, 1874, gr. in-4, nomb fig dans le texte et planches hors texte, br., couv. (*Broch. fatiguée*). 22 fr.

8256 **CAMERON** (J). Traicté auquel sont examinez les Prejugez de ceux de l'Eglise romaine contre la Religion Réformée, par J. Cameron, ministre de l'Eglise de Bourdeaux *La Rochelle, J. Hebert*, 1617, in-8, vél. 25 fr.

8257 **CANLER** (Mémoires de) ancien chef du service de sûreté. *Paris, Hetzel, s. d.*, in-12, cart. perc., non rog. 3 fr

8258 CARAYON. Le Père Ricci, Général des Jésuites à l'époque de leur suppression (1773) Biographie et pièces inédites. publiées par le P. Auguste Carayon. *Paris, L'Ecureux*, 1869, in-8, br.   3 fr.

8259 CARAYON. Les Prisons du Marquis de Pombal, ministre de S. M. le Roi de Portugal (1759-1777). Journal publié par A. Carayon. *Paris, L'Ecureux*, 1865, in-8, br.   3 fr.

8260 CARAYON. Relations inédites des Missions de la Compagnie de Jésus, à Constantinople et dans le Levant, au XVIIᵉ siècle. Publiées par le P. Auguste Carayon. de la même compagnie. *Paris et Poitiers*, 1864, in-8 br.   2 f.50

8261 CARDAN. La science du monde, ou la sagesse civile de Cardan. *Paris*, 1661, in-12, v. br. (*Qq feuillets raccom.*).   5 fr.

8262 CARRÉ (Michel). Folles Rimes et Poëmes, par M. Carré. *Paris, E. Guérin*, 1842, in-12, br. Première édition. Rare.   4 fr.

8263 CARTIER (E.). Etude sur l'Art chrétien. *Paris, Firmin-Didot et Cie*, 1875, gr. in-8 de VIII et 99 pp., avec planches, br.   3 fr.

8264 CARTIER (E). Les sculptures de Solesmes. Nouv. édit., augmentée d'une étude sur le plan primitif de l'église abbatiale de Saint-Pierre *Paris, V. Palmé*, 1877, gr. in-8, avec plan, br.   2 fr. 25

8265 CATALOGUE ou Description generalle des costes marines de France tant sur mer occeanne que mediterranée ou sont remarquez par ordre les Isles, ports, havres. escueils, capes et promontoires, &ᵃ. In-fol., v. fauve.10 f. Manuscrit du XVIIIᵉ siècle.

8 66 CATALOGUS Librorum Bibliothecæ domini J. Faultrier. *Parisiis*, 1709. 1 vol. in-8, v.   3 fr

8 67 CATROU (le P.). Histoire des Anabaptistes. contenant leur doctrine, les diverses opinions qui les divisent en plusieurs sectes. les Troubles qu'ils ont causez, et enfin tout ce qui s'est passé de plus considérable à leur égard, depuis l'an 1521, jusques à présent par (par le P. Catrou). *Amsterdam, J. Desbordes*, 1699, in-12, front. gr. et fig., v. gr. ant   4 fr.

8268 CATULLI, TIBULLI, PROPERTI, nova editio. Josephus Scaliger Jul. Cæsaris F. recensuit, ejusdem in eosdem Castigationum Liber ad Cl. Puteanum consiliarium regium in suprema curia parisiensi. *Antuerpiæ, apud œgidium radæum*, 1582, 1 fort vol. in-8, v. f (*Rel. anc.*).   3 fr. 25

8269 CAUSSIDIÈRE (Mémoires de). Ex-Préfet de police et Représentant du peuple. *Paris, Lévy frères*, 1849, 2 vol. in-8, br.   5 fr. Edition originale avec les couvertures.

8270 CAYLUS. Correspondance inédite du comte de Caylus avec le P. Paciaudi, Théatin (1757-1865), suivie de celles de l'abbé Barthélemy et de P. Mariette avec le même, publiées par Ch. Nisard. *Paris, Imprimerie nationale*, 1877, 2 vol. in-8, portrait, br.   6 fr.

8271 CAYLUS. Histoire de Joseph, accompagnée de 10 figures, relatives aux principaux événements de la vie de ce fils du patriarche Jacob, et gravées sur les modèles du fameux Rembrandt, par M. le Comte de Caylus. *Amsterdam, Jean Neaulme*, 1757, pet. in-fol., cart., dos et coins de vél. vert.   8 fr.

8272 CAYLUS. Mémoires et Reflexions du Comte de Caylus, imprimés pour la première fois sur le manuscrit autographe suivis de l'histoire de M. Guillaume cocher. *Paris*, 1874, 1 vol. in-12 br., pap. de hollande.   5 fr.

8273 CAYLUS (Le Portefeuille de M. le Comte de), publié d'après les manuscrits inédits de la bibliothèque Nationale, avec introduction et notices. *Paris, Moniteur du bibliophile* 1880, in-4. pap. vergé teinté.   3 fr. Très jolie publication publiée à 10 fr. et tirée à très petit nombre.

8274 CAYLUS (Mme de). Les Souvenirs de Madame de Caylus. *Amsterdam, Rey*, 1770, in-12, texte encadré, v. marbr.   10 fr. Exemplaire de Mme Louise de Musset Patay, avec son *ex libris*.

8275 CAYLUS. Les Souvenirs de Madame de Caylus. *Amsterdam*, 1770, in-12, veau, tr. d.   8 fr.

8276 CENSORINI liber de die natali cum perpetuo commentario H. Luidenbrogii... ut et Lucilii satyrarum quæ supersunt reliquiæ cum notis F. J. Douzæ. *Lugd. Batav., Potuliet*, 1743, in-8, pl. cart. dos et coins de vél.   5 fr.

8277 CHAMBELAND. Vie de L.-J. de Bourbon-Condé. *Paris*, 1820. 3 vol. in-8, br. 9 fr. Curieux à connaître pour l'histoire des émigrés. A la fin du tome III : La liste des gentilhommes présents à l'armée de Condé lors de la dissolution en 1801.

8278 CHAMBER'S information for the people edited by William and Robert Chambers, Fifth edition. *London and Edinburgh, W. et R Chambers*, 1883, 2 vol. gr. in-8, nombreuses figures, demi-rel. dos et coins de vcau vert, dos orné, fil., plats toile.   7 fr.

8279 CHAMPOLLION-FIGEAC (J. J.). Le Palais de Fontainebleau, ses origines, son histoire artistique et politique, son état actuel. *Paris, imprimerie Impériale*, 1866, 2 vol. in-fol. (dont 1 vol. de planches), demi-rel. dos et coins de mar r, tête dor., non rog , planches mont. sur onglets.   84 fr.

8280 CHANSONNIER (le) des Grâces ; avec la musique gravée des airs nouveaux (1812). *Paris, Fr. Louis*, 1812, front. gr. par Leroi et fleuron sur le titre par Lambert, in-18, v. f., dos orné, fil., tr. dor.   3 fr.

8281 CHANSONNIER du Royaliste, ou l'ami des Bourbons. *Paris, Davi et Locard*, 1816, in-32. titre gr. et portr., br. n. rog   3 fr.

8282 CHAPUS (Eug.) Le Sport de Paris. *Paris, Hachette et Cⁱᵉ*, 1854, in-12, br., couv.   3 fr. Ouvrage contenant : Le Turf. — La Chasse. — Le Tir au pistolet et à la carabine. — La Boxe. — La Pêche. — Les Echecs. — Le Whist. — etc., etc.

8283 CHARNES (abbé de). Conversations sur la critique de la Princesse de Clèves. *Paris, Claude Barbin*, 1679, in-12, veau ant.   8 fr. Edition originale. Rare.

8284 CHARRON. De la Sagesse, trois livres par Pierre Charron. *A Leide, chez Jean Elsevier*, 1656, pet in-12, front. gr., v. marb. (*Tache d'encre au frontispice et faux-titre*). 5 fr. Willems, nᵒ 775. — Haut. 130 mill. 1|2.

8285 CHASSIGNOL. Traité des finances et de la fausse monnoie des Romains, auquel on a joint une dissertation sur la Manière de discerner les médailles antiques d'avec les contrefaites. *Paris*, 1740, in-12 v. (*Rare*).   4 fr.

8286 CHATELDON. Précis sur les Eaux Minérales et Médicinales de Chateldon. *A Moulins*, 1768, in-12 broché, n. r.   4 fr.

8287 CHAVIN de MALAN (E.). Histoire de Saint François d'Assise (1182-1226). *Paris, Bray*, 1885, in-8, portr., br.   3 fr.

8288 CHÉNIER (de). Révolutions de l'Empire

Ottoman et observations sur ses progrès, ses revers et sur l'état de cet empire. *Paris*, 1789, in-8, relié. 3 fr.

8289 CHENNEVIÈRES (Ph. de). Les Aventures du petit roi Saint Louis devant Bellesme. *Paris, J. Hetzel, s. d.*, in-12, pap. vél., titre r. et n., texte encadré de fil. r., br., couv. 3 fr.

8290 CHERBOURG. Mémoires de la Société royale académique de Cherbourg. *Cherbourg*, 1843, in-8, br. 3 fr.

8291 CHÉRON. Pseaumes nouuellement mis en vers françois, enrichis de figures (par Mlle Elisabeth Sophie Cheron). *Paris*, 1694, in-8. titre gravé, portrait et fig., v. brun. 15 fr.

8292 CHERON. Essay de pseaumes et cantiques mis en vers et enrichis de figures par Mademoiselle Cheron. *A Paris, chez Michel Brunet*, 1694, in-8, portrait frontisp. et figures, basane. 25 fr.

Le portrait de Mlle Chéron est AVANT LA LETTRE. Rare.

8293 CHERVILLE (Mis de). Histoire d'un trop bon chien. *Paris, Hetzel, 's. d.*, in-12, br. 2 fr. 25

8294 LE CHEVALIER françois. 1606, pet. in-12, parchemin. 10 fr.

Par Julien Pélens, angevin.

8295 CHEVALLET (A. de). Origine et formation de la Langue Française. *Paris, imprimerie impériale*, 1853-1857, 2 tomes en 3 vol. gr. in-8, fac-similes, br., couv. 20 fr.

Très rare.

8296 CHEVRIER. L'Epouse suivante, comédie. *Paris,* 1756, in-12, broché, non rogné. (*Edit. orig.*) 3 fr.

8297 CHRISTIAN (P.). L'Afrique française, l'Empire de Maroc et les Déserts de Sahara ; conquêtes, victoires et découvertes des Français depuis la prise d'Alger, jusqu'à nos jours. Vignettes par Philippoteaux, T. Johannot, K. Girardet, C. Nanteuil, etc. *Paris, Barbier, s. d.*, gr. in-8, fig. en noir et en couleur, et carte, br., couv. 12 fr.

8298 CHRONOLOGIE des Rois d'Egypte par J.-B. C. Lesueur *Paris, Imprimerie nationale*, 1848, un vol. in-4, 13 planches de fac-simile, broché. 7 fr.

Publié à 15 francs.

8299 CLARETIE (J.). Le Drapeau. Edition illustrée de gravures hors texte par A. de Neuville, de gravures sur bois d'après les dessins de Edm. Morin, et du portrait de l'auteur gravé à l'eau-forte par A. Gilbert. *Paris, Decaux et Dreyfous*, 1879, in-4, texte encadré, br., couv. 24 fr.

Epuisé, devenu rare.

8300 CLARETIE (J.) La Vie à Paris, 1883. Quatrième année. *Paris, V. Havard*, 1883, in-12 broché. 2 fr.

Exemplaire sur papier de Hollande.

8301 CLARETIE (J.). La Vie à Paris, 1884. Cinquième année. *Paris, V. Havard*, 1884, in-12 broché. 2 fr.

Exemplaire sur papier de Hollande.

8302 CLARKE (J. S.). Vie de Jacques II, roi d'Angleterre, traduite de l'anglais, par Jean Cohen, ornée d'un beau portrait. *Paris*, 1819, 4 vol. in-8, demi-rel. v. f., tr. marb. 5 fr.

8303 CLOTILDE. Poésies de Marguerite Eléonore Clotilde de Wallon-Chalys, depuis Mme de Surville Nouv. édit., publiée par Ch. Vanderbourg, ornée de gravures dans le genre

gothique, d'après les dessins de Colin, élève de M. Girodet. *Paris, Nepveu*, 1824, in-8, fig. et musique grav., veau bleu, dos orné, fil., tr. dor. (*Hering*). 3 fr.

8304 COLET (Mme Louise). L'Italie des Italiens. — Italie du Nord. — du Centre. — du Sud. — Rome. *Paris, Dentu*, 1862-64, 4 vol. in-12, demi-rel. v. br. 8 fr.

Envoi autographe signé de l'auteur au tome 3.

8305 COLLÉ. Correspondance inédite de Collé..... accompagnée de fragments inédits de ses œuvres posthumes publiées par H. Bonhomme. *Paris*, 1864, in-8 br., portrait et fac-simile. (7 fr. 50) 3 fr. 50

8306 COMMENTAIRE philosophique sur ces paroles de Jésus-Christ : *Contrains-les d'entrer* ; où l'on prouve par plusieurs raisons démonstratives, qu'il n'y a rien de plus abominable que de faire des conversions par la contrainte et l'on réfute tous les sophismes des convertisseurs à outrance, etc. *A Cantorbéry, chez Thomas Litovel*, 1686, pet. in-12 vélin. (*Rare*). 10 f.

8307 COMMINES (Les Mémoires de, messire Ph. de) sur les faicts et gestes abbregées, a Louis XI et Charles VIII, son fils, rois de France, avec la vie de mess. Angelo Cattho, archevesque de Vienne. Plus, deux Epistres de Jean Sleidan en la recommandation de l'autheur. Le tout reueu et corrigé de nouueau. *Pour Jaques Chouët (à Genève)*, 1593, in-12, v. br. ant. (*Cachet sur le titre et mouillures*). 3 fr. 50

8308 COMPLAINTE universelle des trois Estats sur la Mort du tres-chrestien Roy de France : Sçavoir l'Eglise, la Noblesse et la Justice ; avec la complainte de l'Université. A tres-illustre Royne mere du Roy, Regente en France. *Paris, Michel Buffet*, 1574, in-8 de 16 ff, cart. Bradel. (*Titre racc. et mouillures*): 3 fr.

8309 COMPTE-RENDU et Procès-Verbaux des séances de l'Assemblée Provinciale, de Lyonnais, Forez et Beaujolais, tenu à Lyon, les 3, 4 et 5 mai 1889, à l'occasion du centenaire de 1789. *Lyon, Pitrat*, 1890, in-4, br. 3 fr

8310 CONDILLAC. Cours d'étude pour l'instruction du prince de Parme. *Parme*, 1775. 16 vol. in-8 v. m. 10 fr.

8311 CONJECTURES physiques sur quelques colomnes de nué qui ont paru depuis quelques années, et sur les plus extraordinaires effets du Tonnerre, avec une explication de tout ce qui s'est dit jusques icy des Trombes de mer *Paris*, 1689, pet. in-12, fig., cart. toile. 5 fr.

Curieux volume.

8312 CONTANT d'ORVILLE (A. G.). Histoire de l'Opéra-Bouffon, contenant les jugemens de toutes les Pièces qui ont paru depuis sa naissance jusqu'à ce jour. Pour servir à l'Histoire des Théâtres de Paris (par And. Guill. Contant d'Orville). *Amsterdam et Paris, chez Grangé*, 1768, 2 tom. en 1 vol. in-12, demi-rel. v. ant. 3 fr.

Dans le même volume : Lettres à Mme la marquise de P***, sur l'Opéra (par l'abbé Gabriel Bonnot de Mably). *Paris, Didot*, 1741.

8313 CONTES AUX ÉTOILES. La Femme de l'Avocat, par O Pradels. — Le Coup d'Ongle, par L. de Courmont. — Le Chat de Grand'mère, par R. Ponsard. *Paris, M Magnier*, 1888, 3 vol. in-16 carré. Illustrations de P. Kauffmann, G. A. Loron et de L. Lebègue, eaux-fortes de Salmon et Guénier, cart. toile ; fers spéciaux, non rog, couv. (*Cart. de l'éditeur*), 5 fr

8314 CONTES DE L'ABBÉ DE COLIBRI (les), par un homme de lettres fort connu (Ch. Monselet). *Paris, Th. Belin*, 1881, petit in-8, demi-toile vert-bleu, coins, n. rog. 7 f. 50

8315 CONTES ET NOUVELLES en vers, par Voltaire, Vergier, Senecé, Perrault, Moncrif, le P. Ducerceau, Grécourt, Dorat, etc. *Paris, Leclerc fils*, 1862, 2 vol. pet. in-8, pap. vergé, vign., br. couv. (*Rare*). 25 fr.

8316 CORNEILLE. Œuvres de Pierre Corneille avec les commentaires de Voltaire *Paris, Renouard*, 1817, 12 vol. in-8, *portrait et figures d'après Moreau et Prudhon, grav. par Roger*, dem.-bas. 20 fr

8317 CORROENNE (A.). Le Petit Format à figures, collection parisienne in-18, (vraie collection de Cazin). *Paris, A. Corroënne*, 1877-78, 1 tome en 2 vol. in-16, pap. de Holl., br., couv. 4 fr.

8318 COSNAC (Cte de). Souvenirs du règne de Louis XIV. *Paris, Vve J. Renouard*, 1866-1882, 8 vol. in-8, br. n. c. 24 fr
Publié à 60 francs

8319 COURRIER DES DAMES (Petit). Modes, Littérature. Beaux-Arts, Théâtres, (5 Octobre 1844 au 5 juin 1846). *Paris*, 1844-1846, 2 vol. in-4 dont 1 de planches, demi-rel. bas 10 fr.
105 PLANCHES COLORIÉES.

8320 CRUICE (l'Abbé M.-P.) Histoire de l'Eglise de Rome. sous les pontificats de St-Victor, de St-Zéphirin et de St-Calliste, de l'an 192 à l'an 224, un siècle avant le concile de Nicée. *Paris, Firmin-Didot et Cie.* 1856, in-8, br. 2 fr. 50

8321 CUCHERAT (l'Abbé F.). Histoire populaire de la bienheureuse Marguerite Alacoque, et du Culte du Sacré-Cœur de Jésus. 2e édit., corrigée et augmentée. *Grenoble, Dardelet*, 1870, in-8 carré, br., couv. 3 fr

8322 CURTIUS (F. Corneli). De Clavis dominicis liber. Curæ secundæ. *Antuerpiæ, apud Henricum Aertssens*, 1634, pet, in-12, titre gr. et figures, v. f. ant. 3 fr. 50

8323 DAL (Nicol.). Specimen biographicum de antiquoriis Sueciæ, in quo Johannis Hadorphii, Eliæ Brenneri et Islandorum curæ, enarrantur. *Stokholmiæ*. 1724, in-4, portraits, dem.-vél. avec coins. 3 fr.
Rare.

8324 DALENCÉ. Traité de l'aiman, divisé en deux parties ; la première contient les expériences et la seconde les raisons que l'on en peut rendre. *Amsterdam, Wetstein*, 1687, in-12, fig. de Schoonebeck, v. gr. 4 fr.

8325 DAMIENS DE GOMICOURT. Mélanges historiques et critiques contenant diverses pièces relatives à l'histoire de France (par Damiens de Gomicourt). *Amsterdam et Paris*, 1768. 2 tomes en un vol. in-12, v. m. 8 fr.
Curieux et recherché.

8326 DAMPMARTIN (Pierre). La fortune de la Cour. Ouvrage curieux tiré des mémoires d'un des principaux conseillers du duc d'Alençon frère du roy Henry III (par Pierre de Dampmartin). *Paris, Nic. de Sercy*, 1642, in-8, dérel. 10 fr

8327 DAMPMARTIN (né à Uzès). La France sous ses rois, essai historique sur les causes qui ont préparé et consommé la chute des trois premières dynasties. *Paris*, 1810, 5 vol. in-8 rel. 10 fr.

8328 DANCOURT. L'Impromptu de garnison, comédie. *Paris*, 1693, in-12, broch. rog. (*Edit. orig.*) 4 fr.

8329 DANIEL (le P. Ch.). Histoire de la bienheureuse Marguerite-Marie, religieuse de la visitation Sainte-Marie, et des origines de la dévotion au cœur de Jésus. *Paris, Lecoffre*, 1865, in-8, portr. et fac-simile, br. 3 fr.

8330 DARESTE DE LA CHAVANNE (C.). Histoire de l'Administration en France, et des progrès du pouvoir royal, depuis le règne de Philippe-Auguste jusqu'à la mort de Louis XIV. *Paris, Guillaumin et Cie*, 2 vol. in-8 br. n. c., couv. 7 fr.

8331 DARTEIN (Fernand de). M. Léonce Reynaud, sa vie et ses œuvres, par l'un de ses élèves. *Paris*, 1885, in-8, br. n. r. couvert. 3 fr.
Envoi autographe de l'auteur.

8332 DASSANGE. Cours de littérature ancienne et moderne, tiré de nos meilleurs critiques avec des discours sur les différents âges de la littérature. *Paris*, 1844, 6 vol. in-8, br. 6 fr.

8333 DAUDET (Alphonse). La Petite Paroisse. Mœurs conjugales. *Paris, A. Lemerre*, 1895, in-12 br. 10 fr.
Edition originale avec la couverture.
Exemplaire tiré sur papier de Hollande.

8334 DAUDET (A.). Robert Helmont, études et paysages *Paris, Dentu*, 1874 in-12, br. 5 fr.
Edition originale, avec la couverture, port., deuxième édition.

8335 DAUDET (E.). Thérèse, histoire d'hier. *Paris, Dentu*, 1860, in-12, br. couv. 3 fr.
Edition originale, avec envoi autographe de l'auteur à M. Henry de Pène.

8336 DAVID Psalterium Davidis, ad exemplar Vaticanum anni 1592. *Lugduni apud Joh. et Dan. Elzevirios*. 1653, pet. in-12, titre gr., mar. brun, dos orné, 3 fil., tr dor. (*Rel anc.*) 30 fr.
Willems n° 733 — Haut. 128 mill. 1/2.
Le titre gravé est avec une légère teinte de coloris.

8337 DEBAY (A.). Hygiène et Physiologie du Mariage, histoire naturelle et médicale de l'Homme et de la Femme mariés. *Paris*, 1857, in-12, cart. Bradel, non rog. 2 fr. 50

8338 DÉCLARATION du Roy, portant diminution des droictz attribuez aux Receveurs des Consignations et Reglement pour la fonction de leurs Charges. Vérifiée en Parlement le septième jour de Juin 1651 Avec l'Arrest de vérification. *Paris, Maucroy*, 1671, 24 pp. — 6 septembre 1664. Extraict des Registres de Parlement, 12 pp. — Déclaration du Roy. portant reglement pour la fonction des Charges de Receveurs des Consignations. Vérifiée en Parlement, et en la Cour des Aydes les 28 Aoust 1669, etc. *Paris, Maucroy*, 1673, 17 pp. — Déclaration du Roy, portant confirmation des Edicts et Déclarations donnez sur le faict des Consignations, et Reglement pour la consignation des prix des ventes faites dans les Directions, et pour les desposts. Vérifie en Parlement, Cour des Aydes, les vingt-sept novembre 1674, etc. *Paris, Pepingué*, 1674, 8 pp. — Ens 4 pièces en 1 vol. in-f. mar. rouge, dos et coins ornés de fleurs de lis, compart. de fil., tr. dor. (*Rel. anc.*) 10 fr.

8339 DÉCLARATION du vouloir et intention du tres-chrestion Roy de France et de Poiogne, Henry troisième de ce nom, touchant le retour de ses subjects en son obéissance. *Rouen, Martin le Mesgissier*, 1574, 8 ff. non chiff. 10 fr.

8340 DELAROA Le Parfait préfet. Silhouette de haute administration. *Haussmanville, Im-*

primerie des VII, 1856, in-4, lithographies, cart. en vél. bl. n. rog.   10 fr.

Réimpression fac-simile à quelques exemplaires.

8341 DELAVIGNE (C.). Messéniennes et Chants populaires. *Paris*, 1840, gr. in-8, portrait et figures, demi-veau.   7 fr.

8342 DELAVIGNE (C.). Le Paria, tragédie en cinq actes. *Paris*, 1821, in-8, br., rogné, figure.   3 fr.

Édition originale. Rare.

8343 DELILLE (J.). L'Homme des Champs ou les Géorgiques françoises. *Basle et Strasbourg*, 1800, pet. in-12, papier vélin, FIGURES AVANT LA LETTRE, cart.   5 fr.

8344 DELISLE (Léopold). Etudes sur la condition de la Classe Agricole et l'état de l'Agriculture en Normandie, au moyen-âge. *Evreux, Imprimerie de A. Hérissey*, 1851, 1 fort vol. in-8, br., couv.   45 fr.

Très rare.

8345 DELLON (C.). Relation de l'Inquisition de Goa. *Paris*, 1688, in-12, vign. et fig., v. gr.   4 fr.

8346 DELOCHE. Le Port des Anneaux dans l'antiquité romaine et dans les premiers siècles du moyen-âge. *Paris, Imprimerie Nationale*, 1896, in-4, de 112 pp., br.   3 fr.

8347 DELPHI Phœnicizantes sive tractatus in quo Graecos quicquid apud Delphos celebre erat, seu Pythonis et Apollinis historiam, etc., authore Edmundo Dickinsono. *Francofurti, Joannis Conradi Emmerick*, 1670, in-12, vél.   3 fr.

8348 DELVAU (A.). Les Cythères Parisiennes, histoire anecdotique des Bals de Paris, avec 24 eaux-fortes et un frontispice de F. Rops et Em. Thérond. *Paris, Dentu*, 1864, demi-rel. chag. bl., dos orné.   23 fr.

8349 DELVAU (A.). Dictionnaire de la Langue Verte, argots parisiens comparés. Deuxième édition entièrement refondue et considérablement augmentée. *Paris, Dentu*, 1867, in-12 à 2 col., demi-rel. chag. bl., dos orné.   20 fr.

8350 DELVAU (A.). Henry Murger et la Bohême. Eau-forte par G. Staal. *Paris, Bachelin-Deflorenne*, 1866, in-32, pap. vergé, br. n. c., couv.   2 fr.

Edition originale. Rare.

8351 DELVAU (A.). Les Lions du jour. Physionomies Parisiennes. *Paris, Dentu*, 1867, in-12, demi-rel. chag. bl., dos orné.   4 fr.

Edition originale.

8352 DEMESSE (H.). Les Récits du Père Lalouette, illustrations par MM. A. Bertrand, G. Bigot, H. Giacomelli, M. Leloir, D. Vierge, etc. *Paris, Ollendorff*, 1882, pet. in-4, br. couv.   4 fr.

Volume recherché pour ses illustrations.

8353 DEPPING. Histoire des expéditions maritimes des Normands, et de leur établissement en France au X⁵ siècle. Nouvelle édit. entièrement refondue. *Paris, Didier*, 1845, in-12, br.   8 fr.

8354 DESGEORGE (l'Abbé). Monseigneur Flaget évêque de Bardstown et Louisville, sa vie, son esprit et ses vertus. Edition augmentée de documents authentiques sur plusieurs guérisons extraordinaires. *Paris, Lecoffre et Cie*, 1852, in-8, br. (*Envoi aut. signé de l'auteur*).   3 fr.

8355 DESLYONS (J.). Discours ecclésiastiques contre le Paganisme des roys de la fève et du roy-boit, pratiqués par les Chrestiens charnels en la veille et au jour de l'Epiphanie de N. S. Jésus-Christ. *Paris, G. Desprez*, 1664, in-12, veau ant.   6 fr.

8356 DESPLACES (Aug.) Galérie des Poètes vivants, nouv. édit. revue et augmentée. *Paris, Charpentier*, 1848, in-12, br. n. c., couv.   3 fr. 25

8357 DESPORTES. Pseaumes de David (les C. L.) mis en vers françois, par Ph. Desportes. *Rouen, imprim de Raph. du Petit Val*, 1605. — Prières et méditations chrestiennes par le même. *Rouen, Raph. du Petit Val*, 1605. — Poésies chrestiennes, par le même, 1605. Ensemble, 1 vol. in-12, titre gravé par L. Gaultier, v. ant., tr. dor.   10 fr.

8358 DESTOUCHES. Œuvres dramatiques. *Paris, chez les Libraires associés*, 1774, 10 vol. petit in-12, v. marb.   5 fr.

8359 DIALOGUES des vivans (par Bordelon) *Paris*, 1717, 5 in-12, v. m.   3 fr.

8360 DICTIONNAIRE de l'Académie des Beaux-Arts, contenant les mots qui appartiennent à l'enseignement, à la pratique, à à l'histoire des beaux-arts, etc., avec des gravures sur bois insérées dans le texte, et des gravures sur acier. *Paris, Didot*, 1858-1878. Tomes 1 à 3 plus la Iʳᵉ livraison du tome 4, en livraisons, br.   10 fr.

8361 DICTIONNAIRE historique des cultes religieux établis dans le monde depuis son origine jusqu'à présent (par J.-F. de la Croix). *A Paris, chez Vincent*, 1770, 3 vol. petit in-8, fig., v. m.   10 fr.

8362 DIDON (*Le Père*) Les Allemands. *Paris, Calmann Lévy*, 1884, 1 vol. in-8, br. n. r., couv. imp.   3 fr. 50

8363 DINAUX (A.). Les Sociétés badines, bachiques, littéraires et chantantes, leur histoire et leurs travaux. Ouvrage posthume de M. Arthur Dinaux, revu et classé par M. Gustave Brunet, avec un portrait à l'eau-forte par G. Staal. *Paris, Bachelin Deflorenne*, 1867, 2 vol. in-8, br. n. c., couv.   5 fr.

8364 DIONYSIUS halicarnasseus. Dyonysii halicarnassei antiquitatum romanarum lib. X (græce), ex bibliotheca regia. *Lutetiæ, ex offic. Rob. Stephani, regiis typis*, 1546 — Dionysii halicarnassei de compositione, seu orationis partium apta inter se collocatione, ad rufum, eiusdem, artis rhetoricæ capita quædam, ad echecratem, item que genere dicendi sit usus Thucydides, ad Ammæum. *Lutetiæ, Rob. Stephani, regiis typis*, 1547. Ensemble 2 part. en 1 vol. in-fol. v. f, dos orné, fil. (*Annotations manuscrites*).   10 fr.

8365 DISDERI. L'Art de la photographie. *Paris*, 1862, gr. in-8, fig., br.   3 fr. 50

8366 DISSERTATION théologique sur les loteries, (par l'abbé Coudrette). S. l., 1742, in-12, veau écaille.   3 fr.

8367 DONCOURT (A. S. de). Un Missionnaire en épaulettes. (Première jeunesse, 1806-1826. — Marceau officier dans la marine militaire, 1826-1844. — Marceau commandant de l'Arche d'Alliance. 1844-1851). *Paris, Mollie*, 1870, in-8, br.   2 fr. 25

8368 DONOSO CORTÈS, marquis de Valdegamas. Œuvres, publiées par sa famille, précédées d'une Introduction par Louis Veuillot. *Paris, Vaton*, 1858-59, 3 vol. in-8, portr., br.   7 fr.

8369 DREYFUS (A.). Catalogue de tableaux modernes, de premier ordre, aquarelles, tableaux anciens, provenant de Galeries célèbres, composant l'importante collection de M. A. Dreyfus. *Paris*, 1889, gr. in-4, eaux-fortes, br., couv.   27 fr.

45 eaux-fortes, par Teyssonnières, Ch. de Billy, Kratké, P. Huet, Duvivier, de Los Rios, Mordant, Toussaint, Leville, Deterrier, E. Salmon, Bollvin, Rajon, Le Rat, Mongin, Boulard fils, Manesse, Faivre, Jeannin, Desmoulin, Ramus.

8370 DROZ (Gustave). Une Femme gênante. *Paris, Hetzel, s. d.*, in-12, broché, couv. imp.   3 fr.

Edition originale.

8371 DU BISSON (Cte Raoul) Les Femmes, les Eunuques et les Guerriers du Soudan. *Paris, Denlu*, 1868, in-12, br. n c.   3 fr. 25

Edition originale, avec la couverture.

8372 DU BUAT DE NANÇAY. Les Origines de l'Ancien gouvernement de la France. de l'Allemagne et de l'Italie. *La Haye*, 1757, 4 vol. in-12, v f.   12 fr.

8373 DUBUISSON-AUBENAY. Journal des guerres civiles. 1648-1652. Publié par Gustave Saige. *Paris*, 1883-1885, 2 vol. in-8, br., n. r., couvert.   10 fr.

Exemplaire sur papier de Hollande.

8374 DU CERCEAU (J. A.). Recueil de poésies diverses. *Paris*, 1726, in-8 v., front. gravé.   3 fr.

8375 DU CERCEAU. Poésies diverses du R. Père Du Cerceau *Paris, chez les frères Estienne*, 1772, 2 vol. in 12, v. marbr.   4 fr.

8376 DUCHÉ Debora Tragédie *Paris*, 1706, un vol. in-12, veau ant. (*Edit. orig.*)   2 fr. 25

8377 DU CHESNE (A.). Bibliothèque des Autheurs qui ont escrit l'histoire et topographie de la France ; seconde édit. reveue et augmentée de plus de deux cents historiens. *Paris, Séb. Cramoisy*, 1627. in-8 réglé, v. f. ant. (*Rel. anc.*)   10 fr.

8377 bis — Le même, vélin. (*Rel. anc.*)   10 fr.

8378 DUCROS (Emm.). Une Cigale au Salon de 1885. *Paris, Librairie d'Art, Ludovic Baschet*. gr. in-4, illust. en coul., couv.   10 fr.

Envoi autographe de l'auteur au Général Pittié.

8379 DUFOUR (Gabriel). Traité général de Droit Administratif appliqué, ou Exposé de la Doctrine de la Jurisprudence 3e édition revue et considérablement augmentée. *Paris, Delamolle*, 1868-1870, 8 vol. in-8, br.   20 fr.

Dernière édition, publiée à 72 francs.

8380 DUFRESNY. Le jaloux honteux, comédie, par M. Du Freny de Rivière. *Paris*, 1708, in-12 v.   3 fr.

Edition originale.

8381 DU LAC (Melchior). La Liturgie Romaine, et les liturgies françaises. Détails historiques et statistiques. *Le Mans et Paris, Lecoffre et Cie*, 1849, in-8, br.   2 fr. 50

8382 DU LAURENS (Abbé H.-Jos.). Le Balai, poème héroi-comique en XVIII chants. *A Constantinople, de l'Imprimerie du Mouphti*, 1772, in-12. demi-rel. chag. gren., dos orné, fil., tête dor., non rog.   3 fr

8383 DU LAURENS Le Compère Mathieu, ou les Bigarrures de l'esprit humain. *Londres*, 1777, 3 vol in-12, demi-rel. chag. vert, non rog. (*Mouillures*).   8 fr.

Exemplaire auquel on a ajouté une suite de 10 figures, non signées.

8384 DUMAS fils (A.). Les Femmes qui tuent et les femmes qui votent. *Paris, C. Lévy*, 1880, in-12, br.   2 fr.

Edition originale, avec la couverture.

8385 DU NORD DANS L'OUEST PAR LE MIDI. Souvenirs du voyage présidentiel à La Rochelle, 1890. *Paris, Lenègre et Cie. éditeurs*, 1891, in-8 carré, toile, tête dor.   9 fr.

Exemplaires sur papier du Japon.

8386 DUPANLOUP (Mgr.). De l'Éducation *Paris, Douniol*, 1861-62, 3 vol in-12, portr., br.   5 fr.

8387 DURAND-LAPIE (P.) et F. LACHEVRE Deux homonymes du XVIIe siècle. François Maynard, président au présidial d'Aurillac, membre de l'Académie Française. et François Ménard, avocat à la cour de parlement de Toulouse et au présidial de Nîmes. *Paris, H. Champion*, 1899, gr. in-8 de 136 pp, portr., br. n. c., couv   3 fr. 50

Etude Bibliographique, de MM Paul Durand-Lapie et Frédéric Lachèvre, suivie d'une notice bibliographique, et de 76 pièces omises dans l'édition des Œuvres poétiques de François de Maynard, donnée par M. Garrisson (1885-1888).

8388 DUSSIEUX (L.). Géographie générale, contenant la géographie physique, politique, historique, administrative, agricole, industrielle et commerciale de chaque pays. La description des frontières des principaux états, et des notions sur le climat, les productions naturelles, l'ethnographie, les langues et les religions. *Paris, Lecoffre*, 1880, gr. in-8 de 1163 pp. à 2 col, br.   4 fr.

8389 DUVEYRIER (Charles). L'avenir et les Bonaparte. *Paris, Lévy*, in-8, br.   3 fr. 50

8390 ECOLE PUBLIQUE (Nouvelle) des Finances ou l'art de voler sans ailes pour toutes les régions du monde. *Paris*, 1767, in-12, v. gr.   4 fr.

Volume fort curieux. Satire mordante des financiers de l'époque : Dechiens, de Choppin, de Bourvalais, de Thévenin, de la Court, de Rouxelin, de Masson, de Faicy, etc., etc.

8391 EGGER (E.). Mémoires d'histoire ancienne et de philologie. *Paris, Aug. Durand*, 1863, in-8, pl, br. n. c.   4 fr.

Rare.

8392 ELOGE historique ou vie abrégée de Sainte Frémiot de Chantal.. Où l'on a réuni tout ce qu'en ont dit de plus intéressant les manuscrits et mémoires de la première maison d'Annecy. les contemporains, les historiens et les panégiristes de la Sainte. *Paris, Berton*, 1768, in-12, portr, v ant (*Cachet sur le titre*). 3 f.

8393 EMÉRIC-DAVID (T. B.). Histoire de la peinture au Moyen-Age. suivie de l'histoire de la gravure du discours sur l'influence des arts du dessin et du Musée olympique ; avec une notice sur l'auteur par P. L. Jacob (Paul Lacroix). *Paris, Ch. Gosselin*, 1842, in-12, demi-rel. veau   4 fr.

8394 EMMANUEL (le R. P.). Nouvel essai sur les Psaumes, étudiés au triple point de vue de la lettre, de l'esprit et des application liturgiques. *Mesnil-Saint-Loup*, 1869, in-8, br. 2 f. 25

8395 ERASMUS. Des. Erasmi Roterod. Colloqvia nvnc emendatiora. *Amstelodami, ex officina Elzeviriana*, 1655. pet. in-12, titre gr, v. f. ant., dos orné, 3 fil., tr. dor. (*Titre doublé et q.q. mouillures*).   3 fr.

Willems, No 1184.

8396 ESCAYRAC DE LAUTURE (Comte de). Le désert et le Soudan. *Paris, Dumaine*, 1853, gr. in-8, cartes et fig, demi-rel dos et coins de chag. n., n. rog.   6 fr.

8397 ESQUIROS (A.) Histoire des Montagnards. *Paris, Lecou*, 1847, 2 vol. in-8, demi-rel. chag. bleu.   6 fr.

8398 **ESQUIROU de PARIEU**. Traité des Impôts considérés sous le rapport historique économique et politique, en France et à l'Etranger 2e édition, revue et augmentée par l'auteur. *Paris, Cotillon, Guillaumin et Cie*, 1866-67, 4 vol. in-8, br.   15 fr.
    Epuisé.

8399 **ESTOILE** (Pierre de L'): Les belles figures et drolleries de la Ligue (1589-1600), recueillies par Pierre de L'Estoile et publiées pour la première fois d'après les originaux, par MM. G. Brunet, A Champollion, P. Lacroix, etc. *Paris, P. Daffis*, 1877, in-8, br., pap vergé. 6 fr.
    Tiré à 100 exemplaires numérotés.

8400 **ETAT** militaire de France, par MM de Roussel et de Montandre. *Paris, Guillyn et Onfroy*, pet. in-12, v marb. ant.
    Année 1773.   5 fr.
    — 1778.   5 fr.
    — 1779, demi-bas.   4 fr.
    — 1787.   5 fr.

8401 **ETRENNES** à la postérité, ou Calendrier historique et généalogique de toutes les Maisons souveraines de l'Europe, depuis J.-C. jusqu'à la présente année, précédé d'une autre Chronologie de toutes les anciennes Monarchies avant Jésus-Christ. *Paris, Costard; s. d.*, in-12, br., non rog.   3 fr.

8402 **ETRENNES** mignones, consistant en singularitez utiles et divertissantes. Almanach comode, pour l'année 1750. *Amsterdam, Bernard. Mourik*, 1750, in-24, figures, cart   4 fr.

8403 **EUTROPII** Breviarium historiæ Romanæ. *Parisiis*, 1746, in-12, fr gr., maroq. vert, fil., tr dor. (*Reliure ancienne*).   6 fr.

8404 **FALLOUX**. Augustin Cochin, par le Cte de Falloux. *Paris, Didier*, 1875, in-12, portr., br.   2 fr. 50

8405 **FARCE** (La) de Maistre Pierre Pathelin, avec son testament à quatre personnages, nouv. édit. *Paris, Durand*, 1762, pet in-8 br, non rog (*Piq. de vers dans la marge du fond*).   4 fr.

8406 **LA FATALITÉ** de St-Cloud près Paris (par Bernard-Guyart, Jacobin). *S. L.*, 1672, in-12, parchemin   3 fr.
    Cette satyre a été réimprimée dans l'édition de la Satyre Ménippée en 3 volumes.

8407 **FAUCHET** (Cl.). Les antiquitez et histoires gauloises et françoises, contenant l'origine des choses advenues en Gaule et ès Annales de France, depuis l'an du monde MMM. C.C.C.L. iusques à l'an IX.C.LXXXVII de Jésus-Christ. *Genève*, 1611. — Origines des dignitez et magistrats de France. *Genève*, 1611 — Origines des Chevaliers, Armoiries et Héraux. *Genève*, 1611. — Ensemble 3 part. en 1 vol. in-4, vélin (*piq. de vers*).   10 fr.

8408 **FAURE** (Ph.). Journal d'un combattant de Février, précédé d'un fragment sur l'auteur, par Pierre Leroux, et des discours prononcés sur la tombe de Philippe Faure, publié à Jersey, par Aug. Desmoulins. *Jersey*, 1859, in-12, demi-rel. chag. r. (*Rare*).   5 fr.

8409 **FAVÉ** (Général). L'Empire des Francs, depuis sa fondation jusqu'à son démembrement *Paris, E Thorin*, 1889, 1 fort vol. gr. in-8, br.   5 fr.

8410 **FAX** historica seu lucidissimum operum J. Lipsi compendium ad historicorum... & nunc recens in Gallia editum opera unius presbyteri Congrega. Oratori. Dni Jesu. *Massiliæ (Marseille)*, 1671, in-12, veau.   4 fr.

8411 **FERRAND** (Antoine). L'esprit de l'Histoire, ou lettres politiques et morales d'un père à son fils, sur la manière d'étudier l'histoire en général et particulièrement l'Histoire de France. *Paris, chez la Vve Nyon*, 1804, 4 vol. in-8, veau rac.   7 fr.

8412 **FEBURIER**. Traité complet théorique et pratique sur les abeilles. *Paris*, 1810, in-8, d.-veau, figures.   3 fr.

8413 **FÉNELON** Les Aventures de Télémaque, fils d'Ulysse; nouv. édit. ornée de gravures. *Paris, de l'impr. de P. Didot l'aîné*, 1796, 4 vol. in-18, portr. et fig. de Queverdo, veau porph., dos ornés, dent., tr. dor. (*Rel. anc.*).   20 fr.

8414 **FEUGÉRE** (A). Bourdaloue, sa prédication et son temps. *Paris, Didier et Cie*, 1874, in-8, br.   3 fr.

8415 **FEUILLET** (O.). La Veuve. — Le Voyageur. *Paris*, 1884, in-12 broché, couv. (*Edit. orig.*)   3 fr.

8416 **FIELDING**. Histoire de Tom Jones, ou l'Enfant trouvé, traduction de l'anglois de M. Fielding. par M de La Place, enrichie d'estampes dessinées par Gravelot. *Londres et Paris, chez Rollin fils*, 1751, 4 vol. in-12, v. marb.   12 fr.
    Titres gravés, 1 frontispice et 15 figures par Gravelot, grav. par Avelin, Chedel, Fessard et Pasquier.

8417 **FIEVEE** (J.). Correspondance politique et administrative. 1815-1818, 15 parties réunies en 3 vol. in-8, d.-rel.   8 fr.

8418 **FIGUIER** (L.) Les Races humaines. Ouvrage illustré de 288 gravures dessinées sur bois, et de 8 chromolithographies représentant les principaux types des familles humaines. *Paris, Hachette el Cie*, 1873, gr. in-8, br., couv. (*Envoi autog. sig. de l'auteur*).   4 fr.

8419 **FILLON** (Benjamin). La Galerie de Portraits réunie au Château de Saumur par Du Plessis-Mornay. *Paris, Quantin*, 1879, broch., in-4, portr. (*Lettre autogr. de l'auteur ajoutée*).   5 fr.

8420 **FILLON** (Benjamin). La Galerie de portraits réunie au Château de Saumur par Duplessis-Mornay. *Paris, Quantin*, 1879, gr. in-8 br., couvert.   3 fr.
    Portrait gravé sur bois. Exempl. sur papier de Hollande.

8421 **FILLON** (Benjamin). Nouveaux documents sur Marc-Antoine Raimondi. Lettre à M. Georges Duplessis. *Paris, Quantin*, 1880, gr. in-8, fig., br. couvert   3 fr.
    Exempl. sur papier de Hollande.

8422 **FILLON** (Benjamin). Pour qui fut peint le portrait d'Erasme par Hans Holbein du Musée du Louvre. *Paris, Quantin*, 1880, gr. in-8, figures, br. couvert.   3 fr.
    Exemplaire sur papier de Hollande.

8423 **FILLON** (Benjamin). Quelques mots sur le Songe de Poliphile. *Paris, Quantin*, 1879, gr. in-8, br., couvert.   4 fr.
    Figures grav. sur bois. Exemplaire sur papier de Hollande. Rare.

8424 **FLAUBERT** (G.). Salammbô. Edition définitive avec des documents nouveaux. *Paris, Charpentier*, 1877, in-12, br., couv.   4 fr.
    Edition devenue rare.

8425 **FLEURY**. Les Mœurs des Chrestiens. *Paris*, 1682. in-12, v. m. (*Edit. orig*)   6 fr.

8426 **FONTENELLE**. Jugement de Pluton sur les deux parties des nouveaux dialogues des morts. *Paris*, 1703, in-12 v.   3 fr.
    Sur le titre la signature de D. De la Vieuville.

8427 **FONTENELLE** (de). Poésies pastorales, traité sur la nature de l'églogue, et une digression sur les anciens et les modernes *Amsterdam,* 1701, in-12, cart. n. rog., front. gr.
3 fr.

8428 **FORAIN**. Le Journal pour tous, supplément hebdomadaire illustré. *Paris,* du 4 Janvier (origine) au 27 décembre 1893, en 1 vol in-4, br., couv.
18 fr.

Nombreuses illustrations de Forain, Guillaume, etc. Ce recueil tient une place importante dans l'œuvre de Forain dont il renferme 47 compositions inédites.

8429 **FORBIN** (L. N.). Charles Barimore. *Paris,* 1817, 1 vol. in-8, br., figure.
3 fr.

8430 **FORGES**. Nouveau système des eaux minérales de Forges où l'on découvre par plusieurs expériences quelle est la nature de ses eaux et à quelles maladies elles conviennent, par J. Larouvière. *A Paris,* 1699, in-12, d.-m.
10 fr

8431 **FORTIA D'URBAN** (de). Considérations sur l'origine et l'histoire ancienne du globe. *Paris,* 1807, in-12, demi-rel. bas.
3 fr.

8432 **FORTIA D'URBAN**. Table chronologique des Annales du Hainaut, contenant l'histoire des Roïs Belges. *Paris,* 1838, in-8, br.
2 fr.

8433 **FORTOUL** (Hipp.). De l'Art en Allemagne. *Paris, J. Labitte,* 1841-42, 2 vol. in-8, v. br. *(Taches de rousseur).*
5 fr.

8434 **FOUQUE** (V.). Du Gallia Christiana et de ses auteurs, étude bibliographique. *Paris, Tross,* 1857, in-8 de 91 pp., br.
2 fr. 25

Tiré à petit nombre.

8435 **FOURNIER DES ORMES**. La peinture, poème, précédé d'une Dissertation sur le poème didactique, par Charpentier (de Saint-Prest). *Paris, L Janet,* s. d., gr. in-8, fig., demi-rel. v. r., non rog.
4 fr.

Exemplaire sur grand papier vélin.

8436 **FRANÇAIS** (Les) peints par eux-mêmes. Recueil de 59 dessins, par Gavarni, H. Bellangé, Meissonier, Pauquet et autres, etc. *Paris, Curmer,* gr. in-8, br.
8 fr.

8437 **FRANCE-TURQUIE** (La), c'est-à-dire conseils et moyens tenus par les ennemis de la Couronne de France, pour reduire le royaume en tel estat que la tyrannie Turquesque. *Orléans, Thibaut des Murs,* 1576. — L'Antipharmaque du chevalier Poncet, dédié aux princes, seigneurs et à tous les estats de ce royaume. *Paris, Federic Morel.* — Lunettes de Christal de Roche, par lesquelles on veoyt clairement le chemin tenu pour subiuguer la France à mesme obéissance que la Turquie. Pour servir de contre-poison à l'Antipharmaque du chevalier Poncet. *Orléans, Thibaut des Murs,* 1576, 72 pp. vél.
12 fr.

Première édition, à pagination suivie, des trois pièces réunies, trois des plus vifs pamphlets de l'époque. Voir la longue note du catalogue Leber, t. II, n° 4014.

8438 **FREPPEL** (l'abbé). Tertullien. Cours d'éloquence sacrée fait à la Sorbonne pendant l'année 1861-1862. *Paris, Bray,* 1864, 2 vol. in-8, br.
4 fr.

8439 **FRERET**. Œuvres complètes. *Paris,* 1896, 20 vol. in-18, cart. toile.
12 fr.

8440 **FRERET**. Défense de la chronologie fondée sur les monuments de l'histoire ancienne, contre le système chronologique de M. Newton. *A Paris, Durand,* 1758, in-4. veau fauve, fil., dent., tr. dor.
5 fr.

8441 **FRIGNET** (E.). Californie, Histoire des progrès de l'un des Etats-Unis d'Amérique et des Institutions qui font sa prospérité. 2° édit. revue et enrichichie d'une carte de la Californie. *Paris,* 1867, in-8, pap. vergé.
3 fr. 25

Envoi autographe de l'auteur.

8442 **FRIPPESAUCE**. La vie de puissante et tres-haute dame Madame Gueline, facétie en vers français entremêlée de latin macaronique, publiée d'après l'édition de Rouen, 1612, et précédée de l'estat d'un Banquet pour un Amoureux, petite pièce inédite, du XVI° siècle, avec notice par Ed. Tricotel. *Paris, A. Claudin,* 1875, in-8, pap. de Holl., br.
3 fr.

8443 **FROMENT** La Police dévoilée, depuis la Restauration, et notamment sous MM. Franchet et Delavau. *Paris, Lemonnier,* 1829, 3 vol. in-8, cart. *(Qq. feuillets tachés au tome 1er).*
8 fr.

8444 **FURETIÈRE** (Recueil des Factums d'Anthoine) de l'Académie françoise, contre quelques-uns de cette Académie. Suivi des preuves et pièces historiques données dans l'édition de 1694. Avec une introduction et des notes historiques et critiques, par Ch. Asselineau. *Paris, Poulet-Malassis et De Broise,* 1859, 2 vol. in-12, pap. vergé, titre r. et n., br., couv.
4 fr.

Rare avec le frontispice, lequel manque souvent.

8445 **FUZET** (l'abbé). Les Jansénistes du XVIII° siècle, leur histoire et leur dernier historien, M. Sainte-Beuve. *Paris, Bray et Retaux,* 1876, in-8, br.
3 fr.

8446 **GABRIEL**. Essai sur la nature, les différentes espèces et les divers degrés de force des preuves, par feu M. Gabriel, nouvelle édition précédée d'un essai historique sur les divers genres de preuves en usage depuis les premiers siècles jusqu'à nos jours, par M. Solon, avocat. *Toulouse,* 1824, in-8, br.
3 fr.

8447 **GALERIE** historique des acteurs français mimes et paradistes qui se sont rendus célèbres dans les annales des Scènes secondaires depuis 1760 jusqu'à nos jours pour servir de complément à la Troupe de Nicolet, par E. D. de Manne et C. Menetrier, ornée de portraits gravés à l'eau-forte, par J.-M. Fugère. *Lyon, N. Scheuring,* 1877, in-8, pap. vergé, br. couv. Au lieu de 50 fr.
10 fr.

48 portraits gravés à l'eau-forte.

8448 **GALERIE** historiques des acteurs français, mimes et paradistes, qui se sont rendus célèbres dans les annales des scènes secondaires, depuis 1760 jusqu'à nos jours, pour servir de complément à la Troupe de Nicolet, par E.-D. de Manne et C Ménétrier, ornée de portraits gravés à l'eau-forte, par J -M. Fugère. *Lyon, N. Scheuring (Impr. de. A. Louis Perrin et Marinet),* 1877, in-8, pap. vergé teinté, titre r. et n., br., couv.
10 fr.

Publié à 50 fr.

8449 **GALERIE** historique de la Comédie Française, pour servir de complément à la Troupe de Talma, depuis le commencement du siècle jusqu'à l'année 1853, par E. D. de Manne et C. Ménétrier, ornée de portraits gravés à l'eau-forte par M. Fugère. *Lyon, N. Scheuring,* 1876, in-8, demi-rel. chag. vert poli jans., tête dor., non rog.
12 fr.

8450 **GALERIE** historique des comédiens françois de la Troupe de Voltaire, gravés à l'eau-forte, sur des documents authentiques, par Henri Lefort, avec des détails biographiques inédits, recueillis sur chacun d'eux, par E.-D. de Manne. Nouv. édit. corrigée et augmentée. Dédiée à la Comédie-Françoise. *Lyon,*

N Scheuring (impr. de A. Louis Perrin et Marinet), 1877, in-8, pap. vergé teinté, titre r. et n , br., couv. 9 fr.
Publié à 50 francs.

8451 **GALLOIS** (Léon). Histoire de la Révolution de 1848, édition illustrée de portraits dessinés en pied et gravés sur acier. Paris, 1849-1852, 5 vol. gr. in-8, d.-rel. v. f., non rog. 15 fr.

8452 **GARASSE**. Histoire des Jésuites de Paris, pendant trois années (1624-1626). Ecrite par le P. François Garasse, et publiée par le P. Auguste Carayon. Paris, L'Ecureux, 1864, in-8, br. 2 fr. 50

8453 **GARNIER** (Jos.). Traité d'Economie politique, sociale ou industrielle, exposé didactique des principes et des applications de cette science, etc 7° édit. revue et augmentée, contenant la matière de 4 vol. in-8. Paris, Garnier frères et Guillaumin, 1875, 1 fort vol. in-12, br. 2 fr. 50

8454 **GASPART**. Thrésor de l'histoire générale de nostre temps de tout ce qui s'est faict passe en France sous le Règne de Louis le Juste, contenant les troubles arrivez au Royaume, durant la Régence, et pendant les guerres de la Rebellion, etc. Paris, 1683, in-8, rel., mouillures. 5 fr.

8455 **GAULTIER** (J.) d'Annonay. Table chronographique de l'estat du Christianisme depuis la naissance de Jésus-Christ, jusques à l'année 1612, par Jacques Gaultier de la Compagnie de Jésus. natif d'Annonay en Vivarez. Lyon, 1613, in-fol. veau. (Rel. fatiguée et mouillures). 7 fr.

8456 **GAUTIER** (Léon). Les Epoques Françaises. Etude sur les origines et l'histoire de la littérature nationale. Paris, 1865-68, 3 vol. gr. in-8, d.-rel. chag. bl. 12 fr.

8457 **GAUTIER de SIBERT**. Variations de la monarchie françoise dans son gouvernement politique, civil et militaire, avec l'examen des causes qui les ont produites. Paris, 1765, 4 vol. in-12, veau. 6 fr.

8458 **GAY** (l'abbé Charles). De la Vie et des Vertus chrétiennes, considérées dans l'état religieux. 5° édit. enrichie de tables analytiques. Paris, Oudin, 1876, 3 vol, in-12, br. 5 fr.

8459 **GAY** (Mad. Sophie). Le Moqueur amoureux. Paris, 1830, 2 vol. in-8, cart. 5 fr.
Edition originale.

8460 **GAYOT** (Eug.). Les petits quadrupèdes de la maison et des champs. Paris, 1871, 3 vol. in-8 br , 154 fig. dans le texte. 5 fr.

8461 **GENEST** (L'abbé). Dissertations sur la poésie pastorale ou de l'idylle et de l'églogue. A Paris, 1706, in-12, v. (Edit. orig.) 3 fr.

8462 **GEOFROY DE VAUX**. Célèbre conversion de la personne et famille de M. Geofroy de Vaux, jadis de l'ordre de St François, Breton de nation, du Diocèse de Triguier, après avoir esté Ministre de la doctrine Calvinienne és pays de Dauphiné, faicte à Toloze devant Mgr. le Cardinal de Joyeuse, cinq ou six Evesques, tout le clergé, et bien dix mille personnes ou davantage, en la grande Place S. Estienne le dimanche 19 janvier 1597, après la grand Messe de Paroisse de Prédication. A Paris, J. Le Blanc, Jouxte la copie imprimée à Toloze, par R. Colomiez, 1597, in 8, pap. de Holl., br. 4 fr.
Réimpression à quelques exemplaires faite à Lyon, par Mougin, Rusand, en 1875. — Rare.

8463 **GÉRARD DE NERVAL**. Sylvie, souvenirs du Valois, préface par Lud. Halévy. 42 compositions dessinées et gravées à l'eau-forte par Ed. Rudaux. Paris, L. Conquet, 1886, in-16, pap. vél. du Marais, br., couv. 25 fr.

8464 **GILLE** (Ph.). La Bataille Littéraire (1875-1878). Paris, V. Havard, 1889, in-12, br. 4 fr.
Édition originale avec la couverture.
Exemplaire tiré sur papier de Hollande.

8465 **GILLES DE LA TOURETTE** (G.). Théophraste Renaudot, d'après des documents inédits (La Gazette. — Un essai de Faculté libre au XVIIe siècle. — Le Bureau d'adresse. — Les Monts-de-Piété. — Les Consultations charitables.). Paris, Plon et Cie, 1884, in-8, br. 3 fr.

8466 **GIRARDIN** (Mme Emile de). Œuvres complètes, portrait par Chasseriau, grav. sur acier par Flameng. Paris, Plon, 1861, 6 vol. in-8, br. 15 fr.
Publié à 42 francs.

8467 **GIRAUD** (Ch.). Précis de l'Ancien droit Coutumier Français. 2e édit., corrigée, augmentée et suivie du texte des Coutumes de Paris et d'Orléans. avec conférence et notes. Paris, Cotillon, 1875, in-12, br. 2 fr. 25

8468 **GIRAULT** (D. S.). Lettres galantes, billets tendres et réponses. Paris, Nic. Le Gras, 1699, in-12, v. gr. 12 fr.
Volume rare, en prose et en vers.

8469 **GLAUBERI** (J. R.). Arca Thesauris Opulenta sive appendix generalis. Amstelœdami, 1660. — Opulenti thesauri et arcæ thesaurariæ... centaria secunda. Amstelodami, 1661. — Libellus dialogorum sive colloquia... Amstelodami, 1663. — Consolatio navigamtium... Amstelodami, 1657. — Vera ac perfecta descriptio qua ratione ex vini fecibus bonum plurimumque Tartarum sit extrahendum, in gratiam dulcissimæ patriæ publici juris facta. Amstelodami, 1655. — Apologia contra mendaces Christophori Farnneri calumnias, ex Germanico in latinum idioma transfusar Amstelodami, 1655 Ensemble 1 vol. in-8, v. br. 6 fr.

8470 **GODARD** (l'Abbé). Cours d'Archéologie Sacrée, à l'usage des Séminaires et de MM. les Curés, accompagné d'un grand nombre de dessins. Paris, Guyot frères, 1851, gr. in-8, br., couv. 8 fr.

8471 **GODARD-FAULTRIER** (V.). Ville d'Angers. Inventaire du Musée d'Antiquités Saint-Jean et Toussaint (1841 à 1883). Angers, 1884, in-8 de 595 pp., br., couv. (Envoi autographe de l'auteur). 4 fr.

8472 **GODWIN** (Franc.). L'Homme dans la lune, ou le voyage chimérique fait au monde de la lune, nouvellement découvert par Dominique Gonzales, avanturier espagnol. autrement dit le courrier volant (trad. de l'anglais par J. Baudoin). La Haye, J. Verhoeve, 1651, pet. in-12, front gr., demi-rel. mar. r., dos orné, fil., tr. peig. (Petit-Simier). 13 fr.

8473 **GOLDINI**. Théâtre d'un inconnu. A Paris, chez Duchesne, 1765, in-12, veau ant. 2 fr. 25

8474 **GOMEZ** (Mad. de) Les Cent nouvelles nouvelles. A Paris, 1732, in-12 v. 2 fr. 25

8475 **GOMEZ** (Madame de). Habis, tragédie. Paris, 1715, in-12 v. 3 fr.
Edition originale.

8476 **GONCOURT** (Edmond et Jules de) Idées et Sensations. Paris, Lacroix, Verboeckhoven et Cie, 1869, in-8, couv. impr., demi-rel. mar. bleu, non rog. 8 fr.
Edition originale. Epuisé et peu commun.

8477 **GORINI** (Abbé J.-M. Sauveur). Défense de l'Eglise contre les erreurs historiques de MM. Guizot, Aug. et Am. Thierry, Michelet, Ampère, Quinet Fauriel, Aimé-Martin, etc. *Lyon, Girard et Josserand*, 1859, 3 vol. in-8, br. 8 fr.

8478 **GOURNERIE** (Eug. de La). Histoire de Paris et de ses monuments. 4e édit. comprenant les derniers événements et les monuments nouveaux. *Tours, Mame et fils*, 1880, in-4, nomb. fig. dans le texte et pl. hors texte, br. n. c. 16 fr.

8479 **GOURNERIE** (Eug. de La). Rome chrétienne, ou tableau historique des souvenirs et des monuments chrétiens de Rome. 2e édit., soigneusement revue et comprenant le Récit de la dernière Révolution romaine. *Paris, Bray*, 1858, 2 vol. in 8, br. 4 fr.

8480 **GOUSSET** (Mgr. Thomas. M. J.). Théologie morale, à l'usage des Curés et des Confesseurs. 3e édit., revue et corrigée par l'auteur. *Paris, Lecoffre et Cie*, 1845-46, 2 vol. in-8, demi-rel. bas viol. 4 fr.

8481 **GRAMIGNA**. Fantasie varie del Signor Vincenzo Gramigna. *Roma*, 1628, in-4 vélin. 4 fr.

8482 **GRANDVILLE**. Un autre monde. Transformations, Visions, Incarnations, Ascensions, Locomotions, Explorations, Stations, etc. Texte par Taxile Delord. *Paris, H. Fournier*, 1844, in-4, front. en noir et pl. hors texte color.; demi-rel. dos et coins de chag. vert. dos orné, fil. (*Mouillures*). 12 fr.

8483 **GRANDVILLE** (Comtesse de La). Souvenirs de voyage, ou lettres d'une voyageuse malade. *Paris, Le Clère*, 1836, 2 vol. gr. in-8, br. 6 fr.

8484 **GRASSE EN PROVENCE** La Conversion de dix notables personnes à la foy et religion catholique, apostolique et romaine en la vile de Grasse en Provence, confirmée par un évident miracle. *A Paris, J. Le Roy*, 1612, in 8, pap. de Holl., br. 3 fr. 50

Réimpression à quelques exemplaires faite à *Lyon, chez Louis Perrin* 1874. Rare.

8485 **GRESSET**. Recueil de Poésies de Monsieur Gresset. *A Amsterdam*, (Paris) 1739, in-12, cart. 5 fr.

Recueil factice de pièces la plupart en éditions originales.

8486 **GRESSET**. Œuvres de M. Gresset, nouv. édit. revue, corrigée et considérablement augmentée. *Londres*, 1748, 2 tomes en 1 vol. in-12, v. br. ant. 3 fr

8487 **GRESSET**. Œuvres, nouv. édit. augmentée de pièces inédites, et ornée de figures en taille-douce. *Paris, Bleuet jeune (imprimerie de Pierre Didot l'aîné) an XIII = 1805*, 3 vol. gr. in-18, cart. n. r. (*Cart. de l'époque*) 15 fr.

Exemplaire tiré sur papier vélin

1 portrait gravé par Saint Aubin d'après Nattier, et 5 figures par Moreau le jeune, gravées par Simonnet, Duhamel et Dupréel.

Mouillures.

8488 **GRESSET**. Œuvres complètes, nouv. édit. augm. de pièces inédites. *Paris, Dentu*, 1807, 3 vol. in-16, portr. et figures par Moreau, bas. rac. 8 fr

8489 **GRESSET**. Œuvres. *Paris, chez Ant. Aug. Renouard*, 1811, 2 vol. in-8, fig., v. marbr., dos orn., tr. marb. 25 fr.

Exemplaire orné de 2 portraits non signés et 6 fig. de Moreau gr. par Simonet.

8490 **GRILLE**. (Epîtres de Fr.). *Paris, Ledoyen*, 1852-1853, 32 pièces en 1 vol. in-8, demi-rel. v. f. 10 fr.

Epîtres à M. Albert Montémont, Président du Caveau, 1er Décembre 1852. — Réponse à M. Van den Zande, 4 Novembre 1852 — Epître à Honorine, 20 Décembre 1850 — à Voltaire 1853. — à MM. Jomard, Conté, Hédouin, Guillemeau, 1853 — aux Moulins de Pendu, 1853. — à mon Imprimeur Beau, 1853 — Réponse à M. F. Grille, par H. Beau, 1853. — à M. Quérard, 1853. — à l'Institut, 1853 — à M. Freslon, 1853. — A la Mort, 1853. — à Auguste de Mantelon, 1853, — au Roi du Maroc, 1853. — à l'Ombre du Général Bigarré, 1853. — à mon jardinier, suivie de Stances à M. Moreau et à une jeune Pianiste, 1853 — à M. de Lamartine, 1853. — à M. Paul Lacroix et à Mlle Savary, 1853. — à un Lion, suivie de la Romance du zouave et d'autres poésies, 1853. — à mon Violon, 1853. — à mes Souvenirs, 1853. — à mes Epitres 1853. — à ma Bru, 1852 — à M. Pithon, 1853. — à Carnot, 1853 — à Jacques Laffite, 1853. — aux Maçons, 1853. — à mes Jambes, 1852 — A mon Curé, 1852. — à Diderot, 1853. — à Leclerc, 1853. — à mon Cousin, 1852.

8491 **GROTIUS** (Hugo). De veritate religionis christianae. Editio novissima, in qua ejusdem annotationes suis quæque paragraphis ad faliorem usum subjectæ sunt *Amstelodami, ex officina Elzeviriana*, 1662, pet. in-12, plein chag. rouge poli, dos orn., fil., tr. dor. 3 fr.

Cette édition est la première et la plus recherchée des cinq que les Elzévier ont données de ce livre. (*Willems no 1288. — Haut. 130 mill.*)

8492 **GROTIUS** (Hugo). Epistolæ quotquot reperiri potuerunt. *Amstelodami, P. et I. Blaev*, 1687, in-fol. à 2 col., vél (*Rel. de l'époque*) 6 fr.

8493 **GUDIN**. La conquête de Naples, par Charles VIII. composé sous le règne de Louis XV par Paul G. (Gudin de la Brenellerie). *Paris*, 1801, 3 vol. in-8, rel. veau fauve. 10 fr.

A la fin du 1er vol. on a ajouté du même auteur : Lothaire et Veltrade ou le royaume mis en interdit, tragédie brulée à Rome par les moines, le 28 septembre 1768.

8494 **GUÉRANGER** (le R. P. Dom Prosper) Œuvres. *Au Mans et à Paris*, 1840-1870, 6 vol. in-8, demi-rel. chag. noir. 12 fr.

Institutions liturgiques, 4 vol. — Essais sur le Naturalisme contemporain, 1 vol — De la Monarchie Pontificale, à propos du livre de Monseigneur l'Evêque du Sura.

Taches d'encre à qq. ff. des tomes V et VI en haut des marges.

8495 **GUERANGER** (Dom Prosper). Mélanges de liturgie, d'histoire et de théologie (Tome I 1830-1837). *Solesmes et Paris, V. Palmé*, 1887, in-8, jésus, br. 3 fr.

8496 **GUERRE** (la), et le débat entre la langue, les membres et le ventre. . *On les vend à Paris, en la rue neusve Nostre-Dame à l'enseigne Saint-Nicolas*, s. d., in-4, gothique cart. n. r. 7 fr.

Réimpression à très petit nombre.

8497 **GUEULLETTE** (Ch.). Acteurs et Actrices du temps passé. La Comédie Française. Notices par Ch. Gueullette, portraits d'artistes gravés à l'eau-forte, par Ad. Lalauze. *Paris, Librairie des bibliophiles*, 1881, gr. in-8, br. n. c., couv. 4 fr.

8498 **GUILLEMIN** (A). Les Comètes. Ouvrage illustré par M. Rapine, Ph. Benoist et E. Guillaumin, de 78 fig. insérées dans le texte et de 11 pl. tirées à part. *Paris, Hachette et Cie*, 1875, gr. in-8, br. couv. ill., cart. dos et coins de perc., n. r. 15 fr.

Ex. tiré sur papier de Chine.

8499 **GUIZOT**. L'Histoire d'Angleterre depuis les temps les plus reculés, racontée à mes petits-enfants et recueillie par Mme de Witt née Guizot (Tome 1er), ill. de 83 gravures dess sur bois. *Paris, Hachette*, 1877, gr. in-8 br. 10fr.

8500 GUYOT (l'abbé). La Somme des Conciles généraux et particuliers. Edition revue par le Directeur des Analecta Juris Pontificii à Rome. *Paris, V. Palmé*, 1868, 2 forts vol. in-12, br. 4 fr

8501 HALÉVY (Lud.). Criquette. *Paris, C. Lévy*, 1883, in-12, br. 4 fr.
Edition originale, avec la couverture.

8502 HALÉVY (Lud.). Karikari. *Paris, C. Lévy*, 1892, in-12, br. 4 fr.
Edition originale, avec la couverture.

8503 HALÉVY (L) Notes et Souvenirs (1871-72). *Paris, C. Lévy*, 1889, in-12, cart. perc., tête jasp., non rog., couv. 4 fr.

8504 HAMILTON. Contes d'Hamilton, publiés avec une notice de M. de Lescure *Paris, Jouaust*, 1873, 4 vol. in-16, pap. vergé, br. 3 fr.
Le Belier. — Les quatre Facardins. — Zénéyde suivi de l'Enchanteur Faustus.

8505 HAMILTON (Cte Ant.). Œuvres mêlées, en prose et en vers. *Paris, Josse*, 1731, 2 tomes en 1 vol in-12, v. gr. 12 fr.
Edition originale.

8506 HARREPETER (I. C). Essai d'employer les instruments microscopiques, avec utilité et plaisir dans la saison du printemps, par l'auteur des amusements microscopiques tant des yeux que de l'esprit, traduit de l'allemand, par I C Harrepeter, maître ès-arts. *A Nuremberg, chez A. L. Wirsing, graveur*, 1764, in-fol, texte allemand et français, titre et pl. cart. 10 fr.
24 planches tirées en couleur.

8507 HAY du CHASTELET (P.). Traitté de la politique de France, par M. P H., marquis de G (Paul Hay du Chastelet). *A Cologne, chez Pierre du Marteau*, 1669, pet. in-12 de 4 ff. limin. et 166 pp., v. gran 3 fr.
Willems, n° 1602, n. Haut. 128 mill.

8508 HEGEWISCH (D. H). Essai sur l'époque de l'histoire romaine la plus heureuse pour le genre humain. *Paris*, 1834, in-8, 1/2 veau fauve. 3 fr.

8509 HÉLOISE (L') française, comédie en trois actes et en prose. S. l., 1784, manuscrit in 4. 5 fr.
Manuscrit d'une bonne écriture et vraisemblablement inédit.

8510 HEMSTERHUYS (Fr.). Aristée, ou de la divinité *Paris (Harlem)*, 1779, in-12, vign (4) non sign., cart., non rog. 4 fr.

8511 HEMSTERHUYS (F.). Lettre sur l'homme et ses rapports. *Paris (Harlem)*, 1772, in-12, 1/2 chag. coins, tête d. n. r. 3 fr.
Edition originale, exemplaire en grand papier.

8512 HENAULT (Le Président). Cornélie, vestale, tragédie. *Strawberry-Hill*, 1768, in-8 de 91 pp. cart. 10 fr.
Belle édition imprimée chez Horace Walpole; il n'en a été tiré que deux cents exemplaires (Brunet).

8513 HENRION. Histoire générale des Missions catholiques depuis le XIIIe siècle jusqu'à nos jours, par M. le baron de Henrion. *Paris, Gaume fr.*, 1847, 4 vol. gr. in-8 à 2 col., fig, br. 22 fr.
Ouvrage peu commun.

8514 HENRIVAUX (J.). Le Verre et le Cristal. *Paris, Dunod*, 1883, gr. in-8, nombr. fig. dans le texte et pl. hors texte, demi-rel. chagr. r. poli, tête dor., non rog. Envoi autog. sig de l'auteur. 7 fr.

8515 HISTOIRE abrégée des quarante premiers Evêques de Rome depuis St-Pierre jusqu'à Zozime. *Londres*, 1797, in-12, v. 3 fr. 50
Cette traduction est tirée de l'ouvrage anglais de Bower.

8516 HISTOIRE de l'admirable Dom Inigo de Guipuscoa, chevalier de la Vierge ; nouvelle édition augmentée de l'Anti Cotton et de l'histoire critique de ce fameux ouvrage. *A La Haye*, 1738, 2 vol. in-12, brochés, n. r. 8 fr.

8517 HISTOIRE de Saint Alphonse de Liguori, fondateur de la Congrégation du T.-S. Rédempteur (1696-1787), précédée d'une lettre de Mgr Dupanloup. *Paris, Poussielgue frères*, 1877, in-8, portr., br. 3 fr.

8518 HISTOIRE du Chevalier du Soleil, de son père Rosiclair et de leurs descendants. *Amsterdam et Paris*, 1780, 2 vol. in-12, tr. dor. 6 fr.

8519 HISTOIRE et Mémoires de l'Institut royal de France Classe d'histoire et de littérature ancienne. *Paris, Imprimerie Royale*, 1815 1818 4 vol. in-4, br., fig. 12 fr.

8520 HISTOIRE littéraire des Troubadours, contenant leurs vies, les extraits de leurs pièces et plusieurs particularités sur leurs mœurs, les usages et l'histoire du douzième et du treizième siècle. *Paris*, 1774, 3 vol. in-12, v. m. 8 fr.

8521 HOMÈRE. L'Iliade d'Homère, traduite en vers français, par J. Barthélemy Saint-Hilaire. *Paris, Didier et Cie*, 1868, 2 vol. in-8, br. n. c. 7 fr.

8522 HORACE. Œuvres complètes, traduction de Goupy *Paris, F. Didot*, 1857, in-16 dos et coins de veau fauve, dos orné, tr. peigne. 10 fr.

8523 HORACE. Les Œuvres d'Horace, traduction nouvelle de Jules Janin. *Paris, Hachette et Cie* 1865, pet. in-8, broché. 5 fr.
Exemplaire ed grand papier vélin, tiré à petit nombre

8524 HOUTTEVILLE (de l'acad. franç). La Religion chrétienne prouvée par les faits *Paris* 1740, 3 vol. in-4. 9 fr.

8525 HYMNOGRAPHIE de l'Eglise Grecque, dissertation accompagnée des offices du XVI janvier, des XXIX et XXX juin en l'honneur de S. Pierre et des Apôtres, publiée par le Cardinal J. B. Pitra, du titre de Saint Callixte. *Rome*, 1867, in-4, br. 4 fr.

8526 IMBERT. Fables nouvelles, dédiées à Madame la Dauphine *Amsterdam et Paris, Delalain*, 1773, in-8, frontispice par Moreau, gravé par Née, veau gr. ant. (Mouillures) 10 fr.

8527 IMITATION De Imitatione Christi libri quatuor. *Paris, Tross*, 1868, in-8, br. 10 fr.
Encadrements à chaque page. Edition épuisée et devenue rare.

8528 INSTRUCTION chrestienne pour les personnes qui aspirent au mariage ou qui y sont déjà engagées *Paris, P. Trichard*, 1658, in-12, v. t. ant. (Rel. fatiguée et q.q. mouillures). 10 fr.
Cet ouvrage a été censuré par l'autorité ecclésiastique, à cause des détails singuliers dans lesquels l'auteur n'a pas craint d'entrer

8529 JACQUEMART (Alb.). Histoire de la Céramique, étude descriptive et raisonnée des Poteries de tous les temps et de tous les peuples. Ouvrage contenant 300 figures sur bois par H. Catenacci et J. Jacquemart, 12 planches gravées à l'eau-forte par Jules Jacquemart, et 1000 marques et monogrammes. *Paris, Hachette et Cie*, 1875, in-8, br. 10 fr.
Exemplaire de premier tirage avec la couvert Epuisé.

8530 JACQUIER (Ch.). De la condition légale

des communautés religieuses en France. *Paris, Bouquerel*, 1869, in-8 de 532 pp , br (*Rare*). 4 f.
Envoi autogr. sign. de l'auteur sur le faux-titre.

8531 **JAL** (A.). Esquissés, croquis, pochades, ou tout ce qu'on voudra sur le Salon de 1827, avec des dessins lithographiés. *Paris, Ambroise Dupont*, 1828, 1 vol in-8, demi-rel. maroq grenat, dos orné, tête dor , n. rog. 8 fr.

8532 **JALIGNY** (Guill) et A. **DE LA VIGNE**. Histoire de Charles VIII, roy de France, et des choses mémorables advenués de son règne, depuis l'an 1483 jusques à 1498. *Paris, Abrah. Pacard*, 1617, in-4, v. gr. ant. 4 fr.

8533 **JANIN** (Jules). L'amour des livres, par M Jules Janin. *Paris, J. Miard*, 1866, in-12, cart. percaline bleue, tête dor., non rogné. 25 fr.
Tiré à 204 exemplaires. Très-rare.
Exempl. sur papier vergé avec la couverture (tachée ainsi que le faux-titre et le titre).

8534 **JANIN** (Jules). Contes nouveaux. *Paris*, 1833, 4 vol. in-12, br. 10 fr.
Edition originale.

8535 **JAUZE** (Fr.). Cours théorique et pratique de Maréchallerie Vétérinaire, à l'usage des Ecoles vétérinaires, des Maréchaux, des Corps de cavalerie, des Ecuyers, etc. Ouvrage orné de 110 planches. dess. d'après nature à l'Ecole vétérinaire de Milan, par N. H. Jacob et G. Abel et grav par L. Bougon. *Paris, Béchet*, 1818, in-4. cart. dem -v. gren., ébarbé. 6 fr.

8536 **JAY** (A.). Histoire du ministère du Cardinal de Richelieu. *Paris*, 1816, 2 vol. in-8, cart. n. r., beau portrait. 6 fr.

8537 **JOLIE FEMME** (la) ou la femme du jour, par N. T. Barthe). *Amsterdam*, 1769, 2 tomes en 1 vol. in-12, titr. gravés. 4 fr. 50

8538 **JOLIVET** De la peinture religieuse à l'extérieur des églises. *Paris*, 1861. — Peinture en Émail sur lave, sa raison d'être et défense contre les obstacles opposés à son adoption. *Paris*, 1862. Ens. 2 ouv. en 1 vol. gr. in-8, dem.-rel. 2 fr. 50

8539 **JOSEPH** (le R. P.). La Captivité à Ulm, suivi d'une liste des Décès, et orné de deux lithographies. *Tours et Paris*, 1872, in-12, br. 2 fr.

8540 **JOSEPH** (Flavius). Opera, de antiquitatibus iudaicis libri XX. *Francoforti*, 1580, in-fol., fig , v. marb. (*Rel. fatiguée*). 10 fr.
Ouvrage orné de 98 figures de Jost Amman.

8541 **JOUIN** (Nic.). Les deux Harangues des Habitans de la paroisse de Sarcelles, à Mgr l'Archevêque de Paris, et Philotanus, revù et corrigé, (par Nicolas Jouin). *Aix, J.-B. Girard*, 1731, in-12. fig , v. ant. 3 fr.
En patois des environs de Paris.

8542 **JOURNAL** historique de la Révolution opérée dans la Constitution de la Monarchie, par M. de Maupeou. *Londres*, 1776, 6 tomes en 3 vol. in-12 veau m. 6 fr.

8543 **JUBE** (Auguste). Histoire des guerres des Gaulois et des Français en Italie depuis Bellovèse jusqu'au traité d'Amiens. *A Paris, chez Bernard*. 1805, 7 vol. in-8, demi-rel. chagr. 7 fr.

8544 **JURIEU**. Apologie pour la morale des Réformez, où Défense de leur doctrine, touchant la justification, la persévérance des vraies Saints, et la certitude que chaque fidèle peut et doit avoir de son salut. Pour Réponse au Livre de M Arnaud intitulé *le Renversement de la morale de Jésus-Christ par la doctrine des Calvinistes touchant la Justification*. Se vend à Quevilly, *par Jean Lucas,*

demeurant à *Rouen*, 1675, pet. in-8, demi-rel. bas. marb.. dos orné, tr. peig. (*Rel. mod*). 10 fr.
Taches d'humidité.

8545 **KARCHER** (Théod.). Etudes sur les institutions politiques et sociales de l'Angleterre. *Paris*. 1867, in-8, br. 5 fr.

8546 **KEMPIS** (Th : à) canonici regularis Ordin. S August : de Imitatione Christi libri quatuor. *Lugduni, ex officina Elzeviriana*, 1658, pet. in-12. titre gr., mar. olive, dos orné, comp. de fil. et coins dor , tr. dor. (*Rel. anc.*) 10 fr.
Willems, nº 1232. Haut. 129 millim.
Le volume s'arrête à la page 210.

8547 **KEMPIS** (Thomas à). De Imitatione Christi libri quatuor, Sacræ Scripturæ concordantiâ. et J. M Horstii notis illustrati. *Tornaci, Desclée, Lefebvre et Socii*, 1874, in-32, titre avec ornem., texte encadré de fil. r., br. 2 fr. 50

8548 **KEMPIS** Commun, ou les quatre livres de l'Imitation de Jésus Christ, partie traduits, partie paraphrasés, selon le sens intérieur et mistique, pour l'édification commune de tous les chrétiens qui désirent de s'avancer dans le solide de la piété. *Amsterdam, H. Wetstein*, 1683, pet. in-12, front. gr. et fig., vél. 20 fr.
Première édition de l'Imitation de Jésus-Christ à l'usage des Protestants.
Elle est fort rare.

8549 **KENTZINGER** (Ant. de). Documents historiques relatifs à l'Histoire de France, tirés des Archives de la ville de Strasbourg. *Strasbourg, Levrault*, 1818, in-8, demi-rel. 5 fr.
Rare. Extrait de la table : Ancien état politique de la ville de Strasbourg. — Lettres de François Ier; Henri II; François de Guise ; Coligni ; Charles X, etc., au magistrat de Strasbourg. — Lettres des Magistrats et Députés de Strasbourg à Louis XIV. — Instances de la République de Strasbourg près de la Cour de France, etc., etc.

8550 **KERCKHOFF** (E.). Le costume à la cour et à la ville. Etiquette, tenue officielle et de fantaisie. *Paris*, 1865, petit in-8, br. 2 fr.
Rare.

8551 **LABBÉ**. La vie de Saint Vanneng, fondateur de l'Abbaye de Fécamp, par le P. Christophe Labbé, précédée d'une notice historique par Michel Hardy. *Fécamp*, 1873, pet. in-4, fig. br., n. c, couv. 15 fr.
Un des 10 exemplaires tirés sur papier Whatman, avec les figures en trois états, publié à 30 fr Epuisé.

8552 **LABICHE** (E.) et **MARC-MICHEL**. Un Chapeau de paille d'Italie, comédie en cinq actes, mêlée de couplets. *Paris, C. Lévy*, 1878, in-12, br., couv. 3 fr.

8553 **LABICHE** (E.) et A. **JOLLY**. La Grammaire, comédie-vaudeville en un acte. *Paris, Librairie dramatique*, 1867, in-12 br. 6 fr.
Edition originale, avec la couverture.

8554 **LABRE** (E.). Ragguaglio, della vita del servo di dio Benedetto Giuseppe Labre francese, scritto dal suo medesimo confessore. *Roma, Barbiellini*, 1783, in-8, demi-rel. dos et coins de parch. 3 fr.

8555 **LA BRUYÉRE**. Les Caractères de Théophraste, trad. du grec, avec les Caractères ou les mœurs de ce siècle. *Paris, Est. Michallet*, 1694, in-12, v. ant. 13 fr.
Première édition du discours à l'Académie.

8556 **LA BRUYÈRE**. Les Caractères de Théophraste, avec les caractères ou les mœurs de ce siècle. *Amsterdam*, 1731, 2 vol. in-12 v , front. gravé par B. Picart. 5 fr.

8557 **LA BRUYÈRE**. Les Caractères de la Tragédie, manuscrit attribué à La Bruyère. *Paris, Académie des Bibliophiles*, 1870, in-12 broché, pap. de hollande. 5 fr.
Tiré à trois cents exemplaires; épuisé.

8558 **LA BRUYÈRE**. Dialogues posthumes du sieur de la Bruyère sur le quiétisme. *A Paris*, 1699, in-12 v. m. 3 fr.
Édition originale, rare.

8559 **LACORDAIRE** (le P.). Correspondance inédite. Lettres à sa famille et à des amis, suivies de lettres à sa mère, d'un appendice, et précédées d'une étude biographique et critique, par H. Villard, avec un portrait inédit. *Paris, V.˚ Palmé*, 1870, in-8, br. 2 fr. 50

8560 — Correspondance inédites. Lettres à sa famille et à des amis, suivies de lettres de sa mère, d'un appendice, et précédées d'une étude biographique et critique, par Henri Villard. 2ᵉ édit. revue et considérablement augmentée. *Paris et Bruxelles*, 1876, in-8, br. 3 fr.

8561 **LACROIX** (P.). Médianoches, par Paul-L. Jacob, bibliophile. *Paris, Dumont*, 1835, 2 vol. in-8, demi-rel. v. f., non rog. (*Mouillures*). 17 fr.
Précieux exemplaire avec cet envoi autographe de l'auteur à Madame Bonaparte :

Vous à qui la naissance avait promis un trône
Que les destins vous ont ôté,
Vous conservez du moins une couronne
Et de grâce et de beauté.
P. L.

Une lettre autographe de l'auteur à M. Teste d'Ouest et curieuse note manuscrite de ce dernier.

8562 **LADE** (Rob.). Voyages en différentes parties de l'Afrique, de l'Asie et de l'Amérique, trad. de l'anglois (par l'abbé Prévost). *Paris, Didot*, 1744, 2 vol. in-12, 2 vol. in-12, cartes, v. marb. 7 fr.

8563 **LADOUCETTE**. Histoire, topographie, Antiquités, Usages, Dialectes des Hautes-Alpes *Paris*, 1834, un vol. in-8, demi-veau, sans l'atlas. 5 fr.

8564 **LA FERRIÈRE-PERCY** (H. de) Le Journal de la Comtesse de Sanzay, intérieur d'un Château Normand au XVIᵉ siècle. Nouv. édit., augmentée de documents nouveaux *Paris, A. Aubry*, 1829, in-12, pap. vergé, br., couv. 3 fr.
Tiré à 250 exemplaires.

8565 **LA FONTAINE**. Astrée, tragédie, par M. de La Fontaine, représentée par l'Académie royale de musique. *Suivant la copie imprimée à Paris*, 1692, pet. in-12, fig. (Au *Quærendo*), non rel. 10 fr.
On a rétabli dans cette édition hollandaise imprimée par Wolfgang 22 vers du prologue, qui avaient été supprimés dans les éditions de Paris. — Légères mouillures et petites piq. de vers dans la marge du fond. — Haut. : 132 millim.

8566 **LA FONTAINE**. Contes et Nouvelles en vers. *Paris, Leclère fils*, 1861, 2 vol. in-12, pap. vergé, titre r. et n., vign. de Duplessis-Bertaux, br., couv. 17 fr.
Tiré à 200 exemplaires numérotées (nᵒ 57).

8567 **LA FONTAINE**. Œuvres. *Paris, Lequien*, 1824, 5 vol. in-8, fig., demi-rel. v. Fig. 12 fr.

8568 **LAMARTINE** (A. de). Méditations poétiques. Troisième édition. *Paris, au dépôt de la Librairie grecque-latine-allemande (impr. de P. Didot l'aîné)*, 1820, in-8, br., couv. 3 fr. 50

8569 **LAMAZOU** (l'abbé). La Place Vendôme et la Roquette. Documents historiques sur le commencement et la fin de la Commune. *Paris, Douniol*, 1871, in-12, avec fac-similés, br. 2 fr 25

8570 **LAMEKIS** ou les Voyages extraordinaires d'un Egyptien dans la terre intérieure avec la découverte de l'Isle des Silphides, enrichis de notes curieuses par M. le Chevalier de Mouhy. *Paris, Poilly*, 1737-1738, 4 vol. in-12, veau. 14 fr.
Exemplaire aux armes du duc de Durfort-Duras.

8571 **LA MOTHE-JOSSEVAL D'ARONSEL**. Tibère, discours politique sur Tacite. *A Amsterdam, chez les héritiers de Dan. Elzevier*, 1683, in-4, v. gr. 18 fr.
Cet ouvrage est d'Amelot de la Houssaye, qui a caché son nom sous l'anagramme de La Mothe-Josseval. — Willems, nᵒ 2165.

8572 **LANGUEDOC**. La desroute et deffaitte des trouppes du comte de Chastillon par l'admiral de Montmorency, avec la prise des villes d'Aubenas, Dye et Crest, rendues a l'obeyssance du Roy. Ensemble ce qui s'est passé au pays de Languedoc et Vivarets jusques à présent. *Paris*, 1621, broch. in-8, pap. de Hollande 2 fr. 50
Réimpression à quelques exemplaires faite à Lyon, chez L. Perrin, 1875.

8573 **LAPRADE** (V.). Le Livre d'un père Illustrations par Froment, gravées par E. Matthis. *Paris, Hetzel et Cie, s. d*, gr. in-8, demi-rel cuir de Russie, fil., tête dor., non rog. 7 fr.
Exemplaire avec envoi autographe de l'auteur à M. Antoine de Latour.

8574 **LARENAUDIÈRE** (de) Mexique et Guatemala, Pérou et Bolivie, par F. Lacroix. *Paris, F.-Didot frères*, 1843, in-8 à 2 col., cartes et pl., demi-rel v. f. 3 fr.

8575 **LA ROCHEFOUCAULD** (de). Mémoires de la minorité de Louis XIV ; corrigez sur trois copics différentes, et augmentez de plusieurs choses fort considérables, qui manquent dans les autres éditions. Avec une Préface nouvelle, qui sert d'indice et de sommaire. *Amsterdam, aux dépens de la compagnie*, 1723, 2 vol. pet. in-12, v. f. ant. 6 fr.

8576 **LA ROCHEFOUCAULD**. Réflexions ou Sentences et Maximes morales. *Lyon, P. Compagnon et Robert Taillandier*, 1672, in-12, bas. 5 fr.
Réimpression Lyonnaise de l'Edition originale de Paris 1665.

8577 **LA ROQUE** (Abbé de). Mémoires de l'Eglise, contenant ce qui s'y passé tous les jours de plus considérable dans toutes les parties du monde. *Paris, J. Guignard*, 1690, in-4, veau br. 10 fr.

8578 **LA VALLIÈRE** (Duchesse de). Réflexions sur la Miséricorde de Dieu, suivies de ses lettres et des sermons pour sa vêture et sa profession, par MM. D'Aire et de Condom. Nouv. édit, revue, annotée et précédée d'une étude biographique, par Pierre Clément. *Paris, J. Techener*, 1860, 2 vol. in-12, portr., br., couv. 4 fr.

8579 **LAVATER** La Physiognomonie ou l'Art de connaitre les hommes, d'après les traits de leur physionomie, leurs penchants etc. illustrée de 750 gravures et d'un magnifique portrait gravé sur acier. Traduction nouvelle par H. Bacharach, précédée d'une notice par A. d'Albanès. *Paris, G. Havard, s. d. (1845)*, gr. in-8, avec 120 pl., demi-rel. dos et coins de chag. gren. jans., tête dor., non rog. 9 fr.

8580 **LAVEDAN** (H.). Les deux Noblesses, comédie en trois actes. *Paris, C. Lévy, 1897,* in-8, br., couv.   3 fr.
Edition originale

8581 **LE CLERC** (S.). Pratique de la géométrie sur le papier et sur le terrain. *Paris, 1682,* in-12. front. et fig. gr., v. marb.   10 fr.
Première édition rare.

8582 **LEFEBVRE** (le R. P. Al.). De la folie en matière de religion. *Paris, Putois-Cretté,* 1866, in-8, br.   3 fr.

8583 **LE FÉVRE** (Mémorial du bienheureux Pierre), premier compagnon de S. Ignace de Loyola, traduit pour la première fois en français par le P. Marcel Bouix. *Paris, Gauthier-Villars.* 1874, in-8, br.   2 fr. 50

8584 **LE FÉVRE DE FONTENAY.** Journal historique du voyage et des avantures singulières de l'Ambassadeur de Perse en France, augm. et corrigé sur de nouveaux mémoires. *Paris, 1715,* in-12, v. gr.   10 fr.

8585 **LEGRAIN** (Baptiste). Décade contenant la Vie et Gestes de Henry le Grand, roy de France et de Navarre, IIII du nom. *Paris, de l'Imprimerie de Jean Laquehay.* 1614, in fol., portrait, v. brun.   18 fr.
Mouillures. Très beau portrait du Roi Henri IV.

8586 **L'EGRAIN.** Décade contenant la vie et gestes de Henry le Grand. *Rouen, 1633,* un vol. in 4, vélin.   18 fr.
Très rare.

8587 **LE MANS.** La grande Cruauté de Massacre arrivé depuis n'aguères en la ville du Mans, par une femme qui a esgorgé deux de ses filles, laquelle a esté bruslée en la place au Laict, devant St-Julien, le quinziesme Octobre 1609. *A Lyon, Franç. de Laye,* 1610, in 8, pap. de holl.; br.   2 fr. 50
Réimpression à quelques exemplaires faite à Lyon, chez Louis Perrin, 1875

8588 **LEMIRE** (Ch.). L'Indo-Chine. Cochinchine française Royaume de Cambodge, Royaume d'Annam et Tonkin. 3e édit., revue et considérablement augmentée, ornée de 2 cartes teintées, avec plans, et de 12 illustrations d'après nature, par Le Rivérend et Dochy. *Paris, Challamel,* 1884, gr. in-8 br. n. c., couv.   4 fr.

8589 **LE MONTEY.** Raison, folie, petit Cours de Morale mis à la portée des vieux enfans suivi des Observateurs de la femme. *Paris,* 1816, 2 vol. in-8, dem-v.   5 fr.

8590 **LEMOYNE** (A.). Légendes des bois et Chansons marines. Dessins de L. de Bellée. *Paris, Charpentier,* 1881, in-4, br., couv. 5 fr.

8591 **LÉOUZON LE DUC** (L.). La Russie et la civilisation européenne. *Paris, V. Lecou,* 1854, in-12, br., couv. (*Edit. orig.*).   3 fr.

8592 **LEROY.** Histoire de Jouvenet, par Leroy. *Paris et Rouen,* 1860, in-8 br., portrait. 3 fr. 50

8593 **LE ROY** (Ch.). La Boîte à musique, roman comique. *Paris,* 1885, in-12 broché (*première édition*)   3 fr.

8594 **LEROY** (Ch.). La Foire aux Conseils. Illustrations de Ferdinandus. *Paris, Marpon et Flammarion, s d.,* in-12 br., n. c., couv. illust.   7 fr. 50
L'un des 25 exemplaires tirés sur papier du Japon. Publié à 15 fr., épuisé.

8595 **LE SAGE.** Les Avantures de Gil Blas de Santillane. *Amsterdam,* 1725-35, 4 vol. pet. in-12, figures, veau   10 fr.
Armoiries sur les plats. Edition rare.

8596 **LE SAGE.** Le Diable boiteux, illustré par Tony Johannot, précédé d'une notice sur Le Sage par J. Janin. *Paris, E. Bourdin,* 1845, gr. in-8, demi-rel. chag. violet. (*Taches de rousseur*).   5 fr.

8597 **LESFARGUES.** David, poème héroïque. *A Paris,* 1660, in-12, v., fig.   3 fr. 25

8598 **LETTRE** de M. Le Franc à M. L. Racine, sur le théâtre en général, et sur les tragédies de J. Racine en particulier. *A Paris, chez Chaubert,* 1755, in-12, vél. blanc, non rogné.   6 fr.

8599 **LETTRES IROQUOISES** (par Maubert de Gouves). *Irocopolis, chez les vénérables,* 1752, 2 part. en 1 vol. in-12, veau.   8 fr.
Roman hétérodoxe puisé dans la vie aventureuse d'un capucin défroqué qui, réfugié à Lausanne, y avait embrassé la religion protestante; il est principalement dirigé contre la cour de Rome.

8600 **LETTRE** philosophique par M. de V*** (Voltaire). avec plusieurs pièces galantes et nouvelles de différents auteurs. Nouvelle édition, augmentée de plusieurs pièces. *Londres, aux dépens de la Compagnie,* 1758, in-12, demi-rel. mar bleu, tête dor., n. rog.   25 fr.
Très rare en pareille condition. Bel exemplaire d'un ouvrage peu connu et qui contient des poésies libres de Piron, Grecourt, etc.

8601 **LEVÊQUE** (Ch.). La Science du Beau étudiée dans ses principes. dans ses applications et dans son histoire. *Paris, Aug Durand,* 1862, 2 vol. in-8, br. (15 fr.)   5 fr.

8602 **LEVESQUE.** Histoire critique de la République Romaine. *Paris,* 1808, 3 vol. in-8, d.-v.   5 fr.

8603 **LHOMOND** (Ch.-Franç.). Histoire abrégée de l'Eglise, où l'on expose ses combats et ses victoires dans les temps de persécutions, d'hérésies et de scandales, etc. Nouv. édit., augmentée et continuée jusqu'à la mort de Pie VI. *Liège, Lemarié,* 1805, 2 vol. in-12, mar. rouge, dos orné, large dent. à petits fers sur les plats, tr. dor. (*Rel. de l'époque*).   5 fr.

8604 **LIBER** (J.). Les Pantagruéliques, contes du pays rémois, illustrations de Mesplès. *Paris, Marpon et Flammarion,* 1883, in-12. pap. vergé, br. couv., illust. Au lieu de 12 fr.   7 fr.

8605 **LIMBOURG** (J. P. de). Nouveaux amusemens des Eaux de Spa, ouvrage orné de figures en taille-douce. *Paris,* 1763, 1 tome divisé en 3 vol. in-12, titre et fig. gr., bas. marb. (*Qq. piq. de vers*).   6 fr.

8606 **LIOUVILLE** (F.). De la Profession d'Avocat. Discours prononcés par Félix Liouville, Docteur en Droit, etc. Réunis et publiés, avec une table méthodique, alphabétique et historique, par Albert Liouville, avocat, docteur en droit. 4e édit. *Paris, Cosse, Marchal et Cie,* 1868, in-12, br.   2 fr. 25

8607 **LIVRE** (Le) des Ballades ; soixante Ballades choisies. *A Paris,* 1876, 1 vol. pet. in-8, texte encadré br., (*épuisé, rare*).   7 fr.

8608 **LOIRE.** Histoire admirable des effets merveilleux du Tonnerre et Foudre du Ciel, qui ont tué et blessé plusieurs personnes et bœufs estans a la campagne, près de Gyen et Bonny sur Loyre, et un déluge innombrable d'eaues arrivé en même temps audit lieu. Avec le certificat du sieur Pichery, chirurgien demevrant à Bonny, qui a visité les corps morts et blessez. *A Paris, chez Jean Martin,* 1633, broch. in-8, pap. de Holl., br.   2 fr.
Réimpression faite à Lyon, chez L. Perrin, 1875. Rare.

8609 **LONGUS.** Daphnis et Chloé, où les Pastorales de Longus, traduites du grec par

Amyot, nouv. édit. revue, corrigée et complétée. *Paris, Leclerc*, 1863, pet. in-8, pap. de de Holl., vignettes et culs de-lampe, d'après Wille et Eisen, demi-rel. dos et coins de mar. r., tête dor., non rog. 16 fr.

8610 LORD (H.). Histoire de la religion des Banians, contenant leurs loix, liturgie, tribus, coûtumes, cérémonies, tant anciennes que modernes .. Avec un traité de la Religion des anciens Persans ou Parsis extrait d'un autre livre écrit en Persan, intitulé Zundavastaw..., trad. de l'anglois par Pierre Briot *Paris* 1667, 2 part. en 1 vol. in-12, v. marbr. (*Rare*). 10 fr.

8611 LOSSOW (H.). Métamorphoses. 12 dessins par H. Lossow *Paris Hinrichagehsen et Cie*, s. d. Album de 12 pl. in-4, montées sur bristol avec encadrement de fil. r., en feuilles, dans un élégant cartonnage. 5 fr.

8612 LOUVET de COUVRAY. Les Aventures du chevalier de Faublas, édition illustrée de 300 dessins, par Baron, Français et C Nanteuil, précédée, d'une notice sur l'auteur par V. Philipon de la Madeleine. *Paris, J. Mallet et Cie*, 1842, 2 vol, gr. in-8, demi-rel. v., vert, dos ornés 20 fr.
Edition recherchée.

8613 LUBET (A.). Le Bahut. Album de Saint-Cyr, texte et dessins par A. Lubet, gravure de H. Delaville. *Paris, Magnin et Cie, s. d.*, in-4, nomb. fig. dans le texte et pl. hors texte, cart. dos et coins de perc., non rog , couv. (*Carayon*). 7 fr

8614 LUÇAY (Vicomte de). Les Assemblées provinciales sous Louis XVI, et les divisions administratives de 1789, 2e édit., revue et augmentée. *Paris, G. de Graet*, 1871, gr. in-8, br. 3 fr.

8615 LUCHET (Auguste) et PIAT (Félix). Ango, drame en cinq actes, six tableaux avec un épilogue ; par Auguste Luchet et Pyat. *Paris, Ambroise Dupont*, 1835, in-8, dérel. 6 fr.
Edition originale.

8616 MABLY (de), né à Grenoble. Observations sur les Romains. *Genève*, 1750, 2 vol. in-12, veau fauve, (*rel. anc.*) 5 fr.

8617 MACÉ (René). Voyage de Charles-Quint par la France, poème historique. Publié avec introduction, notes et variantes, par Gaston Raynaud. *Paris, A. Picard*, 1879, in-8 écu, titre r. et n., br., couv. papier. 4 fr.
Publié à 15 francs
L'un des 20 exemplaires tirés sur papier de Chine.

8618 MAHOMET (L'Alcoran de), traduit d'arabe en françois, par le sieur Du Ryer, sieur de la Garde Malezair *A la Haye, chez Adrian Moetjens (à la sphère)*, 1685, pet. in-12, front. gr , mar. violet à long grain, ornem. à fr. et dor. sur le dos et les pl., tr. dor. (*Ducastin*). 15 fr
Willems, Nº 1472 note.

8619 MAIZEROY (R.). Billets de logement. *Paris, Marpon et Flammarion*, s. d., in-12, br., n c., couv. 5 fr
L'un des 25 exemplaires numérotés sur papier du Japon. Nº 10.
Publié à 15 francs.

8620 MAIZEROY (R.). Lalie Spring *Paris, Marpon et Flammarion, s. d.*, in-12, br., n. c., couv. 5 fr.
Edition originale.
L'un des 25 exemplaires numérotés sur papier du Japon. Nº 10.

8621 MALFILATRE. Narcisse dans l'Isle de Vénus, poème par Malfilatre. *Paris, Impri-*

merie de H. Perronneau, (v. 1800), in-12, mar. chag., non rog. 23 fr.
Exemplaire sur papier vergé avec les épreuves des figures en deux états : EAUX-FORTES ET AVANT LA LETTRE.

8622 MALHERBE Les Œuvres de Messire François de Malherbe, troisième édition. *Paris, Henault*, 1641, in-8, 4 ff. prélim., 730 pp, vél. 4 fr.

8623 MALHERBE. Les Œuvres de M. François Malherbe. (Poésies et Lettres). *Imprimé à Orléans et se vend à Paris*, 1659, pet. in-12, v. 3 fr.

8624 MALHERBE. Les Epistres de Sénèque. *Paris*, 1637, in-4. v. f., portrait. 10 fr.
Edition originale.

8625 MALOU (Mgr J.-B.). Recherches historiques et critiques sur la véritable auteur du livre de l'Imitation de Jésus-Christ; examen des droits de Thomas a Kempis, de Gerson et de Gerson, etc. *Paris, Casterman*, 1858, in-8, br. 3 fr.

8626 MALTHUS (T. R.). An Essay on the principe of population ; or a wiew of its past and present effects on human happiness ; with an inquiry into our prospects respecting the future removal or mitigation of the evils which it occasions, the fourth edition. *London*, 1807. 2 vol. in-8, demi-rel. v. 6 fr.

8627 MANGENOT (Abbé). Poésies de M. l'abbé Mangenot. *Maestricht*, 1776, in-8, musique gravée, demi-rel. perc. 3 fr.

8628 MANGIN (A.). L'Air et le Monde Aérien. Illustrations par M. M Freeman, Yan dargent, Désandré, Guiguet, Lix, Oudinot, Richard *Tours, Mame et Fils*, 1865, gr. in-8, demi-rel chag. r., pl. toile, tr. dor. 3 fr.

8629 MARCEL. Le Mariage sans mariage, comédie en cinq actes et en vers. Réimprimé textuellement d'après l'édition de Paris, P. Le Monnier, 1670, notice par P. L. Jacob bibliophile. *Turin, Gay et fils*, 1869. pet in-12, mar. rouge, dos orné, fil., dent. int., non rogné (*Masson-Debonnelle*). 20 fr.
L'un des 2 exemplaires tirés sur PEAU DE VÉLIN.

8630 MARCHAND. L'Assommoir au 18e siècle. — Le Vuidangeur sensible, drame en cinq actes et en prose. Réimprimé avec une notice par Lucien Faucou. *Paris*, 1880, in-4 br 4 fr 50

8632 MARCHANGY (de). La Gaule poétique. *Paris*, 1825, 6 vol. in-8 br. 6 fr.

8633 MARC-MONNIER Les Aïeux de Figaro. *Paris, Hachette et Cie*, 1868, in-12, br , couv. 4 fr.
Rare.

8633 MARIE AINÉ. Les Coups de brosse. Chansons politiques sur le précédent et sur le nouveau système. Contes et autres pièces légères. *Paris, chez l'auteur*, 1832, in-8, br. 3 fr.
Recueil très-rare.

8634 MARIE-STUART. Panégyrique de Marie Stuart, reine d'Angleterre, d'Ecosse, de France et d'Irlande, etc. Prononcé par le S' Abbadie, pet. in-8, cart non rog. 5 fr.
Manuscrit de 77 pages d'une belle écriture, de la fin du 17e siècle.

8635 MARIVAUX (de). Théâtre, 7 vol. in-12, v. marb. 12 fr.
— Comédies. *Paris, Briasson*, 1732. 2 vol. — Théâtre. *Paris, Duchesne*, 1758, 5 vol.
Première édition collective.

8636 MARON (E.). Histoire littéraire de la Convention Nationale. *Paris, Poulet-Malassis*, 1860, in-12, br. n. c. 3 fr.

8637 **MAROTEAU** (G.). Les Flocons. *Paris, Faure*, 1867, in-12, br. n. c.   3 fr.
Édition originale, avec la couverture.

8638 **MARTIAL** (Val.). Épigrammes de Val. Martial, traduction nouvelle et complète par feu E.-T. Simon, avec le texte latin en regard, des notes et les meilleures imitations en vers français depuis Cl. Marot jusqu'à nos jours ; publiée par le général baron Simon et P.-R. Auguis. *Paris, Guitel*, 1819, 3 vol. in-8, demi-veau vert, non rog.   12 fr.

8639 **MARTIAL DE PARIS.** Aresta amorum LII accuratissimis Benedicti Curtii symphoriani commentariis adt utriusque juris rationem, sorensiumque actionum usum quam accuratissime accommodata. *Parisiis, Kerver*, 1555, in-16, vél.   15 fr.
Ces arrêts sont de Martial de Paris dit d'Auvergne.
— Les arrêts sont en français. Cette édition contient l'Ordonnance contre les Masques.

8640 **MARTIAL DE PARIS** (Les Poésies de), dit d'Auvergne, procureur au Parlement. *Paris, A.-U. Coustelier*, 1724, 2 vol. in-12, mar. r., dos ornés, fil , tr. marb. (*Rel. anc.*)   20 fr.

8641 **MARTIN** (l'abbé F.). Vie de Mme de Bonnault d'Houet, fondatrice de la société des Fidèles Compagnes de Jésus. *Paris, Tolra et Haton*, 1863, in-8, br.   3 fr.

8642 **MASKELYNE** (Nevil). Astronomical observations made at Greenwich, from the year 1765 to the year 1774. *London*, 1774-76, in-fol demi-rel. bas.   10 fr.

8643 **MAS LATRIE** (Cte de). Trésor de chronologie, d'histoire et de géographie, pour l'étude et l'emploi des documents du moyen-âge. *Paris, V. Palmé*, 1889, in-fol. de VI et de 2.800 pp., demi-rel. chag. n.   40 fr.

8644 **MATHIEU** (C. L.). Code des Mines, ou recueil des lois et règlemens, tant anciens que modernes, sur la propriété, la déshérence la concession et l'exploitation des Mines. *Paris, Prault, An XII de la République*, 1 fort vol. in-15, pl , br., non rog.   6 fr.
Très rare.

8645 **MATHIEU** (G). Parfums, chants et couleurs *Lyon, imprimerie Louis Perrin*, 1873, in-4, texte encadré, br.   10 fr.
Publié à 40 francs. Édition originale avec la couverture.

8646 **MAUPASSANT** (Guy de) Mademoiselle Fifi. *Paris, Imprimé pour la société des Bibliophiles Contemporains*, 1892, gr. in 8, illustré par MM. A. Girardin et Ch. Morel, br., couv.   50 fr.
Ce présent Conte a été illustré par MM. A. Gérardin et Ch. Morel, dont les dessins dans le texte ont été gravés sur bois par M. Jules Tinayre, et tirés sur les presses à bras de l'ancienne Maison Quantin Les planches hors texte ont été gravées sur cuivre par Hellé.
Déchirure au premier plat de la couverture.

8647 **MAUPASSANT** (Guy de). Le Rosier de Madame Husson, illustrations par Hubert Dys, eaux-fortes de Abot, d'après Després. *Paris, Quantin*, 1888, pet. in-4, pap. vél. du Marais, avec aquarelles d'Habert Dys à toutes les pages, broch, couv. illust.   10 fr.
Épuisé. Publié à 25 fr.

8648 **MAUPASANT** (Guy de). Un soir. *Paris, Imprimé pour les Bibliophiles Contemporains*, 1892, gr. in-8, illustré par G. Scott, br. couv.   50 fr.
Ce présent Conte a été entièrement illustré par Georges Scott dont les dessins ont été gravés sur bois par MM. D. Quesnel et Duplessis, et tirés en typographie

repérée sur papier filigrané spécial, sur les presses à bras de l'Ancienne Maison Quantin, au nom des sociétaires des *Bibliophiles contemporains* par les soins du président-fondateur OCTAVE UZANNE.

8649 **MAURRAS** (Ch.). Trois idées politiques. Chateaubriand, Michelet, Sainte-Beuve. *Paris, H. Champion*, 1898, pet. in-8 carré de 79 pp., br. n. c., couv.   2 fr.

8650 **MAURY** (A.). Les Académies d'autrefois. — L'ancienne académie des sciences. *Paris*, 1864, un vol. in-8, br. (7 fr. 50)   4 fr.

8651 **MAURY.** Œuvres du cardinal J. Siffrein Maury, précédées d'une notice sur sa vie et ses ouvrages, ornées d'un beau portrait et d'un fac-simile de son écriture. *Paris*, 1827, 5 vol. in-8 br.   10 fr.

8652 **MAXIMES** (les) chrestiennes et morales de messire François Comte de B***. *Paris, F. Muguet*, 1671, pet. in-12, parch.   10 fr.

8653 **MEISSNER** Alcibiade. quatre parties (Imitation libre, par Raquil-Lieutaud, du roman historique du même titre, composé en allemand par Meissner). *Paris, Bossange et Marson, An III*, 4 vol. pet. in-12, fig. (4) par P. J. Challiou, bas.   5 fr.
Rare.

8654 **MEISSONIER** (Exposition) 24 Mai-24 Juillet 1884, par Charles Pillet. *Paris, G. Petit*, 1884, gr. in-8, pap. vergé, br., couv.   8 fr.
Description de 146 tableaux du Maître.

8655 **MELLIET** (Laurent). Discours politiques et militaires sur Corneille Tacite contenant les fleurs des plus belles histoires du monde, traduits, paraphrasez et augmentez par Laurenz Melliet. *Rouen, Calloué*, 1642, in-4, v f., dos orné, fil., tr. marb.   8 fr.
Bel exemplaire, reliure de Bauzonnet-Trautz.

8656 **MELUN** (Vte de). La Marquise de Barol, sa vie et ses œuvres, suivi d'une notice sur Silvio Pellico. *Paris, Poussielgue frères*, 1869, in-8, portr , br. n. c., couv.   3 fr.

8657 **MÉMOIRES** de Bilboquet, recueillis par un bourgeois de Paris (par Maurice Alhoy, Taxile Delord et Edmond Texier). *Paris, Librairie nouvelle*, 1854, 3 vol. in-12, br., couv. 7 fr.

8658 **MÉMOIRES** de l'estat de France sous Charles neufiesme, contenant les choses les plus notables, faites et publiées par tant par les catholiques que par ceux de la religion depuis le troisième édit de pacification fait au mois aoust 1750 jusques au règne de Henry troisiesme, Seconde édition, reueue, corrigée et augmentée de plusieurs particularitez et traitez notables. *A Heidelbourg, par Henrich Wolf*, 1577-1578. 3 tomes en 2 vol. in-8, veau aut.   26 fr.

8659 **MÉMOIRES** de l'estat de France sous Charles IX. Contenans les choses plus notables, faites et publiées tant par les catholiques que par ceux de la religion depuis le troisieme édit de pacification, fait au mois d'aoust 1570 jusques au règne de Henry troisiesme ; seconde edition, reveue, corrigée et augmentée de plusieurs particularitez et traitez notables. *A Meidelbourg, par Henry Wolf*, 1578, 3 tom. en 5 vol in-8, v. gr. (*Manque la fin de tome III, et mouillures*).   20 fr.

8660 **MÉMOIRES** pour servir à l'histoire de la Calotte (par Guil. Plantavit de la Pause, abbé de Margon, l'abbé P.-F. Guyot-Desfontaine, J. Aymon, Franç. Gacon, P.-C. Roy et autres). *Aux États Calotins, de l'imprimerie calotine*, 1752-1754, 6 part. en 5 vol. in-12, v. marbr.   10 fr.

8661 MÉMORIAL portatif de chronologie, d'histoire industrielle, d'économie politique, de biographie, etc. *Paris, Verdière*, 1829, 2 forts vol. in-12, avec tableaux, demi-chagr. rouge, fil., dos orné, non rog. 5 fr.

8662 MENAGE (Ægidius). Poemata *Paris,*1656, in-8, maroq. bleu, dent. int., tr. dor. (*Niédre*) 18 fr.

A la fin du volume sont les poésies françaises.

8663 MENARD (l'Abbé). Une servante des Pauvres. La Mère Elisabeth de Surville. Fondatrice de la Congrégation du Bon-Sauveur (d'après les Mémoires inédits du Père Hérambourg) (1682-1718). *Tours, Cattier,* 1887, in-12, avec 3 grav. et 2 autogr., br. 2 fr. 25

8664 MENOLOGE du Carmel. Vie des Saints, bienheureux, vénérables, serviteurs de Dieu et personnages illustres pour leur piété, de l'ordre de N.-D. du Mont-Carmel depuis son origine jusqu'à nos jours, par le R. P. Ferdinand de Sainte-Thérèse. *Lille et Bruges,* 1879, 3 vol. in-12, br. 5 fr.

8665 MENON. La Science du Maître d'Hôtel. Confiseur, à l'usage des Officiers, avec des observations sur la connaissance et les propriétés des Fruits, enrichie de dessins en décorations et parterres pour les desserts. Suite du Maître d'Hôtel Cuisinier (par Menon). *Paris, Paulus-du-Mesnil,* 1750, in-12, fig., v. marb. 5 fr.

Rare.

8666 MÉTÉNIER (Oscar). La Croix. *Bruxelles, Kistmaeckers,* 1887, in-12, pap vergé, br. 20 fr.

Edition originale, avec la couverture enrichie d'une AQUARELLE ORIGINALE de A. BLIGNY, sur le faux-titre.

8667 MICHELET (J.). Guerres de Religion. *Paris, Chamerot,* 1856, in-8, br., couv. 3 fr. 25

8668 MICHELET (J). Richelieu et la Fronde, 2ᵉ édit. *Paris, Chamerot,* 1862, in-12, br. n. c., couv. 3 fr. 25

8669 MILLEVOYE. Œuvres, édition publiée avec des pièces nouvelles et des variantes par P.-L. Jacob (Bibliophile). 7 eaux-fortes par Ad. Lalauze. *Paris, Quantin,* 1830, 3 vol. pet. in-8, portr. et fig., br, couv. 25 fr.

L'un des 50 exemplaires tirés sur papier de Chine, avec double épreuve des figures, sur Chine, avant la lettre, et sur Hollande avec la lettre.

Publié à 60 fr.

8670 MIRABEAU. Elégies de Tibulle, suivies des Baisers de Jean Second. *Paris,* 1798, 3 vol. in-8, port. et figures de Borel, bas rac., tr. jasp. 16 fr.

8671 MOLIÈRE. Œuvres de Molière avec un commentaire, un discours préliminaire et une vie de Molière par M. Auger. *Paris, Desoer,* 1819, 7 vol. in-8, 1|2 v. bleu, fig. 15 fr.

8672 MONARCHIE (La) des Solipses, trad. de l'Original de Melchior Inchofer de la Cie de Jésus, avec des remarques et diverses pièces importantes sur le même sujet. *Amsterdam,* 1754, in-12 v. 3 fr.

8673 MONNIER (H.). Les Bas-Fonds de la Société. *Paris, (Imprimerie Claye), s. d.,* gr. in-8, pap vél., titre r. et u., demi-rel. v. f. 19 fr.
Rare.

8674 MONTAIGNE Essais de Montaigne publiés d'après l'édition la plus authentique et avec des sommaires analytiques, et de nouvelles notes par Amaury Duval. *Paris,* 1822, 6 vol. in-8, br. 12 fr.

8675 MONTARGIS. Privilèges (les), franchises et libertez des Bourgeois et habitans de la ville et fauxbourgs de Montargis, le Franc. *Paris, Pierre Chevalier,* 1608, in-8, veau gris. (*Mouillures*). 15 fr.

Exemplaire dans sa première reliure aux armes de la Ville de Montargis.

8676 MONTBRON (de). LE COSMOPOLITE, ou le citoyen du monde, par de Monbron. *Londres,* 1753 ; in-12 de 165 pag. et un ff. non chiff. mar. rouge, fil., tr. dor. (*Derome*). 20 fr.

8677 MONTFLEURY. L'Ambigu comique ou les Amours de Didon et d'Enée, tragédie. *Paris,* 1673, in-12, parchemin. 5 fr.

Edition originale, rare.

8678 MONTFLEURY. Théâtre de Messieurs de Montfleury père et fils. *A Paris,* 1775, 4 vol. in-12, v. m. 10 fr.

Edition aussi complète que celle de 1739.

8679 MONTREUIL. Œuvres de Montreuil. *Paris, L. Billaine,* 1671, in-12, portr. par B. Picart, veau brun. 5 fr.

Excellente édition, sur laquelle a été faite celle de M. Oct. Uzanne. « Les Poëtes de Ruelles au XVIIᵉ siècle »

8680 MONTREUIL (de). Poésies, augmentées de pièces inédites, publiées avec préface et notes, par O. Uzanne. *Paris, Librairie des Bibliophiles,* 1878, in-12, pap. de Holl., titre r. et n, front, portr. et vign. gr. à l'eau-forte par Ad. Lalauze, br., couv. 7 fr.

Publié à 10 francs. Epuisé.

8681 MONT St-MICHEL. Deux discours sur les Faits Miraculeux advenus depuis quelque temps à l'endroit de plusieurs pélerins de S. Michel du Mont de la Mer, avec les cantiques ou chansons sur lesquels ont esté faits les dits discours. Ensemble un Sonnet sur la construction et bastiment de l'Eglise et Abbaye dudit Mont S. Michel, en quel temps et soubs quel Roy de France a esté bastie et fondée et par qui, par Christofle de Bordeaux, Parisien, l'an de son aage LXXVI, et ancien Pellerin dudit Mont. *A Paris, Fleury Bouriquant,* 1613 in-8. pap. de Holl., br. 3 fr. 50

Réimpression à quelques exemplaires faite à Lyon, chez Louis Perrin, 1875. Rare.

8682 MONUMENTS inédits sur l'apostolat de Sainte Marie-Madeleine en Provence et sur les autres Apôtres de cette contrée, Saint-Lazare, Saint Maximin, Sainte Marthe et les Saintes Maries Jacobé et Salomé, par l'auteur de la dernière vie de M. Olier (l'Abbé Faillon). Ouvrage orné d'un grand nombre de gravures, et publié par M. l'Abbé Migne. *Paris, (Migne,* 1848, 2 vol. gr. in-8, à 2 col., br. Au lieu de 20 fr. 7 fr.

8683 MOREAU LE JEUNE (L'Œuvre de. Catalogue raisonné et descriptif, avec notes iconographiques et bibliographiques par M.-J.-F. Mahérault, orné d'un portrait de l'auteur par Le Rat et précédé d'une notice biographique par E. de Najac. *Paris, Labitte,* 1880, gr. in-8, pap. vergé, br. n. c. Au lieu de 30 fr. 10 fr.

8684 MOREL (l'Abbé Jules). Somme contre le Catholiscisme libéral. *Paris, V. Palmé,* 1876, 2 vol. in-8, br. 5 fr.

8685 MORIN (Arthur). Leçons de mécanique pratique, hydraulique *Paris, Hachette,* 1858, in-8, cart., plats toile, *planches.* 2 fr. 50

8686 MULLIÉ (C.). Fastes de la France, ou Faits chronologiques, synchroniques et géographiques de l'Histoire de France, précédés de l'histoire de la Gaule depuis l'arrivée de la race celtique en Europe jusqu'à l'établissement des Franks, 7ᵉ édit. entièrement refondue et con-

...tinuée jusqu'à nos jours. *Paris, Laly*, 1858, 4 tomes en 2 vol. gr. in-8, nomb. fig. hors texte, demi-rel. v. f. **7 fr.**

8687 MUSSET (Alf. de) Illustrations pour les Œuvres d'Alfred de Musset, aquarelles par Eug. Lami, eaux-fortes par Ad. Lalauze. *Paris, Damascène Morgand*, 1883, in-4, planches (60), cart. artistique, non rog. (*Cart. de l'éditeur*). **30 fr.**

Epreuves avec la lettre gravée sur papier vélin du Marais

8688 NAPOLÉON III. Œuvres. *Paris, Amyot*, 1856, 4 vol. in-8, demi-rel. chag., coins, n. r. **12 fr.**

8689 NARJOUX (F.): Histoire d'une Ferme, texte et dessins, par Félix-Narjoux. *Paris, Delagrave*, 1882, gr. in-8, br., couv. illlust. **2 fr 50**

8690 NAULT. Ariante ou le grand Ministre. *Lyon, Ch. Mathevet*, 1668, pet. in-12, portr, v. ant. **3 fr.**

Portrait de Colbert par David, 1668. Volume peu Commun, l'auteur était châtelain de la ville de Luzy. Ex-libris de la Biblioth. de A. H. Dampmartin, 1775.

8691 NAVAILLES (Duc de). Mémoires du duc de Navailles et de La Valette, pair et maréchal de France et gouverneur du duc de Chartres. *Paris, Cl. Barbin*, 1701, in-12, v. gr. **3 fr**

8692 NÉRICAULT DESTOUCHES Le Philosophe marié ou le mari honteux de l'être, comédie en vers en cinq actes. *A Paris, chez François Lebreton*, 1727, in-8, veau, piq. de vers. **3 fr.**

Edition originale.

8693 NICOLARDOT (L.) Histoire de la Table, curiosités gastronomiques de tous les temps et de tous les pays. *Paris, Dentu*, 1868, in-12, br. **2 fr 25**

8694 NICOLET (le R. P.). Vie du bienheureux Pierre-Louis-Marie Chanel, prêtre de la Société de Marie, et premier martyr de l'Océanie *Lyon, Vitte*, 1890, in-8, portr, br. **3 fr**

8695 NISMES. La grande désolation de la religion prétendue réformée sur la probation et mort espouvantable du ministre de la ville de Nismes ayant eu le col tors. dedans la chaize par un grand esclat de tonnerre, eslevé en l'air au grand estonnement des auditeurs : En leur preschant le contraire de la vraye foy catholique, apostolique et romaine, à Nisme, le 6 aoust 1634 *A Paris, J. Brunet, Jouxte la copie imprimée à Montpellier, par J. Pech*, 1634, in-8, pap. de Holl., br. **2 fr 50**

Réimpression à quelques exempl. faite à *Lyon, chez Louis Perrin*, 1871. Rare.

8696 NIVELLE DE LA CHAUSSÉE La fausse antipathie, comédie. *Paris, Prault*, 1734, in-12 veau. (*Edit. orig.*). **3 fr. 50**

8697 NOBLESSE Mémorial historique de la noblesse, publié par M. A.-J. Duvergier *A Paris, chez l'éditeur*, 1839, 2 tomes en 1 vol. in-4, demi-rel. chag. v, dos orn., tr. p. **14 fr**

8698 NODIER (Ch.) Bibliothèque sacrée grecque-latine, ouvrage rédigé d'après Mauro Boni et Gamba. *Paris*, 1826, in-8, br. **3 fr. 50**

Rare.

8699 NODIER (Ch.). Franciscus Columna, dernière nouvelle. des Arts, et précédée d'une notice par J. Janin. *Paris*, 1844, in-12, portr. de Nodier, cart. Bradel, n. rog., couv. **2 fr. 50**

8700 NODIER (Ch.). Mélanges tirés d'une petite bibliothèque, ou variétés littéraires et phi-

losophiques. *Paris, Crapelet*, 1829, in-8, demi-rel. bas gren., tr marb. **3 fr. 50**

8701 NODIER (Ch.) Question de littérature légale. Du Plagiat, de la supposition d'auteurs, des supercheries qui ont rapport aux livres. Seconde édition, revue, corrigée et considérablement augmentée. *Paris, Crapelet*, 1828, in-8, v. f., dos orné, encadrem. de fil. dor. sur les pl., dent. int. **3 fr. 50**

8782 ŒUVRES diverses de poésies du Sieur N. C. M. (Nicolas de Chatenay de Malézieux de l'Académie française ?). 1703, in-4, v. m. **10 f.**

Manuscrit de 168 pages d'une belle écriture.

8703 OFFICE (l') de la semaine sainte. *A Marseille, chez Claude Garcin*, 1659, pet. in-12 par chemin. **3 fr.**

8704 OLD NICK. La Chine ouverte. Aventures d'un Fan-Kouei dans le pays de Tsin : ouvrage illustré par Aug. Borget. *Paris, H. Fournier*, 1845, in-8, cart. toile verte, éb, fers spéc. **4 fr.**

Première édition.

8705 OLIVIER (Jean-de-Dieu). Essai sur la dernière Révolution de l'ordre civil en France. *Londres*, 1780, 3 vol. in-8, v. marb. **6 fr.**

Jean Olivier est né à Carpentras en 1752

8706 OPERA et Fragmenta veterum poetarum latinorum profanorum et ecclesiasticorum. *Londini, apud J. Nicholson, B. Tooke et J. Tonson*, 1713, 2 vol. in-fol, demi-rel. dos et coins de veau fauve. **16 fr.**

Très rare.

8707 ORDONNANCE faicte pour les Funérailles célébrées à Paris, le 24 avril 1498 pour l'enterrement du corps du bon roy Charles huytiesme que Dieu absoille, avec son épitaphe et la piteuse complainte de dame christienté. Suivant les éditions imprimées, 1498, *Paris, L. Techener*, 1875, pet. in-8, pap. de Holl., titre r. et n., br., couv. **2 fr. 25**

De la collection des pièces fugitives, pour servir à l'histoire de France, publ. par Léon Techener.

8708 ORLOFF (G). Essai sur l'histoire de la peinture en Italie depuis les temps les plus anciens jusqu'à nos jours, par M. le comte Grégoire Orloff. *Paris, Bossange*, 1823, 2 vol in-8, brochés **4 fr.**

8709 ORLOFF (C. G.). Essai sur l'histoire de la peinture en Italie, depuis les temps les plus anciens jusqu'à nos jours. *Paris, Bossange*, 1823, 2 vol. in-8, Demi-rel. bas. **4 fr.**

8710 PACILE (Ch.) Essai historique et critique sur l'Invention de l'Imprimerie. *Paris, Techener*, 1859, in 8, fac simile, br. **3 fr.**

8711 PALLEVOIX (Mgr). Description du Royaume Thai au Siam. comprenant la Topographie, Histoire naturelle, Mœurs et coutumes, Législation, Commerce, etc. etc. Avec cartes et gravures. *Paris*, 1854, 2 vol. in-12, br. **5 fr.**

8712 PANCIROLI (Guidi). Notitia utraque, Dignitatum, cum Orientis, tum Occidentis, ultra Arcadii Honorique. *Lugduni, apud Jo. de Gabiano*, 1608, in-fol. — De Magistratibus municipalibus et Corporibus artificum libellus. *Lugduni, Jo. de Gabiano*, 1608, in-fol. Ensemble 2 tomes en un vol. in-fol., figg., v. brun. (*Mouillures.*). **15 fr**

Figures sur bois.

8713 PAQUELIN (Guill.). Beaunois Apologeme pour le grand Homère, contre la représentation du divin Platon sur aucuns passages d'iceluy. *Lyon, Ch. Pesnot*, 1577, in-4, v. ant. gran. **25 fr.**

Ce livre est devenu rare, dit Brunet dans son Manuel,

et comme on peut le voir dans le 1º volume de la Bibliothèque françoise de Goujet, ce n'est pas là son seul mérite.

8714 PARDIEU (Cte Ch. de). Excursion en Orient. L'Egypte, le Mont Sinaï, l'Arabie, la Palestine, la Syrie, le Liban. *Paris, Garnier frères*, 1851, in-12, br. 3 fr.

8715 PARIS-ANECDOTE par A. Privat d'Anglemont *Paris*, 1860, in-12, broché couv. 2 fr 50

8716 PARIS (Louis). Remensiana. Historiettes, Légendes et Traditions du pays de Reims. *Reims, L. Jacquet*, 1845, in-32, br. 3 fr. 50
Rare.

8717 PARIS. Edit du Roy, pour le reglement des Imprimeurs et Libraires de Paris ; registré en Parlement le 21 aoust 1686. *Paris, J.-B Coignard*, 1688 — Edit du Roy, pour le reglement des Relieurs et Doreurs de livres; Registré en Parlement le 7 septembre 1686. Ensemble 1 vol. pet. in-12, mar. br., dent. int, tr. r. 25 fr.

8718 PARIS. Entretien des Cheminées de Paris. Ouvrage rempli de caractères vrais et fidellement copiez d'après les originaux. *La Haye, Pierre de Hondt*, 1736, in-12, veau fauve, dos orné. 4 fr.
Attribué à Bordelon, mais plutôt à Lesage.

8719 PARIS. Estats généraux tenus à Paris l'an 1355 soubz le Roy Jean et à Tours, l'an 1483 soubz le roi Charles VIII. In-fol., v. fauve. 10 fr.
Manuscrit du xviiie siècle

8720 PARIS. Estats généraux tenus à Paris ez années 1614 et 1615. Procès-verbal de la Chambre de la noblesse; in-fol., v. fauve. 10 fr.
Manuscrit du xviiie siècle.

8721 PARIS. Exercices journaliers du Noviciat de l'Abbaye royale de Montmartre. *A Rouen*, par l'ordre de Mme l'abbesse de Montmartre (de l'imprim. d'Ant. Maurry), 1677, pet. in-12 réglé, mar. noir, tr. r. (Rel. fatigués et qq. mouillures). 13 fr.
Volume très-rare, resté inconnu à Brunet.

8722 PARMENTIER. Mémoire sur les avantages que le royaume peut retirer de ses grains, considérés sous leurs différents rapports avec l'agriculture, le commerce, la meunerie et la boulangerie, avec le mémoire sur la nouvelle manière de construire les moulins à farine, par Dransy, avec fig. grav. d'après ses dessins. *Paris*, 1789, in-4, v. gr. 5 fr.

8723 PARROCEL (E.). Annales de la peinture. *Paris*, 1862, un vol. in-8 br (8 fr) 4 fr.
Ouvrage contenant l'histoire des Ecoles d'Avignon, d'Aix et de Marseille et de diverses écoles du Midi de la France.

8724 PARSEVAL (F. A). Philippe-Auguste, poème héroïque en douze chants. *Paris, Baudouin frères*, 1826, in-8, br. 3 fr.

8725 PASCAL. Pensées de M. Pascal sur la Religion et sur quelques sujets, qui ont esté trouvées après sa mort parmy ses papiers. *A Rouen, chez David Berthelin*, 1675, in-12, v. br. 10 f.
Edition très-rare.

8726 PASCAL Les Provinciales, traduites en latin, en espagnol, en italien. *A Cologne*, 1684, un vol. in-8 vélin. 5 fr.

8727 PASQUIER (Estienne). Les lettres d'Estienne Pasquier, conseiller et advocat général du roy à Paris. Par lesquelles se voit plusieurs belles matières et grands discours sur les affaires de la France, concernantes les guerres

civiles, dernière édition revue et corrigée *Arras, Gilles Bauduyn* (imprimé chez *Guil. de La Rivière*), 1598, in-16, demi-rel. bas. 25 fr.
Ce livre renferme de curieux détails sur l'histoire de Paris et sur les guerres de la Ligue.
Les Livres imprimés à Arras au 16º siècle sont fort rares.

8728 PÉLADAN (J.). Cœur en peine, commémoration du Chevalier Adrien Peladan et son portrait inédit, par Séon. *Paris, Dentu*, 1890, in-12, br 3 fr.
Edition originale, avec la couverture.

8729 PÉLADAN (J.). Le Livre du Sceptre-Politique. *Paris, Chamuel*, 1895, in-8, br. 3 fr.
Edition originale, avec la couverture.

8730 PERRAULT (Les Contes de). Dessins par G. Doré, préface par P. J Stahl. *Paris, Hetzel*, 1867, in-4, demi-rel. chag r., pl. toile. (Taches de rousseur et petites cassures à q q. planches. 25 fr.

8731 PERSE. Détails sur la situation actuelle du royaume de Perse. *Paris, Imprimerie Royale*, 1816, in 4, texte en Français et en Persan, avec portrait de Mir-Davoud-Zadour de Melik Schahnazar et de Khatchadour d'Hohannès, demi-rel. v. ant. 7 fr.
Cet opuscule n'a été imprimé qu'à petit nombre. Les exemplaires n'ont pas été mis dans le commerce, mais donnés à de hauts personnages : Celui-ci a appartenu au colonel Moncey, fils du Maréchal, avec l'historique de l'impression. — Note manuscrite placée au commencement du volume.

8732 PIBRAC. Ornatissimi cujusdam viri de rebus gallicis. ad Stanislaum Elvidium epistola. *Lutetiæ, Morellum*, 1573, pet. in-8 de 46 pp, car. ital., mar. r., dos orné, fil., dent int., tr. dor 20 fr.
EDITION ORIGINALE de la fameuse apologie de la Saint-Barthélemy, par Guy du Faur de Pibrac (l'auteur des Quatrains) ; Pibrac l'écrivit en latin afin d'être plus facilement compris des cours étrangères où son apologie fut répandue à profusion.

8733 PICARDIE L'Effroyable incendie et bruslements général de la grande forest de Boisfort en Picardie, et les déplorables ruines arrivées par le feu aux lieux circonvoisins, la nuict du mardy au mercredy, trentiesme Aoust 1634. *A Paris, J. Augé*, 1634, in-8, pap. de Holl., br. 2 fr. 50
Réimpression à quelques exemplaires faite à *Lyon, chez Louis Perrin*, 1875. — Rare.

8734 PICOT (Em.). Bibliographie Cornélienne. *Paris, A. Fontaine*, 1876, in-8, port., br. couv. 10 fr.
L'un des 50 exemplaires sur papier Whatman (nº 13). Au lieu de 50 fr.

8735 PICOT DE CLORIVIÈRE (P.-J.). La Vie de M. Louis Marie Grignion de Montfort. Missionnaire Apostolique, Instituteur des Missionnaires du Saint-Esprit et des Filles de la Sagesse. *Paris, Delalain*, 1785, in-12, v. marb. 3 fr.
Titre court de marges.

8736 PIGEOTTE (L.). Etude sur les travaux d'achèvement de la Cathédrale de Troyes. (1450 à 1630) avec plan par terre de l'édifice et vue du grand portail *Paris, Didron*, 1870, in-8, pap. de Holl, br. 3 fr.
Tiré à 250 exemplaires numérotés (nº 50). Envoi autog. sig. de l'auteur.

8737 PIRON (Alexis) Poésies choisies et pièces inédites. Avec une notice bio-bibliographique, par Honoré Bonhomme. *Paris, A. Quantin*. 1879, in-8, demi-rel. mar. rouge, doré en tête, n. rog, couv. impr. (Fran 6 fr. 50
Portrait et vign. grav à l'eau forte par Ad. Lalauze. Tiré à petit nombre. Exempl. sur papier de Hollande.

8738 PLANCHETTE (le P. Dom Bernard) La vie du grand S. Benoist, patriarche des Moines de l'Occident, ses vertus, ses maximes, les excellences de sa Règle, et un abrégé des grands hommes de son ordre. *Paris, Jean Billaine*, 1652, in-4, front. dess. et gr. par Chauveau, v. marb. (*Mouillures*).   10 fr.

8739 PLANE (J. M.). Apologie des Templiers et francs-maçons. *Meudon*, 1797, in-8, 1|2 rel.   3 fr. 50

8740 PLANTET (Eug.). La Collection de Statues du marquis de Marigny (1725-1781). Catalogue descriptif, accompagné de 28 héliogravures, et précédé de la Biographie du Marquis de Marigny d'après les documents conservés aux archives nationales. *Paris, Quantin*, 1885, gr. in-8, pap. vél., br., couv.   9 fr.
Tiré à 530 exemplaires.

8741 PLASSE (F. X.). Souvenirs du pays de Sainte-Thérèse. *Paris, V. Palmé*, 1875, in-8 jésus, portr. et figg., br.   3 fr.

8742 PODESTAT (Maurice de). La Comédie au boudoir. *Paris*, 1869, in-12, *couvert. imprimée*, eaux-fortes et vignettes sur bois, demi-cart. Bradel, non rogn.   7 fr.

8743 POÉSIES gothiques françoises des XVe et XVIe siècles, publiées d'après des Editions gothiques et des Manuscrits. *Paris, Silvestre*, 1832, gr. in-8, caract. goth., cart. dos de vél. bl., non rog.   20 fr.
Recueil tiré à 100 exemplaires et CONTENANT 15 PIÈCES. *La Farce de la Pipee* est sur papier de Chine.

8744 POETÆ LATINI rei Venaticæ scriptores et bucolici antiqui, cum notis diversorum auctorum; quibus accedunt Gerardi Kempheri observationes in tres priores; Calpurnii eclogas. *Lugduni Batavorum*, 1728, 2 part. en 1 vol. in-4, front. gr. et vign., demi-rel. veau marb., dos orné. (*Rel. moderne*).   6 fr.
Collection estimée, qui a eu pour éditeurs Bruce et Havercamp.

8745 POIRÉ le R. P. François). La triple couronne de la bienheureuse Vierge Mère de Dieu, tissue de ses principales grandeurs d'excellence, de pouvoir et de bonté, et enrichie de diverses inventions pour l'aimer, l'honorer et la servir. Avec les corrections et additions de la Révérende Mère de Blémur. nouv. édit. revue, collationnée et publiée par les RR. PP. Bénédictins de Solesmes. *Paris, Lanier, osnard et. Cie*, 1858, 2 vol. in-8, br.   5 fr.

8746 POITOU. Discours véritable sur le calamiteux naufrage et déluge des glaçons, au pays de Poitou et Bretagne, avec la perte d'un faubourg d'Orléans, le vingt-huitiesme de Janvier. *A Lyon, par Jean Poyel*, 1608, broch. in-8, pap. de Holl., br.   2 fr.
Réimpression à quelques exemplaires faite à *Lyon*, chez *L. Perrin*, 1875. Rare.

8747 PONT-A-MOUSSON (L'Université de). Histoire extraite des manuscrits du P. Nicolas Abram, publiée par le P. A. Carayon. *Paris, L'Ecureux*, 1870, in-8, br.   3 fr.

8748 PONTÈS (Luc. Davesiès de). Œuvres. *Paris, Amyot*, 1869-1871, 3 vol. in-12, br.   6 fr.
Etudes sur la Peinture Vénitienne, suivies d'une notice sur les Universités d'Allemagne, 1 vol. — Etudes artistiques pendant un voyage en Italie, suivies d'une notice biographique sur Manin, 2 vol.

8749 PONTMARTIN (A. de). Lettres d'un intercepté. *Lyon, Josserand*, 1871, in-12, br., couv. (*Edit. orig*).   2 fr. 25

8750 PORRÉE (Jonas). Traité des anciennes cérémonies, ou histoire contenant leur naissance et accroissement, leur entrée en l'Eglise, et par quels degrez elles ont passé jusqués à la superstition. Quatrième édition, revue et augmentée. *Quevilly, Jacques Lucas, (Rouen)*, 1673, pet. in-8, v. gr., cart. (*Mouillures*).   4 fr.
Ouvrage peu commun. On n'en connaît pas l'auteur, mais l'éditeur Jonas Porré ou Porré s'est nommé au bas de l'épître dédicatoire à Charles II. « *Brunet, t. 5. col. 918*).

8751 POYLEVÉ. La Conversion de M. Poylevé, cy-devant premier arcboutant de la Religion prétendue réformée de Limoges, converty à la foy, catholique, apostolique et romaine, envoyée à M. le Vicomte de Rochechouard, baron de Sainct Germain et autres places, conseiller du Roy en ses Conseils d'Etat, chevalier et capitaine de cent hommes d'Armes de ses Ordonnances. *A Paris, Rob. Quenet*, 1630, in-8, pap. de Holl., br.   3 fr. 50
Réimpression à très petit nombre faite à *Lyon*, chez *Mougin-Rusand*, 1875. — Rare.

8752 POZZI (B.). La Terre et le récit biblique de la création. Ouvrage illustré de 150 figures sur bois. *Paris, Hachette et Cie*, 1874, gr. in-8, demi-rel. dos et coins de chag. bl., fil., tête dor., non rog.   5 fr.

8753 PRAT (le P. J. M.). Recherches historiques et critiques sur la Compagnie de Jésus en France, du temps du P. Coton (1564-1626). *Lyon, Briday*, 1876, 3 vol. in-8, portr., br. 10 fr.

8754 PRÉVOST (Camille). Théorie pratique de l'Escrime, avec préface et notice, par E. Legouvé, et la Biographie de Prévost père, par Ad. Tavernier. Dessins de Bourgoin, d'après les épreuves photographiques instantanées de Nadar. *Paris, N de Brunhoff*, 1886, in-8 carré, pap. vél., titre r. et n., br. n. c., couv,   4 fr.

8755 PROPOS (les) que le roy a tenuz à Chartres aux deputez de sa Cour de Parlement de Paris. *Paris, L'Huillier*, 1588, in-8 de 13 pp., cart. toile, tête dor.   15 fr.

8756 PROVENCE. Discours des troubles et espouvantables signes apparus sur la Mer de Gennes, au commencement d'Aoust dernier, avec les prodiges du sang qui est tombé du ciel, en pluye du côté de Nice et en plusieurs endroicts de la Provence. Ensemble l'apparition de deux hommes en l'air, lesquels se sont battus par plusieurs fois, et ont esté veus en grande admiration durant trois jours sur l'Isle de Martegue qui est une ville sur la mer à cinq lieues de Marseille. *A Paris, P. Ménier*, 1608, in-8, pap. de Holl., br.   2 fr. 50
Réimpression à quelques exemplaires faite à *Lyon*, chez *Louis Perrin*, 1874. Rare.

8757 PROVENCE. Histoire espouvantable et véritable arrivée en la ville de Soliers en Provence, d'un homme qui s'estoit voué pour estre d'Esglise et qui n'ayant accompli son vœu, le Diable lui a couppé les parties honteuses, et coupé encore la gorge à une petite fille âgée de deux ans ou environs. *A Paris, chez Nicolas Alexandre*, 1619, broch. in-8, pap. de Holl., br.   2 fr.
Réimpression à quelques exemplaires faite à *Lyon*, chez *L. Perrin*, 1876. Rare.

8758 PSEAUMES de David (Les), mis en rime françoise par Clément Marot et Théodore de Bèze. *Se vendent à Charenton, par les libraires des Eglises réformées du royaume de France*, 1674, pet. in-12, musique, v. f., dos orné, dent. et comp. à petits fers sur les pl., tr. dor. (*Rel. anc. fatiguée*).   5 fr.

8759 PYBRAC. Ornatissimi cuiusdam viri, de rebus Gallicis, ad Stanislaum Elvidium, epistola. *Lugduni, apud Bened. Rigaudnm*, 1573, in-8 de 19 ff., demi-rel. mar. vert à long grain avec coins. 10 fr.

> Réimpression faite la même année que l'édition originale. (Paris, 1573) d'une lettre de Pibrac faisant l'apologie de la Saint-Barthélemy.

8760 QUATRELLES. Légende de la Vierge de Munster. Illustrations par Eugène Courboin. Paris, G. Charpentier, 1 vol. in-4, vélin blanc illustré, tr. rouge. (Reliure de l'éditeur). 7 fr.

8761 QUATREMÈRE-BOISSY. Recherches sur la vie et les écrits d'Homère. Paris, an VII, un vol. in-8, demi-v., n. r. 3 fr. 50

8762 QUICHERAT (J.). Mélanges d'archéologie et d'histoire. — Antiquités celtiques, romaines et gallo-romaines, mémoires et fragments réunis et mis en ordre, par A. Giry et A. Castan. précédés d'une notice, sur la vie et les travaux de J. Quicherat, par Robert de Lasteyrie, et d'une bibliographie de ses œuvres. Paris, A. Picard, 1885, gr. in-8, portr., fig. dans le texte et planches hors texte, br., couv. Au lieu de 15 fr. 6 fr.

8763 QUICHERAT (J.) Mélanges d'archéologie et d'histoire. Archéologie du Moyen-Age, mémoires et fragments réunis par Robert de Lasteyrie. Paris, A. Picard, 1886, gr. in-8, fig. dans le texte et planches hors texte, br., couv. Au lieu de 15 fr. 6 fr.

8764 QUINZE joyes de mariage (Les), ouvrage très ancien (mis en lumière par Fr. de Rosset) auquel on a joint le blason des fausses amours, etc. (en vers par Guill. Alexis); le tout enrichi de remarques (par Le Duchat). La Haye, De Rogissart, 1726, in-12, v. marb. (Piq. de vers à la fin du vol.). 3 fr.

8765 RABOISSON (L'Abbé). Du Pouvoir, ses origines, ses limites, ses formes, ses transformations. Paris, Plon et Cie, 1874, in-8, br, n. c., couv. 3 fr.

8766 RANKE (Léop.). Histoire de France, principalement pendant le XVIᵉ et le XVIIᵉ siècle. Traduction de J.-Jacques Porchat. Paris, Klincksiek, 1854, 2 vol. in-8, br. 7 fr.

8767 RANKE (Léop.). Histoire de la Papauté pendant les XVIᵉ et XVIIᵉ siècles, trad. de l'allemand par J.-B. Haiber, pub. et précédée d'une introduction. par Alex. de Saint-Chéron. Paris, Debécourt, 1838, 4 vol. in-8, br., couv. (Taches de rousseur). 8 fr.

8768 RAPSODIE, billevesées, balivernes, rogatons, sunt Mala, sunt Bona quædam, Mediveria plurima. Paris, 1721, pet. in-8 de 6 ff. prélim., et de 160 pp., v. f. ant. 8 fr.

> Recueil de chansons, rondeaux, sonnets et contes joyeux. Louange de Mollère. Vers de P. Corneille sur le cardinal de Richelieu. Epitaphes de Fr. Rabelais. Description de Paris, par Scarron, etc.
>
> C'est le Sotisier, ou recueil de B. S. et F. (bêtises, sottises et fadaises), paru sous un nouveau titre.

8769 RAVELET (A.). Histoire du vénérable Jean-Baptiste de La Salle, fondateur de l'institut des frères des écoles chrétiennes. Paris, V. Palmé, 1874, in-8. br. 3 fr.

8770 RAVENEZ (L.-W.). Recherches sur les Origines des Eglises de Reims, de Soissons et de Châlons. Paris et Reims, 1857, in-8, planches, br. 2 fr. 25

8771 RÉCIT véritable des Processions générales faictes en la ville de Pons en Xainctonge au mois d'Aoust dernier. Ensemble la Conversion de cinquante-huict de la Religion prétendue réformée par les Prédications des Révérends Pères Recollets, dudit Pons, faictes aux prières des quarante heures pour Sa Majesté, par la permission de Mgr. l'Evesque de Saintes. A Paris, Nic. Alexandre, et imprimée à Saintes, par J. Bichon, 1633, in-8, pap. de Holl, br. 2 fr. 50

> Réimpression à quelques exemplaires, faite à Lyon, chez Louis Perrin, 1876. Rare.

8772 RECUEIL de pièces et de documents officiels, sur le Prisonnier de Sainte-Hélène, etc., traduction littérale de l'anglais. Bruxelles, De Mat, 1818, in-8, demi-rel. bas. 3 fr.

8773 RECUEIL des marques de la vraye église de Jésus-Christ, par lesquelles on peult aisément cognoistre et discerner l'église saincte et catholique de celle des malins. Anvers, 1565: 18 ff. chiff, cart. 5 fr.

> Rarissime.

8774 RECUEIL d'opuscules littéraires avec un discours de Louis XIV à Mgr le Dauphin, tirés d'un Cabinet d'Orléans et publiés par un anonyme. Amsterdam, 1767, in-12, v. fauve. 4 fr.

> Le Discours est de Pelisson de l'Acad. franç., l'ouvrage a été publié par l'abbé d'Olivet.

8775 REGNARD. Les Œuvres de M. Regnard. Paris, Pierre Ribou, 1714, 2 vol, in-12, front. gr. et fig., v. gr. ant. 6 fr.

> Edition reproduisant, page pour page, ligne pour ligne, la rare édition de 1707.

8776 REGULA Sanctissimi P. Benedicti. Parisiis, 1700. — Exercices spirituelles tirez de la règle du B. P. S. Benoist. Paris, 1681 — Vita, SS. Patris Benedicti Parisiis, 1682 — Joan. Gersen. de Imitatione Christi Parisiis, 1682. — Ens. 4 part. en 1 vol. in-24, br. 2 fr. 50

8777 RELATION de la Vie et de la Mort de frère Salémon, religieux de l'abbaye de la Trappe, nommé dans le monde le Comte de Santena. Paris, 1696, in-12 v. 6 fr.

8778 RENDU (Ambroise), Nouvelle traduction des Psaumes sur le texte hébreu, avec notes et commentaires. Paris, Fouraut, 1858, 2 forts vol. gr. in-8, br. 4 fr. 50

8779 RESSÉGUIER (J. de). Almaria. Paris, Albardin, 1835 in-8, vign. sur bois, cart. dos de perc, non rog. (Carayon). 3 fr.

> Edition originale. — Envoi autographe signé de l'auteur à Antoni Deschamps.

8780 RÉTIF de la BRETONNE. Le Paysan Perverti. Fidèlement réimprimé sur l'édition d'Amsterdam (1776), par H. Kistemaeckers. Bruxelles, 1886, 2 vol. in-8, pap. vél. teinté, br., n. c., couv. 10 fr.

> Tiré à 500 exemplaires.

8781 RETZ (de). Mémoires du Cardinal de Retz. de Guy Joli, et de la duchesse de Nemours ; contenant ce qui s'est passé de remarquable en France pendant les premières années du règne de Louis XIV. Paris, Furne, 1828, 5 vol. in-8, br. 6 fr.

8782 REY (H.). Le Bréviaire d'Amour, poésies Paris, Lemerre, 1889, in-12, pap. vél. teinté, cart, non rog. 3 fr.

> Edition originale, avec la couverture. Envoi autographe signé de l'auteur à Nadar.

8783 REY. Histoire de la captivité de François Iᵉʳ. Paris, Techener, 1837, in-8 br. 3 fr.

8784 RHIN (Souvenir du). Collection de vues pittoresques. Ems, s. d., album in-4 obl. de 22 pl., cart toile. 3 fr. 50

8785 RIBADENEIRA (R. P.). Les Fleurs de la vie des Saints et des festes de toute l'année, suivant l'usage du Calendrier et Martyrologe Romain, composées en espagnol par le R. P. Ribadeneira, traduites en François par René

Gautier, ausquelles ont été ajoutées celles de plusieurs Saints de France, par André du Val, revuës, corrigées et mises dans la pureté de notre langue par le R. P. Antoine Girard, et enrichies de nouvelles figures en taille-douce, etc. *Paris, Christ. Journel,* 1687, 2 vol. in-fol., front. et planches hors texte, grav. par Thomassin d'après J Prou, v. marb. 10 fr.

8786 **RIBBE** (Ch. de). L'ancien barreau du Parlement de Provence, ou Extraits d'une correspondance inédite échangée pendant la peste de 1720, entre François Decormis et Pierre Saurin. *Marseille et Paris,* 1861, in 8, br. n. c. 2 fr

8787 **RICHARD** (L abbé). La théorie des songes. *A Paris,* 1766, in-12 cart., n. r. 4 fr.

Peu commun.

État de l'âme dans le sommeil et les songes. — Visions de Madame Guyon. — Pronostics que l'on peut tirer des songes. — Somnambules, leurs différentes espèces, etc.

8788 **RICHARDSON.** Lettres angloises, ou Histoire de Miss Clarisse Harlove. *A Londres, chez Nourse,* 1751, 12 parties en 6 vol. in-12, charmantes figures de Gravelot, v. br. 20 fr.

Cohen estime ce livre de 40 à 50 fr.

8789 **RICHER.** L'Ovide bouffon, ou les Métamorphoses burlesques (par L. Richer). *Paris, Quinet,* 1650-52, 4 vol. in-4, front. vél. 16 fr.

Mouillures. Piqûres de vers.

8790 **ROBERT HOUDIN.** L'art de gagner à tous les jeux, tricheries des grecs dévoilées, avec de nombr. vign. *Paris, C. Lévy,* 1879, in-12, br., couv. 2 fr. 50

8791 **ROBIDA.** Le vingtième siècle. La vie électrique. Texte et dessins par A Robida. *Paris, Librairie illustrée,* s. d., in-4, nomb. fig. dans le texte et pl. hors texte en noir et color., br., couv illust (*Broch. fatiguée*). 14 fr.

8792 **ROGER** (P.) La Noblesse de France aux Croisades. *Paris, Derache,* 1845, gr. in-8, rogn., culs-de-lampe et pl. hors texte tirées sur Chine, br. 7 fr. 50

8793 **RONDOT** (l'abbé Ch.). Histoire de la mère Marie de Jésus, fondatrice de l'Institut des filles du cœur immaculé de Marie, à St-Loup-sur-Aujon (Hte-Marne) et sa correspondance avec Mgr Parisis. *Langres,* 1888, in-8 br. 2 fr. 50

8794 **ROOSMALEN** (A. de). L'Orateur, ou cours de débit et d'action oratoires, appliqué à la chaire, au barreau, à la tribune et aux lectures publiques. *Paris, chez l'auteur,* 1841, gr. in-8, demi-rel. bas. f. 3 fr.

8795 **ROSTAND** (E.) Les questions d'économie sociale, dans une grande ville populaire (étude et action), avec une statistique des institutions de prévoyance et de philanthropie à Marseille. *Paris, Guillaumin et Cie,* 1889, in-8 br. 5 fr.

8796 **ROUX** (Amédée) Montausier, sa vie et son temps. *Paris, Aug. Durand,* 1860, in-8, br. 4 fr.

Etude biographique sur ce personnage bien connu pour avoir fourni à Molière le type du Misanthrope. Elevé à Sedan, au milieu de la pratique rigoureuse du calvinisme, soldat à 18 ans, maréchal de camp, Montausier prit une part active à la conquête de la Franche-Comté. Retiré dans ses terres de l'Angoumois, poète à ses heures, Mécène des littérateurs pauvres, habitués de l'hôtel de Rambouillet, il s'entoura des meilleurs auteurs du grand siècle. Nommé gouverneur du Dauphin en 1660. Montausier eut à subir la mauvaise humeur des courtisans jaloux de la faveur royale. — Renseignements inédits sur le rôle de Montausier, converti, lors de la révocation de l'Edit de Nantes ; sa tolérance et sa charité pour ses anciens corelligion-

naires, notamment pour Jean Rou, qu'il avait déjà tiré de la Bastille en 1676 et dont il parvint à sauver la fortune en 1689.

8797 **ROYER** (Mme Clémence). Origine de l'Homme et des Sociétés. *Paris, Guillaumin,* 1870, in-8, demi-rel. chag. vert, tr. peig. 4 fr.

8798 **SACY** (S. de). Variétés littéraires, morales et historiques. *Paris, Didier et Cie,* 1861. 2 vol. in-12, br. 4 fr. 50

8799 **SAIGE** (G.). Journal des Guerres Civiles de Dubuisson-Aubenay (1648-1652). *Paris, Champion,* 1883-85. 2 vol. gr. in-8, pap. de Holl., br. n. c. 10 fr.

8800 **SAINT-AMAND** Apologie des Eaux Minérales de Saint-Amand (près Valenciennes). *A Cambrai, chez Samuel Berthoud,* 1775, in-12, v. 5 fr.

8801 **SAINT-FERRÉOL** (de). Promenade sur les bords du Canal de Marseille. *Nimes,* 1854, in-8 br. (*Mouillures*). 2 fr. 50

Tracé général du Canal de Marseille. — Prise d'eau à la Durance. — Bassin d'épuration de Ponserot. — Souterrains de l'Assassin ; de Notre-Dame, etc., etc.

8802 **SAINT-PRIEST** (Cte Alexis de). Histoire de la chute des Jésuites au XVIII° siècle, 1750-1782, nouv. édit., considérablement augmentée. *Paris, Amyot,* 1846, in-12, br. 3 fr.

8803 **SAINT-SIMON** (Ecrits inédits de), publiés sur les mss. conservés au Dépôt des Affaires étrangères, par M. P. Faugère. *Paris, Hachette et Cie,* 1880-82. (Tom. I à IV), 4 vol. gr. in-8, br., couv. 18 fr.

Tome 1er : Parallèle des trois premiers rois Bourbons. 1 vol. — Tomes II, III et IV : Mélanges. 3 vol. Exemplaire tiré sur grand papier vélin.

8804 **SAINTE-BEUVE.** Le Clou d'or, la Pendule, avec une préface de J. Troubat. *Paris, C. Lévy,* 1880, in-12, br., couv. 10 fr.

Exemplaire sur papier Whatman. Epuisé, publié à 25 francs.

8805 **SAINTE-BEUVE.** Tableau historique et critique de la poésie française et du théâtre Français au XVI° siècle, et Œuvres choisies de Ronsard, avec une notice (biographique et littéraire), notes et commentaires. *Paris, Sautelet et Mesnier,* 1828, 2 vol. in-8, br., couv. (*Rare*). 8 fr.

8806 **SALES** (François de). Introduction à la Vie dévote, divisée en cinq parties. Dernière édition, reueue, corrigée et augmentée par l'autheur. *Lyon, Cl. Morillon,* 1615, 1 fort vol. in-32, v. gran. 2 fr. 50

Race, au titre et au dernier f., court de marges et mouillures.

8807 **SALLENGRE** (de). Histoire de Pierre de Montmaur, professeur royal en langue grecque dans l'Université de Paris. *La Haye,* 1715, 2 vol in-12, front. et fig grav, v. marb. 10 fr.

Curieux et peu commun.

8808 **SALVERTE** (Eusèbe). Essai historique et philosophique sur les noms d'hommes, de peuples et de lieux, considérés principalement dans leurs rapports avec la civilisation. *Paris, Bossange,* 1824, 2 vol. in-8, cart. dos de toile, tête jasp., non rog., couv. 6 fr.

8809 **SANCHEZ** (Thomas). Disputationum de Sancto Matrimonii sacramento, Editio haec postrema Superiorum auctoritate correcta ; in qua, praeter vitam Actoris, locorum, quo facilius inueniantur, citationes charactere distinctæ sunt. *Antuerpiæ, Martini Nutii,* 1620, 3 vol. in-fol. à 2 col. 15 fr

Exemplaire lavé et encollé par Debroise et préparé pour la reliure.

8810 **SANDERUS** (Nic.). Les trois livres du docteur Nicolas Sanders, contenants l'origine et progrez du Scisme d'Angleterre, esquels est descripte une narration ou histoire ecclesiastique, depuis le temps de soixante ans, pitoyable certes et calamiteuse .. augmentez par Edouard Rishton. *S. l.*, 1587, pet. in-8, de 6 ff. prélim. et de 296 ff. chiff., demi-rel. bas. f. 15 fr.

Volume très rare.

8811 **SATYRE** Ménippée de la vertu du catholicon d'Espagne, et de la tenue des Estats de Paris. Dernière édition augmentée outre les précédentes impressions, tant de l'interprétation du mot de Higuiero d'Infierno, et qui en est l'autheur, que du Supplément ou suite du Catholicon, avec les portraits des deux Charlatans, et du Seigneur Agnoste, etc. *S. l.*, 1612, pet. in-12, vél. (*Q.q. petites piq. de vers*). 3 fr.

8812 **SATYRE** Ménippée ou la vertu du catholicon d'Espagne, et de la tenue des estats de Paris. Nouv. édit., accompagnée de commentaires et précédée d'une notice sur les auteurs, par Ch. Labitte. *Paris, Charpentier,* 1841, in-12, br. 3 fr.

8813 **SAUGRAIN** (Cl.-N.). Code des Chasses, ou nouveau traité du droit des Chasses, suivant la Jurisprudence de l'ordonnance de Louis XIV du mois d'août 1669... Où l'on a joint les notes des meilleurs auteurs, et des nouvelles remarques pour l'intelligence de cette Jurisprudence. Seconde édition, revue, corrigée et augmentée *Paris, Vve Guill. Saugrain,* 1720, 2 vol. in-12, v. gr. ant. 7 fr.

8814 **SAULIÈRE** (A.). Les Leçons conjugales, contes lestes. Vignettes et eaux-fortes de H. Somm. *Paris, Dentu,* 1879, in-12, pap. vél. teinté, titre r. et n., texte encadré de fil. r., br., couverture. 10 fr.

Tiré à petit nombre.

8815 **SCARRON.** Le Roman-comique. Nouv. édit précédée d'une notice sur l'auteur et sur l'état des lettres en France au XVIIᵉ siècle, par P. Christian. *Paris, Lavigne,* 1846, in-12, br. (*Taches de rousseur*). 3 fr.

8816 **SCARRON.** Le Roman comique. Edition précédée d'une notice sur l'auteur, et de l'état des lettres en France au 17ᵉ siècle par E. Christian. *Paris,* 1842, un vol. in-12 br. 3 fr. 50

8817 **SCHIKLER** (Fern.). En Orient. Souvenirs de Voyage (1858-1861). *Paris, M. Lévy frères,* 1863, in-12, br., couv. 3 fr. 50

Epuisé, rare

8818 **SCLAFER** (H.). La Chasse et le Paysan. *Paris, Sartorius,* 1868, in-12, br., couv. 3 fr.

8819 **SCOTT** (W.). Quentin Durward, traduction de Louis Vivien. Vignettes de Th. Fragonard, gravées par H. Porret. *Paris, Pourrat, et Cⁱᵉ, s. d.* (1839), gr. in-8, demi-rel. dos et coins de v. vert, tête éb., non rog., 12 fr.

8820 **SOUDERY** (de). Discours politiques des Roys. *Paris, chez la veuve Bobin,* 1681, in-12, v. m. 4 fr.

8821 **SEGRAIS** (Jean-Renaud de) Œuvres diverses. *Amsterdam, Franc. Changuion,* 1723, 2 vol. in-12, portr., v. gran. 4 fr.

8822 **SEGRETAIN** (E. A.). Sixte-Quint et Henri IV. Introduction du Protestantisme en France. *Paris, Gaume frères et Duprey,* 1861, in-8, br. 3 fr. 50

8823 **SHAKSPEARE** (W.). Le Mémorial de W. Shakspeare. Contes Shaksperiens, par Ch. Lamb, trad. de l'anglais par Alph. Borghers, avec une introduction par Philarète Chasles, précédée d'une vie de Shakspeare et de Lamb, par Am. Pichot. *Paris, Baudry,* 1842, gr. in-8, front. et fig. br. 10 fr.

Vignettes et culs-de-lampe dans le texte, gravés sur bois, 1 frontipice et 20 pl. sur acier, tirés à part et gravés par Audibran, Geoffroy, Goutière et autres. Première édition.

8824 **SHAKSPEARE** (The Plays of William), accurately printed from the text of the corrected copies, left by the late Geoge Steevens, and Edmond Malone, with a Glossary. *London* 1827, in-12 à 2 col., titre gr. demi-rel. chag. gren., non rog. 3 fr. 50

Edition imprimée en caractères microscopiques.

8825 **SISMONDI.** De la Littérature du Midi de l'Europe, par J-C-L. Simonde de Sismondi. *Aix-la-Chapelle, L. Kohnen,* 1837, 2 vol. gr. in-8, demi-rel. v bl. 6 fr.

8826 **SORET** (J.-L). Des conditions physiques de la Perception du Beau, avec 73 figures et 4 planches. *Genève et Paris. Fischbacher,* 1892, gr in-8, demi-rel. dos et coins de chag. r. fil., tête dor., non rog, couv. 3 fr. 50

8827 **SOTTISIER** de Nasr-Eddin-Hodja, bouffon de Tamerlan par J. A. de Courdemanche; in-8 écu, br. couv. 4 fr.

8828 **SOUVIRON** (A.). Dictionnaire des termes Techniques de la Science, de l'Industrie, des Lettres et des Arts. *Paris, Hetzel, s. d.,* in-12 à 2 col. br. 2 fr. 25

8829 **STAPPER** (P.) Molière et Shakespeare. *Paris, Hachette et Cⁱᵉ,* 1887, in-12, br. 2 fr.

8830 **STERNE** (L.). Œuvres complètes, trad. de l'anglais ; par une Société de gens de lettres. *Paris, Ledoux et Tenré,* 1818, 4 vol. in-8, portr. et fig par Mirbach et Chasselat, bas. rac. 8 fr.

8831 **STEUR** (Ch). Ethnographie des peuples de l'Europe avant Jésus-Christ, ou Essai sur les nomades de l'Asie, leurs migrations, leur origine. leurs idées religieuses, leurs caractères sociaux, etc. *Bruxelles et Paris,* 1874, 3 vol gr. in-8, br. neufs. Au lieu de 30 fr. 6 fr.

8832 **SUARD** (Mme). Madame de Maintenon, peinte par elle-même (par Mme Suard). 3ᵉ édit. revue, corrigée et augmentée de nouveaux détails sur Louis XIV, sa famille, l'intérieur de sa cour, et les principaux événements de son règne durant les vingt dernières années de sa vie. *Paris, Janet et Cotelle,* 1828, 2 vol. in-8, br. (*Envoi autog. de l'auteur*). 4 fr.

8833 **SULLY PRUDHOMME.** Poésies (1865-1879). *Paris, Lemerre,* 1877-1880, 4 vol. petit in-12, portr à l'eau-forte par Rajon, br., couv. au lieu de 24 fr. 10 fr.

Légères taches d'encre sur le 1ᵉʳ plat de la couverture à 2 volumes.

8834 **SURVILLE.** Poésies de Marguerite-Éléonore-Clotilde de Vallon-Chalys. depuis madame de Surville, poète français du XVᵉ siècle, publiées par Ch. Vanderbourg. *Paris, Henrichs, au XI* (1803), in-8, front. et fig. de Desenne, veau fauve, fil., dos orné, tr. dor. (*Simier.*) 16 fr.

8835 **SUTTER** (D.) Philosophie des Beaux-Arts appliquée à la peinture. *Paris, J. Tardieu.* 1858, gr. in-8, br. n. c. 3 fr.

8836 **SYNDICAT** (Le) du pape Alexandre VII, avec son voyage en l'autre monde. Traduit de l'italien (de Gregorio Leti). *S. l.* (*Amsterdam, D. Elzévier*), 1669, pet. in-12, v. f., dos orné, fil. tr. peig. (*Rel. moderne*). 10 fr.

Williams, n° 1830. — Satyre des plus fines qui aient jamais paru.

8837 **TABLEAU** (le) de la vie et du gouvernement de MM. les cardinaux Richelieu et Mazarin et de M. Colbert, représenté en diverses satyres et poésies ingénieuses, avec un recueil d'épigrammes sur la vie et la mort de M. Fouquet (et à partir de la p. 312, Paris ridicule, poëme satyrique de Petit). *Cologne, P. Marteau*, 1694, pet. in-12, v. br. (*Titre doublé*) 2 fr.

8838 **TABLETTES** du Clergé et des amis de la religion (de l'origine Janvier 1822 à décembre 1828). *Paris, Rivals et Demonville*, 1822 à 1828, 14 tomes en 7 vol. in-8, cart (*Cart. de l'époque*). 10 fr.

8839 **TASCHEREAU** (J.). Histoire de la vie et des ouvrages de P. Corneille. *Paris, Meinier*, 1829, in 8, portr., demi-rel. v. br. 3 fr.

8840 **TASCHEREAU**. Revue rétrospective ou archives secrètes du dernier gouvernement. *Paris*, 1848, 31 Nᵒˢ en un vol. gr. in-8, demi-veau. 14 fr.

8841 **TAYLOR**. The origin progress, and present condition of the fine arts, in Great Britain and Ireland, by Taylor. *London*, 1841. 2 vol. in-8, cart. n. rog. 4 fr.

8842 **TEISSIER** (Oct.). Les hommes illustres du Var. Arnaud de Villeneuve. *Toulon*, 1858, in-12, cart. 2 fr. 25

8843 **TESTAMENT** polititique du duc Charles de Lorraine, édition nouvelle, précédée d'une notice bibliographique (par A. de Montaiglon). *Paris, Académie des bibliophiles*, 1866, pet. in-12 carré, pap. vergé, br. n. c. 2 fr. 50

Tiré à 210 exemplaires numérotés.

8844 **THEMIS** Dea, seu de lege divina, Stephani Pighii Campensis. Ad ampliss. Antonium perrenotum Cardinalem. Item Mythologia ejusdem in quatuor anni partes, ab auctore recognita. *Antuerpiæ, ex officina Christophori Plantini*, 1568. in-8, fig. sur bois, v. f., dos orné, fil, dent. int, tr. dor. (*Petit Simier*) 10 fr.

Ce volume rare, dédié au cardinal de Granvelle, contient des figures sur bois remarquablement gravées

8845 **THEVET** (F. André), d'Angoulesme. Cosmographie de Levant. *A Lyon par Jean de Tournes et Guil. Gazeau*, 1554, in-4, v. fauve, ornem. sur les plats. (*Rel. anc. falig.*) 20 fr.

Figures grav. sur bois. Lettres initiales grav. sur bois.

8846 **THOINAN** (Er.). Les origines de la Chapelle-Musique des Souverains de France. *Paris, Claudin*, 1864, in-16, pap. vergé, br. n. c 2 fr. 25

Tiré à 225 exemplaires.

8847 **THOMAS** (l'Abbé Alex.). Saint-Corentin. Histoire de sa vie et de son culte. *Quimper*. 1887, in-8, br. 2 fr. 25

8848 **THOMAS**. Summa contra gentes S. Thomæ Aquinatis, in qua libris quatuor... *Burdigalæ, Petrum Maffre*, 1664, 1 fort vol. in-8 à 2 col., v. gran. (*Racc. à 2 ff.*) 3 fr

8849 **TOUCHATOUT**. Le Trombinoscope. Dessins de Moloch *Paris*, 1882, gr. in-8, fig. color., br., couv. impr. en couleurs. 6 fr.

8850 **TOULOUSE**. Histoire admirable advenu en la ville de Thoulouse d'un gentilhomme qui s'est apparu plusieurs fois à sa femme deux ans après sa mort, premièrement en forme naturelle, puis en forme de corps mort, ayant esté recognu de plusieurs personnes, tant docteurs, conseillers que médecins et autres *A Paris, Séb. Lescuyer*, 1623, in-8, pap. de Holl., br. 3 fr. 50

Réimpression à quelques exemplaires faite à *Lyon, chez Louis Perrin, en 1875. — Rare.*

8851 **TOURS**. Discours lamentables de trois jeunes enfans, lesquels ont esté exécutez et mis à mort dans la ville de Tours, pour avoir donné plusieurs coups de couteau à leur père, aagé de 70 ans le dix-septième d'avril 1611. *Paris, Fred. Morel*, 1611, in-8, pap. de Holl., br. 2 fr. 50

Réimpression à quelques exemplaires faite à *Lyon, chez Louis Perrin, en 1874. — Rare.*

8852 **TRINPHO** della Croce di Christo volgare ; della verita della fede Christiana. Composto per il Reverendo Padre Fralte Hieronymo Savonarola du Ferrara. (A la fin :) *Stampato in Vinegia, di Franc. Bindoni et Mapheo Pasini*, 1524, in-8 de 142 ff. chiff. et 2 ff., non chiff. car. ronds et goth, cart. 18 fr.

Figure sur bois sur le titre. Piqûres de vers.

8853 **TROYES**. Recherches sur la vie et l'œuvre du graveur Troyen Philippe Thomassin (né le 28 janvier 1562, paroisse St-Jean), par Edm. Bruwaert. *Troyes*, 1876, in-8, br. 3 fr. 50

8854 **UTRECHT** (Madame). Le Confiseur, impérial ou l'art du Confiseur dévoilé aux gourmands. *Paris*, 1811, un vol. in-12, rel. figures. 2 fr. 25

8855 **UZANNE** (O.). Notes pour la Bibliographie du XIXᵉ siècle. Quelques-uns des livres contemporains, en exemplaires choisis, curieux ou uniques, revêtus de reliures d'art et de fantaisie. Tirés de la Bibliothèque d'un écrivain et bibliophile parisien, dont le nom n'est pas un mystère. Et qui ont été livrés aux enchères les Vendredi et Samedi (2 et 3 mars 1894) en l'Hôtel des Ventes, rue Drouot, Salle nᵒ 10. *Paris, A. Durel*, 1894, in-8, pap. rose, br., couv. 3 fr.

Exemplaire avec les prix d'adjudication au crayon.

8856 **VADÉ**. Œuvres, ou Recueil des Opéras-comiques, parodies et pièces fugitives, avec les airs, rondes et vaudevilles notés, nouvelle édition. *Paris, Duchesne*, 1858, 4 vol. in-8. v. marb., dos ornés, tr. r. 27 fr.

Portrait de Vadé, gravé par Ficquet, et 4 vignettes d'Eisen pour la Pipe cassée.

8857 **VADÉ**. Œuvres, ou Recueil des Opéras-Comiques et Parodies qu'il a donnés depuis quelques années, avec les airs, rondes et vaudevilles notés ; et autres ouvrages du même auteur. *La Haye, Pierre Gosse*, 1759-1760, 4 tom rel. en 2 vol. in-12, v marb. 8 fr.

8858 **VADE** (Joseph). Poésies et lettres facétieuses. Avec une notice bio-bibliographique par Georges Lecocq. *Paris, A. Quantin*, 1879, 1 vol. in-8, demi-rel. maroq. rouge, tête dor., n. rog. (*Franz*). 6 fr.

Portrait et vign. grav. à l'eau-forte par Ad. Lalauze. Tiré à petit nombre. Exemplaire sur papier de Hollande.

8859 **VALETTE** (Ch.). Filles d'Eve, aux femmes. Fernande. — Marie et Marion (poésies. *Paris, impr. G.-A. Pinard*, 1863, in-16 de 64 pp., cart. non rog. 3 fr.

Seul livre publié par ce Limousin de 20 ans, mort au bout de 4 mois de vie parisienne non celle d'Offenbach et de Meilhac, mais celle de la misère, en l'an 1864. Ce petit livre, tiré à très peu d'exemplaires serait introuvable aujourd'hui. Au reste la perte n'est pas grande. C'est de l'imitation (en retard de vingt-cinq ans) de la poésie d'Alfred de Musset.

Note manuscrite sur la garde.

8860 **VALLET** de **VIRIVILLE**. Chronique de la Pucelle, ou chronique de Cousinot ; suivie de la Chonique Normande de P. Cochon, relatives aux règnes de Charles VI et de Charles VII, avec notices, notes et développements. *Paris*, 1859, in-12, br., couv. 2 fr. 50

8861 VERMESSE (L.). Dictionnaire du patois de la Flandre Française ou Wallonne, précédé d'une notice sur l'auteur, suivie d'une préface et de la liste des auteurs et des ouvrages cités dans le dictionnaire. Douai, Crépin, 1867, in-8, br.   5 fr.

8862 VERS DU BALLET ROYAL, dansé par leurs Majestez, entre les actes de la grande tragédie de l'Hercule amoureux, avec la traduction du prologue et des argumens de chaque acte. Paris, Rob Ballard, 1662, in-4, demi-rel. v. ant. (Mouillures).   16 fr.
Très-rare.

8863 VIE de Joseph-Benoit-Marcellin Champagnat, prêtre mariste, fondateur de la Société des Petits frères de Marie, par un de ses Premiers Disciples. Lyon, Jevain, 1885, in-8, portr. et fig., br.   2 fr. 25

8864 VIE de M. Le Prévost, fondateur de la Congrégation des Frères de Saint-Vincent de Paul (1803-1874), précédée d'une lettre de Mgr L Charles Gay. Paris, Poussielgue frères, 1890, in-8, portr., br.   2 fr. 50

8865 VIE du bienheureux Jean-Gabriel Perboyre, prêtre de la congrégation de la mission, Martyrisé en Chine le 11 Septembre 1840. Paris, Gaume et Cⁱᵉ, 1890, in-8, port. et fig, br.   3 fr.

8866 VIE du vénérable J.-B. de La Salle, fondateur de l'Institut des Frères des Ecoles Chrétiennes, suivies de l'histoire de cet Institut jusqu'à 1734, par un Frère des écoles chrétiennes. Rouen, Fleury, 1874, in-8 carré, br.   3 fr.

8867 VILLENEUVE D'AGEN. Cruauté d'une jeune demoiselle à l'endroit de son propre père, mariée outre sa volonté à un vieillard qui en devint jaloux, exécutée à Villeneuve d'Agen en Agenois le 12 septembre dernier. A Paris, Lib L'Escuyer, Jouxte la copie imprimée à Lyon, par J. Gaulterin, 1624, in-8, pap. de Holl, br.   2 fr. 50
Réimpression à quelques exemplaires faite à Lyon, chez Louis Perrin, 1877. — Rare

8868 VINCHON (Baron de). Histoire de l'Algérie et des autres états barbaresques, depuis les temps les plus anciens jusqu'à ce jour. Paris, 1839, in-8, br, planches.   3 fr.
Mouillures

8869 VINET (E.). L'art et l'archéologie. Paris, Didier, 1874, in-8, br., couv.   4 fr.

8870 VIREY (J. J.). Histoire naturelle du genre humain, nouvelle édition augmentée et entièrement refondue, avec figures. Paris, Crochard, 1824, 3 vol. in-8, pl. v. rac., tr. marb.   8 fr.

8871 VITA di S. Benedetto Antou. Maria Coltraro D. C. D. G. riprodotto con note ed aggiunte, per cura della Postulazione della Causa. Roma, Tip. dell' istituto Pio IX, 1881, gr. in-8, portr. bas. rouge, dos orné, ornem. à fr. fil. et milieux dor. sur les plats, tr. dor.   4 fr.

8872 VIVARAIS. Discours véritable d'un Sorcier nommé Gimel True, natif de Léon en Bretagne, surprins en ses charmes et sorcelleries au Pays de Vivarois. Ensemble les receptes pour guarir le bestail que par sa subtil poison avait mis sur les champs, en l'année 1609. A Paris, jouxte la coppie imprimée à Lyon, par H. Bottet, 1609, in-8, pap. de Holl., br. 2 fr 50
Réimpression à quelques exemplaires faite à Lyon, chez Louis Perrin, 1874 — Rare.

8873 VOLTAIRE. La Henriade, avec des notes historiques et littéraires, par Arago, Auguis, Daunou, Ch. Nodier, etc. Paris, Dalibon, 1825,
gr. in-8, demi-rel. dos et coins de chag. r., dos orné, fil., tête dor., non rog.   25 fr.
Exemplaire en GRAND PAPIER VÉLIN auquel on a ajouté : 1º La suite complète de 1 frontispice, 1 titre gravé, 10 figures et 10 vignettes, dessinées par Eisen et gravées par de Longuell, épreuves avec la lettre. — 2º La suite des 11 figures in-18, par Eisen — 3º La suite des 10 figures de Desenne, épreuves sur Chine avec la lettre, pub., par Menard et Desenne; 4º 3 portraits de Voltaire, gravés par Boisson, Langlois et Bulland, d'après de Largillière et De Latour. Figures remontées.
ENSEMBLE 48 PIÈCES.

8874 VOLTAIRE. La Pucelle d'Orléens, poëme de Voltaire. S. I. n. d., pet. in-4, bas.   20 fr.
MANUSCRIT DU XVIIIᵉ SIÈCLE sur papier, d'une belle écriture. Ce doit être une des premières copies manuscrites qui coururent alors la Cour sous le manteau, car le poème n'a ici que quinze chants. Une note placée en tête du volume, donne ce mss. comme étant de la main de Vagnerre, secrétaire de Voltaire; de nombreuses notes manuscrites ont été intercalées dans le volume et donnent les variantes des différentes éditions.

8875 VRAI PÉNITENT (le) formé sur le modèle de David, ou motifs de moyens de Conversion. Nouv édit., augmentée du Vrai Pénitent de nos jours, ou abrégé de la vie du bienheureux Benoit-Joseph Labre. Lyon et Paris, Périsse. 1788, in-12, portr. de Labre gr. par Martinet, bas. gran. (Titre raccommodé.)   2 fr. 50

8876 VAINS-DESFONTAINES (Th), d'Alençon. Dithyrambe sur la statue de Pierre Corneille Rouen, 1834. — Poésies (1836-37) Alençon, 1837 — Boïeldieu et les honneurs rendus à ce célèbre Compositeur, par Rouen. sa ville natale. Dithyrambe, Rouen, 1836. Ensemble 3 pièces en 1 vol. in-8, demi-rel. v. vert.   4 fr.

8877 WALKENAER (Baron). Mémoires touchant la vie et les écrits de Marie de Rabutin-Chantal, dame de Bourbilly, marquise de Sévigné, durant la Régence et la Fronde, suivis de notes et d'éclaircissements. Paris, F Didot et Cie, 1845-1865, 6 vol. in-12, demi-rel. v. bl.   12 fr.

8878 WALSH (Cte Théobald). George Sand. Paris, Hivert, 1837, in-8, demi-rel. bas. (Rel. de l'époque).   3 fr.
Edition originale.

8879 WALSIN ESTERHAZY. Notice historique sur le Maghzen d'Oran. Oran, Perrier, 1849, in-8 br.   4 fr.

8880 WEISS (Ch.). Histoire des Réfugiés Protestants en France, depuis la Révocation de l'Edit de Nantes jusqu'à nos jours. Paris, Charpentier, 1853, 2 vol. in-12, br.   5 fr.

8881 XANROF (L.). Chansons à Rire, dessins de J Grün, Lourdey et Frémont, musique dans le texte. Paris, Flammarion, s. d., in-12, br.   4 fr.
Edition originale, avec la couverture.

8882 XENOPHON in hoc volumine continentur infra-scripta opera Xenophontis Paedia Cyri Perfarnm regis — De Venatione — De republica et de legibus Lacedæmoniorum — De regis Agefilai Lacedæmonorium laudibus — Apologia pro Socrate — Opusculum de Tyrannide (A la fin) Haec Xenonphontis opera impressit diligenter et emendate Benedictus Hectoris. Bononiésis Bibliopola Celeberrimus et Impffor elegatissimus, Anno salatis M. DII. Cladisé Maii Bononiæ, in-fol. d.-rel. bas. 15 fr.

8883 YSABEAU. Le jardinier de tout le monde, Traité complet de toutes les branches de l'horticulture. Paris, Garnier, s. d., in-12, br. n. rog. (4 fr. 50)   2 fr.
Ouvrage orné d'un grand nombre de gravures.

EAUX-FORTES
DE
Félicien Rops

8884 — La dame au pantin, gravure en couleurs de Bertrand, d'après Rops, épreuve sur japon avec remarque. . . . . 150 fr.

8885 — La même épreuve, sans remarque. . . . . 100 fr.

8886 — La mère aux satyrions, gravure en couleurs de Bertrand, d'après Rops, épreuve sur japon avec remarque. . . . . 150 fr.

8887 — La même épreuve, sans remarque. . . . . 100 fr.

8888 — Eritis similes deo ! ou la Tentation, superbe gravure en couleurs de Bertrand d'après l'aquarelle originale de Rops ; très belle épreuve sans remarque. 100 fr.

8889 — Impudence, gravure en couleurs de Bertrand d'après Rops, très belle épreuve sans remarque. . . . . 100 fr.

8890 — La petite sorcière, gravure en couleurs de Bertrand d'après Rops, très belle épreuve avec remarque. . . . . 150 fr.

8891 — La femme au lorgnon, grande lithographie en noir de Bertrand d'après Rops, belle épreuve sans remarque. . . . . 80 fr.

8892 — Le Vol et la Prostitution dominant le monde ; grande planche faisant partie de la série des « Diaboliques » ; superbe gravure de Bertrand d'après l'aquarelle originale de Rops, très belle épreuve en couleurs sur japon in-folio. 70 fr.

8893 — La Femme et la Folie dominant le Monde ; grande planche faisant partie de la série des « Diaboliques », gravure de Bertrand d'après le dessin original de Rops, belle épreuve sur japon in-folio. . . . . 50 fr.

8894 — La dentellière, superbe eau-forte de Bertrand d'après Rops, belle épreuve sur japon in-folio. . . . . 35 fr.

8895 — La pierreuse, eau-forte de Bertrand d'après Rops, très belle épreuve sur japon in-folio. . . . . 35 fr.

8896 — Le bout du sillon, eau-forte de Bertrand d'après Rops, épreuve sur japon in-folio. 35 fr.

8897 — L'Amour dominant le Monde, grande planche, magnifique épreuve en couleurs sur japon in-folio. . . . . 100 fr.

8898 — La foire aux amours, grande planche, superbe épreuve en couleurs sur japon in-folio. . . . . 100 fr.

8899 — La même épreuve, en noir. . . . . 45 fr.

8900 — Le roman d'une nuit, vernis mou, grande planche, très belle épreuve en couleurs sur japon in-folio. . . . . 80 fr.

8901 — La même épreuve, en noir. . . . . 45 fr.

8902 — Le massage, eau-forte, grande planche, superbe épreuve sur japon in-folio. . . . . 40 fr.

8903 — Ma grand'tante, eau-forte et vernis mou, belle épreuve sur japon in-folio. 35 fr.

8904 — Le docteur Filleau, eau-forte, épreuve sur Japon in-folio. . . . 20 fr.

8905 — Suffisance, eau-forte, épreuve sur japon in-folio. . . . . . . 30 fr.

8906 — Dentelle à l'aiguille, eau-forte, magnifique épreuve sur japon in-folio ... 25 fr.
8907 — Comparaisons de boxe, eau-forte, belle épreuve sur japon in-folio ... 20 fr.
8908 — Première pose, eau-forte, épreuve sur japon in-folio ... fr.
8909 — Zizi de West, eau-forte, belle épreuve sur japon in-folio ... 25 fr.
8910 — L'Heure suprême, grande planche, superbe épreuve sur japon in-folio ... fr.
8911 — Le doigt dedans, eau-forte, épreuve sur japon in-folio ... 30 fr.
8912 — La fleur lâche, eau-forte, grande planche, belle épreuve sur japon in-folio ... 20 fr.
8913 — Printemps, eau-forte, épreuve sur japon in-folio ... 25 fr.
8914 — L'examen, vernis mou, belle épreuve sur japon in-folio ... 50 fr.
8915 — La mouche au satyrion, eau-forte, belle épreuve sur japon in-folio ... 35 fr.
8916 — La femme à la fourrure assise, grande planche, belle épreuve sur japon in-folio ... 30 fr.
8917 — La buveuse d'absinthe, très belle épreuve sur japon in-folio ... 30 fr.
8918 — Offertoire, eau-forte, belle épreuve sur japon in-folio ... 35 fr.
8919 — Sidi-Okba, eau-forte, épreuve sur japon in-folio ... 30 fr.
8920 — La Sieste, vernis mou, grande planche, superbe épreuve sur japon in-folio ... 50 fr.
8921 — La Colère, eau-forte, épreuve sur japon in-folio ... 25 fr.
8922 — Le doigt dans l'œil, eau-forte, épreuve sur japon in-folio ... 30 fr.
8923 — Pilier d'Église, eau-forte, belle épreuve sur japon ... 20 fr.
8924 — Le chat, destiné pour Mlle C., eau-forte, épreuve sur japon ... fr.
8925 — La petite femme à la fourrure assise, eau-forte, épreuve sur japon in-folio ... 25 fr.
8926 — Masques parisiens, grande planche, superbe épreuve sur japon in-folio ... 50 fr.
8927 — L'organiste improbable, eau-forte, belle épreuve sur japon in-folio ... 35 fr.
8928 — La pointe du sabre, eau-forte, belle épreuve sur japon in-folio ... 25 fr.
8929 — Le quatrième verre de Cognac, très belle épreuve sur japon in-folio ... 50 fr.
8930 — Mademoiselle de Maupin, belle épreuve sur japon in-folio ... 30 fr.
8931 — Le Maillot, très jolie épreuve sur japon in-folio ... 35 fr.
8932 — Le moineau de Lesbie, eau-forte, belle épreuve sur japon ... 35 fr.
8933 — Petit modèle, eau-forte, épreuve sur japon in-folio ... 35 fr.
8934 — La Pantoufle de Cendrillon et Repos, eau-forte, superbe épreuve sur japon in-folio ... 45 fr.
8935 — Les exercices de dévotion de M. Henri Roch, grande planche, belle épreuve sur japon in-folio ... 45 fr.

SOUS PRESSE

Catalogue de la Bibliothèque

Monsieur Francisque Sarcey

dont la vente aura lieu le mois prochain à l'Hôtel Drouot.

EN SOUVENIR DE [illegible]

FLEURS DE CYCLAMEN

PAR ANDRÉ THEURIET

DE L'ACADÉMIE FRANÇAISE

[illegible] TOPHILE [illegible] A. GUIARD

[illegible]

JUSTIFICATION DU TIRAGE

[Several lines illegible — exemplaires numbering/pricing notes]

NOTE POUR LES BIBLIOPHILES

[Paragraphs illegible due to degradation of the scan.]

FLEURS DE CYCLAMEN

L'INTERMÉDIAIRE

DES

Bibliophiles — Libraires — Amateurs

CATALOGUE DE BONS LIVRES ANCIENS ET MODERNES

Rares, Curieux ou singuliers en tous genres

EN VENTE AUX PRIX MARQUÉS

ADMINISTRATION	A. DUREL	L'Abonnement donne droit
21, Rue de l'Ancienne-Comédie 9 et 11, Passage du Commerce PARIS	Propriétaire-Gérant	à l'Envoi de tous nos Catalogues de Ventes Publiques

ABONNEMENTS	TARIF DES ANNONCES	
PARIS — PROVINCE — ÉTRANGER **3** francs par An.	La page entière . . . . . **50** fr. La demi-page . . . . . . **30** fr.	

PARIS
A. DUREL, Libraire

21, rue de l'Ancienne-Comédie, 21
9 et 11, passage du Commerce, 9 et 11

1899

8936 ABOUT (Edm.). Guillery, comédie en trois actes, en prose. *Paris, M. Lévy frères,* 1856, in-12, br.   5 fr.
Edition originale, avec la couverture.

> A Monsieur Leroux
> son ami, l'auteur
>
> E. A.

8937 ABOUT (E.). Rome contemporaine. *Paris, M. Lévy frères,* 1861, in-8, br., couv. 3 fr.

> A. Monsieur Leroux de la
> part de l'auteur
>
> E. About.

8938 AICARD (J.). Les Jeunes croyances (poésies). *Paris, Lemerre,* 1867, in-12, br.   6 fr.
Edition originale, avec la couverture.

> A Mr. Leroux (1867)
> premiers vers, beaucoup trop jeunes,
> bien sympathique hommage de
>
> Jean Aicard.

8940 AUGIER (Em.). La Ciguë, comédie en deux actes et en vers. 2e édition. *Paris, Furne et Cie,* 1844, in-12, br.   3 fr.

> A Mr Leroux
>
> E. Augier.

8941 AUGIER (Em.). Diane, drame en cinq actes en vers. *Paris, M. Lévy frères,* 1852, in-12, br.   5 fr.
Edition originale, avec la couverture.

8942 AUGIER (Em.). Un Homme de bien, comédie en trois actes et en vers. *Paris, Furne et Cie,* 1845, in-12, br.   5 fr.
Edition originale, avec la couverture.

> A M. Leroux
> hommage et remerciement
>
> E. Augier.

8943 AUGIER (Em). Philiberte, comedie en trois actes et en vers, 3e édition. *Paris, M. Lévy frères,* 1855, in-12, br., couv.   2 fr. 25

> A mon ami Leroux
>
> E. Augier.

8944 AUGIER (E.) et J. **SANDEAU**. La Pierre de Touche, comédie en cinq actes et en prose. *Paris, M. Lévy frères,* 1854, in-12, br.   8 fr.
Edition originale, avec la couverture.

> A M. Leroux,
> hommage affectueux.
>
> E. Augier,
> J. Sandeau.

8945 BARBIER (P.-J.). Jeanne D'Arc, drame en cinq actes, en vers. *Paris, M. Lévy frères,* 1869, in-12, br. (*Griffe de Paul Leroux sur la couverture*).   3 fr.
Edition originale, avec la couverture.

> A Monsieur Leroux
> protestation.... affectueuse
>
> P. J. Barbier.

8946 BARRIÈRE (Theod.). Le Feu au Couvent, comedie en un acte en prose. *Paris, M. Lévy frères,* 1860, in-12, br.   4 fr.
Edition originale, avec la couverture.

> A toi, ô Leroux ! ! !
>
> Theod. Barrière
Griffe de Paul Leroux sur la couverture, le faux-titre est à l'intérieur du volume.

8947 BECQUE (H). La Parisienne, comédie en trois actes. *Paris, C. Lévy,* 1885, in-12, br.   8 fr.
Edition originale, avec la couverture.

8948 BERGERAT (Emile). Une Amie, comédie en un acte et en vers. *Paris, A. Faure,* 1865, in-12, br.   2 f. 25
Edition originale.

8949 BORNIER (H. de). Dante et Béatrix, drame en cinq actes et en vers. *Paris, M. Lévy frères,* 1853, in-12, br.   4 fr.
Edition originale, avec la couverture.

> A M. Leroux,
> hommage de l'auteur
>
> Henri de Bornier.

8950 DEROULÈDE (P.). Juan Strenner, drame en un acte, en vers. *Paris, M. Lévy frères,* 1869, in-12, br.   6 fr.
Edition originale, avec la couverture.

> A M Leroux,
> temoignage de reconnaissance et de sympathie
>
> Paul Deroulede

Tache d'encre sur la couverture.

8951 DESMAZE (Ch.). P. Ramus, professeur au college de France, sa vie, ses ecrits, sa mort (1515-1572). *Paris, Cherbuliez,* 1864, in-12, portr. br., couv.   2 fr. 50

> A M. Paul Leroux,
> de St-Quentin, Societaire de la Comédie Française, bien affectueux hommage de
>
> Ch. Desmaze.

8952 DES MOURS (O.). Histoire des Comtes du Perche, de la famille des Rotrou, de 943 à 1231, c'est-a-dire jusqu'à la réunion de cette province à la Couronne de France, etc. Illustrée des armes des Rotrou et de deux jolies lithographies à deux teintes, par Jacottet. *Nogent-le-Rotrou, Gouverneur,* 1856, in-8, br., couv.   5 fr.

> A Monsieur Leroux,
> de la Comédie Française, hommage bien amical de l'auteur.
>
> O. des Mours

8953 DOUCET (Cam.). Comédies en vers. *Paris, M. Lévy frères,* 1858, 2 vol. in-8, br., couv.   8 fr.
Première édition collective.

> A Monsieur Leroux,
> Societaire de la Comédie française,
> affectueux souvenir
>
> Camille Doucet.

8954 DOUCET (C.). La Considération, comédie en quatre actes en vers. *Paris, M. Lévy frères,* 1860, in-12, br.   2 fr. 50
Edition originale, avec la couverture.

> A M. Leroux,
> Societaire de la Comédie française,
> remerciement et souvenir de l'auteur.
> Son bien dévoué,
>
> Camille Doucet.

8955 DOUCET (C.) Le Fruit defendu, comedie en trois actes, en vers. *Paris, M. Lévy frères,* 1858, in-12, br.   2 fr. 50
Edition originale, avec la couverture.

> A Monsieur Leroux,
> affectueux souvenir de l'auteur.
>
> Camille Doucet.

8956 DURANTIN (A.) DUMAS (fils) Héloïse Paranquet, piece en quatre actes. *Paris, Librairie centrale,* 1866, in-8, br.   10 fr.
Edition originale, avec la couverture.
L'un des 200 exemplaires tirés sur papier vergé (n° 43).

> A M Leroux,
> Societaire de la Comédie française.
> Souvenir d'amitié
>
> Armand Durantin.

8957 ECKHOUD (Georges). Kermesses, illustrée de dix compositions de Frans Van Kuyck. *Bruxelles, Kistemaeckers s. d.* (1884) in-12, br., couv. illustr.   5 fr.
Rare.

8958 FOUCHER (P.) et **RÉGNIER**. La Joconde, comédie en cinq actes, en prose. *Paris,*

M. Lévy frères, 1855, in-12 br. (Griffe de Paul Leroux sur le titre).　3 fr.
Edition originale, avec la couverture.

A M. Leroux,

Hommage affectueux et reconnaissant

Paul, Foucher, Régnier.

8959 GONCOURT (E. et J. de). Henriette Maréchal, drame en trois actes, en prose, précédé d'une histoire de la pièce. Paris, A. Lacroix et C⁰, 1866, in-8 br.　16 fr.
Edition originale, avec la couverture.

A M. Leroux,

hommage des auteurs

E. et J. de Goncourt.

8960 GONDINET (E.). Trop Curieux, comédie en un acte, en vers. Paris, M. Lévy frères, 1863, in 12 br.　6 fr.
Edition originale, avec la couverture.

A Monsieur Paul Leroux,

qui a plus fait L. Blount que l'auteur.

Hommage de sympathique admiration pour son talent et témoignage de reconnaissance.

Edmond Gondinet.

8961 GOZLAN (L.). Le Gâteau des Reines, comédie en cinq actes, en prose. Paris, M. Lévy frères, 1855, in-12 br. (Griffe de Paul Leroux sur le titre).　3 fr.
Edition originale, avec la couverture.

A l'excellent M. Leroux,

son auteur, son obligé et son ami

Léon Gozlan.

8962 HOUSSAYE (A.). Galerie de Portraits du XVIIIᵉ siècle. Cinquième édition diminuée et augmentée. Première série. Paris, V. Lecou, 1854, in-12 br., couv.　5 fr.

Au philosophe Paul Leroux,

qui vaut bien le philosophe Pierre Leroux

Ars. Houssaye.

8963 JANIN (J.). Rachel et la Tragédie. Ouvrage orné de dix photographies représentant Mademoiselle Rachel dans ses principaux rôles. Paris, Amyot, 1859, gr. in-8 br., couv.　8 fr.

A mon cher Camarade Leroux,

Paris, ce 8 septembre 1860

Raphaël Félix.

8964 JUVÉNAL et PERSE (Satires de), traduites en vers français, par M. Jules Lacroix. Paris, Firmin-Didot frères, 1846, in-8 br. (Mouillures).　5 fr.

A Monsieur P. Leroux,

(Le spirituel et charmant Munster). Sociétaire de la Comédie française. Souvenir d'estime et d'amitié

Jules Lacroix.

Janvier 1859.

8965 LACROIX (J.). Le Testament de César, drame en cinq actes et en vers. Paris, Firmin-Didot frères, 1849, in-8, demi-rel., v. gren. (Feuillets tachés d'encre en haut de la marge).　3 fr.
Edition originale.

A Monsieur Campanel,

de la part de l'auteur

Jules Lacroix.

8966 LEGRAND (Ch.). Le Théâtre en sonnets. Les Acteurs. Paris, Seppré, 1870, in-12 br.　4 fr.
Edition originale, avec la couverture.

A M. Leroux,

un sincère admirateur.

Ch. Legrand.

8967 LECOMTE (J.). Le Luxe, comédie en quatre actes et en prose. Paris, Librairie nouvelle, 1858, in-8, mar. rouge, fil a fr., dent. int., tr. dor. initiales de Paul Leroux sur le premier plat. (Closs).　40 fr.
L'un des 25 exemplaires tirés sur papier de Hollande (n° 9), non mis dans le commerce, auquel on a joint

12 articles de Journaux sur Leroux et avec cet envoi autographe :

« Approuvé et certifié conforme par l'auteur, reconnaissant envers son brillant et excellent interprète ».

Jules Lecomte.

8968 MALLEFILLE (F.). Le Cœur et la Dot, comédie en cinq actes, en prose. Paris, M. Lévy frères, 1860, in-12 br., couv. (Mouillures).　3 fr.

A mon ami Leroux,

F. Mallefille.

8969 MANUEL (Eug.). Les ouvriers, drame en un acte, en vers. Paris, M. Lévy frères, 1870, in-12 br.　3 fr.
Edition originale, avec la couverture.

A Monsieur Leroux,

de la Comédie Française, hommage bien sympathique de son tout dévoué

Eug. Manuel.

8970 MOTHER Goose or the Old Nursery Rhymes. Illustrated by Kate Greenaway, engraved and printed by Edmund Evans. London, G. Routledge and Sons, s. d., in-12, fig. color., cart. toile. (Cart. de l'éditeur).　2 fr.

8971 MUSSET (Alf. de). Il faut qu'une porte soit ouverte ou fermée, proverbe. Paris, Charpentier, 1848, in-12 br.　30 fr.
Edition originale, avec la couverture.

Q. q. taches d'encre sur la couverture.

8972 PONROY (A.). Le Roi des cent Rois; récits du temps de Jules César. Paris, Dentu, 1868, in-8 br., couv.　4 fr.

A mon vieux et cher camarade Leroux.

Offert par son tout dévoué.

Arth. Ponroy.

8973 PONSARD (F.). Charlotte Corday, tragédie en cinq actes et en vers. Paris, Blanchard, 1850. — LE TESTAMENT DE CÉSAR, drame en cinq actes et en vers suivi d'un épilogue, par Jules Lacroix. Paris, Firmin Didot frères, 1849. Ens. 2 pièces en 1 vol. in-8, demi-rel. chag. 7 fr.
Editions originales.

A M. Leroux,

Hommages des auteurs

F. Ponsard.

Jules Lacroix.

8974 — Galilée, drame en trois actes, en vers. Paris, M. Lévy frères, 1867, in-8 br.　2 fr.
Edition originale, avec la couverture.

8975 — Horace et Lydie (une Ode d'Horace), comédie en un acte et en vers. Paris, Blanchard, 1850, in-8 br.　3 fr. 50
Edition originale avec la couverture.

A M. Leroux,

son ami reconnaissant

F. Ponsard.

8976 — Le Lion amoureux, comédie en cinq actes, en vers, 5ᵉ édition. Paris, M. Lévy frères, 1866, in-8 br., couv.　3 fr.

A mon ami Leroux,

remerciements bien affectueux.

F. Ponsard.

8977 SARDOU (V.). La Papillonne, comédie en trois actes, en prose. Paris, M. Lévy frères, 1862, in-12 br.　3 fr.
Edition originale, avec la couverture.

A son ami Leroux,

l'auteur reconnaissant et dévoué

Vict. Sardou.

8978 SOULIÉ (Eud.). Recherches sur Molière et sur sa famille. Paris, Hachette et Cⁱᵉ, 1863, in-8 br., couv.　4 fr. 50

A Monsieur Alfred Prestat,

son allié et ami

Eud Soulié.

8979 **TALMA** (Memoires de J.-F.), écrits par lui-même, et recueillis et mis en ordre sur les papiers de sa famille, par Alexandre Dumas. *Paris, H. Souverain*, 1849, 2 tom. en 1 vol. in-8, demi-rel. bas. gren. (*Q.q feuillets raccommodés*).
3 fr.

A Monsieur Rusconi
à mon ami Verteuil.

Rusconi.

8980 **THIERRY** (Ed.). F. Ponsard. Discours prononcé par M. Edouard Thierry, pour l'inauguration de la statue de Ponsard. *Paris, Claye*, 1870, broch. in-8, couv.
2 fr. 25

A Monsieur Leroux,
témoignage d'affection

Ed. Thierry.

8981 **UCHARD** (Mario). Le retour du mari, comédie en quatre actes, en prose. *Paris, M. Lévy freres*, 1858, in-12 br. (*Q.q feuillets tachés d'encre sur la marge du bord.*)
2 fr. 50

Edition originale, avec la couverture.

A Monsieur Leroux,
Souvenir reconnaissant.

Mario Uchard.

8982 **VACQUERIE** (A.). Le Fils *Paris, Pagnerre*, 1866, in-8 br.
4 fr.

Edition originale, avec la couverture
Exemplaire tire sur papier de Hollande

A M. Leroux,
son ami

Auguste Vacquerie.

8983 **ANNALES LITTÉRAIRES** et administratives des Bibliophiles contemporains (pour 1890-1890). *A Paris, imprimé pour les Sociétaires de l'Académie des Beaux Livres*, 1890-1894, 4 vol. in-8 Jésus, fig., couv.
18 fr.

8984 **ALAISE**, par A. Delacroix. *Besançon et Paris*, 1860-62, 4 broch, gr. in-8, cartes et pl.
3 fr.

Alaise et Séquanie.—Alaise à la barre de l'Institut. — Alaise et le Moniteur. — La vérité sur Alise-Sainte-Reine, lettre à M. Alph. Delacroix par P. Bial.

8985 **ALBUM JAPONAIS** contenant: Acteurs, parmi lesquels le celebre Kosturo au long nez, par Torpo-Kouni, in-fol. de 70 planches, broché.
55 fr.

Tirage ancien.

Les dernières planches sont des marines par Hiroshigé.

8986 **ALBUM JAPONAIS** contenant: Portraits d'un Acteur comique dans ses principaux rôles. Ecole d'Osaka, pet. in-4, de 42 planches color., cart. (*ancien tirage*).
50 fr.

8987 **ALBUM JAPONAIS** contenant: Portraits d'un acteur de drames dans ses différents rôles. OEuvre de l'École d'Osaka, pet. in-4 de 72 planches color., cart., soie japonaise.
60 fr.

Album intéressant pour l'étude des costumes et de la mimique dans le théâtre japonais (*tirage ancien*).

8988 **ALBUM JAPONAIS** contenant; 32 planches a la gouache, representant des Oiseaux, des Fleurs et Arbustes, non signe. pet. in-4, cart. soie japonaise (*ancien tirage*)
35 fr.

8989 **ALCIAT**. Omnia Andreae Alciati. Emblemata, cum commentariis, quibus Emblematum, omnium aperta origine mens authoris explicatur, et obscura omnia dubiaque illustrantur. Per Claudium Minoem... *Parisiis, Hier. de Marnef*, 1583, in-8, fig., vél. ant.
8 fr.

Volume orné de jolies figures sur bois

8990 **ALLIANCE** des Jacobins de France, avec le Ministère Anglais, suivi du stratagemes du de Fr. Drake, sa Correspondance, ses plans de Campagne, etc. *Paris, An XII*, un vol. in-8, rel.
3 fr.

Rare

8991 **ALMANCH** Nouvelles Étrennes, utiles et agréables contenant un recueil de fables choisies sur de petits airs et vaudevilles, avec un calendrier de l'année 1734. *Paris*, 1734, in-32 br., musique
2 fr. 25

8992 **ABSTEDIUS**. Turris Babel destructa hoc est refutatio argumentorum quibus utuntur, omnis generis gigantes ad stabiliendum confusionem in negotio religionis. *Herbornae, Nassoviorum*, 1639, un fort vol. pet. in 12, vel.
5 fr.

8993 **AMPÈRE** (J. J.). La Science et les Lettres en Orient, avec une préface par Barthélemy Saint-Hilaire. *Paris*, 1865, in-8, br. (7 fr. 50)
4 fr. 50

Epuisé.

8994 **AMYRAUT** (M.). Discours de la Souveraineté des roys, par Moyse Amyraut. *S. l.* (*Saumur*), 1650, in-8, parch.
20 fr.

8995 — Discours de l'estat des fideles apres la mort. *Saumur*, 1646, parchemin, fortes mouillures et taches.
10 fr.

8996 **ANNUAIRE** historique et statistique du dep. du Bas Rhin, pour l'année 1812, par M. Fargès-Méricourt. *Strasbourg*, 1812, 1 vol. in-8 br.
3 fr.

8997 **ANTAS** (Miguel d'). Les faux Don Sébastien, étude sur l'histoire de Portugal. *Paris, Durand*, 1866, in-8, br. n. c.
3 fr.

Envoi authographe de l'auteur.

8998 **APOLOGIE** pour les Protestants, ou l'auteur justifie pleinement leur conduite et leur séparation de la Communion de Rome, et propose des moyens faciles et raisonnables pour une sainte et bien heureuse réunion *Amsterdam, P. Warnaer*, 1672, in-8, vel.
10 fr.

8999 **APPERT** (L.) et J. **HENRIVAUX** La verrerie depuis vingt ans. *Paris, Bernard et Cie*, 1894, petit in-4, fig. dans le texte, demi-rel. chag. r. poli, tête dor., non rog. (*Envoi autogr. de J. Henrivaux*).
3 fr.

9000 **ARGENVILLE** (d'). Abrégé de la vie des Peintres, avec la notice de leurs ouvrages. *Paris, Gay et Gide, an IV*, 2 vol. in-8, 2 front. par Moreau, gr. par l'Empereur, demi-rel. bas. ant. (*Mouillures*).
7 fr. 50

9001 **ASSERTIONIS** Pellicamanae et sectariorum hujus nostri seculi.... authore J. Fabro. *Antverpiae*, 1565, in-8, cart. toile.
10 fr.

9002 **D. ATHANASII** libri contra, idolatrium genti et de fide sancto trinitatis cum praefatione D. Mart. Lutheri. *Wittembergae*, 1532, in-12 cart, titre encadre.
8 fr.

9003 **ANDRÉ**. Dissertation sur les idées morales des Grecs, et sur le danger de lire Platon. *Rouen, J. Lemonnyer*, 1879, in 12, pap. vél. teinté, br., couv.
2 fr. 25

9004 **AUDIGUIER** (D'). Histoire tragi-comique de nostre temps, soubs les noms de Lysandre et de Caliste. *Lyon, P. Bailly*, 1634, pet. in-12, derel. *Mouillures et les pages 457 à fin, rongées dans la marge du bas.*
4 fr.

Le titre est dans un joli encadrement sur bois.

9005 **AUDIN** (J.-M.-V.). Histoire de la vie, des écrits et des doctrines de Martin Luther. *Paris, Maison*, 1839, 2 vol in-8, portr. et fac-simile, demi-rel. v., br.
7 fr.

9006 — Histoire de Léon X et de son siècle. 3e édition. *Paris, Maison*, 1850, 2 vol. in-8, demi-rel. chagr. noir.
5 fr.

9007 AUDOUARD (M⸱ O.). Silhouettes Parisiennes, illustrées de portraits. *Paris, Marpon et Flammarion,* 1883, in-12 br., couv. illust. 3 fr.

9008 AULARD (F. A.). Essai sur les idées philosophiques et l'inspiration poétique de Giacomo Léopardi, suivi d'œuvres inédites et de traductions de quelques-unes des œuvres morales. *Paris Ernest Thorin,* 1877, in-8 br. 3 fr.

9009 BACHELIER (I.). Recueil de cantates contenant toutes celles qui se chantent dans les concerts : pour l'usage des amateurs de la musique et de la poésie. *La Haye,* 1728, in-12, v. brun. 3 fr.

Volume peu commun.

9010 BALZAC (H. de). La Cousine Bette : 10 compositions par G. Cain, gravées à l'eau-forte par Gaujean et Géry-Bichard. *Paris, Quantin,* 1888, in-4, br., couv., emboîtage. 100 fr.

L'un des 50 exemplaires tirés sur PAPIER DU JAPON (n° 24), avec deux suites des planches, épreuves terminées sur Hollande à la cuve et sur Japon avant la lettre.

9011 BAPAUME (A.). La Rome tintamarresque, histoire drôlatique et anecdotique de Rome, depuis sa fondation jusqu'au Moyen âge, préface par Commerson. *Paris, Dentu,* 1870, in-12, br., n. c. 3 fr.

Édition originale, avec la couverture.

9012 BARANTE (Baron de). Histoire de Jeanne d'Arc. *Paris, Didier et Cie,* 1859, in-12, portr., br. 2 fr.

9013 BARRÉ (Recueil des lettres spirituelles du R.P.), avec un abrégé de sa vie (par l'abbé N.) *Rouen, Guill. Le Boucher,* 1697, in-12, v. gr. 4 fr.

Le R. P. Barré, religieux minime, est né à Amiens en 1621

9014 BARTHÉLEMY (Ed. de). Mme la Comtesse de Maure, sa vie et sa correspondance, suivies des maximes de Mme de Sablé et d'une étude sur la vie de Melle de Vandy. *Paris, J. Gay,* 1863, in-12, br., n. rog. 3 fr.

L'un des 80 exemplaires tirés sur pap. de Holl. N° 18.

9015 BASNAGE. Histoire de la Religion des églises réformées. *Rotterdam,* 1721, 5 vol. pet. in-8, cart. non rognés. 25 fr.

9016 BASTIDE (L.). Vie religieuse et politique de Talleyrand-Périgord. *Paris, Faure,* 1838, in-8, br. 4 fr.

9017 BAYLE. Lettres choisies, avec des remarques (par Prosper Marchand). *Rotterdam, Fritsch et Bohm,* 1714, 3 vol. in-12, v. br. 5 fr.

9018 BAYLE (Pierre). Nouvelles lettres de l'auteur de la critique générale de l'histoire du calvinisme du Père Maimbourg. *A la Sphère. Villefranche, chez Pierre le Blanc,* 1685, 2 vol. pet. in-12, rel. v. br., dos ornés. 10 fr.

Bel exempl. de cette édit. elzévir. — Hauteur 133 mill.

9019 BAYLE. La Vie de M. Bayle, par M⸱ Des Maizeaux, nouvelle edition. *La Haye, P. Gosse et J. Neaulme,* 1732, 2 vol. in-12, br., couv. papier, non rog. 6 fr.

9020 BAYONNE. Discours très véritable d'un insigné voleur, qui contrefaisait le diable, lequel fut prins et pendu a Bayonne au moys de janvier dernier. *A Villefranche jouxte la copie imprimée à Bayonne, par J. Merlet,* 1608, in-8, pap. de Holl., br. 2 fr. 50

Réimpression à quelques exemplaires, faite à Lyon, chez Louis Perrin, 1874. Rare.

9021 BEAUJOUR (S.). Essai sur l'histoire de l'eglise réformée de Caen. *Caen,* 1877, un vol. in-8 broché. 4 fr. 50

9022 BEAUMONT (Ed. de). Notice sur les gens de guerre du Comte de Saint-Paul qui sont enfouis a Coucy, depuis 1411. *Paris, Buschet, s. d.,* gr. in-8, de 72 p., fig dans le texte, br. 2 fr. 50

Tiré à 370 exemplaires numérotés (n° 79).

9023 BELLEVAL (de). La Panoplie du XVᵉ au XVIIIᵉ siècle, par le comte de Belleval. *Paris,* 1873, gr. in-8, br. 4 fr.

9024 BERNARD (Aug.). **ANTOINE VÉRARD** et ses livres à miniatures au XVᵉ siècle. *Paris, Techener,* 1860, broch. in-8. 4 fr. 50

9025 — Geofroy Tory, peintre et graveur, premier imprimeur royal, reformateur de l'orthographe et de la typographie sous François 1ᵉʳ. *Paris, E. Tross,* 1857, in-8, fig. dans le texte, br., n. c. 4 fr.

9026 BEVERLAND (A.). Le Peche originel, traduit librement du latin d'Adrien Beverland, par J. Fred. Bernard. Reimpression sur l'edition la plus complete de 1741, notice bio-bibliographique par un Bibliophile. *Paris et Bruxelles,* 1868, in-12, pap. de Holl., br. couv. 3 fr.

Tiré à 237 exemplaires numérotés (n° 138).

9027 BÈZE (Th. de). Tractatio de repudiis et divortiis. *Genevae, apud Eustathium Vignon,* 1573, pet. in-8, vélin. 10 fr.

Mouillures.

9028 BIBLE. La Sainte Bible traduite sur les textes originaux, avec les differences de la Vulgate. *A. Cologne* 1739, in-8, front. dess. par B. Picart, gr. par Yver, v. porph., dos orné, fil. 4 fr. 50

9029 BIBLIOTHÈQUE Elzevirienne, publiee par Jannet, Pagnerre, etc. vol. in-12, cart. toile rouge, n. rog.

9030 ANCIEN Theâtre François, 1854-56. 10 vol. *Les tom. 1.2.3, en demi-rel. v. f., rog. (72 fr.)* 20 fr.

9031 HISTOIRE amoureuse des Gaules (tome Iᵉʳ), 1856, 1 vol. 2 fr.

9032 ŒUVRES de Roger de Collerye. 1855, 1 vol. (6 fr.). 3 fr.

9033 BILLARDON DE SAUVIGNY. L'Innocence du premier âge en France. *Paris, Delalain,* 1768, pet. in-8, titre gr., fig., vign et musique notée, v. marb. anf. 4 fr. 50

Dans le même volume : Maladie, confession, mort de M. de Voltaire, et ce qui s'ensuivit, par moi, Joseph Dubois. *Geneve.* 1771, pet. In 8.

9034 BLANQUI. Voyage en Bulgarie, pendant l'année 1841. *Paris, Coquebert,* 1843, in-12, demi-rel. bas verte. 3 fr.

9035 BLASON DES BARBES (le) de maintenant, chose tres joyeuse et recréative. *A Paris, suivant la copie imprimée, avec permission, s. d.,* in-16, cart., n. rog. 2 fr. 50

Réimpression tirée à petit nombre.

9036 BOCHART (Lettre de M.) a M. Morley chapelain du roy d'Angleterre, pour respondre a trois questions. 1° De l'ordre épiscopal et presbytérien. 2° Des appelations des jugemens ecclesiastiques. 3° Du droict et de la puissance des Roys *Paris, L. Vendosme,* 1650, in-8, non rel., couv. papier. 8 fr.

9037 BOILEAU (J.). Traité des empêchements du mariage, ou l'on fait voir que le droit qu'ont les Roys et les Princes d'en etablir a l'egard de leurs sujets, n'a pu leur être ôté par violence ou par piete, par un professeur en théologie (Jacques Boileau). *Cologne,* 1691, in-8, v. marb. (Déchirure au f. 1 et piq. de vers). 3 fr.

9038 BOISSONADE (J.-F.). Critique littéraire sous le premier empire, publié par F. Colin-

camp, précédée d'une notice historique sur M.
Boissonade par M. Naudet. *Paris, Didier et Cie*,
1863, 2 vol. in-8, portr., br. n. c.   5 fr.

9039 BONIVARD. Advis et devis de l'ancienne
et nouvelle police de Geneve, suivis des advis
et devis de noblesse et de ses offices ou degres.
Genève, 1865, un vol. in-8, velin, n. r.   8 fr.

9040 BOSSUET. Discours sur l'histoire universelle .. depuis le commencement du monde
jusqu'à l'Empire de Charlemagne, par J.-B. Bossuet. *Suivant la copie imprimée a Paris, chez
Sébastien, etc.*, 1681, in-12, mar. vert, dos orné,
3 fil., dent. int., tr. dor. (*Mouill.*)   12 fr.
> Jolie édition exécutée en Hollande.

9041 BOUDON (H.). La vive flamme d'amour
dans le bien heureux J. de la Croix, premier car-
me déchaussé et coadjuteur de Sainte-Therèse.
Paris, 1749, in-12, v.   3 fr.

9042 BOUGOT (A.). Essai sur la critique d'art,
ses principes, sa methode, son histoire en
France. *Paris, Hachette et Cie, s. d.*, in-8, d.-
rel. chag. vert, tr. peig.   3 fr.

9043 BOUHOURS (Pere). Recueil de vers choisis. *Paris, chez George et Louis Josse*, 1693, in-
12, veau brun.   4 fr.
> Ce recueil contient en première édition deux fables de
> La Fontaine.

9044 BOULLÉE (A.). Histoire complete des
Etats-Generaux et autres assemblees represen-
tatives de la France depuis 1302 jusqu'en 1626.
Paris, Langlois et Leclercq, 1845, 2 vol. in-8,
br. n. c.   5 fr.
> Rare.

9045 BOURDIN (Nic.). *Seigneur de Villennes.*
L'Uranie, ou la traduction des quatre livres
des jugements des astres de Claude Ptolomee.
Paris, 1640, pet. in-12, v. ant.   5 fr.

9046 BOURDIN DE VILLENNES (Nic.).
L'Uranie. *Paris*, 1640, in-12 parchemin. (Rare).
          5 fr.

9047 BOURGET (P.). Nouveaux Pastels (dix
portraits d'hommes). *Paris, Lemerre*, 1891, in-
12, br.   4 fr.
> Edition originale, avec la couverture.

9048 BOURGOGNE. Histoire veritable d'une
femme qui a tué son mary, laquelle apres
exerça des cruautez inouyes sur son corps,
executée à Soiran en Bourgogne distant d'une
lieue d'Aussonne, le 18 janvier 1625, broch
in 8, pap. de Hollande.   2 fr. 50
> Réimpressions à quelques exemplaires, faite à Lyon,
> chez L. Perrin, 1876.

9049 BOUTON. Traité de l'art héraldique, ou la
Science du blason abregee. *Paris, Bouton*, 1873,
in-18, broche.   2 fr.

9050 BOUTON (V. M). Traité élementaire et
pratique pour apprendre a graver sans maitre.
Paris, Bouton, s. d., in-12, de 53 pp., lettres
ornees et fig. dans le texte, br. n. c.   4 fr. 50

9051 BOUTRY (Vte Maurice). Choiseul à Rome
(1754-1757) Lettres et Mémoires inédits, introduction par A. Halays *Paris, C. Lévy*, 1895,
in 8, portr. du Duc de Choiseul d'apres Moreau
le jeune, br. n c., couv.   3 fr. 50

9052 BOUVÉRY (J.). Le Spiritisme et l'Anar-
chie devant la Science et la Philosophie. *Paris,
Chamuel*, 1897, in-8, br. n. c.   2 fr.

9053 ROYER (P.). The history of the Vaudois...
London, 1892, in-12, bas., taches.   5 fr.

9054 BRETAGNE. Discours d'une Histoire et
Miracle advenu en la ville de Montfort à cinq
lieues, pres Rennes en Bretaigne, avec une
Oraison a Nostre-Dame de Lyesse. *Imprimé à
Rennes*, 1588, in-8, pap. de Holl., br.   2 fr. 50
> Réimpression à quelques exemplaires faite à Lyon,
> chez Louis Perrin, 1876. Rare.

9055 BRIÈVE ET FIDÈLE Exposition de
l'origine, de la doctrine, des constitutions,
usages et ceremonies ecclesiastiques de l'E-
glise de l'unité des Freres connus sous le nom
de FRERES DE BOHEME et de MORAVIE, tiree de
leurs actes et titres authentiques par un auteur
impartial, ami de la Verite, avec 16 planches
gravees en taille-douce, où le tout est représente au naturel. *S. l.*, 1762, in-8, figures, cart.
          10 fr.

9056 BRIO (Carolus). Les Blesses de la vie.
Paris, Frinzine et Cie, 1885, in-12, br. 2 fr. 50
> Edition originale, avec la couverture. Exemplaire
> tiré sur papier de Hollande.

9057 BRIZARD (Gab.). Du massacre de la
Saint-Barthelemi, et de l'influence des Etrangers en France durant la Ligue ; Discours historique, avec les preuves et developpemens,
par Gabriel Brizard, citoyen français. *Paris,
Garnery d'une imprimerie nationale, l'an premier de la liberté*, 2 parties en 1 vol. in-8, demi-rel. bas.   5 fr.

9058 BRUEYS. Traité de l'Eglise où sans entrer dans les questions qui ont eté agitées,
on montre que les principes des Calvinistes se
contredisent. *Paris*, 1686, un vol. in-12, maroquin rouge, dos orne, fil., tr. dor. (*Reliure ancienne*).   15 fr.

9059 BRUNET (G.). Recherches sur diverses
éditions Elzeviriennes, faisant suite aux études de MM. Bérard et Pieters, extraites des papiers de M. Millot, mises en ordre et complé-
tées par Gustave Brunet. *Paris, Aubry*, 1866,
in-12, br., couv.   2 fr. 25
> Tiré à 257 exemplaires L'un des 250 sur papier ver-
> gé (n° 55).

9060 BRUNET (Romuald). Traite d'Escrime,
pointe et contre-pointe. Ouvrage illustré de 5
dessins par Eug Chaperon, et de 27 planches
inedites. *Paris, Rouveyre et Blond*, 1884, in-12,
br.; couv.   3 fr.

9061 BRUSCAMBILLE (Les œuvres de), contenant ses fantaisies, imaginations, et paradoxes, et autres discours comiques. Le tout nouvellement tiré de l'escarcelle de ses imaginations reuni et augmente par l'autheur. *Rouen,
Martin de La Motte*, 1626, pet. in-12, v. f. ant.
          15 fr.
> Excellente édition, vendue 92 francs Auvillain.

9062 BULLET. Du Festin du Roi-boit. *Besançon, Charmet*, 1764, in-8, de 12 p., br., n. rog.
(*Mouillures*).   1 fr. 50
> Rare.

9063 BULLET. Traité du Nivellement, contenant la theorie et la pratique de cet art, avec
l'instrument du Niveau nouvellement invente.
Paris, Langlois, 1688, in-12, fig, v. gr.   3 fr.

9064 BUREAU (G.). Deux histoires d'Aultre-
foys, preface par A. Silvestre, dessins de Miguel Zamacoïs. *Paris, Dentu*, 1893, in-4 do 40
p pap, verge de holl., cart, dos de mar. vert
non rog., couv. illust.   3 fr.

9065 CABINET (le) Jésuitique, contenant plusieurs pieces tres curieuses des R. Peres Jésuites ; avec un recueil des mysteres de l'Eglise romaine ; le tout augmenté dans cette seconde edition. *Cologne, Jean le Blanc*, 1682. —
Legende veritable de Jean le Blanc (envers),
1682. — Onguant pour la brulure, ou le secret
pour empecher les Jésuites de brûler les li-

vres. *Cologne. Pierre du Marteau*, 1682. Ensemble 3 part. en 1 vol. pet. in-12, front. gr., vel.   15 fr.
Recueil rare de satyres interessants.

9066 **CALENDRIER** de la Cour pour l'année 1822. *Paris, Pélicier*, 1822, in-32, mar. r., dos orne, dent. de fleur de lys, double, et gardes de moire bleue, tr. dor. (*Rel. de l'époque*). 4 fr.

9067 **CALVIN** (J.). In acta synodi Tridentinæ censura et eiusdem breuis confutatio. circa duas præcipue calmunias. *Apud S. Victorem*, 1548, pet. in-8, 40 ff., non relié.   20 fr.

9068 — Commentaires de M. Jean Calvin, sur le livre de Josué, avec une preface de Th. de Besze, contenant en brief l'histoire de la vie et mort d'iceluy. *Geneve, F. Perrin*, 1564, in-fol., parch. (*Titre remonté et mouillures*). 20 fr.

9069 — Epistolarum et Responsorum... inter jectea sunt cham insignium in ecclesia Dei vivorum aliquot etiam epistolae, ejusdem. J. Calvini Vita a Th. Bezae. *Lausannae*, 1576, un vol. in-8, veau.   15 fr.

9070 — Epistolarum et Responsorum Editio secunda, quae tum infinitis mendis est repurgata praeter carquas in calce operis nominatim excusabat editio prior : tum singulas Epistolas offert temporis ordine digestas... intervectae sunt etiam insignium in ecclesia dei virorum aliquot etiam Epistolea, ejusdem I. Calvini vita a Theodoro Beza. *Lausannae, excudebat Fr. le Preux*, 1576, in-8, v. ant.   15 fr.
Cette édition suivant Senebier. *Histoire littéraire de Genève*, I. — 259 a 16 lettres de plus que celle de la même année, publiée in-fol. à Genève, elle est très rare.

9071 — De Interim brevis responsio Joa. Cochlæi, ad prolixum conuitiorum et calumniarum librum Joannis Caluini. *Apud S Victorem prope Moguntiam excudebat Franciscus Behem*, 1549, pet. in-8, 16 ff., car. ital., non relie. 20 fr.

9072 — Lettres de Calvin à Jacque de Bourgogne, seigneur de Falais et de Bredani, et a son Epouse Iolande de Brederode, imprimées sur les originaux. *Amsterdam, J. Wetstein*, 1774, in-8, br., non rog.   6 fr

9073 — Traité de la justification, par Jean Calvin. Traduit du latin de son Institution de la Religion Chrétienne, par Jean de Labrune, pasteur réfugié a Schoonhoven *Amsterdam, Jean Garrel*, 1593, pet in-8 de 4 ff., prel. et 583 pp. v. ant. jaspé.   20 fr.

9074 **CATALOGUE** des tableaux de premier ordre, anciens et modernes, composant la Galerie de M. John W. Wilson. *Paris, Ch. Pillet*, 1881, in-4, 62 eaux-fortes hors texte, br., couv.   25 fr.

9075 **CATÉCHISME** (Le) des Jésuites ou examen de leur doctrine (par Pasquier). *A Villefranche*, 1602, un fort vol. in-8, veau, front. gr. (Rare).   10 fr.

9076 **CATS** (J.). L'Art du Mariage, poème latin, trad. en français. *Paris*, 1830, in-12 br.   3 fr.

9077 — L'Art du Mariage, poème latin de J. Cats, avec le Commentaire de Lidius, trad. en français, avec le texte en regard (par Charles Barrois). *Paris, Barrois l'aîné*, 1830, in-12, br., couv.   2 fr.

9078 **CHAPPUZEAU** (Samuel). Le Théâtre François, accompagné d'une préface et de notes, par G. Monval *Paris, Bonnassies*, 1875, in-8, écu, pap. de Holl., br., couv.   3 fr.
Tiré à 300 exemplaires numérotés.

9079 **CHARPENTIER**. J. C. Epistola ad Franciscum Portum Cretensem, in qua docetur persecutiones Ecclesiarum Galliæ, non culpa eorum qui religionem profitebantur, sed eorum qui factionem et conspirationem (quæ Caussa appellabatur) fovebat, acidisse. *S l.*, 1572, 33 ff. — Petri Carpentarii iureconsulti, pium et christianum de armis consilium. *S. l*, 1575, 55 ff — Ens. 2 ouvrages en 1 vol. pet. in-8, cart, dos de vel.   15 fr.
Ouvrage curieux ; le premier, qui fait l'apologie de la Saint-Barthélemy, est ici en ÉDITION ORIGINALE.
P. Charpentier, né à Toulouse, feignit pendant longtemps d'avoir embrassé la religion réformée. A Genève, puis à Strasbourg, il s'insinua dans les Conseils des Protestants, entretenant en même temps des correspondances plus que suspectes avec Catherine de Médicis et l'ambassadeur de France. Après avoir fait l'éloge de la Saint-Barthélemy, il fut nommé avocat du roi au grand conseil, puis doyen à Pont-à-Mousson. Il mourut en 1612

9080 **CHATEAUBRIANT.** (Les Conversations de M. de). Ses Agresseurs par Julien Danielo son secrétaire. *Paris, Dentu*, 1864, in-8, demi-rel. chag. bleu, tr. peig.   3 fr.

9081 **CHINE.** Anciens Mémoires sur la Chine touchant les honneurs que les Chinois rendent à Confucius et aux morts. *Paris*, 1700, in-12, v. mar.   3 fr.
Volume peu commun.

9082 **CLAIRVILLE.** Chansons et Poesies. *Paris, V. Lecou*, 1853, in-12, br.   3 fr.
Edition originale, avec la couverture.

9083 **CLARAC** (Cte de). Sur la Statue antique de Vénus Victrix, découverte dans l'Ile de Milo en 1820; transportée a Paris, et donnée au Roi, par M. le Marquis de Riviere, et sur la Statue antique connue sous le nom de l'Orateur, du Germanicus, et d'un personnage romain en Mercure. *Paris, P. Didot*, 1821, in-4, pl., br, couv.   3 fr.

9084 **COLLIN DE PLANCY**. La Vie et les légendes des deux Empereurs Napoleon 1er et Napoléon II. *Paris*, 1867, un vol in-8, br. 3 fr.50

9085 **COLLINS** (A.). Discours sur la liberté de penser, trad. de l'Anglais de A. Collins (par H.. Scheurleer et J. Rousset), et augmente d'une lettre d'un medecin arabe ; avec l'examen de ces deux ouvrages par M. de Crouzas *Londres*, 1766, 2 vol. in-12, mar. r., dos orne, 3 fil., tr. dor. (*Rel. anc.*)   20 fr.
Bel exemplaire provenant de la Bibliothèque de R. S. Turner.

9086 **COLOMESII** (Pauli). Opuscula. *Ultraiecti, apud Petrum Elzevirium*, 1669, pet. in-12, velin.   7 fr.
Volume imprime par Daniel Elzevier, et le seul dont Pierre Elzevier ait confie l'exécution à son parent d'Amsterdam. Willems, n° 1600

9087 — Opusculo in quibus multa critica Philologica et ad historiam vriorum doctorum XVI et XVII saeculorum pertinentia. *Amstelodami*, 1700, pet. in-12, v, mouillures   3 fr.
Dans le même volume. Histoire abrégee de la naissance et du progrèz du Koua-kerisme, avec celle de ses dogmes (par Philippe Naudé). *Cologne, P. Marteau*, 1692.

9088 **COLOMIÉS** (La Bibliotheque choisie de M.). Nouv. edit., augmentée des notes de MM. Bourdelot. de La Monnoye et autres, avec quelques opuscules du même Colomies qui n'avaient point ete recueillis. *Paris, Gab. Martin*, 1731, in-12, v. marb.   3 fr.

9089 — Melanges historiques *Orange, J. Rousseau*, 1675, pet in-12, de 96 pp., demi-rel. bas. f. 4 fr.

9090 **CONFESSIO** doctrinæ Saxonicarum Ecclesiarum Synodo Tridentinæ oblata, Anno Domini, 1551, in qua Christiane lector uidebis, qui nam e Catholicæ Ecclesie gremio resilierint et per quos stet, quo minus Ecclesiæ pia concordia farciatur. Anno Domini 1552. *Basileæ, ex officina Joannis Oporini, Anno salutis humanæ 1552, mense Martio,* in-8, demi-rel. vél. bl. (*Mouillures*). 15 fr.

9091 **CORBLET** (l'abbé J.) Les manuscrits à miniatures de la bibliotheque de Laon. *Arras et Paris*, 1864, plaquette gr. in-8 de 22 pp., cart. dos de maroq. bleu. 3 fr.
Figures.

9092 **COROT.** Souvenirs intimes, par Henri Dumesnil, avec un portrait dessiné par Aimé Millet, gravé par Alph. Leroy. *Paris*, 1875, in-8 br. 4 fr.

9093 **COTTINET** (E.). Vercingétorix, drame en 5 actes, en prose, avec une heliogravure d'apres un monument inédit. *Paris, C. Lévy,* 1880, gr. in-8 br. 2 fr. 25
Edition originale, avec la couverture et envoi autographe de l'auteur à P. de Saint-Victor.

9094 **COUR DE FRANCE** (La) turbanisée et les trahisons demasquées, en trois parties. *A. Cologne, chez Pierre Marteau (Hollande),* petit in-12, v. fauve ant., fil., dent. int., tr. dor. (*Derome*). 6 fr.
EDITION ORIGINALE de ce pamphlet.

9095 **COUSIN** (V.). Madame de Hautefort, nouvelles études sur les femmes illustres de la société du XVIIᵉ siecle. *Paris, Perrin et Cie,* 1886, in-12, demi-rel. chag. r. poli, tr peig. 3 fr.

9096 **COUSIN** (V.). Madame de Longueville pendant la Fronde. — La jeunesse de Mme de Longueville. *Paris, Didier,* 1881-83. Ens. 2 vol. in-12, demi-rel. chag. r. poli, tr. peig. 6 fr.

9097 **CRAPELET** (G.-A.) Lettre trentième, concernant l'Imprimerie et la Librairie de Paris, trad. de l'anglais avec des notes. *Paris, Crapelet,* 1821, gr. in-8, cart., non rog. (*Taches de rousseur.*) 3 fr.

9098 **CROTTET** (A.), *de Genève.* Histoire des Eglises Reformees de Pons, Gemozac. et Mortagne, en Saintonge. *Bordeaux, A. Castillon,* s. d., in-8, demi-rel. chag. vert. 4 fr.

9099 **CYON** (E. de), M. Witte et les finances russes, d'après des documents officiels et inédits. *Paris, Chamerot et Renouard,* 1895, in-8, br. n. c., couv. 3 fr.

9100 **DADOUVILLE** (J.). Les moyens d'euiter merencolye, soy conduire et enrichir en tous estatz par l'ordonnance de raison, compose nouuellement par Dadouuille. *Paris, impr par J. Nyerd.* 1529, in-16, goth. fig. sur bois, cart., n. rog. (*mouillures*). 3 fr.
Réimpression tirée à petit nombre.

9101 **DANGERS** (Les) d'un amour illicite, ou le mariage mal assorti, histoire véritable, par M. le Comte de C***. *Londres et Paris, chez Gattey,* 1789, 2 vol. in-12, v. gr. 7 fr.

9102 **DANIEL DE St-ANTOINE** (H.). Biographie des hommes remarquables de Seine-et-Oise, depuis le commencement de la monarchie jusqu'a ce jour, precédée d'un aperçu historique, et suivie d'écrits relatifs à ce département. *Paris,* 1837, in-8, fac-simile, demi-rel. v. f., dos orne. 3 fr. 50
Volume peu commun.

9103 **DANTE.** La Divine Comédie de Dante Alighieri, traduction nouvelle par M. Mesnard. *Paris,* 1854, 2 vol. gr. in-8, 1/2 bas. 7 fr.

9104 **DAUBAN** (C. A.). Le fond de la société sous la commune, décrit d'apres les documents qui constituent les Archives de la Justice militaire, avec des considérations critiques sur les mœurs du temps et sur les événements qui ont précédé la commune. Ouvrage enrichi d'une gravure et de fac-simile. *Paris, Plon,* 1873, in-8, br. Au lieu de 8 fr. 4 fr.

9105 **DAUDET** (A.). Port-Tarascon, dernières aventures de l'illustre Tartarin, dessins de Bieler, Conconi, Montégut, Montenard, Myrbach et Rossi. *Paris, Dentu,* 1890, in-8, br. 40 fr.
Edition originale, avec la couverture.
L'un des 75 exemplaires tirés sur papier du Japon (nᵒ 15).

9106 **DAUDET** (Mᵐᵉ A.) Impressions de nature et d'art. *Paris, Charpentier,* 1879, in-12, br. 3 fr.
Edition originale, avec la couverture.

9107 **DELAFOREST** (A.). Théâtre moderne. Cours de Litterature dramatique. *Paris, Allardin,* 1836, 2 vol. in-8, cart. dos et coins de perc., non rog. 4 fr.

9108 **DELISLE** (Léop.). Notes sur quelques manuscrits du Musée Britannique. *Paris,* 1878, in-8, pap. vergé, br. 2 fr. 50

9109 **DELPIT** (Martial). Le Dix-huit Mars ; récit des faits et recherche des causes de l'insurrection. Rapport fait à l'Assemblée nationale au nom de la Commission d'enquête sur le 18 mars 1871. *Paris, L. Téchener,* 1872, in-8, br n. c., couv. 3 fr. 50

9110 **DERBIGNY** (Valéry). Fables, contes et autres poésies. *Paris, Plon,* 1853, in-8, fig. et vign., br. n. c. 2 fr. 25

9111 **DÉSAUGIERS.** Chansons et poésies. (Edition Elzevirienne). *Paris, Garnier frères,* 1858, in-32, demi-rel. toile verte. 2 fr.

9112 **DESCARTES** (Recueil d'Eloges de René). *Paris, Regnard,* 1765, 4 pièces en 1 vol. in-8, v. marb ant. 4 fr.
Discours qui a remporté le prix de l'Académie Françoise en 1765, par M. M. Thomas. — Par M. Gaillard de l'Académie des Inscriptions et Belles-Lettres. — Discours qui a obtenu l'Accessit, au jugement de l'Académie Françoise, en 1765, par M. l'Abbé Cananier Deslandes. — Eloge de René Descartes, par M. l'Abbé de Gourcy.

9113 **DES LYONS** (Jean). Discours ecclésiastiques contre le Paganisme des roys de la fève et du roy-boit, pratiqués par les chrétiens charnels en la veille et au jour de l'Epiphanie de N.-S. Jésus-Christ. *Paris, Guill. Desprez,* 1664, in-12 vélin. 4 fr.

9114 — Traitez singuliers et nouveaux contre le Paganisme du Roy-boit... à MM. les Théologaux de toutes les Eglises de France. *Paris, Vve Savreux,* 1670, in 12, v. ant. 4 fr.

9115 **DESMOULINS** (A.). Histoire naturelle des races humaines du nord-est de l'Europe, de l'Asie boreale et orientale, et de l'Afrique australe, d'apres des recherches spéciale d'antiquités de physiologie, d'anatomie et de zoologie. *Paris, Méquignon-Marvis,* 1826, in-8, pl. demi-rel. v. br. 4 fr.

9116 **DES PÉRIERS.** Cymbalum mundi, en françois, contenant quatre dialogues poétiques fort anciens, joyeux et facétieux (par Bonaventure des Perriers). *S. l. 1538,* in-8, v. ant. gran. 5 fr.
Copie MANUSCRITE du siècle dernier de la seconde édition de cet ouvrage.

9117 — Le Cymbalum mundi. Texte de l'édition princeps de 1537, avec notice, commentaire et index, par F. Franck. *Paris, Lemerre*, 1873, in-12 ecu, pap. de Holl., demi-rel. dos et coins de mar. r., dos orné, fil., tête dor., non rog. 3 fr. Épuisé.

9118 — Nouvelles récréations et joyeux devis, suivis du Cymbalum mundi. Réimprimés par les soins de D. Jouaust, avec une Notice, des notes et un glossaire, par L. Lacour. *Paris, Librairie des bibliophiles*, 1874, 2 vol gr. in-8, demi-rel. dos et coins de mar. gren. foncé, tête dor., non rog., couv. 10 fr.

9119 **DIDOT** (*Ambroise-Firmin*). Etude sur Jean Cousin, suivie de notices sur Jean Leclerc et Pierre Woeiriot. Ornée d'un portrait inédit de Jean Cousin, de la reproduction photographique de cinq portraits peints par lui et du portrait de P. Woeiriot. *Paris, Didot,* 1872, in-8 br., n r., couvert. 6 fr.
Envoi autographe de l'auteur.

9120 — L'Imprimerie, la Librairie et la Papeterie à l'Exposition universelle de 1851. *Paris, impr. imp.*, 1854, in-8, demi-rel. chag. Lavall., n. rog. 3 fr.

9121 **LE DIVORCE** satyrique ou les Amours de la reine Marguerite. *Bruxelles, Gay,* 1878, in-8 écu, br , couv. 2 fr.

9122 **DOHERTY** (D' Hugh). Philosophie organique — l'homme de la nature — immortalité de l'âme, circulation de la vie ; etc. *Paris, Didier, s. d.,* (1881), un vol in-8, br., neuf. (6 fr.) 4 fr.

9123 **DOLOT** (G.). Note historique sur la Place Vendôme et sur l'Hôtel du Gouverneur Militaire de Paris (sis au n° 9 de ladite place). *Paris,* 1887, gr. in-8, avec 5 pl. hors texte et un plan br. 3 fr.

9124 **DORNIS** (J). Les Freres d'Election. Illustrations de Myrbach, gravées sur bois par F. Steinmann. *Paris, Ollendorff,* 1896, in-12. br. 18 fr.
Edition originale, avec la couverture.
L'un des 60 exemplaires tirés sur papier de Chine (n° 57).

9125 **DOVALLE** (Ch.). Poésies, précédées d'une Lettre de V. Hugo et d'une notice par Louvel, nouv. édit., augmentée de morceaux inedits. *Paris, Charpentier,* 1868, in-32, br. n. c., couv. 2 fr. 25

9126 **DRACHIER D'AMORNY**. Le Carabinage de matoiserie soldatesque. Réimpression textuelle de l'édition rarissime de Paris, 1616 ; augmentée d'un avant propos et de notes, par Philomneste Junior 1867, dos et coins de toile bleue, n. rog. (*Champs*). 4 fr.

9127 **DRION** (Ch.) et E. **FERNET**. Traité de Physique élémentaire. 7e edit. entierement revue et modifiee par E. Fernet, avec 709 figures dans le texte. *Paris, Masson,* 1880, pet. in-8, demi-rel. chag. 3 fr.

9128 **DUBUISSON**. Croquis de figures et animaux destinés à animer les paysages, par Dubuisson. *Paris, au Bureau du Journal amusant, s. d.* Album in-4, de 20 pl. représentant de nombreux sujets, br., couv. 3 fr.

9129 **DUCHESNE** aîné. Essai sur les nielles, gravures des orfèvres florentins du XVe siecle. *Paris,* 1826, in-8, demi-rel. veau fauve, dos orné. 10 fr.

9130 **DUMAS** (Alex.) Henri III. et sa cour, drame historique en cinq actes et en prose. *Paris, Vezara et Cie,* 1829, in-8, en feuilles. 10 fr.
Edition originale. Exemplaire lavé et encollé.

9131 **DUPRAT** (F.-A.). Histoire de l'imprimerie Impériale de France, suivie des spécimens des types étrangers et français de cet établissement. *Paris, Imprim. Impér.,* 1861, in-8, br. 4 fr. 50

9132 **DUTUIT** (Eug.). Manuel de l'Amateur d'Estampes, enrichi de fac-similes des estampes les plus rares reproduites par l'heliogravure. *Paris, A Lévy,* 1881, gr. in-8, pap. vél., cart., tête ch., non rog. 20 fr.
Tome IV : Ecoles Flamande et Hollandaise (Tome I).

9133 **DU VIDAL** (Franc.). Huit Sermons, sur divers textes de la Ste-Ecriture. *Tours, P. Gripon,* 1672, in-8, demi-rel. v. f., tr. marb. (*Mouillures et raccomm.*) 20 fr.

9134 **ERASMUS**. Vita Des. Erasmi Roterodami, ex ipsius manu fideliter repraesentata, comitantibus, quae ad eandem, alijs. Additi sunt Epistolarum, quae nondum lucem aspexerunt, Libri duo, quas conquisivit, edidit, dedicavit S. P. Q Reterodamo Paullus. G. F. P. N. Mervla. *Lugduni, Batavorum. Th. Basson,* 1607, in-4, v. ant., tr. dor. 4 fr.

9135 **ESCUDIER** (Léon). Mes souvenirs. *Paris, Dentu,* 1863, in-12, demi-rel. chag. viol. 3 fr.
Edition originale. Exemplaire avec cet envoi autographe sur le faux titre : « Au plus beau, au plus spirituel des Nadar ».
Son ami dévoué
L. Escudier.

9136 **EVANGELISTARUM**. M. Maruli Spataten opus vere evangelicum, fidei spei et Charitatis titulis in septem libros partitum. *S.l.*, 1529, titre avec encadrement, lettres ornées, bas. 8 fr.

9137 **FABRICE** (Delphi). Les Peintres de la Bretagne, avec un dessin de Em. Dezaunay et une lettre de Jean-Marie Le Gardec, pêcheur breton. *Paris, édition de l'art et ses amateurs,* 1898, in-12, br. 50 fr.
Edition originale, avec la couverture.
L'un des quelques exemplaires tirés sur papier de Hollande (N° 16). ENRICHI de 17 AQUARELLES OU DESSINS ORIGINAUX par MAURICE LENOIR, GUSTAVE OLIVIER et JEAN BESSON.
On lit sur le faux-titre les vers autographes suivants :
Or, quand, le soir, j'entends monter dans la campagne
Le cri mélancolique et dur du chat-huant,
Je repense du passé de deuil de ma Bretagne
Et suis plus que jamais le fils d'un vieux chouan.
Delphi FABRICE.

9138 **FAREL** (Le Sommaire de Guillaume). Réimprime d'après l'édition de l'an 1534, et précédé d'une introduction par J.-G. Baum. *Genève, J.-G. Fick,* 1867, pet. in-8, br., couv. 4 fr.

9139 **FAUQUES** (Mlle de). L'Histoire de Mme la marquise de Pompadour, réimprimee d'après l'édition originale de 1759, avec une notice sur le livre et son auteur. *Paris, Moniteur du Bibliophile,* 1879, in-4, br., couv. 3 fr.

9140 **FAUST** (Le Petit). Chœur des Soldats. Paroles d'H. Crémieux et Ad. Jaime. Musique d'Hervé, illustré par H. de Sta. *Paris, L. Vanier.* 1882, plaq. gr. in-8, br , couv., illust. 3 fr.
Exemplaire tiré sur papier de Chine.

9141 **FAVRE** (l'abbé). Histoire de Jean-l'ont pris, conte Languedocien du XVIIe siecle, trad. et précédé d'une notice par Jules Troubat. *Paris, Lisieux,* 1877, in-16, br 2 fr. 25

9142 **FERRAND**. Le triomphe de la liberté et de l'égalite. Almanach républicain. Chansons nouvelles et analogues aux années 1789, 90, 91, 92. par la citoyenne veuve Ferrand. *Paris, Laurens jeune, s, d,* (1793), in-32, front. gr., br. 2 fr. 50
Exemplaire entièrement non rogné.

9143 **FEUGÈRE** (L.). Les Femmes poètes, au XVIe siecle. Etude suivie de Mlle de Gour-

nay. — Honoré d'Urfé. — Le Maréchal de Mont-
luc. — Guillaume Budé. — Pierre Ramus.
Paris, Didier, 1860, in-12, br., couv.   3 fr.

9144 FILLEAU (René). Notes blésoises, illustrées de 6 gravures et d'un plan. *Blois, R.Con-
tant,* 1892, in-16, br., couv.   1 fr. 50
   Ouvrage tiré à petit nombre.

9145 FLACH (J.). Considérations sur l'histoire
politique de l'Irlande. — Madame de Krudener
et les origines de la Sainte-Alliance, par le
même. *Amiens,* 1885-1889. Ens. 2 broch. gr. in-8.
                     2 fr. 50

9146 FLORIAN. Estelle. *Paris, Marcilly aîné
(impr. de Firmin Didot frères),* in-24, front.
gr. et figures, demi-rel. dos et coins de mar.
gren. jans., tête dor., non rog.   3 fr. 50
   Jolie petit édition imprimée en caractères microscopiques.

9147 FONTANE (Marius). Histoire universelle. Inde Vedique (de 1800 a 800 av. J.-C.).
Paris, Lemere, 1881, in-8, br, couv. papier. 3 fr.

9148 — Histoire universelle. Les Iraniens
Zoroastre (de 2500 a 800 av. J.-C.), *Paris, Le
merre,* 1881, in-8, br., couv.   3 fr.

9149 FORGUES. La Chine ouverte. Aventures
d'un Fan-Kouei dans le pays de Tsin, par Old
Nick, (*ps.* Emile Daurran-Forgues). Ouvrage
illustré par Aug. Borget. *Paris, H. Fournier,*
1845, gr in-8, nombr. fig. dans le texte et
planches hors texte, cart. toile, fers speciaux.
(*Cart. de l'éditeur*).   15 fr.
   Première édition.

9150 FORME d'abjuration d'heresie et confession de foy, que doivent faire les desvoyez de
la foy, pretendans estre receuz en l'Eglise.
Paris, Nic. Roffet, s. d, (1572), in-8.de 16 pp.,
non rel.   20 fr.

9151 FORTIA d'Urban. Systeme général de Bibliographie alfabetique (*sic*) applique au tableau
enciclopédique des connoissances humaines et
en particulier a la philologie. *Paris, Lebègue,
Moreau, Treuttel et Wurtz,* 1819, in-12, demi-
rel. v. vert.   4 fr.

9152 FOUCHER, *chanoine de Dijon* Traite des
Hygromètres ou machines pour mesurer la
secheresse et l'humidite de l'air. *Paris, Et. Michallet,* 1686, in-12, fig., v. gr.   3 fr. 50

9153 FRANC-MAÇONNERIE. Mémoire sur
l'Ecossisme par le F∴ Chemin-Dupontes *Paris,*
1823, in-12, demi-rel. dos et coins de v. bl., tr.
peig.   2 fr.

9154 FREZIER (Am-Fr.). Traité des feux d'artifice pour le spectacle (par Perrinet d'Orval).
Nouvelle edition, toute changee et considerablement augmentée, par M. F*** D. D. F. D. B.
(Amédée-Fr. Frezier). *Paris, Nyon,* 1747, in-8,
front gr. et pl., v. marb. ant.   4 fr.

9155 FURETIÈRE. Recueil des Pieces du S^r
Furetiere, et de Messieurs de l'Academie françoise. *A Paris,* 1686. 3 parties en 1 vol. pet.
in-12, mar. rouge jans., dent int., tr. dor. (*David*).   18 fr.

9156 GACON (Fr.). Le poëte sans fard, ou dis-
cours satiriques en vers (par Fr. Gacon). *Colo-
gne, Egmont,* 1697, in-12, front. gravé, v. br. 3 fr.
   Edition originale.
   Satires à Monsieur Bossuet, évêque de Meaux.
— Inscriptions pour le portrait de Molière —
Chansons à boire. — Le Boudin, etc.

9157 GAUTIER (Judith). L'Usurpateur. *Paris,
A. Lacroix et Cie, s. d.,* 2 vol in-12, titre avec
ornements, br.   4 fr.
   Edition originale, avec les couvertures illust.

   Envoi authographe signé de l'auteur, à Mme Er-
nestine Nadar.

9158 GAVIN (A.). Le Passe-partout de l'Eglise
romaine, ou histoire des tromperies des prêtres
et des moines en Espagne, par Ant. Gavin, trad.
de l'anglois par M. Janiçon. *Londres, J. Stephens,*
1726, 3 vol. in-12, cart., n. rog.   15 fr.

9159 — Le Passe-partout de l'Eglise romaine,
ou histoire des tromperies des prêtres et des
moines en Espagne, trad. par M. Janiçon. *A
Londres,* 1726, 3 tom. en un vol. in-12, parchemin.   12 fr.

9160 — Le Passe-partout de l'Eglise romaine trad.
en allemand par Dietrich, dessen sich die Ro-
mische kirche an stattder Schlussel Petri be-
dienet (etc.). *Cohr am Rhein,* 1728, gros in-8,
1|2 parc., fig.   6 fr.

9161 GILBERT. Œuvres completes. *Paris, Lejay,* 1788, in-8, portr. gr. par Le Beau, demi-rel.
v. br., tr. marb.   4 fr.
   Edition originale.

9162 GLATIGNY (Albert). Scapin M........, drame en deux actes, a M. le Comte de Persil Guy,
in-4, cart. Bradel.   100 fr.
   Manuscrit original de l'auteur, comprenant 14
feuillets in-8 écrits à l'encre et au crayon, collés
sur papier fort teinté, format in-4. On y a joint :
1° Une lettre autographe signee de l'auteur ; 2°
2 portraits de l'auteur, par A. D., et par André
Gill (épreuves sur Chine) ; 3° L'improvisateur
Glatigny, portrait-charge, par And. Gill ; 4° Une
pièce de vers, de Théodore de Banville, à Albert
Glatigny, pub. par « Le Masque ».

9163 GOLDSMITH (L.). Histoire secrète du
cabinet de Napoléon Bonaparte et de la cour
de Saint-Cloud. *Londres,* 1814, 2 tomes en un
vol. in-8 cart.   8 fr.
   Rare.

9164 — Histoire secrète du cabinet de Napoleon
Bonaparte et de la cour de St-Cloud. *A Londres,*
1814, 2 tomes en un vol. in-12, demi-chag. r.,
n. r.   5 fr.

9165 GONCOURT (E. et J. de). Germinie La-
certeux. Edition illustrée de 10 compositions
par Jeanniot, gravées a l'eau-forte par L Muller. *Paris, Quantin,* 1886, in-4, br., couv. 55 fr.
   L'un des 100 exemplaires tirés sur papier du Japon
(n° 70), avec deux suites des planches, epreuves terminées sur Hollande à la cuve, et sur Japon avant la
lettre.

9166 — Manette Salomon, pièce en neuf tableaux,
précédée d'un prologue, tiree du Roman
d'Edm. et J. de Goncourt. *Paris, Charpentier et
Fasquelle,* 1896, in-8, br.   3 fr.
   Edition originale, avec la couverture.

9167 — Sophie Arnould, d'apres sa correspondance et ses memoires inedits, 2° édit. *Paris,
P.-Malassis,* 1859, in-12, br., couv.   2 fr. 50

9168 GONZALES DE SAINT-PIERRE (le
R. P. Fr.). Relation de la nouvelle persécution
de la Chine, jusqu'a la mort du Cardinal de
Tournon. *S. l.,* 1714, in-12, v. ant.   3 fr.

9169 GOSSARD. La table sacrée, ou causes de
la conversion de Sulpice Gossard, sieur de la
Framboisiere. *Rouen, Manassez de Préaux,* 1610,
pet. in-8, demi-rel. parch.   15 fr.
   Pièce rare.

9170 GRATIANI (Cte Girolamo). Il Cromvele,
tragedia del Conte Girolamo Gratiani, segre-
tario, e Consigliere di Stato del sereniss. Signor
Duca di Modena. All'illustriss. signore il signor
F. Giulio Bovio. *In Bologna,* 1673, pet. in-4. d.-
ch. (front. et fig.).   6 fr.

9171, GROS (J.). Les secrets de la Mer, illustrations par L. Kauffmann. *Paris, Dreyfous, s. d.*, in-4, br. n. c., couv. illust. 3 fr.

9172 GROTIUS (Hug.). Epistolae ad Gallos. Secunda editio, priore auctior et emendatior. *Lugd. Batav., ex officina Elseviriorum*, 1650, pet. in-12, velin. 8 fr.
> Réimpression soignée et correcte d'un recueil que les Elzévier avaient publié très fautivement en 1548. — Willems, n° 682. Haut. 131 mill. Bel exemplaire.

9173 — De Veritate religionis Christianae. *Amstelodami, Ex officina Elzeviriana*, 1674, pet. in-12 bas. 3 fr.

9174 GUERIN. Description de l'Académie royale des Arts, de Peinture et de Sculpture, par feu M. Guerin, Secretaire perpetuel de ladite Académie. *Paris, J. Collombat*, 1715, in-12, pl. v. gr., ant. 5 fr.

9175 GUERRE COMIQUE (poeme en trois chants), dediee a Madame de Lyonne. *Paris, Cl. Barbin*, 1668, in-12, v. f. ant., tr. dor. 4 fr. 50
> Edition originale.

9176 GUERRE COMIQUE, dédiée à Mme de Lyonne. *Paris, Cl. Barbin*, 1668, in-12, de-rel. 3 fr.

9177 HATIN (Eug.). Bibliographie historique et critique de la Presse periodique française… precedee d'un essai historique et statistique sur la naissance et les progrès de la Presse périodique dans les deux mondes. *Paris, F. Didot et Cie*, 1866, 1 fort vol. gr. in-8 à 2 col., portr. de Th. Renaudot, demi-rel., dos et coins de mar. br. jans., tr. peig. 6 fr.

9178 — Histoire politique et littéraire de la Presse en France. *Paris, Poulet-Malassis et de Broise*, 1859-1861, 8 vol. in-12, br. 16 fr.

9179 HAUSSONVILLE (Cte d'). Études biographiques et litteraires. Prosper Merimee, Hugh Elliot. *Paris, C. Lévy*, 1885, in-12, br. 3 fr.
> Edition originale, avec la couverture.

9180 HAUTERIVE (Ern. d'). L'Armée sous la Revolution (1789-1794). *Paris, Ollendorff*, 1894, in-8, br. n. c., couv. 3 fr. 50

9181 HAYLEY (W.). Essai satyrique et amusant sur les vieilles filles, traduit de l'anglois par M. Sibille. *Paris, Le Tellier*, 1788, 2 vol. in-12, demi-rel., dos et coins de chag. bl. 4 fr. 50

9182 HEINE (H.). Satires et portraits. *Paris*, 1868, in-13, br., couv. 2 fr. 25

9183 — De tout un peu. *Paris, M. Lévy frères*, 1867, in-12, br., couv. 3 fr.

9184 HOTMAN. Opuscules françoises des Hotmans. (François, Jean et Antoine). *A Paris*, 1616, 2 vol. in-8, demi-rel. v. (*Rare*). 12 fr.
> Traitte de la dissolution du mariage pour cause d'impuissance. — L'anti-Tribonian. — Du progrès de l'Ame raisonnable.

9185 HUBNER (Baron de). Promenade autour du Monde, 1871. *Paris, Hachette et Cie*, 1872, 2 vol. in-12, demi-chag. vert, pl. toile. 4 fr.
> Epuisé.

9186 HUGO (V.). La fin de Satan - Theatre en liberte, 2e edition — Choses vues. — Toute la lyre, 2 vol. *Paris, Hetzel et Quantin*, 1886-1888, Ens. 5 vol. gr. in-8, br. 10 fr.
> Editions originales avec les couvertures.

9187 — L'Année terrible. *Paris, Michel Levy frères*, 1872, in-8, cart., non rog. 3 fr.

9188 — Le livre des meres. Les enfants, vignettes par Froment, gravures par R. Brend'amour, de

Dusseldorf. *Paris, Hetzel, s d.*, gr. in-8, br. n. c., couv. 8 fr.

9189 HUYSMANS (J.-K). Les vieux quartiers de Paris. La Bievre, avec 23 dessins et un autographe de l'auteur. *Paris, Genonceaux*, 1790, in-8 de 43, pp., br. 25 fr.
> Edition originale, avec la couverture. Exemplaire orné de UN DESSIN ORIGINAL A LA PLUME DE PERRET.

9190 LABARTE (J). Description des Objets d'Art qui composent la collection Debruge-Dumenil, précedee d'une introduction historique. *Paris, V. Didron*, 1847, 1 fort vol. in-8, fig. dans le texte et pl. hors texte, br., couv. (*Envoi autogr signé de l'auteur.*) 8 fr.
> Ouvrage intéressant au point de vue de l'art et recherché

9191 LABÉ. Evvres de Lovize Labé honnoize. *A Lion, par Dvrand et Perrin*, 1824, in-8 demi-rel. v. f. 3 fr.

9192 LA BRUNE (J. de). Mémoires pour servir à l'histoire de Louis de Bourbon, prince de Conde. *Cologne, P. Marteau*, 1696. 2 vol. in-12, v. gr. 5 fr.

9193 LACROIX (de). Etat présent des nations et eglises grecque, armenienne et maronite en Turquie. *Paris, (Hollande)*, 1695, pet. in-12, bas. 5 fr.
> Rare.

9194 LA GARENNE (de). Les Bachanales, ou lois de Bachus, suivies de l'Eloge du Tabac, tiré des Burlesques du sieur de La Garenne suivant l'original compose a Turin, 1630. *Valence, Chenevier et Chavet*, 1870, pet. in-8, pap. teinte, br. n. c. 3 fr.

9195 LAMBERT D'AVIGNON. In regulam minoritarum commentarii plane aurei, quibus pala fit, quid tam de ea, qua de aliis monachorum regulis et institutis sentiendū fit, autore Francisco Lamberto, Avenionensi, ab eodem recogniti Epistola commendaticia operis. Ane-mundi Cocti equitis. In authoris praefatione ingentem multaru sectarum, perditionis catalogum inuenies. *Argentorati, anno*, 1525, in-8, demi-rel., dos et coins de velin. 20 fr.

9196 LAMBERTUS (D.). Tumultuum anabaptistarum, liber unus autore E. Lamberto Hortensio Montfortio. Ludimoderatore Scholæ Nerdenæ. *Basileæ (J. Oporinus)*, 1548, in-4 de 84 pp. plus 1 f. demi-rel. vél. blanc. 20 fr.
> Volume rare, resté inconnu à Brunet.

9197 LANGLOIS (le Pere J.-B). Histoire des Croisades contre les Albigeois. *Rouen, et à Paris chez J. Guilletat*, 1703, in-12, v. gr. ant. 3 fr. 50

9198 LANGUET (H.). De la puissance légitime du prince sur le peuple et du peuple sur le prince, ecrit en latin par Estienne Junius Brutus, et nouvellement traduit en françois (par Fr. Estienne). *S. l.*, 1581, in-8 de 264 pp. y compris le titre, vel. 20 fr.
> Traduction plus recherchée que l'original latin. La préface est sous le nom de C. Superantius, et datée de Soleurre, 1577.

9199 — Epistolæ politicæ et his historicæ. *Francofurts*, 1633, un fort vol. pet. in-12 vélin. 5 fr.

9200 LA ROCHEFOUCAULD (Duc de). Mémoires, augmentes de la premiere partie jusqu'a ce jour inedite, et pub. sur le mss., de l'auteur. *Paris, Renouard*, 1817, 2 part. en 1 vol. in-12, portraits, demi-rel. v. rac. 3 fr.

9201 LASALLE (Abbe de). L'Hôtel des Haricots. Maison d'arrêt de la Garde nationale de Paris, 70

dessins par Edm. Morin. *Paris, Dentu. s. d.* (1864), in-8 ecu carré, cart. Bradel, non rog.   4 fr.
Première édition.

9202 LA VALLIÈRE (Duchesse de) Réflexions sur la misericorde de Dieu, par dame pénitente 8e edit. augmentec. *Paris, Ant. Dezallier,* 1700, in-12, v. gr.   2 fr. 25

9203 LEAR (F.). Le Roman d'une Américaine en Russie, accompagné de lettres originales. *Bruxelles, A. Lacroix et Cie,* 1875, in-12, br.   3 fr. 25
Edition originale, avec la couverture.

9204 LEBER (C.). Plaisantes recherches d'un homme grave sur un Farceur, ou prologue Tabarinique pour servir a l'histoire litteraire et houffonne de Tabarin. *Paris, Techener,* 1856, pet. in-12, pap. verge, demi-rel. mar. Laval. foncé, tête dor., non rog. (*Lortic*).   3 fr.

9205 LE BRETON (Gaston). Deux pierres tumulaires de l'Abbaye de l'Ile Dieu *Paris,* 1881, plaquette gr in-8 de 8 pp., avec 2 figures, cart., dos de percaline, n. r. (*Lemardeley*).   2 fr.

9206 LEFÈVRE D'ÉTAPLES. Commentarii initiatorii in quatuor Evangelia, denuo recogniti, adjecto indice, Jacobo Stapulensi authore. S. l., 1526, pet. in-fol. titre avec encadr. gr. sur bois, velin estampé.   20 fr.
Une des plus anciennes éditions de ces commentaires estimés et devenus rares.
La marge inférieure du titre est coupée.

9207 LÉGENDE DE L'ORPHEONISTE (La). Paroles de Laurent de Rillé, dessins de Baric. *Paris, L. Vanier,* 1883, plaq. gr. in-8, couv. illust.   3 fr.
L'un des 50 exemplaires tirés sur papier de chine.

9208 LEGUÉ (Docteur Gabriel) Médecins et Empoisonneurs au 17e siecle *Paris,* 1896, in-12, broché, couv. impr.   3 fr. 50
Ce livre, auquel la presse littéraire a déjà fait un légitime succès, sera lu avec un intérêt tout particulier par les bibliophiles, écrit par un de nos plus distingués médecins, dont l'érudition historique et le talent d'écrivain se sont déjà fait connaitre par une belle étude sur Urbain Grandier et les possédées de Loudun, il traite d'une foule de questions qui touchent à une des périodes les plus curieuses et les moins connues de la médecine. Successivement il passe en revue : la médecine au temps de Molière, période de triomphe de la métaphysique, de la saignée et du clystère : plusieurs portraits de médecins de cette époque. Vallot, Daquin, Valant, Guy Patin, Vautier, etc., sont tracés de main de Maître ; — puis, c'est une amusante énumération des singuliers sujets de thèses soutenues à la Faculté à cette époque ; — une étude sur les apothicaires au dix-septième siècle, la plupart doubles du titre plus dangeieux d'empoisonneurs particuliers attachés à la personne de quelque grand seigneur ou grande dame. Un chapitre intitulé médecins et grandes dames nous introduit au cœur de l'intimité de la marquise de Sablé, de Mme de Montespan, de Mme de Maintenon et de bien d'autres. La deuxième partie du volume est consacree à l'étrange histoire de la Voisin et aux scandales de la messe noire et de la chambre ardente ; c'est un émouvant chapitre et des plus ignorés de l'histoire du grand siècle, qu'un médecin doublé d'un ardent fouilleur d'archives comme le Dr Legué pouvait seul écrire. La dernière partie du livre est consacrée à la mort de Madame (Henriette d'Angleterre, duchesse d'Orléans) : l'auteur expose avec une grande précision de détails, puisés aux bonnes sources, le roman véritable qui se déroula autour de cette mort historique, sur les causes de laquelle les historiens ont tant écrit sans pouvoir se mettre d'accord. S'appuyant sur les divers procès-verbaux d'autopsie publiés tant en France qu'en Angleterre, M. Legué repousse la version officielle du cholera nostras et conclut à un veritable empoison-nement, inspiré probablement par le duc d'Orléans et le chevalier de Lorraine, et que, d'après certains indices il croit pouvoir attribuer à l'emploi du sublimé.
Qu'on accepte ou non les déductions ingénieuses de l'auteur, on ne peut se dérober à l'intérêt puissant qui se dégage de ces pages fortement documentées et finement écrites.

9209 LEMANN (Abbe Jos.). L'Entrée des Israélites dans la société française et les états chretiens, d'apres des documents nouveaux. *Paris, Lecoffre,* 1886, in-8, demi-rel. chag. La Vall. clair, jans., tête jasp., non rog., couv.   4 fr.

9210 LENCLOS (Ninon de). Lettres au marquis de Sevigné, (composées par L. Damours). *Amsterdam, Fr. Joly,* 1750, 2 parties en 1 vol. in-18, portr. en titre gr., v. marb.   3 fr. 25

9211 LE NOIR (Ph.), sieur de Crevain. Histoire ecclésiastique de Bretagne, depuis la Réformation jusqu'à l'edit de Nantes. Ouvrage publié pour la première fois, d'apres le mss. de la Bibliotheque de Rennes, avec une préface, une biographie et des notes par B. Vaurigaud. *Paris, Grassart,* 1851, in-8, demi-rel. chag. vert, dos orné, fil.   4 fr.

9212 LE ROY (né à Coutances). Des Troubles et Differents advenans entre les hommes par la diversite des religions ; ensemble du commencement, progrez et excellence de la religion chrestienne, par Loys Le Roy, dict Regius. *A Paris, de l'imprimerie de Fréderic Morel,* 1569, in-8 de 32 pp., cart.   10 fr.

9213 LE ROY (Louis). De la Vicissitude ou Variété des choses de l'Univers, et concurrence des Armes et des lettres par les premières et plus illustres nations du monde, depuis le temps où a commence la civilite, et mémoire humaine jusqu'a present. *A Paris, à l'Olivier de Pierre l'Huillier,* 1584, un vol. pet. in-8 veau   12 fr.

9214 LE SAGE. Histoire de Gil Blas de Santillane. *Londres,* 1782, 4 vol. pet. in 18, v. marb. dos orné, 3 fil., tr. dor. (*Rel. anc.*)   5 fr.

9215 LEVINSTEIN (Dr Ed). La Morphomianie. Monographie basée sur des observations personnelles, 2e édit. revue et augmentée. *Paris, Masson,* 1880, gr. in-8. pap. vergé, br n. c.   2 fr. 50
Publié à 5 francs.

9216 LONGUS. Les pastorales de Longus, ou Daphnis et Chloé, trad. de J. Amyot, revue, corrigee, complétee, de nouveau refaite en grande partie, par P.-L. Courier. *Paris, Corréard,* 1821, in-8, v. f., dos orne, fil., dent. int., tr. dor. 12 fr.
Bel exemplaire.

9217 LONGUS. Les Pastorales, de Longus. — Daphnis et Chloé, traduction d'Amyot completée P.-L. Courier, 43 compositions au trait par Léopold Burthe, preface par Amaury Duval. *Paris, J. Hetzel,* 1863, in-fol., titre r. et n., cart. toile r., fers spéciaux (*Cart. de l'éditeur*).   8 fr.

9218 LOTI (P.). L'Exilée. *Paris, C. Lévy,* 1893, in-12, br.   3 fr.
Edition originale avec la couverture.

9219 LOUVET DE COUVRAY. Les Amours du chevalier de Faublas, avec une préface par Hipp. Fournier. Dessins de P. Avril, gravés à l'eau-forte par Monziès *Paris, Librairie des bibliophiles,* 1884, 5 vol. in-16 br., couv. 32 fr.
L'un des 25 exemplaires tirés sur papier Whatman avec double épreuve des gravures, *avec* et *avant* la lettre.

9220 MAINVILLE (de). Du bonheur et du malheur du mariage, et des considérations qu'il faut faire avant que de s'y engager. Ouvrage moral et curieux. *Paris, Auroy,* 1688, 2 tom. en 1 vol. in-12, v. marb.   3 fr. 50

9221 **MAISTRE HAMBRELIN**, serviteur de maistre Aliborum, cousin germain de Pacolet (vers 1540). *Achevé d'imprimer le 15 mars 1858, par Ch. Lahure et se vend à Paris, chez L. Potier* pet. in-8, goth., demi-rel. perc., non rog. 2 fr 25

9222 **MARAT**. Les Chaines de l'esclavage. *Paris,* 1833, un vol. in-8 br., portrait.   4 fr. 30

9223 **MARAT** (J. P.). Les Chaines de l'esclavage. *Paris,* 1833, in-8 br., *portrait.* (mouillures). 3 fr. Rare.

9224 **MARGUERITE DE VALOIS**. Contes et nouvelles, mis en bon langage, accommode au goût de ce temps. *La Huye chez Gosse et Neaulme,* 1775, 2 vol. in-12, v. marb.   5 fr.

9225 **MARGUERITE DE VALOIS** Mémoires de Marguerite de Valois, reine de France et de Navarre, auxquels on a ajouté son éloge, celuy de M. de Bussy et la fortune de la Cour. *Liège, J. F. Broncart,* 1713, pet. in-8, v. éc. tr. marb.   4 fr. 50

9226 **MARGUERITE DE VALOIS**. Mémoires auxquels on a ajouté son éloge, celuy de M. de Bussy, et la fortune de la Cour. *Liège,* 1713, in-8, portr. v br.   4 fr.

9227 **MARGUERITE** (La Vierge) substituée à la Lucine antique. Analyse d'un Poeme inedit du XVe siecle. Suivie de la description du manuscrit et de recherches historiques, par un Fureteur. *Paris, Vve A. Labitte,* 1885, gr. in-8 de 60 pp., pap. de Holl., fac-simile, br., couv.   2 fr. 50

Tiré à 500 exemplaires numérotés (n° 880).

9228 **MAROT**. Poème inédit de Jehan Marot, pub. d'apres un mss. ou la Bibliothèque impériale avec une introduction et des notes, par C. Guiffrey. *Paris, Vve J. Renouard,* 1860, in-8, papier vergé teinté, fig., br.   2 fr.

9229 **MAROT** (Clément). Les CL. Pseaumes de David mis en rime française par Clément Marot et Theodore de Besze, avec la forme des prières ecclesiastiques, et la maniere d'administrer les Sacremens et celébrer le mariage. *Genève, imprim. de Matheiu Berjon,* 1608, in-8, avec musique imprimee, non rel.   16 fr.

9230 **MAROT** (Jean). Les Œuvres de Jean Marot. *Paris, chez Am. Urb. Coustelier,* 1723, in-12, v.   3 fr.

9231 **MAROT** (Cl.) et Th **DE BÈZE**. Les CL. Pseaumes de David. Mis en rime françoise par Clément Marot et Theodore de Beze. Les notes de la musique sont mises sur une clef a la commodité des chanteurs par Jean-Pierre, musicien. *A Amsterdam, chez vêve de Paul de Ravesteyn,* 1659, in-16, musique chag. noir, dos orne, fil., tr. dor.   10 fr.

Edition rare que l'on joint à la collection des Elzéviers.

9232 **MASSILLON**. Petit Carême. *Paris, Dufour et Cie,* 1827, in-32, portr., dent. et milieux a fr., fil. dor., tr. dor. (*Rel. de l'époque.*) 3 fr. 50

De la collection des classiques en miniature.

9233 **MATTER**. Lettres et pièces rares et inédites publiees et accompagnées d'introductions et de notes. *Paris,* 1846, 1 vol. in-8 demi-veau.   4 fr.

9234 **MAUBERT DE GOUVEST**. La pure Vérité. Lettres et Memoires sur le duc et le duche de Virtemberg, pour servir à fixer l'opinion publique sur le procés entre le Prince et ses sujets, par Mme la baronne douairière de W. (par J.-Henri Maubert de Gouvest). *Augsbourg,* 1765, in-12, cart., non rog.   5 fr.

9235 **MAUPASSANT** (Guy de). La Vie errante. *Paris, Ollendorff,* in-12, br., couv. illust. 100 fr.

Exemplaire ENRICHI de 16 AQUARELLES ou DESSINS ORIGINAUX de ERNEST BOILVIN le graveur célèbre.

9236 **MAURICE** (Charles). Histoire anecdotique du théatre de la littérature et de diverses impressions contemporaines tirce du coffre d'un journaliste avec sa vie, a tort et a travers. Ouvrage enrichi de nombreux autographes. *Paris, Plon,* 1856, 2 tomes en 1 vol. in-8, demi-bas.   5 fr.

9237 **MAXE-WERLY** (L.). Essai sur la Numismatique Remoise. *Paris,* 1862, gr. in-8, br. pl. 5 fr.

9238 — Note sur une nouvelle série de Monnaies " A la croix " trouvaille de Cuzance (Lot), monnaies des Cadurques. *Bruxelles,* 1879. broch. gr. in-8, br., pl.   3 fr.

9239 **MAYEUL-CHAUDON** (Abbe). Bibliothèque d'un homme de goût, ou avis sur le choix des meilleurs livres ecrits en notre langue sur tous les genres de science et de littérature. *Amsterdam,* 1773, 2 vol. in-12, veau marb.   4 fr.

9240 **MAYNARD** (Fr. de). Le Philandre, poeme pastoral, precedé d'une notice sur la vie de l'auteur par Guillaume Colletet, completé d'apres de nouveaux documents par Prosper Blanchemain. *Genève, J. Gay et fils,* 1867, 1 vol. in-16, dos et coins toile, n. rog.   4 fr.

Tiré à 108 exemplaires. — Exempl. sur papier de Hollande.

9241 **MAZEL** (H.). La fin des Dieux, drame en trois actes. Dessins d'Alexandre Séon. En Cortège. — Flotille dans le Golfe. La Frise du Temple. *Paris,* 1892-1895. Ens. 4 vol. in-12 et pet. in-8, br., couv.   4 fr. 50

9242 **MÉLANGE CRITIQUE** et de littérature, recueilly des conversations de feu M Ancillon, avec un Discours sur sa vie et ses dernieres heures. *A Basle, chez Eman, et Je George Konig, an* 1698, 2 vol. in-12, veau fauve 10 fr.

Exemplaire aux armes de Crémeaux, marquis d'Entragues.

9243 **MENDÈS** (C.) Philoméla, livre lyrique, avec une eau-forte par Braquemond. *Paris, Hetzel,* 1863, in-12, br. n. c.   10 fr.

Edition originale, avec la couverture.

9244 **MERCIER de COMPIÈGNE** Ismael et Christine *Paris,* 1796, pet. in-12, fig. — Les trois Nouvelles. *Paris,* 1795 pet. in-12. — Eloge du Pon de la Bouc et de la Paille. *Paris, l'an VII.* Ensemble 3 ouvrages en un vol. pet. in-12, demi-rel.   8 fr.

9245 **MEURICE** (P.). Les Tyrans de Village. *Paris, Lévy frères,* 1857, in-12, demi-rel. chag. r.   3 fr.

Edition originale. Exemplaire avec envoi autographe signé à Nadar.

9246 **MEZETIN**. La Vie de Scaramouche ; réimpression de l'edition originale (1695), avec une introduction et des notes par L. Moland, et un portrait d'apres Bonnart par Eug. Gervais. *Paris, Bonnassies,* 1876, in-8 ecu, pap. de Holl., br. couv.   3 fr.

Tiré à 300 exemplaires numérotés (n° 17).

9247 **MÉZIÈRES** (A.). Contemporains et successeurs de Shakspeare. *Paris, Charpentier,* 1864, in-8, br. n c.   4 fr.

Peu commun.

9248 **MICHAULT** (J.-B.). Mémoires pour servir à l'histoire de la vie et des ouvrages de M. l'abbé Lenglet du Fresnoy. *Londres et Paris, Duchesne,* 1761, in-12, v. f., dos orné, fil. (*Simier*). 4 fr.

9249 MIRABEAU. Lettres originales de Mirabeau, écrites du Donjon de Vincennes, pendant les années 1777, 78, 79 et 1780, contenant tous les détails sur sa vie privée et ses amours, avec Sophie Ruffei, marquise de Monnier. Paris, 1803, 8 tomes en 4 vol. in-18, demi-rel. **8 fr.**

9250 MIRAULMONT (Pierre de) Mémoires sur l'origine et institution des Cours souveraines, et autres juridictions subalternes, encloses dans l'ancien Palais Royal de Paris. *Paris, Abel l'Angelier,* 1584, in-8, cart. (*Mouillures*). **3 fr. 50**

9251 MOLIÈRE Amphitryon, comédie, par I.B. P. de Molière. *A Paris, chez Jean Ribou,* 1668, in-12, mar. rouge jans., double de mar. bleu clair, dent, mors de mar. rouge, tr. dor. (*Trautz-Bauzonnet*). **500 fr.**
> EDITION ORIGINALE. Très bel exemplaire. Magnifique reliure. Ce présent exemplaire a figuré dans le catalogue d'un de nos confrères au prix de **1800 francs.**

9252 MOLIÈRE. Les Femmes sçavantes Comédies par I B P Molière. *Et se vend pour l'autheur A Paris au Palais, et chez Pierre Promé,* 1673, in-12, mar. rouge jans., dent. int., tr. dor. (*Chambolle-Duru*). **680 fr.**
> EDITION ORIGINALE. Très bel exemplaire, provenant de la Bibliothèque de M. P. GUY PELLION. Vendu 900 francs plus les frais.

9253 MOLIÈRE. Les Fourberies de Scapin, comédie, par I.B P. Molière. *Et se vend pour l'Autheur, à Paris, chez Pierre Lemonnier,* 1671, in-12, mar. rouge jans., dent. int., tr. dor. (*Trautz-Bauzonnet*). **360 fr.**
> EDITION ORIGINALE. Superbe exemplaire provenant de la Bibliotheque de M. P. Guy Pellion, vendu 1120 francs plus les frais.

9254 MOLIERE. Le Mariage forcé, comédie par I. B. P. de Moliere. *A Paris, chez Jean Ribou,* 1668, in-12, mar. rouge jans., dent. int., tr. dor. (*Trautz-Bauzonnet*). **360 fr.**
> EDITION ORIGINALE. Très bel exemplaire provenant de la Bibliothèque de M. P. GUY PELLION. Vendu 1220 francs plus les frais.

9255 MOLIÈRE. Le Medecin malgré luy, comédie par I. B. P. de Moliere. *A Paris, chez Jean Ribou,* 1667, in-12, front. gr., mar. rouge jans., dent. int., tr. dor. (*Ch. Meunier*). **350 fr.**
> Edition originale. Très bel exemplaire, le frontispice est d'un tirage postérieur à l'edition.

9256 MOLIÈRE. Le Misanthrope, comedie par I. B. P. de Moliere. *A Paris, chez Jean Ribou,* 1667, in-12, front. gr., mar. rouge jans., dent. int., tr dor. (*Trautz-Bauzonnet*). **780 fr.**
> EDITION ORIGINALE. Superbe exemplaire provenant de la Bibliothèque de M. P. GUY PELLION. Vendu 1220 francs plus les frais.

9257 MOLIÈRE. Monsieur de Pourceaugnac, comédie faite à Chambord, pour le divertissement du Roy par I. B. P. Molière. *A Paris, chez Jean Ribou,* 1670, in-12, mar. rouge jans., dent. int., tr. dor. (*Trautz-Bauzonnet*). **650 fr.**
> EDITION ORIGINALE. Très bel exemplaire, provenant de la Bibliothèque de M. P. GUY PELLION. Vendu 1220 francs plus les frais.

9258 MOLIÈRE. Psyche, tragedie-ballet par I. B. P. *A Paris, chez Claude Barbin,* 1673, in-12, mar. rouge, dos orné à petits fers, fil., dent. int., tr. dor. (*Capé*. **115 fr.**

9259 MOLIÈRE. Sganarelle, ou le Cocu imaginaire, comédie, avec les arguments de chaque scène. *A Paris, chez Jean Ribou,* 1660, in-12, velin. **4500 fr.**
> Edition originale. Superbe exemplaire dans sa

première reliure de LA PLUS RARE des pièces de Molière.

9260 MOLIÈRE. Le Sicilien, ou l'amour peintre, comedie, par I B. P. de Molière. *A Paris, chez Jean Ribou,* 1668, in-12, mar. rouge jans., dent. int., tr. dor. (*Trautz-Bauzonnet*). **360 fr.**
> EDITION ORIGINALE. Bel exemplaire.

9261 MOLIÈRE (Les intrigues de) et celles de sa femme... avec preface et notes par Ch.-L. Livet. *Paris, Liseux,* 1877, in-8, écu, pap. de Holl, portr. a l'eau-forte par Hanriot, br., couv. **5 fr.**
> Au lieu de 12 francs.

9262 MOLIÈRE jugé par ses contemporains, etc., avec une notice par A. P. Malassis et un fac-simile des Armoiries de Moliere. *Paris, Liseux,* 1877, in-16, pap. verge, br., couv. **2 fr.**

9263 MOLIÈRE (La vie de M. de) (par Léonard le Gallais, sieur de Grimarest). Seconde édition revue et corrigee *Amsterdam, H. Desbordes,* 1705, pet. in-12, portr., vél. **3 fr.**
> Dans le même volume : Caractères des auteurs anciens et modernes, avec les jugements de leurs ouvrages (par Mich.-Dav. de La Bizardière). *Suivant la copie de Paris, à Amsterdam, chez Adr. Braakman,* 1705, pet. in-12.

9264 MOLLIÈRE (A.). Métaphysique de l'art, par Antoine Molliere *Lyon, N. Scheuring,* 1868, in 8 broché. **6 fr.**

9265 MONACOLOGIE illustrée de figures sur bois. *Paris, Paulin,* 1844, pet. in-8 de 96 pp., demi-rel. veau rouge. **3 fr. 50**
> Publication due à M Charles Martins. Texte latin d'Ignace de Born, traduction de P. M. A. Broussonnet.

9266 MONACOLOGIE illustrée de figures sur bois (traduction de Broussonnet, avec le texte en regard) *Paris, Paulin,* 1844, in-12 de 96 pp., avec figures intercalees dans le texte, demi-rel., dos et coins, mar. r., tête dor., non rog. **5 fr.**
> Peu commun.

9267 MONBART (Mad. de). Sophie, ou de l'éducation des filles *A Berlin,* 1777, in-12, maroq. vert jans., dent. int, tr. dor. **12 fr.**

9268 MONOD (Henri). L'Hygiene publique. *Paris,* 1897, in-8, jesus, cart. bas. maroq. r. foncé, rel. molle. **5 fr.**

9269 MONTAIGNE (Mich. de). Essais, derniere edition enrichie d'annotations en marge... plus la vie de l'autheur extraite de ses propres escrits. *Paris, Mich. Blageart,* 1649, 1 fort vol. in-8, v. br. (*Mouillures et piq. de vers*). **4 fr.**

9270 MONTIFAUD (Marc de). Les Vestales de l'Eglise. *Bruxelles,* 1877, in-8, br. **3 fr.**

9271 MORALE (La) pratique des Jésuites, représentée en plusieurs histoires arrivées dans toutes les parties du monde. *A Cologne, chez Gervinus Quentel,* 1669, pet. in-12, v. ant. **10 fr.**
> Véritable elzévier d'Amsterdam, porté avec l'asterique dans le catal. de 1681.
> Ce volume est de J. S. du Cambout de Pontchâteau. — Willems, n° 1421.

9272 MORALE (La) pratique des Jesuites, représentee en plusieurs histoires arrivées dans toutes les parties du monde. *A Cologne, chez Gervinus Quentel,* 1669, pet. in-12, cart. toile. **10 fr.**
> Véritable elzévier d'Amsterdam, porte avec l'astérique dans le catal. de 1681.
> Ce volume est de J S. du Cambout de Pontchâteau. — Willems, n° 1421.

9273 MOREAU DE MAUPERTUIS (P.-L.). Venus physique, nouvelle edition, revue et augmentée. *S. l.,* 1777, pet. in-12, v. marb. **3 fr.**

9274 **MORET DE LA FAYOLE** (P.). Le Paravent de la France contre le vent du Nord. *Poitiers, J. Fleurian*, 1692, in-12, v. gr. ant. 10 fr.
Très rare.

9275 **MORLON** (G. de). Le dernier crime de Jean Hiroux. *Paris, Poulet-Malassis*, 1862, in-12, en feuilles. 4 fr.
Exemplaire tiré sur papier de Chine.

9276 **MORNAY** (Ph. de). Excellent discours de la vie et de la mort, par Philippe de Mornay. *Paris, Guil. Auvray*, 1580, in-16 de VIII et 88 ff. demi-rel. v. bleu. 25 fr.
Seconde édition française.
Mouillures, légères piqûres de vers.

9277 **MORNY** (Duc de). Les bons Conseils, comédie en un acte, par M. de Saint-Remy (duc de Morny). *Paris, M. Lévy, frères*, 1862, in-12, br. 12 fr.
Édition originale avec la couverture.

9278 **MOTIN** (P.). OEuvres inédites, publiées avec une notice et des notes par Paul d'Estrée. *Paris, Jouaust*, 1882, in-12, br., couv. parch. 8 fr.
Un des 15 exemplaires sur papier de Chine. Publié à 16 fr.

9279 **MOULT** (Thom.-Jos.) Prophéties perpétuelles, très curieuses et tres certaines de Thumas-Joseph Moult, natif de Naples; trad. de l'Italien en françois. *Paris, Prault*, 1741, in-12, cart. 3 fr.

9280 — Propheties perpétuelles, tres-curieuses et très-certaines, de Thomas-Joseph Moult, natif de Naples, trad. de l'italien en français. *Paris et Liége*, 1792, pet. in-8, cart., non rog. 3 fr.

9281 **MUSSET** (Alf de). Bettine, comédie en un acte et en prose. *Paris, Charpentier*, 1851, in-12, br. 2 fr.
Édition originale, avec la couverture.

9282 — Un Caprice, proverbe en un acte. *Paris, Charpentier*, 1864, in 12, demi-rel., dos et coins de mar. viol., dos orné de fil., tête éb., non rog. (*Lemardeley*) 4 fr.

9283 — Le Chandelier, comédie en 3 actes. *Paris, Charpentier*, 1848, in-12, br. 15 fr.
Édition originale, avec la couverture. Mouillures.

9284 — Contes. La Mouche. — Pierre et Camille. — Mademoiselle Mimi Pinson. — Le Secret de Javotte. — Le Merle blanc. — Lettres sur la Littérature. *Paris, Charpentier*, 1854, in-12, demi-rel. chagr. vert. 2 fr. 25

9285 — Nouvelles. Les deux Maîtresses. — Emmeline. — Le Fils du Titien. — Frédéric et Bernerette. — Croisilles. — Margot. *Paris, Charpentier*, 1857, in-12, demi-rel. chag. vert. 2 fr. 25

9286 **MYDORGE** (Claude). Examen du livre des recreations mathematiques et de ses problemes en Géometrie, mecanique, optique et Catoptrique. *Paris*, 1639, in-12, velin, fig. sur bois 4 fr. 50

9287 **NAOGEORGIUS**. Satyrarum libri quinque priores, Thomas Naogeorgo Straubingensi autore *Basileæ, per Joannem Oporinum*, s. d. (1555), in-12, 300 pp. et 1 f. mar. r. (*Rel. anc.*). 20 f.

9288 **NISARD** (Ch.) Memoire Garasse (François) de la Compagnie de Jésus, pub' pour la prem. fois, avec une notice et des notes. *Paris, Amyot*, 1860, in-12, br., couv. 3 fr.

9289 **NOGARET** (F.). Le Fond du Sac. Suite complete de 1 frontispice et 211 vignettes, tête de page genre Duplessis-Bertaux. *Rouen, J. Lemonnyer*, 1879. 5 fr.
Epreuves sur Japon, en noir, en feuilles, marges gr. in-8.

9290 **OBRY** (J.-B.-F.). Du Berceau de l'espèce humaine, selon les Indiens, les Perses et les Hebreux. *Paris*, 1858, in-8, demi-mar. r., dos orné, fil., tête dor., non rog., couv. 3 fr.

9291 **OHNET** (G.). Lise Fleuron. *Paris, Ollendorff*, 1884, in-12, portr. de l'auteur, gr. à l'eauforte par Descaves, br. 2 fr. 50
Édition originale avec la couverture. Exemplaire tiré sur papier de Hollande.

9292 **PAGÈS** (Alph.). Balzac moraliste Pensees de Balzac, extraites de la Comedie humaine *Paris, Lévy frères*, 1866, in 12, br. couv. 2 fr. 50

9293 — Paraphrases (en vers) sur les pseaumes du Roy de Portugal. In 4, maroquin rouge, tr. dor. (Rel. ancienne). 10 fr.
Manuscrit sur papier de la fin du XVII° siècle.

9294 **PARNY**. OEuvres. *Paris*, 1830, 4 tom. en 2 vol. in-18, v. br. 3 fr.
Édition bien complète.

9295 — Opuscules de M. le Chevalier de Parny. *A Londres et se trouve à Caen*, 1787, vol. in-18 brochés, non rognés, 2 front. graves. 4 fr.

9296 — Les Rosecroix, poeme en douze chants *Paris*, 1807, in-16, veau, tr. d. (Edit. orig) 3 fr.

9297 **PARSONS** (Rob.) Elisabethæ Angliæ reginæ, hæresim Calvinianam propugnantis saevissimum in Catholicos sui regni edictum, quod in alios quoque reipublicæ Christianæ principes, contumelias continet indignissimas,... cum responsione, per D. Andream Philopatrum. *Lugduni, J. Didier*, 1593, in-8, vél. 10 fr.

9298 **PÉRAU** (Abbé G.-L.) Les Francs-maçons ecrasés, suite du livre intitulé : l'Ordre des francs-maçons trahi. Traduit du latin, (de l'abbe G.-L. Perau), (par l'abbe Larudan). *Amsterdam*, 1747, in-12, fig., v. marb. ant. 3 fr 50.
1 frontispice dess. et gr. par Fokke, et 5 planches.

9299 **PERRAULT** (Les Contes de), d'après les textes originaux, avec notice, notes et variantes, et une etude sur leurs origines et leur sens mythique, par F. Dillaye. *Paris, Lemerre*, 1880, in-8 ecu, titre r. et n, texte encadré de fil r., br., couv. 6 fr.
L'un des 58 exemplaires tirés sur papier Whatman (N° 25).

9300 **PINETON DE CHAMBRUN**. Les larmes de Jacques Pineton de Chambrun, pasteur de la Maison de Son Altesse Sérénissime, de l'église d'Orange. *La Haye, van Bulderen*, 1688, pet. in-12, v. ant. 25 fr.
Édition originale. Rare.

9301 — Les Larmes de Jacques Pineton de Chambrun... Réimpression d'apres l'edition originale, annotée par Ad. Schæfier. *Paris*, 1854, in-12, br. 3 fr. 50
Épuisé, rare.

9302 **PIRON** (A.). OEuvres choisies *Genève (Cazin)*, 1777, 2 vol. in-18, v. f., dos orne, 3 fil., tr. dor. (*Rel. anc.*) 4 fr.
Portrait par Caffiéry, gravé par de Laumey.

9303 **PLINE**. Histoire des animaux par Pline, trad en français par Guéroult. *Paris*, 1843, in-12 demi v. 3 fr.

9304 **PLINII SECUNDI** (C.). Historiae mundi libri XXXVII, denvo ad vetvstos codices collati, et plurimis locis emendati ut patet ex adiunctis iterum que auctis Sigismundi Gelenij Annotationibus In calce operis copiosus Index est additus. *Basileae*, 1549, in-fol. v. gr., tr. dor. (*Rel. fatignée*). 7 fr.
Exemplaire aux armes du Cardinal Mazarin. Raccomm. aux 3 premiers feuillets et mouillures.

9305 **POGGE**. Istoria de M. Poggio fiorantino. *In Fiorenzo; 1598*, in 4, d.-rel. (*Mouillures*). 3 fr. Rare.

   Bonne édition de cette histoire dont le texte latin n'a paru qu'en 1718 (Brunet).

9306 — The facetiae or Jocose Cales of Poggio now first translated into english with the latin text. *Paris, Liseux*, 2 vol. pet. in-8 br., *pap. de Hollande*. 15 fr.

   Publié à 25 francs, épuisé.

9307 **POISSON**. Les Œuvres dramatiques de M. Poisson. *A Paris chez Th. Guillin*, 1687, 2 vol. in-12, v. m. 10 fr.

9308 — Alcibiade, comédie en trois actes. *Paris*, 1731. in-12, cart° (Edit. orig.). 3 fr.

9309 **PONTAUMONT** (de). Histoire de la ville de Carentan et de ses notables d'après les monuments paléographiques. *Paris, Dumoulin*, 1863, in-8, d.-rel., avec plans. 3 fr.

9310 — Histoire de l'ancienne élection de Carentan d'après les monuments paléographiques. *Paris*, 1866, broch. in-8. 1 fr. 25

9311 **POUGENS** (Ch.). Jocko, anecdote détachée des lettres inédites sur l'instinct des animaux. *Paris, Persan*, 1824, in-12, v. viol. tête dor., n rog. 4 fr.

9312 **PRIÉRES** pour chaque heure de la journée, imprimées à Venise, en trente-trois langues. *Venetiis in insula S. Lazari*, 1862, in-16, titre gr. et port., demi-rel. chag. viol, tr. dor. 5 fr.

9313 **PRIESTLEY** (Jos.). Lettres au très honorable Edmond Burke, au sujet des réflexions sur la Revolution de France. Ouvrage traduit sur la seconde edition corrigee. *Paris, Garnéry*, 1791, in-8, demi-rel. bas. ant. 3 fr.

9314 **PUGET DE LA SERRE**. Le Tableau de l'Europe ou sont representez les Royaumes, les Republiques. Principautez et autres Seigneuries de cette florissante partie du monde...., dedié a Mgr le Mareschal de Ville-Roy. *Paris, Rob: Denain*, 1651, pet. in-12, v. g. 4 fr.

9315 **PSYCHÉ** (la). Choix de pièces en vers et en prose. Dediée aux Dames *Paris*, 1826-1829, 4 vol. in-18, v. br. 6 fr.

9316 **I QUATTRO**. Poeti Italiani. Edizione fatta su quella di *A. Buttura* del 1833. *Parigi, Lefèvre et Baudry*, 1843, pet. in 8, dem.-rel. v. f., n. r. 7 fr.

   Edition compacte.
   Nombr. fig. ajoutées.

9317 **QUILLIET**. Dictionnaire des peintres espagnols, par Quilliet. *A Paris, chez l'auteur*, 1816, in-8, demi-chag. orange, n. rog. 6 fr.

9318 **QUINET** (E.). Allemagne et Italie, philosophie et poesie par Edgar Quinet. *Paris et Leipzig, chez Desforges et C°*, 1839, 2 vol. in-8, demi-rel. bas verte. 4 fr.

   Edition originale.

9319 — (Mme Edgar). Mémoires d'Exil, (Bruxelles, Oberland.) *Paris*, 1868, in-12 br. 2 fr. 25

   Exemplaire sur papier de Hollande, publié à 7 fr.

9320 **RABBE** (Alph.). Album d'un Pessimiste, varietes litteraires, politiques, morales et philosophiques. Œuvres posthumes d'Alphonse Rabbe, precedee d'une piece de vers par Victor Hugo, et d'une notice par L. F. L'Héritier, publié par le neveu de l'auteur. *Paris, Dumont*, 1835, 2 vol. in-8, demi-rel. mar., br. à coins, tête dor., n. rog. (*Belz-Niédrée*.) 15 fr.

9321 **RABUSSON** (H.). Dans le Monde, roman d'hier. *Paris, C. Lévy*, 1883, in-12, br. 7 fr.

   Edition originale, avec la couverture.
   L'un des 25 exemplaires tirés sur papier de Hollande

9322 — Madame de Givré. *Paris, C. Lévy*, 1884, in-12 br. 4 fr.

   Edition originale, avec la couverture. — L'un des 20 exemplaires tirés sur pap. de Holl. (n° 4).

9323 **RACINE**. (J.). Œuvres complètes. *Paris, N. Chaix et C°*, 1864, 4 vol. in-8, demi-rel. chag. r., pl. toile. 9 fr.

9324 **RACINE** (L.). Poésies de Louis Racine, nouvelle édition. *Paris, Masson fils*, (impr. de F. Didot), 1823, in-8, pap vélin, portr. et fig., demi-rel. chag. violet, fil, n. rog. 3 fr. 50

9325 **RAHIR**. (Edouard). La Collection Dutuit Livres et Manuscrits. *Paris, Librairie Damascène Morgand*, (imprimerie L. Danel de Lille) M. D. C C C. X C I X (1899), in-fol. de 328 pp., orné de 42 planches hors texte, en noir et en couleurs, reproductions de reliures et de miniatures, et de 67 figures dans le texte, fac-similés de titres, de gravures, etc., cart. vél. bl., non rog. 200 fr.

   La Collection Dutuit, formée pendant les soixante dernières années, est une des plus considérables qui existent en France, elle comprend, non seulement des tableaux, des objets d'art, des antiquités, des gravures, mais aussi une admirable bibliothèque dans laquelle se retrouvent une partie des plus précieux volumes vendus en France depuis 1843

   Cette bibliothèque est riche en reliures historiques, remarquables par leur belle décoration.

   Le présent Catalogue renferme la reproduction, par la chromolithographie et par l'héliogravure, de beaucoup de ces belles reliures et aussi celles de superbes miniatures ornant des manuscrits exceptionnels.

   Tirage limité à 350 exemplaires numérotés.

9326 **RAMBOSSON**. Phenomène nerveux, intellectuels et moraux, leur transmission par contagion. Paris, 1883, un vol. in-8 br. (7 fr.) 3 fr. 50.

9327 **RANCHIN**. Les Pseaumes, en vers français. *A Paris, chez Fl de P. Délaulne*, 1697, in-12 regle, maraq. rouge jans, tr. dor. (*Rel. anc.*) 8 fr.

9328 **RASPAIL** (F. V.). Histoire naturelle de la sante, et de la maladie chez les vegétaux, et chez les animaux en général, et en particulier chez l'homme. *Paris*, 1845, 2 tomes en 1 un vol. in-8, demi-veau, *fig. sur bois dans le texte et 12 planches grav.* 5 fr.

9329 **RATISBONNE** (le R. P. Théodore). Histoire de Saint-Bernard et de son siècle. *Paris*, 1875, 2 vol. in-12, portr., cart. toile. (Légère mouillure). 3 fr.

9330 **RECLUS** (E.). Nouvelle géographie universelle. la terre et les hommes. L'Asie Orientale, contenant 7 cartes en couleur, tirées à part, 162 cartes dans le texte, et 90 vues et types gravés sur bois. *Paris, Hachette et C°*, 1882, gr. in-8 br., couv. 10 fr.

   Publié à 30 francs.

9331 **RECUEIL** de diverses pièces curieuses pour servir a l'histoire. *A Cologne, par Jean du Castel*, 1664, pet. in-12, mar. bl., dos orné, fil., dent. int., tr. dor. (*Hardy*). 27 fr.

   Willems, n° 2006. — Haut. 128 millim.

9332 **RECUEIL** de diverses pièces curieuses pour servir à l'histoire. *A Cologne par Jean du Castel*, (à la Sphère), 1664, pet. in-12, mar. rouge, dos orné; 3 fil. avec coins dor., dent. int., tr. dor. (*Rel. anc*). 25 fr.

Ce volume est une des plus jolies productions de Foppens. Willems n° 2008.

9333 **RECUEIL** de pièces intéressantes, en 1 vol. in-8, v. marb. 9 fr.

Epitre du Diable à M. de Voltaire. *Aux Délices*, 1762. — Le Pauvre Diable. — Epitre à l'auteur du pauvre Diable, tel qu'il soit. — La Vanité. — Dialogues entre deux pauvres Diables M. Le Franc de Pompignan et de Voltaire. — Le Russe à Paris, accompagné de notes intelligibles, pour le texte. — Requête de Jérôme Carré aux Parisiens. — Plaidoyer de Rainponceau. — Les Quand. — Les Si — et les Pourquoi, avec les Réponses *Paris*, 1762. — Epitre de Belzébut, à l'auteur de la Pucelle. *Genève*, 1762. — L'Anti-Financier.., servant de réfutation d'un Ecrit intitulé. Lettre servant de réponse aux Remontrances du parlement de Bordeaux, précédée d'un Epitre au Parlement de France. *Amsterdam*, 1763, front. gr. —. L'Antropophagie ou les Antropophages. *Amsterdam*, 1764, front. gr. — La Vie de Louis XVI, depuis son événement à la Couronne, jusqu'au 24 août, 1774, en forme de drames, ou conversations intéressantes, entre trois personnages distingués, et ornée de plusieurs anecdotes secrètes par le prince de Burliabled. *Londres*, 1774.

9334 **RECUEIL** de pièces sur le Cœur de Saint-Louis, 1 vol. in-8, demi-rel, dos et coins de v. f. 6 fr.

Mémoires sur le Cœur de St-Louis et sur la découverte faite dans la Ste Chapelle, le 15 mai 1843, par Paulin Paris. *Paris, Techener*, 1844. — Des dernières observations relatives au cœur de St-Louis, trouvé dans la Ste Chapelle ; par Berger de Xivrey. *Paris, Techener*, 1844. — Sur la polémique relative au cœur de St-Louis, par Berger de Xivrey. *Paris, Ledogen*, 1844. Réponse à l'écrit de M. Letronne intitulé Examen critique du prétendu cœur de St-Louis, par Aug. Le Prévost. *Paris*, 1844. — Lettre de M. Le Prévost, au Rédacteur en chef du Moniteur Universel, 4 juin 1843. Troisième lettre de M. Le Prévost, au Rédacteur en chef du Moniteur Universel, 23 juin 1843. — Dissertation sur le cœur de St-Louis ., à propos de la lettre de M A. Deville à M. A. Le Prévost par L. Fallue. *Rouen*, 1846.

9335 **RECUEIL** de trois pièces en 1 vol. cart. 20 fr.

Lettres du Roy à M. le comte de Sault, chevalier de l'ordre dudict seigneur, gouverneur, etc., pour faire jouyr ceux du clergé de Lyonnois, estans de la religion réformée du revenu de leurs benefices *Lyon, B. Rigaud*, 1553, 8 p. — Ordonnance du Roy, sur le faict de la reduction des biens, rentes, revenuz et autres biens quelzcoques des gens ecclesiastiques, suyvant la déclaration du traicté de Paris. *Lyon B. Rigaud*, 1563, 8 p. — Lettres de commission du Roy sur l'execution de l'edict de la pacification des troubles de ce royaume. *Lyon, F. Merant*, 1563, 24 p.

9336 **RECUEIL** de douze pièces contenues dans un vol. in-8, demi-rel. veau fauv. 5 fr. 50

Notice historique sur M. l'abbé de Dienne, par M^r, l'abbé Labouderie. *Paris*, 1823. — Notice d'un manuscrit turc en caractères ouïgours, envoyé par M. de Hammer à M. Abel Rémusat. —, Lafayette aux Etats-Unis (en vers), par Labat. — Souvenirs et mélanges littéraires, politiques et biographiques par M.L. de Rochefort, *Paris*, 1826, etc.

9337 **RECUEIL** de poésies du XVIIIe siècle. 28 pièces réunies en 1 vol. in-8, demi-rel. v. fauv. 5 fr.

1° Epitre à Messalie. *Amsterdam*, 1767. — 2° Narcisse dans l'île de Vénus, poème en 4 chants, figure (Malfilâtre). — 3° Le cri de l'honneur, en France, 1766. — 4° Epitre d'un amant à son ami, sur la mort de sa maitresse. etc.

9338 **RECUEIL** des meilleurs contes en vers. Par Voltaire, Vergier, Grécourt, Piron, Dorat,

Saint-Lambert, etc., etc. *Rouen, J. Lemonnyer*, 1878-79, 2 vol. pet. in-8 écu, titre r. et n., ornés de 46 vignettes en taille-douce et de 2 portraits-médaillons sur les titres, par Duplessis-Berteaux, br., couv. papier. 40 fr.

L'un des 5 exemplaires tirés sur PEAU DE VÉLIN (n° 1).

9339 **RECUEIL** des pièces les plus curieuses qui ont este faites pendant le regne du connestable M. de Luynes, *s. l.*, 1625, un fort vol. in-8 cart. 10 fr.

9340 **RECUEIL** des pièces les plus curieuses qui ont ete faites pendant le regne du connestable M. de Luynes. *S. L.*, 1628, in-8, mar. vert, dos orné, fil., tr. dor. (*Rel. anc.*). 20 fr.

Rare en reliure ancienne.

9341 **RECUEIL** des pièces les plus curieuses qui ont este faites pendant le regne du connestable de Luynes. *s. l.*, 1628, in-8, d.-rel. vélin. 10 fr.

9342 **RECUEIL** des pièces les plus curieuses qui ont été faites pendant le regne du connestable de M. de Luynes., *S. l.*, 1628, un vol. in-8. 10 fr.

Collection de 67 pièces, poésies et Contes qui avaient paru séparément. — Le Noël des Chevaliers. — Le Qu'as-tu veu de la Cour. — Les Resveries de la Reine. — Le Monstre à trois têtes. — Le Contadin provençal. — Le Conseil de Théophile au Roi. — Plaintes de l'Espée de M. le Connestable. — Le Passe-partout des favorites. — Méditation de l'Hermite Valerion. — Le Chien à trois testes — Discours et Adieu de la France mourante. — Les Pseaumes des Courtisans. — Les Soupirs de la fleur de Lys. — Epigramme sur la Vanité de Montignon. — La France Mourante — Le Mot à l'Oreille, etc., etc., etc.

9343 **RECUEIL** de divers ouvrages réunis en 1 vol. in-8, veau. 9 fr.

1. De l'Intérêt d'un ouvrage, discours prononcé par le P. Cerutti, jésuite, à sa réception à l'Académie Royale des Sciences et Belles Lettres de Nancy, le 8 Mai 1763. *A Nancy, chez la Vve Claude Lescure* — 2 Les Oreilles des bandits de Corinthe, avec une lettre de M. de Voltaire sur les comètes. *A la Haye et se trouve u Paris*, 1772. — 3. L'HOMME AUX QUARANTE ÉCUS. *A Paris*, 1768. (*édition originale*). — 4. Récit des principales circonstances de la maladie de feu Monseigneur le Dauphin *A Paris, chez A. L Regnard*, 1766; etc.; etc.

9344 **RECUEIL** factice de 30 opuscules divers, en 3 vol. in-8, demi-rel. v. f. 12 fr.

Notice historique et descriptive sur Pontlevoy. *Blois*, 1836. — Association générale de patronage et de mutualité au profit des classes ouvrières de l'un et de l'autre sexe. — Conséquences et développements de la profession de foi de l'Eglise catholique. — Eloge de Scipion de Dreux, marquis de Brézé, par le duc de Noailles. — Hospitalité des Munstériens, par le dispensateur de leurs bienfaits. — Une mère et la famille Dupin. — Notice sur la vie et les ouvrages de M le comte Choiseul-Gouffier, par Dacier — Genéalogie de la maison de Ferrari, par de Saint-Allais. — De la noblesse de la Gentry la plus ancienne de l'Angleterre, d'Irlande et d'Ecosse, et seule héraldique par le blason, par T.-J.-R..., l'un des barons d'Ulster. — LISTE COMPLÈTE D'UN GRAND NOMBRE DES 5,000 JOLIES FILLES (BONNES A MARIER), PLUS SAGES LES UNES QUE LES AUTRES. — Statistique de l'arrondissement de Lectoure, par Masson. — Le Milliard perdu et retrouvé, ou simple analyse de la conversion de 140 millions de rente 5 pour 100 en 112 millions de rente 3 pour 100. — La République, l'Empire et les Cent jours, pièce en 4 actes, par Prosper. — De la Servitude volontaire, ou le contr'un, par Et. de la Boëtie (1848), avec les notes de M. Coste et une préface de F. de Lamennais (1835). — Résumé du système penitentiaire, par Demetz, etc., etc.

9345 RÉGNIER. Œuvres complètes. Nouv. édit. avec le commentaire de Brossette, publié en 1729. des notes littéraires, un index des mots vieillis ou hors d'usage et une etude biographique et litteraire, par Prosp. Poitevin. *Paris, A. Delahays,* 1860, in-12, cart. toile, non rog.   2 fr. 50

De la Bibliothèque gauloise.

9346 REGRET sur le décès de très-illustre, très-magnanime et très catholique Prince François de Lorraine, Duc de Guise, Pair et grand Chambellam de France. *A Paris, de l'imprimerie de Thomas Richard,* 1563, in-4, de 4 ff., cart. Bradel. (*Mouillures*).   25 fr.

Piéce en vers

Cette édition contient à la fin un *Sonnet aux Lecteurs.*

9347 RENGGER et LONGCHAMP. Essai historique sur la revolution du Paraguay, et le gouvernement dictorial du Docteur Francia. *Paris,* 1827, in-8, br.   3 fr. 50

9348 RÉPONSE apologetique de l'Anti-Coton et a ceux de sa suite, où il est montré que les autheurs anonymes de ces libelles diffamatoires sont atteints des crimes d'héresie, leze-majeste, etc. *Paris,* 1610, un vol. in-8 v.   10 fr.

9349 RESPONSE apologétique à l'Anti-coton, et a ceux de sa suite, presentée a la Royne mère du Roy, régente en France, par un Pere de la compagnie de Jésus. *Caen,* 1611, in-12, parch.   10 fr.

9350 RESPONSE chrestienne au premier livre des calomnies et renouvellees faussetez de deux Apostats, Matthieu de Launoy prestre, et Henry Pennetier, n'aguéres ministres et maintenant retournez a leur vomissement. *S. l. (Genève),* 1578, in-8, vel. (*Q. piq. de vers et mouillures*).   15 fr.

Très rare. Ce livre est une réponse à celui que Mathieu de Launay avait fait paraître lorsqu'il avait abjuré la Religion protestante. Mathieu de Launay est né à La Ferté-Alais.

9351 RETZ. Conjuration du Comté de Fresque par le Cardinal de Retz. *Paris, Delangle,* 1825, in-16 broche.   4 fr.

9352 — Mémoires du Cardinal de Retz, de Guy-Joly et de la Duchesse de Nemours. *Paris,* 1817, 6 vol. in-12, portrait, demi-bas.   6 fr.

9353 RIBELLE (Ch. de). Les métamorphoses de Gringalet. *Paris, A. Rigaud.* s. d., gr. in-8, cart. toile r., fers speciaux, tr. dor.   3 fr.

9354 RICCOBONI (L). Observations sur la comedie et sur le genie de Moliere. *Paris, Vve Pissot,* 1736, in 12, v. marb   4 fr.

9355 RICCOBONI. Œuvres complètes de Mme Riccoboni, edition ornee de vingt quatre fig. en taille-douce. *Paris,* 1790, 8 vol in-8, veau.   12 fr.

9356 RICHARD (l'abbe) (*né à Saumur*) Le Veritable pere Joseph, Capucin, nommé au Cardinalat, soutenant l'histoire anecdote du Cardinal de Richelieu. *A Saint Jean de Maurienne,* 1750, 2 vol. in-12   8 fr.

9357 RICHARD DESAIX (U.). François-Auguste Charodeau, peintre et sculpteur (1840-1882) avec 2 fac-similes d'autographes *Chateauroux,* 1883, gr. in-8, de 52 pp., pap. vél. teinte, titre r. et n, br.   4 fr.

9358 RICHELIEU (Marechal de, Vie privee du) contenant ses amours et intrigues. Rédigée par M. Faur, ancien secretaire du duc de Fronsac). *Paris, Buisson,* 1791, 3 vol. in-8, demi-rel. bas. (*Q.q. mouillures.*)   6 fr.

9359 RICHEOME (L.). Plainte apologétique au Roy très-chretien de France et de Navarre pour la Compagnie de Jesus, contre le libelle intitulé le franc et véritable Discours etc. avec quelques notes sur un autre libelle intitulé : Catéchisme des Jesuites. *Bordeaux,* 1603, un fort vol. pet. in-12, v. f.   7 fr. 50

Très rare.

9360 RIGAUD (D). (*Dauphinois*) Autres Œuvres poetiques de sieur David Rigaud accomgnées d'une notice et de notes par J. Brun-Durand. *Paris, Aubry,* 1878, in-8 ecu, pap. de Holl., br   3 fr.

9361 RIGENERAZIONE (La) dell' Olanda specchio a Futti i Popoli Rigenerati. *Venezia,* 1799, in-fol. de 20 planches, avec texte explicatif de chaque pl., en français et en italien, demi-rel. v.   25 fr.

Ouvrage peu commun orné de 20 planches en couleur.

9362 RIS (*Cte L. Clément de*). Les Musées de province. *Paris, Renouard,* 1859-1861, 2 vol. in-8, br. n. r., couvert.   8 fr.

Envoi autographe de l'auteur.

9363 ROBBÉ DE BEAUVEZET. Œuvres badines. *Londres,* 1801. 2 tom. en 1 vol. in-18, demi-rel. chag. vert poli, tête dor.; n. rog.   10 fr.

9364 — Lettres inédites de Robbe de Beauvezet au dessinateur Aignan Desfriches, pendant le proces de Damiens. *Paris,* 1875, in-12, demi-rel. dos et coins de veau marbré, tête dor., n. rog.   4 fr 50

9365 ROBERT-HOUDIN. Confidences et Révélations. Comment on devient sorcier ? *Paris, A. Delahays,* 1868, in-8 raisin, portr. et fig., d.-rel. chag. bl., dos orne.   6 fr.

9366 ROGER. Œuvres diverses de M. Roger, de l'Academie française, pub. par Ch. Nodier. *Paris,* 1835, 2 vol. in-8 br.   16 fr.

9367 ROLAND (Jacques), sieur de Belebat. Aglossostomographie ou description d'une bouche sans langue, laquelle parle et faict naturellement toutes ses autres fonctions. *A Saumur, pour Claude Girard et Daniel de l'Erpinière,* 1630, in-12, v. br.   25 fr.

Curieux volume.

9368 ROLLAND (Amedee). Le Poeme de la Mort. *Paris, librairie generale des Auteurs,* 1867, gr. in-8, br.   5 fr.

Edition originale, avec la couverture.

9369 ROMAN (l'abbé), *né à Avignon.* Vie de François Petrarque, célebre poete italien. *A Vaucluse et se trouve à Paris, chez J. Cussac,* 1786, in-8, *portrait,* veau.   4 fr.

Cette étude pleine de recherches curieuses est un excellent morceau biographique (Quérard).

9370 ROSSET (Franç. de). Les Histoires tragiques de nostre temps, où sont contenues : les morts funestes et lamentables de plusieurs personnes, arrivees par leurs ambitions, amours dereglées, sortileges, vols, rapines, et par autres accidens divers et mémorables; dernière édition, revue et corrigée des fautes qui s'etaient glissées dans les autres impressions, et augmentée des Histoires des Dames de Granges, de Brinvilliers, et aussi de plusieurs autres tres remarquables qui n'ont pas encore este vues. *Lyon, Math. Liberal,* 1685, in-8, v. ant. (*Mouillures*).   8 fr.

9371 ROUSSIER. Traite des Accords et de leur succession, selon le système de la base fondamentale pour servir de principes d'harmonie à ceux qui etudient la composition ou l'accompagnement du Clavecin. *Paris,* 1764, in-8, avec carte des accords de musique, br.   3 fr. 50

9372 ROSTAND (Eug.), Ébauches (poésies). *Lyon, Scheuring*, 1865, pet. in 8, pap. verge teinte, titres r. et n., br. n. c. 3 fr. 25
Edition originale avec la couverture.

9373 RULMAN (A.). Harangues prononcées aux entrees de plusieurs princes et seigneurs, et à la réception des Consuls et presentation d'advocats, avec quelques plaidoyers, par maistre Anne Rulman. *Paris, Fr. Huby*, 1614, in-8, titre gr. et portr., v. f. ant. 12 fr.
Volume rare. Harangues faites en la ville de *Nismes* aux *entrées* de Nosseigneurs de Bouillon, de Ventadour, de Montmorency, de Condé. Harangues faites sur la présentation de Maistre Henry Bompar, Claude de la Grange, Jean Martinon, Jean de Rossel etc. etc.

9374 SAINT-AMANT. (Les Œuvres). Sur *l'imprimé à Paris de l'imprim. de Rob. Estienne, pour Franç. Pomeray et Toussainct Quinet*, 1632. — La suite des œuvres du sieur de Saint-Amant. En 1 vol. pet. in-4, de 255 et 68 pap., vel. 10 fr.

9375 SAINT-AUGUSTIN. Lettres de Saint-Augustin traduites en français et précédées d'une introduction par M. Poujoulat *Paris, Lesort*, 1858, 3 vol. in-8, br. 6 fr.

9376 SAINT-EVREMOND. Jugement sur Senèque Plutarque et Pétrone avec l'histoire de la Matrone d'Ephese. *A Paris, chez Claude Barbin*, 1670, in-12, bas. 10 fr.
Edition originale. Très rare.

9377 — Jugement sur Seneque, Plutarque, et Petrone avec l'histoire de la matrone d'Ephese. *A Paris, chez Claude Barbin*, 1670, in-12, veau. (Rare) 3 fr.

9378 SAINT JOHN DE CREVECŒUR (J.-H.). Lettres d'un cultivateur americain, ecrites à W. S., Ecuyer, depuis l'annee 1770, jusqu'a 1781, traduites de l'anglais par leur auteur, (J.-H. Saint-John de Crevecœur, publiées par P.-L. Lacretelle ainé). *Paris, Cuchet*, 1784, 2 vol. in-8, bas. f. ant. 4 fr.

9379 SAINT-LAMBERT. Poésies, nouvelle édition. *Paris, De Bure*, 1826, in-16, portr., demi-rel. chag., gren. non rog. 2 fr.

9380 SAINT-MARC Œuvres de Saint-Marc. *A Paris, de l'Imprimerie de Monsieur*, 1781, 3 vol. in-8, veau. 5 fr.

9381 SAINT-PIERRE (B. de). Paul et Virginie (suivie de la Chaumière indienne). Edition illustree. *Paris, V. Lecou, s. d*, gr in-8, portr., fig. dans le texte et pl. hors texte, br, couv. illustr. 7 fr.
Edition non citée dans le Brivois, la préface est signée d'Albanès.

9382 — Paul et Virginie, précédé d'une préface par J. Janin. *Paris, Jouaust*, 1869, gr. in-8, titre r. et n., fig., br., couv. 5 fr
Tire à 342 exemplaires numérotés, (n° 239). L'un des 300 sur papier vergé contenant les 4 planches hors texte de Foulquier, sur Chine avec lettre.

9383 — Paul et Virginie, preface de J. Claretie, eaux-fortes de Fr. Régamey, variantes et bibliographie. *Paris, Quantin*, 1878, pet. in-8, texte encadré de fil. r., br., couv. 15 fr.
L'un des 100 exemplaires numérotés sur papier du Japon (n° 5), avec double épreuve des eaux-fortes, *avant la lettre*.

9384 SAINT-RÉAL. Conjuration des Espagnols contre la Republique de Venise, en l'année 1618. *Paris, Claude Barbin*, 1674, in-12, v. 10 fr.
Bel exemplaire de l'édition originale.

9285 — Conjuration des Espagnols contre la République de Venise, en l'année 1618. *A Paris, chez Claude Barbin*, 1674, in-12, veau f., dos orné, fil., dent. int., tr. dor. 10 fr.
Edition originale de cet ouvrage sur lequel est fondée la réputation de l'auteur.

9386 — Conjuration des Espagnols contre la République de Venise en l'annee 1618. *A Paris, chez Claude Barbin*, 1674, in-12, v. mar. 8 fr. 50
Edition originale Rare.

9387 — Nouvelles œuvres posthumes de M D. S. T. *A Paris, chez la veuve de Claude Barbin*, 1669, in-12, veau. 5 fr.
Edition originale.

9388 SAINT-VICTOR (J. B. de). Tableau historique et pittoresque de Paris, depuis les Gaulois jusqu'a nos jours. *Paris*, 1822, 4 tomes en 8 vol. in-8, rel. basane pleine, filets. 12 fr.

9389 SAND (G.). Tamaris. *Paris, M. Lévy frères*, 1862. in-12, br. 3 fr.
Edition originale, avec la couverture.

9390 SATIN. Le culte (monologue). Dessins de Mesples, graves par Oudart. *Paris, Rouveyre et Blond*, 1882, in-12, pap. vel. teinte, titre r. et n., cart. perc. non rog., couv. 3 fr.

9391 SATIRES ou Réflexions sur les erreurs des hommes et les nouvellistes du temps. *A Paris, chez Gabriel Quinet*, 1690, in-12, front. gr. mar. bleu, dent. int., tr. dor. (*Trautz-Bauzonnet*). 28 fr.
Volume rare. Bel exemplaire.

9392 SATYRE Ménippée de la vertu du catholicon d'Espagne et de la tenue des Estatz de Paris, laquelle est adiouté un discours sur l'interprétation du mot *Higuiero d'Infierno*, qui en est l'autheur, plus le regret sur la mort de l'Asne, liqueur d'une damoyselle, qui mourut durant le siege de Paris. *S. l.*, 1594, pet. in-8 de 8 ff. lim. et 274 pp, parchemin. 20 fr.

9393 SATYRE Menippée de la vertu du catholicon d'Espagne et de la tenue des Estats de Paris. A laquelle est adjoute un discours sur l'interpretation du mot Higuiero del Infierno et qui en est l'auteur, et derniere edition (publiee par Le Duchat). *A Ratisbonne*, 1714, 3 vol. in-8 figures, v. m. 15 fr.

9394 SATYRE Menippée de la vertu du catholicon d'Espagne.. derniere edition, enrichie de figures, augmentee de nouvelles remarques et de plusieurs pieces, qui servent a prouver et à eclairer les endroits les plus difficiles. *Ratisbonne, les Héritiers de Matth. Kerner*, 3 vol. pet. in-8, fig., v. marb. 8 fr.

9395 SAUVENIÈRE (A. de). Sylvaine de Vitray, roman d'une jeune fille pauvre. *Paris, Frinzine*, 1885, in-12 br., couv. 3 fr.
Exemplaire sur papier de Hollande.

9396 SCHOLL (A.). Les Dames de Risquenville. *Paris, Librairie centrale*, 1865, in-12 br. 3 fr.
Edition originale avec la couverture

9397 SCRATCHLEY (Arthur). Industrial investment and emigration, being a treatise on benefit building societies, and on the general principles of associations for land investment and colonization, with an appendix on compound interest, tontines, and life assurance, second edition, much enlarged. *London, J. W. Parker*, 1851, in-8, cuir de Russie, fil., tr. peig. 3 fr.

9398 SÉNAULT (Elisabeth). Heures nouvelles dédiees a Monseigneur Dauphin, ecrites et gravées par Elisabeth Senault. *Paris, chez l'autheur, s. d.*, pet. in-12 de 212 pp., chag. noir avec jonc et fermoirs. (*Feuillets tachés*). 4 fr.

9399 SÉNÈQUE. Des bienfaits de la version de Mr François de Malherbe. *Paris, Ant. de Som-*

maville, 1650. — Sénèque, de la colère, de, la version de P. Du Ryer. *Paris, Ant. de Sommaville*, 1651. — Seneque, des questions naturelles de la version de P. Du Ryer. *Paris, Ant. de Sommaville*, 1651. ensemble 3 vol. in-12, mar. rouge, fil, tr. dor. *Chiffres sur les plats.* 10 fr.
Bonne reliure ancienne.

9400 **SERGÉ.** Essais de maximes et de poésies morales *Paris*, 1682, in-12 v. br. 3 fr.
Rare. Provient de la collection Rochebilicu.

9401 **SERVET.** Historia Michælis Serveti, quam præside Io Laur. Moshemio... *A. O. R.*, 1727. D. 19 decembris, placido, doctorum, examini publice exponit, auctor Henricus, rab. Allwœrden *Helmsladii. Stanno Bucholtziano*, 1727, in-4, portr. de Mich Serveti, velin. 10 fr.

9402 **SILVESTRE** (A.). Contes à la Brune, illustrations de Kauffmann. *Paris, Marpon et Flammarion*, s. d., in-12 br., couv. illust. 8 fr. 50
L'un des 25 exemplaires numérotés sur papier du Japon (n° 5).

9403 — Contes à la Comtesse. Illustrations de Kauffmann. *Paris, Marpon et Flammarion*, s. d., in-12, br., couv. illust. 8 fr.
L'un des 50 exemplaires tirés sur papier du Japon (n° 11).

9404 — Le dessus du Panier. *Paris, Frinzine*, 1885, in-12, br., couv. illust. (*Edit. orig.*) 3 fr.

9405 **SIMONNET** (J.). Essai sur la vie et les ouvrages de Gabriel Peignot, accompagné de pieces de vers inedites. *Paris, Aubry*, 1863, in-8, br. 4 fr.

9406 **SNIDER** (A.). La Création et ses Mystères dévoiles, ou l'on expose clairement la nature de tous les êtres, les éléments dont ils sont composés, etc. La nature et la situation du feu du soleil. *L'origine de l'Amerique*, et de ses habitants primitifs, etc. *Paris*, 1859, un beau vol. in-8. br. orné de dix planches au lieu de 8 fr. 4 fr.

9406 *bis* — Le même exemp. en paier vélin. 5 fr.

9407 **STAAFF** (Le Colonel). La littérature française depuis la formation de la langue jusqu'à nos jours. *Paris, Didier*, 1866-1871, 5 vol. in-8, br. 12 fr.
Lectures choisies, 1 vol. — Troisième, quatrième, cinquieme et sixieme cours, 4 vol.

9408 **STEHLICH** (F.) Les Moines, comédie satirique ecrite par les P. P. Jésuites du collège de Clermont, dit de Louis-le-Grand, a la fin du XVIIIe siecle. Publiée d'apres un mss. de la bibliothèque Sainte-Genevieve. *Rouen, J. Lemonnyer*, 1880, in-8, ecu, fig. br., couv. 2 fr 25
L'un des 50 exemplaires tirés sur papier Whatman (n° 21).

9409 **STERN** (D). Histoire de la Revolution de 1848 *Paris, Charpentier*, 1862, 2 vol. in-12. br. n. c. 3 fr. 50

9410 **STERNE** (L.). The sermons of Mr. Yorick. *London, J. Dodsley*, s. d. (17) 4 vol. in-12, portrait, veau granit, dos ornés filets. 6 fr.
Edition originale avec la liste des souscripteurs.

9411 **STOP.** Bêtes et Gens, fables et contes humoristiques a la plume et au crayon *Paris, Plon et Cie*, 1877, gr. in-8, titre r. et n., front. et nombr. illustrations dans le texte, br. couv. 3 fr. 50
Exemplaire de premier tirage.

9412 **STOLZ** (Mme de). Le Secret de Laurent. Ouvrage illustré de 32 vignettes par Sahib. *Paris, Hachette et Cie*, 1878, in-12, br., couv. 10 fr.
Exemplaire tiré sur papier de Chine.

9413 **STRAUSS.** (Otto). Mahumi de nino vaticinum explicavit ex assyriis monumental illustravit. *Berolini*, 1853, in-8, br. 3 fr.

9414 **SUARD.** Madame de Maintenon, peinte par elle-même. *Paris*, 1810, in-8, bas. rac. 3 fr.

9415 **TANSILLO** (Luigi). Poésies. *Londra*, 1782, in-12, portr. et titre grav, v. rac. 3 fr.

9416 **TARBÉ** (P.). Recueil de poésies Calvinistes (1550-1566). *Reims*, 1866, in-8, demi-rel v. f. 8 fr.
Envoi autographe de l'auteur à M. Waddington.

9417 **TASSE.** La Jérusalem delivrée, poème du Tasse trad. par Le Brun. *Paris, an deux*, 2 vol. in-8, v. éc., tr. dor. *part. et figures.* 6 fr.
Bonnes epreuves. Mouillures.

9418 — Les veillées du Tasse avec le texte italien en regard, trad. par Barère. *Paris*, 1804, in-8, 4 fig. avant la lettre de Myriés grav. par Saint-Aubin, Bacquoy, demi-rel. dos et coins de maroq. vert, tête dor., n. r. 10 fr.
Cet ouvrage du Tasse était resté inédit. Le manuscrit autographe en a été retrouvé à Ferrare, en 1794. Rare.

9419 **TAVERNIER** (A.). Amateurs et Salles d'armes de Paris. Illustrations de Genilloud, *Paris, Marpon et Flammarion*, s. d., in-12, br., couv. illust. 9 fr.
L'un des 10 exemplaires tirés sur papier de Chine (n° 10), avec le double suite de gravures tirées en noir et en bistre.

9420 **TELECOMANIE** (La), ou la censure et critique du Roman intitulé : Les aventures de Télémaque, fils d'Ulysse, par l'abbé Faydet. *A Eleuterople*, 1700, un vol. in-12 veau. 5 fr.

9421 **TÉNOT** (Eugène). Paris en Décembre 1851. Etude historique sur le coup d'Etat. *Paris, Armand Le Chevalier*, 1868, in-8 br. 3 fr.

9422 **THE** Annals of King George, year the second ; being a faithfuld History of the affaires of Great Britain, for the year 1716 Containing also a full and compleat history of the Rebellion. *London*, 1717, in-8, portr., veau. 3 fr.

9423 **THEÂTRE LIÉGEOIS.** Nouvelle edition augmentée d'une piece inédite ; revue et annotee par F. Bailloux, précédee d'une introduction historique, par H. Capitaine, d'une lettre aux Editeurs par J. Stecher et ornee de trois planches, gravees par J. Helbig. *Liège*, 1854, un vol. in-12 br. 2 fr. 25

9423 *bis* — Le même, un des cinquante exemplaires tirés sur papier vergé. 4 fr.

9424 **THEÂTRE** (Le petit) de l'Univers, étrennes naturelles, précieuses, instructives et amusantes, avec figures, pour l'année 1782. *Paris. Langlois*, 1782, in-32, mar. rouge, dos orné, fil. et ornem. dor. sur les pl., tr. dor. (*Rel. anc.*). 5 fr.

9425 **THÉO-CRITT.** Journal d'un officier malgré lui. Illustrations par P Kauftmann. *Paris, G. Hurtrel*, 1887, in-32, cart. toile, fers speciaux, non rogn. (*Cart. de l'éditeur*). 3 fr. 50
Tiré à 200 exemplaires sur papier de cuve (n° 2).

9426 **THEURIET** (A.). Au Paradis des Enfants. *Paris, Ollendorff*, 1887, in-12, br. 3 fr.
Edition originale, avec la couverture.

9427 — Hélene. *Paris, Charpentier*, 1886, in-12, br. 3 fr.
Edition originale, avec la couverture.

9428 — Sauvageonne. *Paris, Lemerre*, 1887, pet. in-12, br., couv. 9 fr.
L'un des 25 exemplaires tirés sur papier de Hollande (n° 3).

9429 **THOMAS.** Memoires historiques sur Montpellier et sur le département de l'Herault. *Paris*, 1827, un vol. in-8 bas. (Rare). 7 fr.

9430 THOU (de). Mémoires de la vie de J. A. de Thou, conseiller d'Etat et président à mortier au Parlement de Paris. Ouvrage mesle de prose et de vers, avec la traduction de la preface qui est au-devant de sa grande histoire. *Rotterdam, Reinier Leers,* 1711, in-4, portrait gravé, vél. bl. 7 fr.

9431 TITEUX (Eug). Historiques et Uniformes de l'Armée française. Texte et dessins, par Eugène Titeux. *Paris, Em. Lévy et Cie, s. d.,* 6 fasc. in-fol., texte encadré de fig, et planches hors texte color. 16 fr.

Historiques et Uniformes : du 7e Régiment d'Infanterie de Ligne. — Des Bataillons d'Infanterie légère d'Afrique. —Des Régiments de Zouaves. — Des Tirailleurs Algériens. — Des Compagnies de Discipline — Des régiments Etrangers

9432 — Historiques et Uniformes des Régiments de Cavalerie — Cuirassiers — Dragons — Chasseurs — Hussards — Spahis — Chasseurs d'Afrique. Texte et dessins par Eugène Titeux, Lieutenant-Colonel breveté. *Paris, Em. Lévy et Cie, s. d.,* in-fol. carré, texte encadré de vignettes, et planches hors texte color., en portefeuille. 40 fr.

Publié à 100 francs.

9433 TŒPFFER (R.). Réflexions et Menus-Propos d'un peintre Genevois, ou essai sur le beau dans les arts, précédés d'une notice sur la vie et les ouvrages de l'auteur par Alb Aubert. *Paris, V. Lecou,* 1853, in-12, br., couv. 4 fr.

9434 TOULMOUCHE (A.) Histoire archeologique de l'époque gallo-romaine de la ville de Rennes, comprenant l'étude des voies qui partaient de cette cite et celle de leur parcours, precedee ou recherches sur les monnaies et antiquités trouvées dans les fouilles de la Vilaine pendant les années 1841-42-43-44-45-46, et ornee de 3 cartes et de 20 pl. lithogr. *Rennes,* 1846, in-4, br. n. c. 4 fr.

Au lieu de 15 fr.

9435 TRAICTEZ philosophiques, par le Sr D. V. (Du Vair). A Paris, chez Abel l'Angelier, 1606, in-8. 4 fr.

Titre gravé.

9436 ULLIAC-TRÉMADEUC (Mlle). Les jeunes naturalistes ou entretiens familiers sur les animaux, les végétaux et les minéraux. *Paris,* 1868, 2 vol. in-12 br., fig. 4 fr. 50

9437 USSEL (Vte Ph. d'). Essai sur l'esprit public dans l'histoire. *Paris,* 1877, in-8 br., n. r., couv. 3 fr.

9438 VACHEROT (E.). La Démocratie, 2e édit. considérablement augmentée, suivie du texte des jugements rendus en France contre l'ouvrage. *Bruxelles, A. Lacroix et Cie,* 1860, demi-rel., chag. La Vall., tête dor., n. rog. 4 fr.

9439 VACQUERIE (A.). Le Fils. *Paris, Pagnerre,* 1866, titre r. et n., br. 4 fr. 50

Edition originale avec la couverture.

Exemplaire en grand papier.

9440 — Le Fils. *Paris, Pagnerre,* 1866, in-8, br. 3 fr.

Edition originale.

9441 VADÉ (Jos.). Poésies et lettres facétieuses, avec une notice bio-bibliographique, par G. Lecocq. *Paris, Quantin,* 1879, in-8 ecu, pap. de Holl., titre r. et n., port. a l'eau-forte par Ad. Lalauze, fac-simile d'autographe, en-tête et cul-de-lampe a l'eau-forte, demi-rel. dos et coins de mar. r., dos orné, fil., tête dor., non rog. 4 fr.

Publié à 10 francs, broché.

9442 VAILLANT. Numismata Imperatorum Romanorum praestantiora a Julio Caesare ad Postumum et Tyrannos. *Parisiis,* 1674, 2 tomes en un vol. in-4, v. f. (Rare). 6 fr.

9443 VALENCIENNES. Elémens de perspective pratique à l'usage des artistes, par Valenciennes. *Paris, an VIII,* in-4, figures, veau, dos orne, fil. 15 fr.

9444 VALESIO (Henrico) Historia ecclesiastica. Eusebii Pamphili, Socratis Scholastici, Hermiae Sozomeni, Theodoriti Episcopi Cyri et Evagrii Scholastici. *Parisiis,* 1677, in-fol., v. gr. 4 fr.

9445 VALINCOUR (J. B. H. du Trousset de). La vie de François de Lorraine, duc de Guise. *Paris, Séb. Mabre-Cramoisy,* 1681, in-12, v. gr. (Piq. de vers) 4 fr.

9446 VALTER (Jehan). Paris disparu. Les Tuileries. *Paris, V. Havard,* 1884, in-12, br. 3 fr.

Edition originale, avec la couverture. Exemplaire sur papier de Hollande.

9447 VAST-RICOUART. Pour ces dames, illustrations de Kauffmann. *Paris, Marpon et Flammarion,* 1882, in 12, couv. br., n. rog. 5 fr.

Edition originale. Exemplaire sur papier de Hollande publié à 10 fr.

9448 VAUGHAN (Frère Jean). Du neuf et du vieux, contes et mélanges. Etrennes aux Délicats, avec frontispice a l'eau-forte. *Bruxelles, J. Blanche,* 1873, in-12, br. n. c. 3 fr.

9449 VAUGOURS (Frère Jean). Du Neuf et du Vieux, contes et mélanges (première serie). Etrennes aux Delicats. *Rouen, Briere,* 1866, in-8 br., couv. 4 fr.

Première édition très rare. — Quérard se trompe en donnant cet ouvrage à M. Vaugours, il est en réalité de M. Vaughan.

9450 VENGEANCE des femmes contre les hommes. — Satyre nouvelle contre le luxe des femmes — Peloton de fil envoye par Mme d'Agenois à M. le duc de St-Aignan. *Paris,* 1704, plaq. in-12, cart. perc , non rog. (Behrends.) 2 fr.

Réimpression tirée à 103 exemplaires. L'un des 100 sur pap. de Holl. Lille, imp. Vanackere, s. d.

9451 VERGILE (Polydore). Les Mémoires et histoire de l'origine, invention et autheurs des choses, faicte en latin et divisee en huict livres, par P. Vergile, et traduicte, par Françoys de Belle-Forest, Comingeois. *Paris. Rob. le Mangnier,* 1576, 1 fort vol in-8, parch. 10 fr.

9452 VERHEUDEN (Jac.). Af. Beeldingen van Sommighe in Godts. Woort ervarene Mannen, die Testreden hebben den Roomschen Antichrist. Waer by ghevoecht zijn de Lofsprevcken ende Registers harer Boecken. Ecrit int Latyn uytghegeven door Iac Verheuden. Ende nu Heer-Duytsch overgheset door P. a K. In s'Graven-Haghe by Beuckel Corneszoom Nieulandt Anno M. D. C. III (1603), in-4, titre gr., portraits (50), vel. 30 fr.

50 portraits de réformateurs, gr. par Hondius : Wicleff, Huss, J. de Prague, Savonarole, Luther, Zwingle, Calvin, etc.

9453 VERONE (Franç. de). Apologie pour Jehan Chastel, parisien, executé a mort, et pour les peres et eschollers de la Societe de Jesus contre l'arrest de Parlement donné contre eux à Paris, le 29 déc. 1594, divisee en cinq parties. L'an CIƆ. CI. XCV. (1595), pet. in-8, v. f. ant. 5 fr.

Ce libelle est attribué au trop célèbre J. Boucher, curé de Saint-Benoit.

9454 VERNET (J. J.). Anecdotes ecclésiastiques contenant la police et la discipline de l'Eglise chrétienne, depuis son etablissement jusqu'au XIe siecle. Les Intrigues des Evêques de Rome, et leurs usurpations sur le Temporel des Souverains, tirees de l'Histoire du Royaume de Naples, de Giannone, brûlée à Rome en 1726. (par J. J Vernet). *Amsterdam, J Catuffe*, 1738, in-12, v. gr.   3 fr.

9455 **VÉRON** (E.). La troisième Invasion, Gravures d'apres A. Lançon. *Paris, librairie de l'art*, 1876-77, 2 vol. gr. in-8, br.   10 fr.

9456 **VERT et BLANC**. Morceaux inédits et choisis de littérature contemporaine (par J. de Rességuier, F. de Kergolan, A. de Beauchesne. A. Nettement, J. Janin. Em. Deschamps, etc., etc.). *Paris, Dentu*, 1834, in-18, fig., br., couv. (*Taches de rousseur*).   3 fr.

9457 **VERTOT**. Histoire de la conjuration de Portugal (par l'abbé René Auber de Vertot). *Paris, Veuve Martin*, 1689, in-12, v., br., dos orné.   4 fr.
    Frontispice gravé.
    Edition originale.

9458 — Histoire de la conjuration de Portugal. *A Paris, chez la Veuve d'Edme Martin, Jean Boudot et Estienne Martin*, 1689, in-12, demi-cart. toile.   4 fr.
    Edit. originale.

9459 **VESQUE DE PUTLINGEN**. Le Roi Guiot, histoire nouvelle, tirée d'un vieux manuscrit poudreux et vermoulu (composée par Vesque de Putlingen). S. l., 1791, in-12, demi-rel. bas. verte, eb.   4 fr.
    Satire contre Louis XVI.

9460 **VIARDOT** (L). Les Jésuites jugés par les rois, les evêques et le pape. — Histoire de Dmitri, etude sur la situation des Serfs en Russie. *Paris, Pagnerre*, 1857, in-12, demi-rel., dos et coins de mar. bl., tête dor., non rog. 3 fr. 25

9461 **VIE** (la) de Dom Barthélemy des Martyrs, religieux de l'ordre de St-Dominique, archevesque de Brague en Portugal. *Paris, Pierre le Petit*, 1663, in-8, portr. de Dom Barthélemy, v. marb (*Nom coupé sur le titre, et mouillures*).   3 fr. 50

9462 **VIE DES SAINTS** (la) illustrée en chromolithographie d'après les anciens manuscrits de tous les siècles, publiée par F. Kellerhoven, texte par M. Henry de Riancey (planches et texte inedits). *Paris, Bachelin-Deflorenne, s. d.*, in-4, titre r. et n., texte encadre de filets noirs, br., couv.   35 fr.

9463 **VIGNOLE** (Jacq. Barozzio de) Regles des cinq ordres d'architecture, traduct. nouvelle, et augmentation de ses œuvres. *Paris, P Mariette*, 1663, pet in-8, titre et front. grav., 38 fig., parch.   3 fr. 50

9464 **VIGNY** (A de) Servitude et grandeur militaires, dessins de Julien LeBlant, graves a l'eau-forte par Champollion. *Paris, Librairie des bibliophiles*, 1883, in-8 ecu, pap. vél. de Holl., br., couv. papier.   9 fr.

9465 **VILLON** (F.). Œuvres, (avec les remarques de Eusebe de Laurière). *Paris, Coustelier*, 1723, pet. in-8, v. ant. (*Mouillures*).   2 fr. 50

9466 **VILLON** (Les Ballades de François). Suite de 70 illustrations de A. Gérardin, gravees par Julien Tinayre, pour illustrer les Ballades de F. Villon, pub. par E. Pelletan.   75 fr.
    Epreuves tirees sur papier de Chine volant, un feuilles, marges in-4.

9467 **VITRUVE**. Architecture ou art de bien bâtir. *Genève*, 1618, un vol. in-4, fig. sur bois, parchemin.   10 fr.

9468 **VITRUVE**. Architecture, traduite en français, par DeBroul. *Bruxelles*, 1846. in-vol. in-4 br., planches.   4 fr.

9469 **VIVIEN et Edm BLANC**. Traité de la législation des Theâtres, ou exposé complet et méthodique des lois et de la jurisprudence relativement aux théâtres et spectacles publics. *Paris*, 1830, in-8, br.   4 fr.
    Rare

9470 **LE VOCABULAIRE**. Anglois, Flamand, François & Latin.... & ajouté des remarques pour apprendre facilement un grand nombre de mots de ces langues *A Utrecht*, 1735, un fort vol. in-12 broché, n. r.   3 fr.

9471 **VOLTAIRE**. Bibliographie de ses œuvres, par G. Bengesco. (Tome 1er). *Paris, Rouveyre et Blond*, 1882, in-8, pap. vél., portr., tr.   6 fr.
    Publié à 25 fr.

9472 — La pucelle d'Orleans, poeme en vingt et un chants avec des notes de Mr de Morza (Voltaire). *Londres, (Geneve)*, 1774, un vol. in-8 broché, n. rogné.   4 fr.

9473 — Repentir ou confession publique de M. de Voltaire. *Lausanne*, 1774. — Testament politique de M de V. *Genève*, 1774, ensemble un vol. in-12, relié.   2 fr. 25

9474 — Le siecle de Louis XIV, publié par Mr de Francheville (Voltaire). *Leipsick*, 1752, 4 vol. in-12, veau marbré.   4 fr.

9475 **LE VOYAGE** au Parnasse, de Michel de Cervantes. *Paris, Guay*, 1864, in-12, br., couv. 3 fr.

9476 **VRAYE HISTOIRE** (la), contenant l'unique jugement et fausse procédure faite contre le fidele serviteur de Dieu, Anne du Bourg, conseillier pour le Roy, en la cour du Parlement de Paris, et les diverses opinions des Presidens et Conseillers, touchant le fait de la religion Chrétienne. Les demandes faites audit du Bourg, et les responses d'iceluy : Avec sa confession de foy, son constant martyre et heureuse mort... S. l. 1561, pet. in-8 de 109 pp., mar. vert, dos orné, 3 fil. dent. int., tr dor. (*Rel anc.*)   300 fr.
    Superbe exemplaire d'un petit volume d'une rareté excessive et d'un très grand intérêt.

9477 **WALDOR** (M Mélanie). Poésies du Cœur. *Paris*, 1833, in 8 br., vignette de Gigoux.   6 fr.
    Edition originale avec la couverture.

9478 **WALLACE**. Dissertation historique et politique sur la population des anciens tems, comparée avec celle du nôtre, dans laquelle on prouve qu'elle a été plus grande autrefois qu'elle ne l'est de nos jours, trad. de l'anglois, par M. E. *Amsterdam et Paris, Rzel*, 1769, in-8, v. marb.   3 fr.

9479 **WEIGEL** Apparatus litterarius sive index librorum lectissi morum quos suo sibi cœmtos. *Lipsiae*, 1821, un vol in-4 cart.   5 fr.

9480 **WESTPHAL**. Das Indogermanische Verbum. *Iéna*, 1873, un vol. in-8 br.   7 fr.

9481 **WESTRHEENE** (Van). Jan Steen. Etude sur l'art en Hollande. *La Haye*, 1856, in-8, portrait broché. (*Rare*).   5 fr.

9482 **WIELAND**. Histoire d'Agathon ou tableau philosophique des mœurs de la Grece. *A Leide, chez Jacques Murray*, 1774, 8 parties en 4 vol. in-12, figure demi-rel. avec coins. bas.   8 fr.

9483 **WIELAND**. Musarion, ou la philosophie des Grâces, poème en trois chants de Wieland, trad. de l'allemand par M. de Laveaux. *A Basle*, 1780, in-8, front. et fig. cart., éb.   5 fr.

9484 **WILKS**. Précis de l'histoire de l'Eglise d'Ecosse sur la formation de l'Eglise libre et sa séparation de l'Etat. *Paris*, 1841, un vol. in-8 br.   3 fr. 50

9485 **WILLEMET**. Phytographie encyclopédique ou flore economique. *Paris*, 1808, 3 v. in-8, cart   9 fr.

9486 **WILLIAMS**. Considérations chimiques et pratiques sur la combustion du charbon et sur les moyens de prévenir la fumee, traduit de l'anglais par M. Bona Cristave, lieutenant de vaisseau. *Paris*, 1858, 1 vol. in-8, br. (7 fr.) 3 fr.

9487 **WILTHEMIUS** (Alex.). Luciliburgensia sive Luxemburgum romanum. Hoc est arduennae veteris situs, populi, loca prisca, ritus, sacra, lingua, viae consulares, castra, castella, villae publicae, jam inde a Caesarum temporibus Urbis ad haec Luxemburgensis incunabula et incrementum investigata atque a fabula vindicata, etc. Eruderata et illustrata a R. P. Alex. Wilthemio, etc. *Luxemburgi*, 1842, in-4, 98 pl. lith. et 1 carte, demi-rel. chag., pl. t. 10 fr.

Dans le même volume : Notice historique sur la famille de Wilthelm par Aug. Neyen, avec tableau généalogique de la famille. *Luxembourg*, 1842.

9488 **WIRTH** (Max.). Lois du travail au XIXe s., trad. de l'allemand par la Baronne de Crombrugghe. *Paris, Guillaumin et Cie*, 1874, in-8, br.   4 fr.

9489 **WITKOWSKI** (G.). Structure et fonctions du corps humain. *Paris*, 1877, un vol. gr. in-8 fig. et atlas, demi-rel. chag. rouge. (30 fr.) 10 fr.

9490 **WOLPO** (J. Chr.). Anecdota graeca sacra et profana. *Hamburg*, 1723, 3 vol. in-12, demi-velin bl.   6 fr.

9491 **WOLSIUS** (Joan.). Lectionum memorabilium et reconditarum centenarii XVI, cum indice Joan Jac. Linsii. *Linvingæ*, 1600-1608, 2 vol. in-fol. veau, dos orné.   20 fr.

Nombreuses fig. sur bois.

9492 **ZOLA** (E.). Pot-Bouille. Edition illustree par G. Bellenger et Kauffmann. *Paris, Marpon et Flammarion. s. d.*, in-4 br., couv.   20 fr.

L'un des 100 exemplaires numérotés sur grand papier de Hollande, (n° 56).

9493 **BALADES DANS PARIS** — au Moulin de la Galétte — à l'Hôtel Drouot — Sur les Quais — Au Luxembourg. Notes inedites par MM. E. R. Paul Eudel, B.-H. Gausseron et Ad. Retti. *Paris, Imprimé pour les Bibliophiles contemporains*, 1894, in-4, fig., br, couv.   210 fr.

L'impression des cadres lithographiques polychromes composés et mis sur pierre par Alex. Lunois, a été faite par Lafontaine et fils. Illustrations par Bertrand.

Tiré à 160 exemplaires non mis dans le commerce Double suite des planches, en noir et en couleurs.

9494 **BALZAC** (H. de). Les Chouans. Illustrations de Julien Le Blant, gravées sur bois par Léveillé. *Paris, E. Testard et Cie*. 1889, gr. in-8, br., couv. illust.   80 fr.

L'un des 75 exemplaires tirés sur papier du Japon (n° 30), avec le tirage à part de tous les bois sur papier du Japon, en feuilles dans un carton. Epuisé, rare

9495 **BERNARD** (P.-J.). OEuvres, ornées de gravures d'après les desseins (sic) de Prud'hon, la dernière estampe gravée par lui-même. *Paris, P. Didot l'ainé*, 1797, gr. in-4, mar. rouge, compart. de fil. droits et courbes, milieux et coins dor. à petits fers couvrant presqu'entièrement les plats, dent. int., tr. dor. (*Cape*).   400 fr.

4 figures AVANT LA LETTRE par PRUDHON, gravées par Prudhon, Beisson et Copia

Bel exemplaire sur papier vélin fort d'Angoulême (tiré à 150), contenant les opéra de l'auteur.

9496 **CHORIER** (Nicolas). Aloisiae Sigeae Toletanae Satyria Sotadica de Arcanis Amoris et Veneris. Aloisia Hispanice scripsit, Latinitate donavit Joannes Meursius *Parisius, Liseux*. — *Th. Belin*, 1885, in-12, pap. de Holl., cart. dos et coins de perc., non rog., couv. (*Champs*).   15 fr.

Publié à 25 francs, épuisé.

9497 **COLLECTION LAHURE**. *Paris, Lahure.* Rouveyre et Blond, 1883-1884, 3 vol. in-8, pap. vél. teinte, d.-rel. dos et coins de mar. vert, dos orné, fil., tête dor., non rog., couv. (*Smeers Engel*). 35 fr.

Le Conte de l'Archer, par A. Silvstre, aquarelles de A. Poirson, gravées par Gillot. — Voyage de Paris à Saint-Cloud par mer, et retour de Saint-Cloud à Paris par terre, par Néel, aquarelles de Jeanniot, gravees par Gillot. — La Matrone du pays de Soung. — Les deux Jumelles (contes chinois) aquarelles de V. A. Poirson.

9498 **DAUDET** (Alphonse). Sapho. Compositions de Auguste François Gorguet, gravures à l'eau-forte de Louis Muller. *Paris, A. Magnier*, 1897, in-8 raisin, br., couv. illust.   210 fr.

DE LA COLLECTION DES DIX.

L'un des 40 exemplaires tirés sur papier vélin de cuve, contenant une double suite de toutes les illustrations dans le texte et une triple suite des illustrations hors texte gravées à l'eau-forte (dont l'eau forte pure avec remarques), en feuilles, dans des cartons. Epuisé, tres-rare.

9499 **DELISLE de SALES**. De la Philosophie de la Nature, ou Traité de morale pour le genre humain, tire de la philosophie et fondé sur la nature. Cinquieme édition et la seule conforme au manuscrit original (par J.-B.-C. Delisle de Sales). *Londres, (Paris)*, 1789, 7 vol. in 8, fig., mar. rouge, dos orne, comp. de fil. dor, sur les plats, doubles et gardes de tabis, dent., tr. dor. (*Bradel-Derome*).   250 fr.

7 titres gravés différents avec autant de fleurons, 1 portrait par Borel, gravé par Duflos, 1 frontispice et 12 figures par Néc et autres.

BEL EXEMPLAIRE avec les FIGURES COLORIÉES.

9500 **DELVAU** (A.). Les Heures parisiennes, 25 eaux-fortes d'Emile Benassit. *Paris, Marpon et Flammarion*, 1882, in-12, cart. dos et coins de mar. gren. jans., non rog., couv.   16 fr.

L'un des 50 exemplaires tirés sur papier Whatman (n° 5) avec double épreuve des figures : en *noir* et en *bistre*.

9501 **DES PÉRIERS** (OEuvres françaises de Bonaventure). Revues sur les editions originales et annotees par M. Louis Lacour. *Paris, P. Jannet*, 1856, 2 vol. pet. in-12, mar rouge, fil. a fr., dent. int., tr. dor.   23 fr.

9502 **DIONIS DU SÉJOUR**. L'Origine des Grâces, par Mademoiselle D***. *Paris*, 1777, in-8, fig., mar. bleu, dos orne a petits fers, 3 fil., doublé de mar. citron, large dent a petits fers, mors de mar. bleu, doubles gardes, tr. dor. sur brochure (*Thibaron-Joly*).   675 fr.

SUPERBE EXEMPLAIRE ; très riche reliure,

6 charmantes figures par Cochin, gravées par J. Aliamet, N. de Launay, L. J. Masquelier, D. Née, Aug. de Saint-Aubin, et J.-B. Simonet.

Exempl. avec les fig AVANT LA LETTRE, (remontées). Le frontispice et la figure du *Chant IV* sont avec les EAUX-FORTES.

9503 **FIELDING.** Tom Jones ou l'Enfant trouvé, imitation de l'anglais de Fielding, par de La Place, nouvelle édition. *Paris, Dalibon et Parmentier,* 1823, 4 vol. in-18, fig., v. f., ornem. de fil. sur le dos et les plats, dent. int. tr. dor., non rog. *(Niédrée).* 300 fr.

> Jolie édition. Charmant exemplaire en PAPIER VÉLIN bien relié, renfermant les figures suivantes :
> 9 gravures in-18, de *Borel,* AVANT LA LETTRE, très rares, et avec la lettre.
> 12 gravures de Choquet, AVANT LA LETTRE, sur Chine.
> 4 gravures in-18 d'*Uwins,* et 4 portraits divers.

9504 **GAUTIER** (Théo). **Mademoiselle de Maupin.** — Double amour. — Réimpression textuelle de l'édition originale (portraits et médaillons de L. Leloir, 18 compositions de E. Toudouze, gravées par Champollion). notice bibliographique, par M. Charles de Lovenjoul. *Paris, L. Conquet,* 1883, 2 vol. gr. in-8, mar. La Vallière, non rog., couv. *(Lemardeley).* 750 fr.

> L'un des 150 exemplaires tirés sur GRAND PAPIER DU JAPON (n° 78), avec les figures en double état : avec et avant la lettre.
> On y a ajouté : 1° les planches refusées du portrait d'Albert, de Mlle de Maupin et des chapitres I et XII, en doubles épreuves sur Japon, avec et avant la lettre.
> 2° La suite de 10 figures dont un frontispice, gravé à l'eau-forte par Taluet, d'après Poirson. *Paris, Nadaud,* 1881 épreuves avant toute lettre sur Chine volant.

9505 **GONCOURT** (E. de). La Fille Elisa. Compositions et eaux-fortes originales de Georges Jeanniot. *Paris, E. Testard,* 1895, in-8 raisin, br., couv. illustr. 220 fr.

> DE LA COLLECTION DES DIX.
> L'un des 40 exemplaires tirés sur papier vélin à la cuve, contenant le tirage à part, sur Chine, des illustrations du texte et une triple suite des eaux-fortes (dont l'eau-forte pure avec remarques).
> On y a joint la figure refusée, le prospectus et le frontispice supplémentaire, sur papier vélin. Epuisé, rare.

9506 **HENNIQUE** (Leon). La mort du Duc d'Enghien en trois tableaux. Composition de Julien Le Blant, eaux-fortes de Louis Muller. *Paris, E. Testard,* 1895, in-8 raisin, br., couv. illust. 220 fr.

> DE LA COLLECTION DES DIX.
> L'un des 40 exemplaires tirés sur papier vélin de cuve contenant le tirage à part, sur Chine, des illustrations du texte, et une triple suite des eaux-fortes (dont l'eau-forte pure, avec remarques). Epuisé. Très rare.

9507 **IMBERT.** Les Bienfaits du Sommeil, ou les Quatre rêves accomplis (attribué a Imbert). *Paris, Brunet,* 1776, in-8, fig., mar. citron jans., doublé de mar. brun, fil. et coins dor., armoiries au centre, mors de mar. citron, gardes en satin, tête dor., non rog. *(Gruel).* 400 fr.

> 1 titre et 4 jolies figures par Moreau, gravées par Delaunay.
> Très bel exemplaire du PREMIER TIRAGE, à toutes marges, avant les cadres et avec le nom de M. de Maurepas sur la première figure.
> Les armes frappées à l'intérieur de la reliure sont celles du comte BERTHIER.

9508 **JACQUEMONT.** Contes et Poésies de C. Collier, commandant général des Croisades du Bas-Rhin. *Saverne,* 1792, 2 vol. in-16, veau racine, dos et plats ornés, tr. jaunes. 12 fr.

> 2 figures assez fines servant de frontispice, non signées.

9509 **MAUPASSANT** (Guy de). Contes choisis. Illustrations par MM. G. Jeanniot, G. Scott, F. Gueldry, P. Vidal, Evert van Muyden, P. Gervais, P. Avril, A. Gerardin et Ch. Morel. Publiés par les Bibliophiles contemporains. *Paris, Imprimé aux frais et pour les Sociétaires de l'Académie des Beaux Livres,* 1891-92, 10 fasc. gr. in-8, demi-rel. dos et coins de mar. de diverses couleurs, tête dor., non rog., couv. *(Noulhac).* 775 fr.

> Le Loup. — Hautot père et fils. — Allouma. — Mouche. — La Maison Tellier. — Un soir. — Le Champ d'oliviers. — Mademoiselle Fifi. — L'Epave. — Une partie de Campagne.
> Edition tirée à très petit nombre, non mise dans le commerce.

9510 **MAISTRE** (Xavier de). Les Prisonniers du Caucase. Neuf compositions de Julien Le Blant, gravées a l'eau-forte par Louis Muller, préface par Léo Claretie. *Paris, A. Ferroud,* 1897, in-8 raisin, cart. dos et coins de mar. vert olive, dos orné, fil., non rog., couv. *(Carayon).* 85 fr.

> Exemplaire tiré sur papier du Japon, avec deux états des eaux-fortes, eaux-fortes terminées avant la lettre et eaux-fortes avec la lettre. Très bel exemplaire.

9511 **MAUPASSANT** (Guy de). Hautot père et fils. *Paris, Imprimé pour la Société des Bibliophiles contemporains,* 1892, gr. in-8, illustré par G. Jeanniot, br., couv. 60 fr.

> Ce présent conte a été illustré par Georges Jeanniot dont les compositions héliogravées en creux ont été retouchées à l'eau-forte et au burin par Henri Manesse, et tirées en taille-douce polychrome par la Maison Wittman, sous la direction du Président Octave Uzanne. Le texte composé en italique spéciale de la fonderie Peignot a été tiré sur les presses à bras de l'ancienne Maison Quantin.

9512 **MONACOLOGIE,** illustrée de figures sur bois. *Paris, Paulin,* 1844, pet. in-8, cart. Bradel, tête eb., non rog. 6 fr.

> Cette publication, due à M. Charles MARTINS, reproduit, en regard, le texte latin d'Ignace de BORN. BARBIER. *Anonymes t. 3 col. 332. e ».*

9513 **ROBIDA** (A.). Le Cœur de Paris, splendeurs et souvenirs. Texte, dessins et lithographies par A. Robida. *Paris, Librairie illustrée, s. d.,* in-4, pap. vél., nombr. fig., dans le texte et planches hors texte en noir et en couleurs, demi-rel. dos et coins de mar. r., dos orné, fil., tête dor., non rog., couv. 125 fr.

> Bel exemplaire auquel on a ajouté une très importante AQUARELLE ORIGINALE de A. ROBIDA, l'auteur et l'illustrateur du livre.

9514 **ROBIDA** (A.). Paris de siècle en siècle. Texte, dessins et lithographies par A. Robida. *Paris, Librairie illustrée, s. d.,* in-4, pap. vél., nombr. fig. dans le texte en noir et en couleurs, demi-rel. dos et coins de mar. r., dos orné, fil., tête dor., non rog., couv. 125 fr.

> Exemplaire orné sur le faux-titre d'une très jolie AQUARELLE ORIGINALE DE A. ROBIDA, l'auteur et l'illustrateur du livre.